国家出版基金项目
NATIONAL PUBLICATION FOUNDATION

村镇环境综合整治与生态修复丛书

NONGCUN HUANJING ZONGHE ZHENGZHI
YU XITONG GUANLI

农村环境综合整治与系统管理

夏训峰　席北斗　王丽君　朱建超　等编著

化学工业出版社
·北京·

本书首先通过对我国农村环境问题的识别，明确了我国农村环境问题产生的原因，同时借鉴了国外先进的农村环境整治理念和管理政策；其次，在系统诊断和评估村镇环境问题、总结村镇环境综合整治类型特征和村镇环境保护需求的前提下，完成了村镇环境整治技术与管理模式的优化；最后，结合完成的宁夏回族自治区六个技术规范标准、三个技术手册和九项农村环境管理制度等项目成果，形成了完善的村镇环境基础设施建设政策与建议。

本书具有较强的知识性和针对性，可供从事农村环境保护工作的工程技术人员、科研人员和管理人员参考，也可供高等学校环境科学与工程、生态工程及相关专业师生参阅。

图书在版编目（CIP）数据

农村环境综合整治与系统管理/夏训峰等编著. —北京：化学工业出版社，2018.12
（村镇环境综合整治与生态修复丛书）
ISBN 978-7-122-33109-0

Ⅰ.①农… Ⅱ.①夏… Ⅲ.①农村生态环境-环境管理-研究-中国 Ⅳ.①F323.22

中国版本图书馆 CIP 数据核字（2018）第 233614 号

责任编辑：刘兴春　刘　婧　王金生　　文字编辑：汲永臻
责任校对：王　静　　装帧设计：王晓宇

出版发行：化学工业出版社（北京市东城区青年湖南街 13 号　邮政编码 100011）
印　　装：北京新华印刷有限公司
787mm×1092mm　1/16　印张 21½　字数 499 千字　2019 年 1 月北京第 1 版第 1 次印刷

购书咨询：010-64518888　　售后服务：010-64518899
网　　址：http://www.cip.com.cn
凡购买本书，如有缺损质量问题，本社销售中心负责调换。

定　　价：98.00 元

《农村环境综合整治与系统管理》编著人员名单

编 著 者：夏训峰　席北斗　王丽君　朱建超
高生旺　梁兰兰　刘　阳　程　成
毛　欢　刘丽君

前言

Preface

“十九大”报告明确提出“实施乡村振兴战略”的战略构想，指出要按照产业兴旺、生态宜居、乡风文明、治理有效、生活富裕的总要求，优先发展农业农村；同时明确提出要推进绿色发展，提供更多优质生态产品以满足人民日益增长的优美生态环境需要；另外还提出要着力解决突出环境问题，加强农业面源污染防治，开展农村人居环境整治行动等任务。国办发〔2014〕25号《国务院办公厅关于改善农村人居环境的指导意见》提出了“突出重点，循序渐进改善农村人居环境，加快农村环境综合整治，重点治理农村垃圾和污水”。在当前形势下，开展农村环境连片整治示范工作是贯彻落实“以奖促治”政策的重要举措，是积极探索中国农村环保新道路的有益实践。

但如何建设新农村环境，进行农村环境综合整治，对于基层政府领导和农民来说是一个新问题，需要提供一些管理思路和建议。《农村环境综合整治与系统管理》旨在使建设者掌握农村环境综合整治管理的相关知识和信息，为改善农村环境、促进农村发展方式转变等提供技术支撑。

本书是《村镇环境综合整治与生态修复丛书》中的一个分册，内容是在国家水体污染控制与治理科技重大专项“流域农业面源污染防控整装技术与清洁农业流域示范课题”、国家科技支撑“村镇生活垃圾清洁能源利用共性技术与设备研发”等课题的支持下，结合中国环境科学研究院完成的宁夏回族自治区六个技术规范标准、三个技术手册和九项农村环境管理制度研究完成的。

《农村环境综合整治与系统管理》旨在使建设者掌握农村环境综合整治管理的相关管理模式、政策、案例，借鉴宁夏回族自治区在实践中建立的技术标准和农村环境管理制度及经验，进行本地区农村环境综合整治，建设我国社会主义新农村。本书对规范化地推进我国农村环境集中连片整治具有较高的借鉴和参考价值，有助于营造我国全社会关注农村环保、积极投身农村环保的良好氛围。

本书共分5章，首先通过对我国农村环境问题的识别，明确了我国农村环境问题的起因。其次，通过借鉴国外先进的农村环境整治理念和管理政策并针对我国农村的实际情况，将我国农村划分为华北、东北、西北、华南、西南及华中等区域；提出了不同的农村环境整治技术模式。最后通过对我国现有技术指南、规范及标准等指导性文件的梳理总结，明确了我国农村环境整治在管理方面的缺陷，并借鉴宁夏地区的成熟经验，提出我国农村环境整治的政策及管理建议。全书语言通俗易懂、理论联系实际，特别适用于农村基层环境管理人员，也适用于从事“三农”环境问题研究的人员和相关专业的学生。

本书由夏训峰、席北斗、王丽君、朱建超等编著，具体编著分工如下：第1章、第2章由夏训峰、朱建超、梁兰兰、毛欢编著，第3章、第4章由夏训峰、王丽君、朱建超、刘阳、刘丽君编著，第5章由夏训峰、席北斗、王丽君、程成编著，第6章、第7

章由夏训峰、王丽君、高生旺编著，第 8 章由夏训峰、席北斗、王丽君、高生旺编著。全书最后由夏训峰统稿、定稿。

本书在编著过程中参考了部分学者的研究成果，每章后附有参考文献；由于种种原因造成有些引述的内容未能注明出处，在此向这些作者表示歉意，并致以深深的谢意。

限于编著者编著时间和水平，书中的观点和内容尚不完善，不足和疏漏之处在所难免，敬请专家、同行和广大读者批评、指正。

编著者

2018 年 6 月

目录

Contents

第1章 农村环境问题诊断与分析

001

第2章 我国环境整治管理机制存在的问题

009

第3章 国外农村环境政策现状及对我国的启示

015

第4章 农村环境综合整治技术模式

第8章 我国农村环境整治优秀模式案例

第1章 农村环境问题诊断与分析

1.1 农村环境问题及成因

1.1.1 农村环境的内涵

农村环境是由农村社会环境、自然环境和农业生产环境共同组成的，是对农村的生态、环境、社会等各方面的综合反映。它包含了农村周边的大气、水、土地、矿藏、森林、草原、野生动植物、水生生物、名胜古迹、风景游览区、温泉、疗养区、自然保护区和生活居住区等自然资源与人文资源。显而易见的是，这些资源对于当地居民的生存繁衍和地区的发展是至关重要的，保护好农村环境、保护好这些资源就是对当地居民的最好保障。

在本书中，农村环境指的是农村周围的自然环境；而自然环境，通俗地说，是指未经过人类加工改造而天然存在的环境，是客观存在的各种自然因素的总和。

1.1.2 农村环境存在的问题

目前我国农村人居环境形势非常严峻，表现为点源污染与面源污染共存，生活污染和工业污染叠加，各种新旧污染相互交织；工业及城市污染向农村转移，危及农村饮水安全和农产品安全[1]；农村环境保护的政策、法规、标准体系不健全；一些农村环境问题已经成为危害农民身体健康和财产安全的重要因素，制约了农村经济及社会的可持续发展[2]。农村人居环境建设存在着突出问题：

① 部分乡村规划尚未完成，一些乡村存在着不按规划无序建设现象[3]；

② 城镇化水平不高，城乡二元结构突出；

③ 农村的垃圾随意堆放、倾倒现象严重，农村生活污水和畜禽养殖污染严重，村容村貌脏、乱、差。

1.1.2.1 农村环境基础设施匮乏

2016 年全国农村生活污水处理率仅为 22%。根据《2015 年中国环境状况公报》数据显示，2015 年全国城市污水处理率已达到 91.90%，行政村的污水处理率只有 11.4%[4]（图 1-1）。县城的污水处理率为 85.22%，建制镇的污水处理率不到 30%。建制镇未处理而外排的污水总量为城市和县城总量之和，行政村未处理的污水总量是城市未处理污水总量的 1.5 倍。而从处理率上看，城市污水处理率在 2000 年前后提高速度最快，到了 2008 年之后就进入了平稳增长的时期。相比于县城污水处理率从 2010 年的 60.12%提高到 2015 年的 85.22%，目前我国建制镇和农村的污水处理率增长非常缓慢，村镇污水处理需要得到重视[5]。

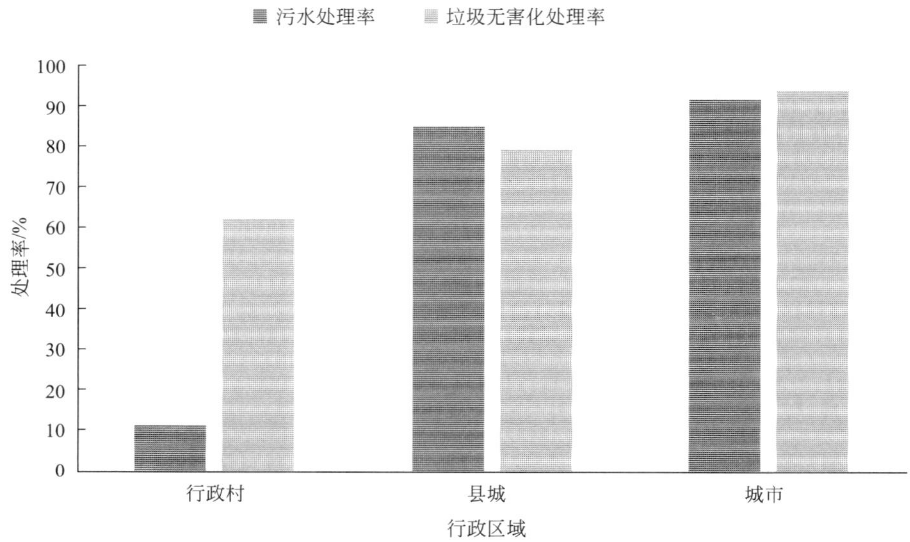

图 1-1　2015 年我国城市、县城和行政村的垃圾和污水处理情况

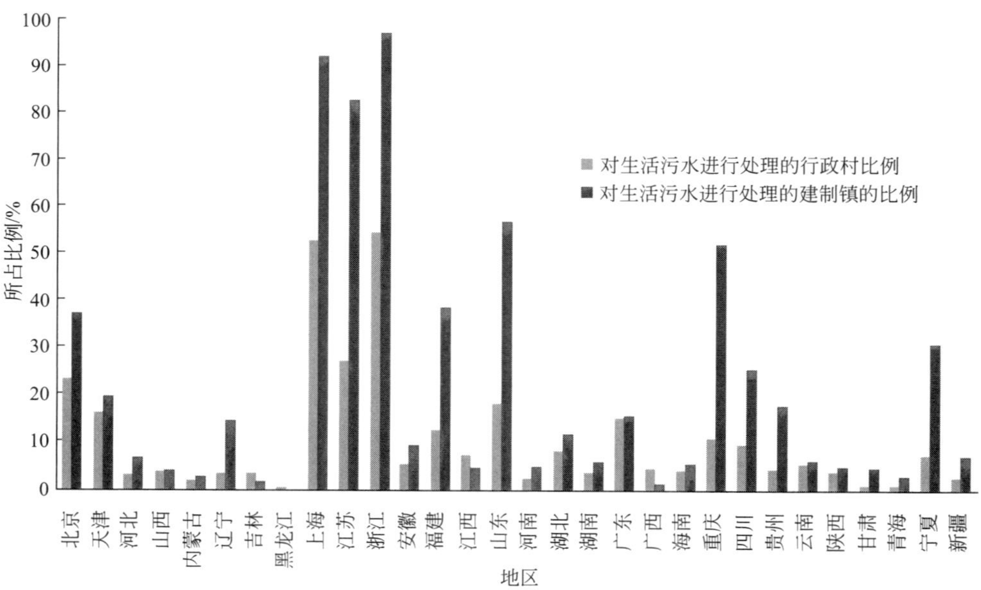

图 1-2　2014 年各省（自治区、直辖市）农村污水的处理情况

建制镇污水处理率地区差异十分明显（图 1-2），上海、江苏、浙江、北京、山东、广东等省市的小城镇污水治理水平较高，中西部地区治理水平较低；村庄污水的处理情况是：上海、江苏、浙江、北京等省市的农村生活污水处理情况比较好，而黑龙江、甘肃、青海等省的农村生活污水处理情况较差[6]。

总的来讲，我国农村污水分散、量大，现在处理率有所提高，但整体速度还比较缓慢，应该说是处在农村污水处理的初期阶段。《国家新型城镇化规划（2014—2020年）》提出：到 2020 年，全国重点镇污水处理率达 70%左右。

1.1.2.2 生活垃圾收集率低，二次污染严重

长期以来，垃圾遍地是农村较突出的现象。2014 年农村生活垃圾治理专项行动开始前，农村生活垃圾处理率只有 40%。据赵晖介绍，我国原来的垃圾处理能力低于垃圾的产出量，处理设施相对不足时，一些未得到无害化处理的垃圾就被临时堆放，加之城镇化高峰期的大量建筑垃圾，形成了垃圾堆放点，俗称“垃圾山”。截至 2016 年，全国农村生活垃圾处理率也仅达到了 60%[7]。

目前，农村所采用的分散式就地消纳处理方式已经不能适应形势发展的需要，随着城镇的消纳能力不断降低，未经无害化处理的生活垃圾转移到农村，导致农村生态环境遭遇到前所未有的威胁，并在一定程度上制约着这一地区经济的可持续发展。

此外，曾建萍在对成都万兴乡垃圾收集现状的调查中发现：大部分住房离垃圾桶距离超过 100m 的居民未将垃圾收集投放垃圾桶，而仍旧按照传统方式堆放在屋前屋后的空地[8]。此外万兴乡虽然设置了“三化”分类收集点，但“三化”分类工作基本处于瘫痪状态，分类收集点未布设垃圾分类桶，降解点空置或堆放混合垃圾。

这些垃圾经过长时间的堆积，不同的垃圾之间会进行化学反应，加上微生物的分解作用，会产生甲烷、二氧化碳、醚等气体，统称“填埋场气体”。产生的气体气味难闻，给居民生活带来不便，而且部分气体有毒会影响周边居民的健康甚至威胁到居民的生命。

此外，农村垃圾堆积成堆，其渗滤液进入地下水会污染水源。村民饮用这样的地下水会危害健康。丢弃在田里的农用垃圾、残留农药等也会随着降雨而渗入土层，影响土壤质量。此外，胡久生指出农用地膜的残留降低了耕地的渗透性，减少了土壤的含水量，影响了耕地的抗旱能力[9]。

1.1.2.3 工艺技术选用混乱，处理效果良莠不齐

农村生活污水污染面广，难收集、成分复杂、悬浮物浓度较高、有机物浓度较低、污水中含有较高的人畜粪尿成分，氮、特别是磷含量较高，故处理时不仅要消减有机物还要进行脱氮除磷[10]。现行的城市污水处理技术虽然可行，但投资高，运行费用大，管理要求高，因而在农村难以推广使用。

化粪池、沼气池、人工湿地、土地渗滤技术、稳定塘、生物接触氧化池、脱氮除磷活性污泥法、膜生物反应器等技术均能在我国农村地区找到[11]，现有的这些农村生活污水处理技术与相应地区的水环境质量标准难以有效衔接；目前农村地区土地分到户，公共用地很少，特别是经济发达地区土地利用率很高，没有剩余的土地资源进行污水无

动力处理；而污水处理设施的占地面积会直接影响着污水处理技术投资费用。同时，由于区域经济差异的原因，一些高处理成本的工艺技术适用性的范围较小，如在经济发达、敏感地区或是有回用水水质要求的地区，也许膜技术可以应用，但对于大多数农村而言目前尚不适用。

1.1.2.4 运行管理不善，处理效果差

由于目前我国农村污水处理站主要由村民自己管理，人员专业素质低，管理体制不健全，运行管理经验不足，管理人员缺乏[11,12]，平均每个乡镇从事农村建设管理的人员不足3人，60%的乡镇仅设一名村镇建设管理员，有些地区污水处理设施由于缺乏管理或者管理不善，造成设施不能正常运行，严重影响了处理效果。

水质检测手段和人员缺乏。以浙江省为例，全省乡镇环境保护机构只有173个，实有人数仅854人，大部分乡镇尚无环保机构和专业环保人员，乡镇、村一级从事环保工作的人员多数没有经过专业培训。

1.1.3 农村环境问题成因分析

导致农村环境问题形成的原因多种多样，需要从经济、技术、社会等多个方面综合分析，如表1-1所列。

表1-1 中国农村环境污染原因汇总

原因类型	原因性质	形成农村环境问题的原因	问题形成机理
直接原因	种植业污染	化肥污染	使用量增加＋化肥品质、品位比重小＋化肥流失、氮磷排放
		农药污染	农药量增加＋农药残留＋危害生物多样性
		农膜污染	使用量增加＋难以降解＋农膜残留量大
		农业固体废弃物污染	产生量巨大＋未充分利用
	畜禽养殖业污染	畜禽粪便产生量巨大，土地负荷过大	畜禽粪便产生量巨大＋污染物流失严重＋土地负荷警戒值增高
	小城镇和农村聚居点生活污染	垃圾的随意堆放	生活垃圾增多＋环卫设施落后＋环保意识淡薄＋缺乏相应管理
		固体废弃物的再利用方式逐步弱化	固体废弃物利用率低，垃圾随意堆放
	农村周边工业企业的污染	乡镇企业布局分散，工艺落后，多数没有污染治理设施	乡镇企业多而散，技术落后，粗放式经营
		城市工业污染“上山下乡”现象加剧	城市工业污染向农村转移，农业工业化以牺牲环境为代价
间接原因	历史性因素	传统生活习惯影响，农民环保意识淡薄	农民不注重生活习惯对农村环境的影响
		政府对农村环境保护工作重视不够	政府长期关注经济发展，弱化了对农村环境的重视程度
		农村资源和能源结构长期不合理	传统生产方式＋自然消耗加剧＋生物质能源多被遗弃

续表

原因类型	原因性质	形成农村环境问题的原因	问题形成机理
间接原因	基础性缺失	农村环保投入不足，基础设施比较落后	政府提供环保设施的服务能力薄弱，农村环卫设施建设总体处于空白状态
		基层环保机构缺失，管理体系不完善	基层环保机构不健全，村（街道）、社区环保办事机构空白，环境立法缺位，现有法律的针对性、可操作性不强
		资金、人力不足，环保宣传教育不够	基层环保宣传缺乏，农民知识水平较低，环保意识较为薄弱
制度性原因	土地现行制度	农村土地产权不明确	土地产权主体认识模糊，集体组织对土地环境保护职责缺失
		土地经营不够稳定	经营权不稳，农户未能达到预期收益，短期压榨土地资源行为普遍
		土地零碎化管理	土地使用权缺乏流动性，制约农业规模经营，农民经营成本高，收益低
		共有资源得不到保护	农村公共物品未得到有效界定，共有资源掠夺式使用严重
	乡镇企业管理	乡镇企业缺乏统一管理，经营混乱	“部门掣肘”＋地方性保护主义＋很多企业未得到环保部门批准
	环境保护机构设置制度	环保机构的设置与现实要求不一致	环保机构规模小，不能直接行使强制执行程序，国家生态环境部对地方环保局只有政策指导作用，不能很好地行使管理和监督职能
		基层环保机构整体素质与能力不适应新形势需要	执法人员素质不高，不熟悉环境法律规定且缺乏必要的行政执法素养和能力，执法不当或行政不作为，降低了地方环境执法的效率
	环境问题的管理制度	环境管理行政手段与当前环保要求不符	不能适应市场经济要求，人为因素影响大，行政主客体不对称
		环境管理部门的权责不对等影响环境治理的效果	权力清晰化与责任模糊化错位，高位职级命令化与低位职级服从化错位，权力占有与义务免赦型错位
根本原因		我国当前经济发展（阶段）转型以及城乡二元结构性失衡	

(1) 整体认识不足

对农村环境污染问题的严重性认识较晚，对其防治的重要性认识不足，农村污染控制问题还未得到系统的、足够的重视。农村面污染源问题长期被排除在环境控制之外，基本处于失控状态。其中畜禽养殖污染严重，成为农村面源污染的首要污染源。农用化学物质及其废弃物污染继续加大，平均每公顷农田化肥施用量 330kg，远远超过发达国家为防止化肥对水体污染而设置的每公顷 225kg 的标准。目前，由于污染物在土壤中大量残留，造成的土壤污染情况相当严峻。土壤污染带来农作物减产和农产品质量下降，已经对生态环境、食品安全和农业可持续发展构成威胁。

(2) 法制缺位

现行的环保法规主要针对城市和重点污染源防治，对农村污染及其特点重视不够，加之农村环境治理体系发展滞后于农业现代化进程，环境立法缺位，解决农村环境问题力量薄弱且适用性不强。这主要表现在乡镇一级缺少专业的环境保护管理人员；农村地域广、污染点多且分散，造成不好确定责任人，执法困难；无环境功能分区、定位，难以确定排放标准类别。虽然我国在农村环境保护立法方面做了大量的工作，但与现实需求相比还存在诸多问题，再加上现存法律本身条文不够具体细致，更加大了操作难度。

（3）投入滞后

财政渠道的资金来源不够，扶持措施不力，导致农村污染治理的市场化机制难以建立。例如，农村供水排水设施建设与运营缺乏可靠的资金来源是阻碍农村水污染治理的一大难题。实践证明：农村供水排水工程在管道建设方面的资金投入很大；即便污水处理工艺再简单、操作管理再方便的污水站，也需要动力消耗（无动力工艺除外），需要一定的运行管理维护费用和定期大修资金。

（4）技术薄弱

环境基础设施建设欠账较多，治理技术模式不适，农村污染治理效率不高。小城镇生活垃圾和污水污染加剧。多数农村建在河溪旁，没有建立完整的排放系统；农村产生的生活垃圾相当部分未经处置，一些地方呈现垃圾“围村、塞河、堵门”之势；而农村生活污水大多直排到河湖里。目前我国农业基本还是采用粗放型生产经营方式，先进的技术手段并未得到普及。部分乡镇企业、集约化养殖业等尚处于初级发展阶段，对产品生产过程中产生的废物无能力进行合理利用和处理，从而对环境造成了一定程度的污染和资源浪费。

（5）管理体制不完善

农村环境污染治理资金仍分散于生态环境、农业、畜牧、林业、国土、水利、建设等多个职能部门，尚未形成党委政府领导、生态环境和农业部门统一监管、各部门分工负责的有效管理体系。加之我国现已建成的农村污水处理站主要由村民管理，专业素质低，缺乏必要的维护管理技术人员及运行管理经验，致使许多污水处理站因不能正常使用而废弃。

（6）乡镇工业污染突出

相当一部分现有乡镇企业技术层次低、污染重，生产工艺落后，治理水平低。一些地方还出现污染企业加速向农村转移的趋势，加大了农村环境压力。因此，农村环境状况恶化直接导致了4个方面的后果：a. 农村水环境和土壤环境严重退化；b. 农产品品质下降；c. 农民健康受损，环境污染成为农民疾病发生率上升的重要因素；d. 社会稳定受到影响，政府部门受理的发生在农村的信访投诉中有相当一部分源于工矿企业及养殖业造成的环境污染。

（7）环保宣传力度不够，村民环保意识差

环境保护意识能否深入人心并真正落实到村民自身的行动中，除了受教育水平的影响外，各方媒体的宣传也是至关重要的。由于许多农村的生产力水平还不高，衣、食、住、行、上学、就医等问题还未得到较好解决，环保方面的宣传更是跟不上，因此尽快加强环保宣传教育显得尤为重要。

1.2 农村环境整治的基本思路

以建设生态环保、低碳节能、循环可持续发展的生态文明新农村为目标，坚持以人为本、城乡统筹，以环境保护优化农村经济增长，按照分区分类—生态环境总体规划—优化布局—推行循环经济—源头控制—综合整治生活污染、构建农村生态安全格局的思路，力争使农村环境质量全面改善，人与自然生态高度和谐，促进农村地区经济、社会、环境协调发展。

（1）源头控制

强化农村环境保护与污染控制过程中清洁生产技术与资源循环利用技术及模式，重点是从污染源头入手，构建源头控制技术模式，实现源头削减，确保粮食与食品安全。

（2）城乡联动

城市与农村环境协调发展，农民与市民共享文明，人与自然和谐共存。实现环保规划、资源配置、环保机构及环保基础设施建设等方面的城乡统筹。

（3）综合防控

采取“以防为主，防治结合”的策略，重点突破饮用水安全、农业废弃物的资源化利用、农用化学品的污染防治、畜禽水产污染防治、村庄环境综合整治和农产品产地安全管理等领域。综合运用科技、宣传、制度等手段，由点及面，逐步推开，从严从快落实治理方案。

（4）分类实施

采取“分区分类，针对实施”的策略，将我国地域空间划分为不同农村环境管理分区，根据每个分区中典型的农村环境问题，针对性地制定农村环境保护方案和实施办法，建立我国农村环境整治技术评价制度和农村环境整治技术推广体系，促进农村环境整治技术进步与成果转化。

（5）创新机制

针对我国目前农村环境保护的外部性问题和城乡二元经济结构，将环保机构延伸到乡镇，县级负责农村环境整治的规划，乡镇负责项目建设、工作考核、技术推广等工作；从城乡统筹的角度建立农村环境建设的投入机制、长效运行考核机制，解决农村环保设施运行成本问题，缩小农村和城市环境保护工作差距，完善农村环境保护法律法规、政策、标准体系，规范整治工程招投标制度。建立农村环境整治目标责任制，明确分管领导、责任单位和人，做到级级有指标、层层有任务。

参 考 文 献

[1] 徐培华，包文兵. 当前农村环境整治存在的问题与思考 [J]. 淮海文汇，2012（1）：26-28.

[2] 彭培泳. 我国农村生态环境法律保护研究 [D]. 杨凌：西北农林科技大学，2010.

[3] 刘中元. 全面推进农村人居环境整治新思考 [J]. 农业经济，2016（2）：89-91.

[4] 刘俊新. 农村污水治理须因地制宜 [J]. 中华建设，2017（9）：12-13.

[5] 周建婷. 浅探国内城镇污水处理厂现状及存在问题分析 [J]. 商品与质量，2016（44）.

[6] 李颖，季帅，蔡妍. 北京农村污水处理模式研究 [C]. 2010 年农村生活污水处理实用技术高级研讨会论文集，2010.

[7] 陈恒. 2016 年全国农村生活垃圾处理率达 60% [EB/OL]. http：//ah. anhuinews. com/system/2017/01/22/007551007. shtml，2017-01-22.

[8] 曾建萍. 成都典型地貌区农村生活垃圾收运系统研究 [D]. 成都：西南交通大学，2012.

[9] 胡久生. 湖北农村环境污染治理现状与对策研究 [J]. 现代农业科技，2010 (22)，278-286.
[10] 张克强. 国内外农村生活污水处理技术及工程模式探讨 [C]. 中国农学会全国农业面源污染与综合防治学术研讨会论文集，2004：3.
[11] 曹群，佘佳荣. 农村污水处理技术综述 [J]. 环境科学与管理，2009，34 (3)：118-121.
[12] 于明泉，白滢. 农村生活污水与垃圾处理工艺研究 [J]. 科研，2016 (8)：264.

第2章 我国环境整治管理机制存在的问题

2.1 从政策层面看农村环境保护管理机制

虽然我国制定了“谁污染、谁治理”“预防为主、防治结合”和“强化环境管理”三大环境保护政策体系，但是我国环境保护机制存在严重的城乡差异与不协调，环境政策与保护机制的制度安排只见城市、难见农村，只见工业、难见农业，其政策工具缺乏弹性，致使当前的诸多环保机制难以适应农村形势和农业特点，造成在城市取得局部环保成果的同时，农村环境却不断被污染与破坏。近些年来，中共中央、国务院接连出台的指导“三农”工作的“中央一号文件”，如2010年《中共中央国务院关于加大统筹城乡发展力度进一步夯实农业农村发展基础的若干意见》、2015年中央一号文件《国务院关于加大改革创新力度加快农业现代化建设的若干意见》、2016年中央一号文件《关于落实发展新理念加快农业现代化实现全面小康目标的若干意见》、2017年中央一号文件《关于深入推进农业供给侧结构性改革加快培育农业农村发展新动能的若干意见》等，从建设社会主义新农村、加强农业基础设施、统筹城乡发展的多个角度提出了农村环境保护的重要性，成为加强农村环境保护管理机制的重要指导依据。国务院关于农村环境保护的一系列重要文件是完善农村环境保护管理的重要纲领，《关于落实科学发展观加强环境保护的决定》《国家环境保护“十三五”规划》和《关于加强农村环境保护的意见》等文件中，都强调了加强农村环境保护工作的必要性。但是我国环境保护政策存在“重城轻乡”的现象，这导致了现行农村环境保护政策与农村环境问题现状极不对称的局面。

农村环境状况至今仍旧在环境政策得以执行的前提下急剧恶化，这不能不说明我国现有的环境政策在解决农村环境问题上有明显的不足。环境政策需要专门的机构来执行，而农村环境机构的匮乏和环境要素保护职责权限的分割导致“有利争着管、无利都不管”的尴尬局面，现阶段农村面临的环境挑战，充分说明了农村环境政策创新的迫切性。

2.2 从法律层面看农村环境保护管理机制

一直以来国家在环境治理中十分重视环境法规建设[1]。先后颁布了《环境保护法》等一系列环保法律、法规，初步形成了以《环境保护法》为主体的环境保护法律体系，并设计了环境保护目标责任制、城市环境综合整治定量考核制度、污染物总量控制制度、限期治理制度、排污收费制度、环境影响评价制度、“三同时”制度、排污申报登记与排污许可证制度等八项基本制度。实践证明，这八项制度在针对工业与城市污染的治理方面具有可操作性，已经取得了一些成果，使得大部分城市环境有所改善。环境法律制定者的初衷并不想偏离农村，希望制定的环境法规是系统而完整的，具有普适性。而由于农村和城市环境的特点及造成环境问题的成因不同，现行环保法律法规不能涵盖农村环境问题。以八项基本制度为例，环境保护目标责任制和城市环境综合整治定量考核制度目前主要涉及城市环境质量以及节能减排、辖区企业限期治理、城镇环境基础设施建设等阶段性任务，与农村环境问题关联度太低；污染物总量控制制度当前主要涉及工业点源污染物，还没有对面源污染源尤其是农村生产生活污染源进行控制；限期治理制度、排污收费制度、环境影响评价制度、“三同时”制度、排污申报登记与排污许可证制度这几项制度完全针对工业企业，考虑了对所在农村环境的影响，但没有涉及农村面源污染问题[2]。由此可见，相关的环保法律法规在农村环境保护方面具有一定的局限性。另外，一些农民不懂得如何运用法律武器保护自身环境污染损害的合法权益。加之一些领导同志和管理部门对于农村环境污染和生态环境保护缺乏足够重视，以及农村土地等资源产权关系不明晰，致使农村环境资源受侵害，难以形成利益攸关的产权主体，都对依法治理农村环境造成影响。

2.3 从体制的层面看农村环境保护管理机制

当今世界，尽管各国国体、政体不同，使得环境管理体制不尽相同，但却有一个共同的趋势，即环境保护由分散管理向建立环境管理专门机构，加强集中统一管理，各部门分工负责的方向发展。我国的环境管理实行的是统一监督管理和分工负责相结合的管理体制。

我国的环境管理体制萌芽于计划经济背景下，环境管理手段主要是采取单一的行政管理，各项管理措施都以行政命令的形式出台，随着经济社会的发展和社会主义市场经济制度的建立，过去的单一行政管理体制显现出诸多弊端，我国才逐渐将经济和法律管理引入环境保护管理体制中来，实现了由单一管理体制到多元管理体制，再到综合管理体制的转变，形成了我国现行的中央统一管理和地方分级管理、部门分工管理相结合的环境管理体制。目前，我国环境管理体制分四个层次，各级人民政府对其管辖范围内的环境质量负责。跨行政区的环境管理工作由有关地方人民政府协调解决，或者由上级人民政府协调解决。《环境保护法》第十六条规定“地方各级人民政府，应当对本辖区的环境质量负责，采取措施改善环境质量。”建立环境保护的专门管理机构。各级人民政府环境保护行政主管部门对环境保护工作实施统一监督管理，《环境保护法》第七条规定“国务院环境保护行政主管部门，对全国环境保护工作实施统一监督管理。县级以上地方人民政府环境保护行政主管部门，对本辖区的环境保护工作实施统一监督管理。”主要内容为监督环境保护政策、法律、规划、标准等实施，监督有关部门对环境保护工作的执行。国家有关部门对环境污染防治实施监督管理。《环境保护法》第七条规定“国家海洋行政主管部门、港务监督、渔政渔港监督、军队环境保护部门和各级公安、交通、铁道、民政管理部门，依照有关法律的规定对环境污染防治实施监督管理。”各级人民政府有关部门依照有关法律的规定对环境污染防治和资源的保护实施监督管理。《环境保护法》第七条规定“县级以上人民政府的土地、矿产、林业、农业、水行政主管部门，依照有关法律的规定对资源的保护实施监督管理。”应该说，这样的管理体制从外部结构上看是匹配的，从内部设置上看是功能齐全的，但具体实践到解决环境问题上缺陷很多。例如，根据现行环境保护管理体制，县级环保部门对农村生活环境和农业生产环境涉及很少，也无力监管。因为我国农村大多数地区在乡镇一级没有设置专门的环保机构，环保工作就分散在各个相关部门，如农业、林业、水利、爱卫会等部门。按照法律法规规定，农业行政主管部门要做好农业生产过程中对环境污染和生态破坏的防治工作，控制农药、化肥、农膜对环境的污染，推广植物病虫害的综合防治，根据当地资源和环境保护要求，合理调整农业结构。林业行政主管部门要加强森林植被的保护和管理，制止乱砍滥伐，防止水土流失。水行政主管部门，要对水利资源的开发利用进行规划和管理，合理利用开发水资源，节约用水，保护饮用水源地等。可见，环境保护职责权限分割，很难形成高效统一的管理体系。农村环保工作分散在各个职能部门，由于部门利益不协调，很难进行有效的综合管理。生态环保部门也由于缺乏针对农村环境保护方面行之有效的规定，许多工作很难落实。而且，很多西部省份如四川省，环保机构的隶属关系复杂，难以很好贯彻实施环保政策、法规。所以，在农村环境保护方面既缺乏法律支持又缺乏民意的支持，基层环保部门感到力不从心，许多时候为了保证地方经济发展，环保部门不得不做出妥协。

2.4 从机构设置看农村环境保护管理机制

从现行环保机构设置上看，呈现从国家到地方依次递减的状态，即国家环境监督管理能力强大，有数量多、规模大的环境管理机构，而且有先进的环境保护设施，有专业技术过硬、人员充足的技术人员，而到了地方，环境管理机构数量少且规模小，环境保护设施落后，专业技术人员缺乏，因而监督执法能力薄弱。绝大多数乡镇还没有成立专门的环保机构，更没有配备过硬的专业技术人员，使乡镇一级没有独立开展环境质量监测的能力[3,4]。

从环保部门内设农村环保机构看，环境保护部（现生态环境部）在原自然生态司（后有水环境管理司）里设农村环境保护处负责农村环保工作，省级环保部门中，广东、河南、辽宁、宁夏、四川等省区设农村环境保护处。四川针对农业大省的实际情况，2005年率先在省环保局内成立农村污染控制监督管理处，开省级环保部门先河。地市级和县级环保部门绝大多数未设专门的农村环保管理内设机构，但都有从事管理农村环保的机构和人员。如四川省21个市州环保局中有16个内设有农村环境保护科，县级环保部门均没有单设农村环境保护机构，全省4409个乡镇仅10个设有环保所，配备专兼职环保员。

近些年来，全国各地尤其是经济发达和农业比重大的地区，探索建立县、乡、村三级环境保护管理体系。截至2007年年底，浙江省全省59个县市、区以中心镇和分片区设立模式，在乡镇设环保派出机构，配环保专职人员，现已在乡镇一级建立环保派出机构170个，配环保专职人员800余人，有力地推动该省环保工作向纵深发展。浙江是经济发达省，由于市场化程度较高，县域经济十分发达。截至2007年年底，全省中小企业数已达113万多家，占全省全部工业企业的99.6%。面对严峻的环境形势，仅靠县级环保局的力量很难应付日益繁重的环境监管任务。浙江省及时调整思路，下移环保工作重心，在中心乡镇划片设立环保派出机构，以扩大有效的环保监管覆盖面。同时，为加强和规范基层环保派出机构队伍建设，制定了《浙江省基层环境保护所（分局）建设规范（试行）》，对乡镇环保派出机构的名称、性质、经费来源、职能、装备标准等做了统一规定。

近年来，通过各级人事编制、环保部门的不懈努力，乡镇环保派出机构从无到有、从少到多，工作职能不断拓展，人员队伍不断壮大，能力建设不断提高，初步形成了一支乡镇环保监管队伍。

目前，乡镇环保机构设置模式主要有以下两类。

① 市、区环保局的派出机构。县市、区环保局辖区的中心地域或经济较发达、人口较集中、环保监管任务较重的重点乡镇分片设立环保派出机构，监管3～5个乡镇行政区域，由县（市）、区环保局垂直管理。机构性质以财政保障的事业单位为主，每个派出机构的正式编制人员一般是3～5名，有些环保监管任务重的乡镇达到10余名。

② 在乡镇政府内部挂环保办公室或环境监察中队牌子，设置乡镇环保专管员职位1～2个，专职从事乡镇环保工作，人员编制归乡镇政府管理，县（市）、区环保局负责业务指导和人员培训。

目前，浙江省以第一类派出机构模式为多，2010年基本目标在全省各县市、区的经济较发达、工业企业较集中、环保监管任务较重的重点乡镇街道和工业园区设立环保派出机构。全省乡镇街道和工业园区环保派出机构达到250个以上，正式在编人员达到1500人以上。除少数已有派驻分局的设区市城区及环境监管任务相对较轻的偏远县外，乡镇环保派出机构将覆盖所有县市、区的90%以上[5]。从全国乡镇环保机构统计来看，仅有沿海经济发展较快的江苏、浙江和广东等省份相对设立较多，大多数而言，乡镇环保机构还是空白。机构的不健全常常使农民环境诉求解决无门，自我保护环境权益能力和主动参与环保热情降低，影响了公众在农村环境保护中的作用发挥。

2.5 从投入的层面看农村环境保护管理机制

提高农村环境保护工作的质量和效率，必须有一定量的资金作为支持。由于环境资源的公共性，市场机制配置资源的功能尚未完全发挥，多渠道农村环境保护投融资体系尚未形成等因素，目前我国主要以政府作为农村环境保护的投资主体，但政府财政投入农村环境保护的资金尚不能完全满足环境保护工作的需求。而且，城乡分治使农村和城市之间存在着严重的不公平现象。

当前，"以奖促治"政策在农村的推广实施，在有些地方已取得了明显成效[6,7]。通过实施"以奖促治"，加大农村环境保护投入，将环保公共服务向农村覆盖，将环保基础设施向农村延伸，改变传统的"以管促治"和"以罚促治"政策的局限性和不适应性，调动广大农民投身农村环境保护的积极性和主动性，逐步完善农村环境基础设施，建设清洁水源、清洁家园和清洁田园。

2.6 从技术层面看农村环境保护管理机制

在环境保护技术方面，滞后于农村环境保护实际需要。农村环境保护工作是一项科技含量很高的系统工程，需要先进适用的农村环境保护技术作为支撑。而我国由于环境保护科研力量相对薄弱、环境保护科研投入低、环境保护研究方向侧重城市和工业等多种原因，导致农村缺乏实用和经济的环境保护技术。目前主要用于解决城市污染的末端治理方法是解决农村环境污染的主要方法。但是由于该技术折旧率较高，而且有污染治理设施建设等弊端，在农村环境治理中采用末端治理并不理想。

参 考 文 献

[1] 韩会凡. 环境保护法律法规 [M]. 北京：中国民主法制出版社，2013.
[2] 钱楞. 对农村生态环境污染治理的研究和思考 [D]. 上海：华东政法大学，2015.
[3] 刘侃，栾胜基. 论中国农村环境管理体系的结构真空 [J]. 生态经济（中文版），2011（7）：24-28.
[4] 张继鹏. 我国农村环境管理体系研究 [D]. 泰安：山东农业大学，2009.
[5] 赵晓，林才正. 浙江全面建设乡镇环保机构 扎得深 扩得广 管得宽 [EB/OL]. http：//www.zhb. gov. cnxxgk/hjyw/200807/t 20080718 _ 125873. shtml. 2008-07-18.
[6] 陆军，张惠远，王波. 农村环境整治：建立长效机制促落实——统筹规划深入推进农村环境综

合整治 [J]. 环境保护，2012 (20)：16-19.
[7] 王朝才，冷永生，刘金科. 进一步促进农村环境保护的财政政策研究 [J]. 经济研究参考，2011 (32)：2-17.

第3章 国外农村环境政策现状及对我国的启示

3.1 设立专项资金，用于农村环保基础设施投入

欧美发达国家大多采取了积极的农村环境保护投入政策，通过补贴、贷款优惠、税收减免等措施予以大力支持。美国政府每年投入65亿美元，专门用于开展农业面源污染治理和资源保护工作。各州政府也都将农业面源污染治理列入专项开支。英国为防治养殖业污染设立专门农村环境保护类补贴，每年达15亿英镑。欧盟每年用于农业环保计划的总支出约16亿美元，占农业总支出的40%[1,2]。

自20世纪70年代以来，日本逐步加大在农村环境污染治理方面的财政投入，其中对农村环保基础设施的投入占到农村环保基础设施总投入的30%。日本政府实行的鼓励养殖企业保护环境政策规定：养殖场环保处理设施建设费50%来自国家财政补贴，25%来自都道府县，农户仅支付25%的建设费和运行费用[3,4]。

3.2 制定环境友好生产经济政策

该方面以法国和韩国制定的环境友好生产经济政策较为典型。

3.2.1 法国采用以奖励或补贴为基础的意愿性政策

法国从1999年开始实施“农场土地合同”措施，农场主和政府自愿签订合同，合同中规定农场应该达到的环境目标，政府提供相应的补贴[2]。欧盟制定了以遵守环保规定为条件享受政府补贴的政策，对农民为社会和农业环境改善所做出的贡献给予补偿。行业立法设立新标准时，对农业生产成本进行补贴，使农民可以接受这个新标准[5]。

3.2.2 韩国开展了新村运动和亲环境农业建设[6,7]

（1）新村运动

从1970年起，韩国政府开始正式组织实施新农村建设与发展运动（简称新村运动），在经济、社会均衡发展和人与自然协调发展方面做出了成功的实践。

新村运动经历了以下4个发展阶段。

① 基础建设阶段（1971～1973年）：目标是改善农民的居住条件，如改善厨房、屋顶、厕所，修筑围墙、公路、公用洗衣场，改良作物、蔬果、畜禽品种等。自1970年冬季开始，政府无偿提供水泥、钢筋等物资，激发农民自主建设新农村的积极性、创造性和勤勉、自助、协同精神。新村运动经过基础建设阶段，初步改变了农村的生活居住条件，引起了广大农民的共鸣，调动了他们立足家乡、建设家乡的积极性。

② 扩展阶段（1974～1976年）：新村建设的重点，从基础阶段的改善农民居住生活条件发展为居住环境和生活质量的改善和提高，修建了村民会馆和自来水设施，以及生产公用设施，新建住房，发展多种经营。政府对新村指导员、国家各级公务员、社会各界负责人分批进行了新村教育；对卓有成就的农村提供贷款，并在各方面提供优惠政策；动员理工科大学和科研院所的教师、科技人员轮流到农村巡回讲授和推广科技文化知识和技术。

③ 充实和提高阶段（1977～1980年）：工作重点放在鼓励发展畜牧业、农产品加工业和特产农业上，积极推动农村保险业的发展。

④ 国民自发运动阶段（1981～1988年）：此阶段政府大幅度调整了有关新村运动的政策与措施，建立和完善了全国性新村运动的民间组织，培训和信息、宣传工作改由民间组织来承担，政府只是通过制定规划、协调、服务以及提供一些财政、物质、技术支持和服务等手段，着重调整农业结构，进一步发展多种经营，大力发展农村金融业、流通业，进一步改善农村的生活环境和文化环境，继续提高农民收入等。

1971～1975年间，韩国农村共新架设了6.5万多座桥梁，各村都修筑了宽3.5m、长2～4km的进村公路，到20世纪70年代后期，除了个别极为偏僻的农村外，全国都实现了村村通车，在改善农村居民生活、生产设施上，取得了极大的成功。同时，通过大力发展特色农产品产业，实施区域开发，建设农产品流通批发市场，推进农村金融业发展，支持农民协同组织等多种措施，农村经济迅猛发展，农村居民收入不断增加。1993年，农村居民的收入已达到城市居民的95.5%，农村中百户彩电拥有率123.6%、电冰箱105%、汽车20.9%、煤气炉100.4%、电话99.9%、计算机6.7%，新村运动在推动城乡统筹协调发展和区域平衡发展中发挥了巨大作用，极大地改善了农村人居环境。

（2）亲环境农业

随着新村运动的开展，农村人居环境改善的同时，也暴露出一些新的问题。例如，农业生产过程中农药、化肥的过度使用，导致生态系统紊乱、土壤和水的污染以及农业环境的持续污染。韩国开始了新一轮的以农村经济与农村环境协调发展为核心的运动，即亲环境农业运动。

韩国亲环境农业发展大致经历了几个过程。

首先是制定专门法律。1997 年 12 月，颁布《环境农业培育法》，2001 年 1 月又修改为《亲环境农业培育法》。该法明确了亲环境农业概念、发展方向以及政府、农民和民间团体应履行的责任。

其次是引进有力的支援制度，目的是使从事亲环境农业的人员受到激励，例如亲环境农产品认证标志制度、亲环境农业直接支付制度。

最后，制定和实施一系列促进计划。韩国政府于 1995 年以《中小农高品质农产品生产支援事业》形式开始支持实践亲环境农业的农民。随后，1996 年 7 月，提出《迈向 21 世纪的农林水产环境政府》，1997 年 3 月，提出《环境农业地区造成事业》促进计划，1998 年 3 月，提出《亲环境农业示范村造成事业》促进计划等。1998 年 11 月，韩国政府宣布亲环境农业元年，并发表元年宣言《亲环境农业培育政府》。随后实施《亲环境农业培育五年计划（2001—2005）》，重视农业基础设施建设，加强农业生态环境标志的制订工作，提倡发展循环型农业，通过示范带动，保证计划的落实。

3.3 制定门类齐全、操作性强的农村环保法规

许多发达国家在保护农村环境时都会及早出台相应的法律法规，制定一系列强制性管理措施，包括法律法规、标准、规范等。美国、德国、挪威、丹麦等国均制定了详细的农村环境保护法律法规。加强对农业生态环境的保护工作，欧盟颁布的水框架指令、硝酸盐指令、污染预防和控制综合指令，美国的最大日负荷计划、《农村清洁水实施计划》，英国的《野生动植物和农村法》（1981 年）采取了引导和自愿两种方式来进行环保。如农业用水污染问题处理办法和具有较高价值的特殊科学试验用地的保护等均采用了引导方式；环境敏感地区行动计划和农村管理工作计划则采用的是自愿方式[8]。法国农业部和环境部要求在硝酸盐污染区严格执行平衡施肥，还针对不同作物制订了详细的肥料禁用时间；丹麦详细确定了不同土壤和不同耕作方式下的氮肥最大施用量；德国、法国、荷兰、丹麦等国尝试了“Cooperative Agreements”（合作协定），动员各种力量参与到农村污染控制中；日本则实行了农产品产地绿色标签制度。

日本非常注重发挥法律法规的约束作用来规范农民农业生产行为。目前，日本在农业生产的各个环节基本配套有相应的法律法规，如《食物、农业、农村基本法》《持续农业法》《农业用地土壤污染防治法》《有机农业促进法》《堆肥品质管理法》《新肥料管理法》《食品废弃物循环利用法》和《农药取缔法》等。这些法律法规通过明确政府部门与农民的农村环保责任和环境友好型生态农业的法律地位，极大地促进了日本环保生态农业的推广[9]。

3.4 采取相对集中的农村环境管理体制

欧美发达国家十分重视农村环境保护的职责划分，对国家政府管理部门和各类研究机构、治理公司，在农村污染防治方面的职责做了明确界定。目前，美国和部分欧盟国家采取了相对集中的农村环境管理体制，例如美国国家环保局是农村环境的统一管理部门，主要职能是帮助农民防治污染，制定农村环境标准，环境立法和执法，开展水质、土壤质量监测，提供监测结果信息；美国环保局还在《联邦食品、药品与化妆品法》和《联邦杀虫剂、杀菌剂与杀鼠剂法》授权下管理农药[10]；美国农业部自然资源保护局赋有部分环保职责，主要是防止农业污染的规划设计和推广、农业水土资源的利用及评估科研机构以及环境综合治理公司，根据政府要求，以公开招标的形式，开展农村污染重大项目的研究、治理和示范工作，项目信息定期提供给农民及社会。农村环境保护相关部门和机构共同形成了污染防治、服务、研究、应用的有机整体。

日本对于农村生态环境的监测和治理，主要实行的是“一部门为主，多部门协助配合”的系列化管理方式[11]。其中，农林水产省全面负责农田水利公共基础设施建设，山林绿化，农用化学药品到农产品质量安全和食品废物循环利用等一切与农村生态环境有关的事务，其他部门给予配合。由于各部门权责明确，日本在农村人居环境治理极少出现由于责权不清晰相互推诿的现象，政府各部门间在农村人居环境治理方面配合顺畅，大大提高了政府对农村人居环境管理的效率。

3.5 实施严格的农村环境监管

欧美国家大多建立了覆盖全国的农村环境监测体系，对农村环境保护的监督管理十分严格。环境监管基础设施建设以及执法、监测研究与开发费用主要来源于政府公共支出。美国政府早在1991年就拨出2.06亿美元专门支持农村水质监测网络建设，对全国3000个农业县的基层农业环境监测技术人员进行了培训，开展全国农村水质状况动态评估[12]。多数欧盟国家也已建成全国农业环境监测网络，欧美国家对环境执法体系建设十分重视，保障了各项环保法规顺利实施。

日本非常注重培养农民对家乡的认同感与开展人居环境保护的责任感，将社会的力量引入环境监管体系。日本在农村现代化过程中，在追求物质文明的同时，也关注精神文明，十分看重市町村民对家乡（或所居住市町村）的认同感。为凝聚人心，引导个人行为，共建和谐家园，日本各市町村普遍制定有经议会讨论通过的市町村章（花、树、鸟）和市町村民宪章。其中，市町村民宪章类似我国各地农村通常讲的乡规民约。经过对先后产生的长野县坂城町（1975年制定）、长野县野泽温泉村（1976年）、东京都三鹰市（1980年）、东京都桧原村（1981年）、东京都奥多摩町（1985年）、神奈川县开成町（1990年）、北海道洞爷湖町（2006年）7份市町村民宪章的解读，可以发现，各种版本的市町村民宪章中均有如下条款，即要求市町村民对大自然要有深深的感恩情怀，要热爱家乡；市町村民要保护环境，重视人与自然的和谐相处等。显然，在自治体内农村企业经营者的行为也要受到市町村民宪章的约束，凡有不利于家乡自然环境保护的行为与举措都会受到市町村民的抵制[13]。

3.6　建立农村污染治理技术从研发到推广服务的全程体系

发达国家十分重视对农村环保实用技术的研发和对农民的指导，将先进科学技术及时应用推广到农村环保领域，例如美国的最佳管理措施（BMP）、以色列的节水农业技术等。美国农业部和环保局，在农业污染防治方面有一支多学科、高技能的技术队伍和服务体系，县级以上农业技术单位负责提供水质、农药、化肥的使用信息和耕作布局以及单项技术资料；县级农业技术单位要直接与农场主打交道，帮助解决现实难题，并选择一些农场作为示范户，对产品安排、品种引进、实用技术进行示范。美国环保局对农药施用者进行严格培训，并发放使用许可证，没有施药资格的人员不得施用农药，到20世纪90年代末期，取得施药许可证的农民和商业性职业施药人员达到100余万人。此外，欧美国家注重通过宣传教育提高公民的环保意识，通常国家会在资金上予以扶持。美国1990年出台《国家环境教育法案》，为大力实施环境教育行动提供了制度保障。

日本在加强农业环境治理技术研发的基础上，注重此类技术的应用推广，缩短农业环境治理技术研发到应用的周期，提高技术对农业和农村环境改善的贡献与效率。日本已经形成了诸如“土壤诊断技术”“高效肥料实用化技术”“残留农药简易诊断技术”“无农药无化肥栽培技术”“侧条施肥技术”“边锁抑制氮肥向水系流失技术”等一大批先进的农村污染治理技术。由于日本政府着力加大上述农业环境治理技术在农业生产中的应用，缩短技术转化周期，环保技术的开发利用对于农村生态环境的治理已颇见成效，如水体污染减少、土壤质量显著提高、有机农业得到大力发展等。

3.7　国外经验对我国的启示

国外具有先进的农村面源污染的治理方法和技术，例如选用抗病虫品种、轮作倒茬、生物覆盖等减少农药和化学肥料的施用量，从而减少农村环境污染。另外，国外完善的环保法律法规及政府职能、相关机构的设立，环保宣传教育普及方式，可持续农业技术的推广方式，农村生活环境的改善，结合政府和农村居民自身降低政府负担等方法都很好地完成了农村环境整治工作，我们可以在借鉴这些先进治理经验的同时结合当地实际情况，为我国农村环境综合整治提供新思路、新方式。

参 考 文 献

[1] 陈文瑞. 国内外环境保护的经验、做法以及给我国的启示 [J]. 中国市场，2016 (12)：168-169.

[2] 王夏晖，张惠远，王波，等. 农村环境保护：国内外的经验、做法与启示 [J]. 环境保护，2009 (06)：24-26.

[3] 裴敬伟. 论农村环境法治实现的路径——来自日本里山里地环境保护机制的启示 [J]. 华中农业大学学报（社会科学版），2014 (04)：17-23.

[4] 刘宇航. 日本经验与中国城乡二元结构下的中国农业环境保护 [D]. 北京：中国农业科学院，2010.

[5] 王夏晖，张惠远，王波，等. 国内外农村环境保护经验总结及其借鉴意义 [J]. 重要环境信息参考. 中国环境规划院，2009，3 (5).

[6] 李建娥. 韩国新农村运动对我市新农村建设的启示 [J]. 考试周刊，2015 (75)：187-193.

[7] 胡瑞建. 基于社会主义新农村背景下我国乡村治理结构研究 [D]. 青岛：中国海洋大学，2012.

[8] 王树义，刘琳. 论我国农村环境保护之法治保障——以立法保护为重点 [J]. 环境保护，2015，43 (21)：43-47.

[9] 王丽娜. 我国农村环境保护的法治研究 [D]. 哈尔滨：东北林业大学，2013.

[10] 张俊哲. 农村环境治理问题研究 [D]. 长春：吉林大学，2012.

[11] 张祥云. 我国农村水污染防治法治研究 [D]. 长沙：中南林业科技大学，2011.

[12] 刘天富. 贵州省农村水污染防治法律对策研究 [D]. 贵阳：贵州民族大学，2016.

[13] 刘安翠. 环境保护法修改背景下的农村环境保护制度完善 [C]. 中国法学会环境资源法学研究会、环境保护部政策法规司. 可持续发展·环境保护·防灾减灾——2012年全国环境资源法学研究会（年会）论文集. 中国法学会环境资源法学研究会、环境保护部政策法规司，2012：6.

第4章　农村环境综合整治技术模式

4.1　农村环境特征与整治类型

4.1.1　整治类型划分的必要性

4.1.1.1　经济发展不平衡

环境整治是高投入、慢回报的项目，需要因地制宜的技术管理手段和充足的资金支持。因此不同地区经济发展程度极大地影响环保策略，而根据不同经济发展程度划片予以不同整治方式十分必要[1]。我国各地区经济发展不平衡，各省份的GDP排名基本呈现南方高于北方、东部高于西部的特征。各省的经济水平某种意义上决定了当地的环境投入，也就确定了环境处理的可行成本，此外经济发展水平对于其他的很多方面都有影响，通常经济较为发达的地区基础设施建设较好；而且百姓的环保意识较强，愿意为改善环境出自己的一份力；政府部门也会更多地考虑环境问题而不是只注重经济效益。

不仅如此，经济发展还与污染类型密切相关，经济水平较高的地区，乡镇企业、大型养殖业就会较为发达，产生的垃圾和污水较多，且工业污染的比例较高。因而对于经济水平差异较为明显的地区，必须分别处理，划分为不同的整治类型并建立针对性的解决方案。

4.1.1.2　农村自然条件多样

我国是一个幅员辽阔的大国，而广大的国土面积也造成了我国自然环境的多样化。不同的气候、多样的地形、丰富的植被种类，共同组合成了我国多样化的自然环境。而不同的自然环境和条件自然也会影响当地农村对于整治技术的选择。例如山地和丘陵地区就无法进行垃圾卫生填埋这种占地面积较大的操作，气候寒冷的北方地区修建人工湿地时就应注意所种植物的抗寒性能。因此根据自然条件划分整治类型并确定不同的方案是十分重要的。

4.1.1.3　农村资源环境不同

农村拥有的资源种类会在很大程度上影响该地区的生产生活方式，进而影响这一地区垃圾和污水的成分。若是这一地区土地质量较高，适合耕种，那么该地区基本会以农业生产为主，因此会产生较多的含氮、磷的农业废水和秸秆等农业废弃物。而若是这一地区拥有丰富的矿产资源，则该地区会更为侧重工矿业的发展，相应地也就会产生更多含有重金属的工业废水以及有毒有害的垃圾。因此，农村的资源环境不同，产生的废水废物成分及其所需的处理工艺也就不同，因而农村的资源环境不同也是我们应当划分整治类型的原因之一[2-4]。

4.1.2 整治类型划分的依据

基于以上分析，我国幅员辽阔，自然、气候分区明显，不同地区生态资源禀赋、经济发展水平和生活生产习惯等区域差异显著，农村环境问题具有明显的区域差异性特征，急需进行分区控制和分类指导。农村生活污染控制和生态建设模式只有针对南方湿润区与北方干旱区、经济发达与欠发达、居住分散和相对集中等不同自然、经济社会条件下的农村环境问题，进行生活污染控制与城乡统筹生态建设成套化技术与运行管理模式的提炼和总结，才能逐步提高技术应用的实效性。

4.1.3 整治类型划分结果及特征

4.1.3.1 结果

首先根据自然气候环境，将全国分为东北、华北、西北、东南、西南、中南六个大致的地区，我们将在后续的章节中详细讨论各地区各类型村庄所采用的废水废物整治的技术模式。由于我国广袤的国土与众多的人口，这样的分类方法并不足以概括全国所有的环境整治方式，我们在此只能基于已有的案例进行分析，然而在实际应用中仍应该本着因地制宜的原则对具体问题进行具体的统筹规划。

4.1.3.2 特征

现对各地区气候特征及农村发展状况做如下简要说明，具体如表 4-1 所列。

表 4-1 我国不同区域农村生产发展和环境问题特征

行政分区	气候特征	发展特征	农村环境问题特征
东北地区	温带湿润、半湿润大陆性季风气候	(1)城镇化程度较低； (2)农业以粮食作物为主； (3)人居分散	(1)农业面源污染形势严峻； (2)畜禽粪便污染呈加剧趋势； (3)农村环保投入严重不足，农村环保力量普遍薄弱
华北地区	典型的暖温带大陆性季风气候	(1)城镇化程度较高； (2)我国粮棉主要产区，农业较发达，生产效率较高； (3)人居相对集中	(1)农村环境“脏、乱、差”，集约化养殖场点源污染； (2)农业面源污染，工业企业、乡镇企业的点源污染； (3)城市生活污染向农村转移，工业污染向农村转移

续表

行政分区	气候特征	发展特征	农村环境问题特征
东南地区	亚热带湿润性季风气候	(1)东部沿海地区城镇率较高； (2)农村产业结构以工业为主； (3)畜牧业养殖品种多样，规模化养殖比重增大	(1)农药化学品污染较重； (2)农村废弃物，秸秆和畜禽养殖污染，造成饮用水水源地污染； (3)乡镇工业污染
中南地区	热带、南亚热带气候	(1)城镇化水平较高； (2)特色农业优势明显； (3)乡镇企业数量大	(1)环境基础设施建设滞后，农业污染源缺乏有效控制； (2)农村生活垃圾和生活污水增多； (3)工业污染加剧．集约化畜禽养殖污染严重
西南地区	东部亚热带季风气候，滇西北部和川西部为青藏高原高寒气候，滇南为热带季风气候	(1)人地矛盾突出； (2)劳务输出较多； (3)畜牧业较发达	(1)水土流失严重，部分地区荒漠化、石漠化的生态问题突出； (2)自然生态环境破坏，土地退化严重； (3)农村环保投入严重不足，农村环保力量普遍薄弱
西北地区	内陆干旱半干旱区，温带大陆性气候	(1)城镇化水平低于全国水平； (2)分布密度低； (3)耕地质量差	水资源异常缺乏，是该地区发展的长期隐患

(1) 东北地区

该地区属温带湿润、半湿润大陆性季风气候。城镇化建设取得阶段性成果。相当数量的小城镇在基础设施建设、城镇功能、镇容镇貌和综合经济实力等方面有了很大进展，且农村产业结构发生变化，农业产业化经营迅速发展。但这一地区农业基础设施还比较薄弱，缺少控制性的大型水利枢纽工程，水资源调配能力不强，洪涝干旱灾害依然严重。商品畜牧业还处在起步阶段，传统的、分散的、粗放的生产方式仍占主导地位，生产水平和经济效益不高。

(2) 华北地区

为典型的暖温带大陆性季风气候。农业商品程度已有很大提高，各类专业市场也有了较大的发展，但在乡村居民日常生活中占主导地位的仍然是传统的定期集市。城镇化的步伐很缓慢。在山区农村的人口分布不均匀，并且规模很小；而平原地区人口较集中。

(3) 西北地区

处于中国西北内陆干旱半干旱区，为温带大陆性气候。城镇化水平低于全国平均水平，分布密度低。且西北地区的水资源异常缺乏，是该地区农业发展的一个长期隐患；虽然土地广袤，但耕地所占比重不高，而且大多数耕地属山地、坡地、小谷地、高原地，耕地质量较差。

(4) 东南地区

属亚热带湿润性季风气候。东南各省乡村产业结构比重差异较大，江浙两省的农村产业结构以工业为主，农业比重只占22%左右，安徽、福建、江西三省则以农业结构为主，农业比重占到50%左右。

（5）西南地区

东部为亚热带季风气候，云南西北部和四川西部为青藏高原高寒气候，云南南部少部分地区为热带季风气候。该地区是我国热带、亚热带经济产品的主要来源地。畜牧业是西南区农村经济的支柱产业，畜牧业收入是农民收入的主要来源，尤其是贫困地区高居80%。该区畜种繁多，农户养殖历史悠久，既有放牧畜牧业，又有农区畜牧业。

（6）中南地区

热带、南亚热带气候。该地区城镇数量逐步增加，城镇化水平逐渐提升。农业生产条件、技术装备和综合生产能力得到持续稳步的提升，产业化经营形成一定规模。但农业发展总体上仍处于传统粗放型发展阶段，农业基础薄弱，耕地资源日益紧缺。

4.2 农村环境综合整治技术模式的集成

本研究从城乡统筹、区域协调的角度，开展了农村生活污染控制和生态建设区域特征研究，根据不同区域农村生活污染特征分析，提出了6套城乡统筹农村生活污染控制与生态建设模式，并根据我国不同地区自然气候分区、生态资源禀赋、经济发展水平和生活生产习惯等区域差异，对农村环境问题进行分区控制和分类指导，提出了适合全国东北、华北、华东、华中、华南、西南、西北七个区域的城乡统筹农村生活污染控制和生态建设模式。

4.2.1 分散型农户庭院式污水处理

（1）污水处理技术工艺

如图4-1所示。

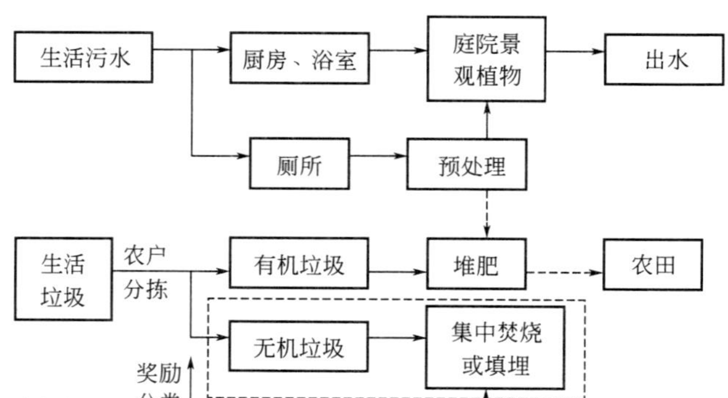

图4-1 分散型农户庭院式污水处理

（2）适用范围

主要适用于人居较为分散（集中接管费用较高），远离城镇，城镇化水平不高的农村地区。布局分散、经济欠发达、交通不便，推行垃圾分类的农村地区，选取有机垃圾与秸秆、农业废物、畜禽粪便等可生物降解物料混合堆肥等资源化利用技术，无法资源化利用的垃圾进行分散式农村垃圾填埋处理模式。

4.2.2 集中型农户生活污水生态处理

（1）污水生态处理技术工艺

如图 4-2 所示。

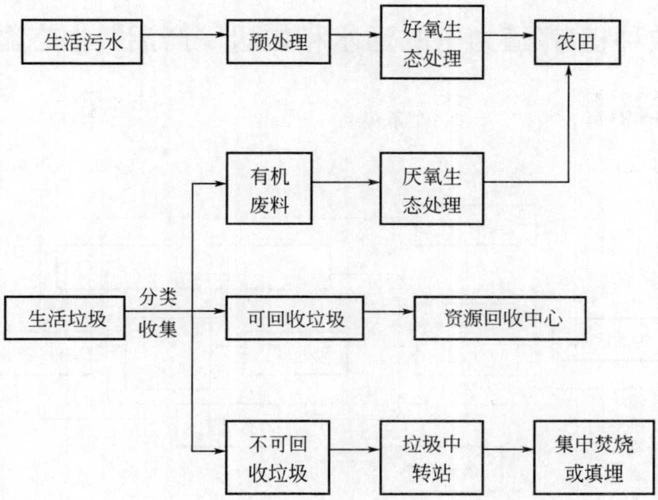

图 4-2 集中型农户生活污水生态处理

（2）适用范围

主要适用于人居较为集中、城镇化水平较高或建成新农村的农村地区。针对中部平原干旱型村庄，以连片村庄为单元建设垃圾处理场，建立可覆盖周边村庄的区域性垃圾转运、压缩设施。

4.2.3 “城乡统筹”的农村污水和垃圾处理

（1）污水和垃圾处理技术工艺

如图 4-3 所示。

（2）适用范围

主要适用于人居较为集中，距中心城镇（集中处理设施）较近，即城市周边 20km 范围以内的村庄，城镇化水平较高的农村地区。生活垃圾通过户分类、村收集、乡/镇转运，纳入县级以上垃圾处理模式。

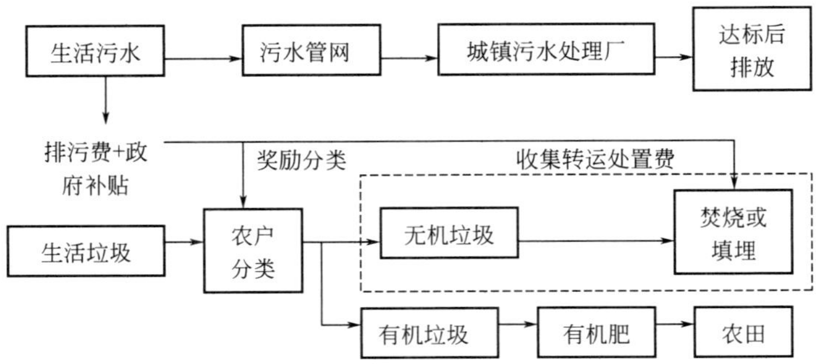

图 4-3　“城乡统筹”的农村污水和垃圾处理模式

4.2.4　以分散种植/养殖为主的污水和垃圾“产沼”生态循环做法

（1）污水和垃圾“产沼”生态循环模式

如图 4-4 所示。

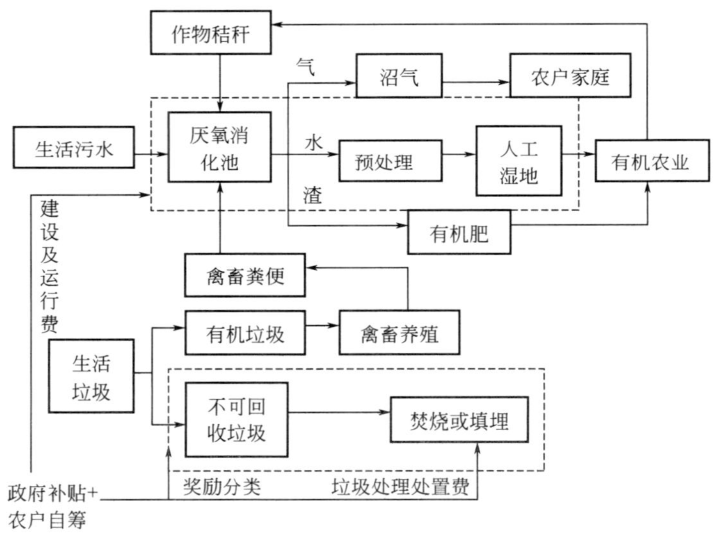

图 4-4　以分散种植/养殖为主的污水和垃圾“产沼”生态循环模式

（2）适用范围

该模式主要适用于产业结构以种植和养殖业为主的农村地区。对于高寒地区不太适用。

4.2.5　以观光农业为主的农村污水和垃圾处理

（1）农村污水和垃圾处理模式

如图 4-5 所示。

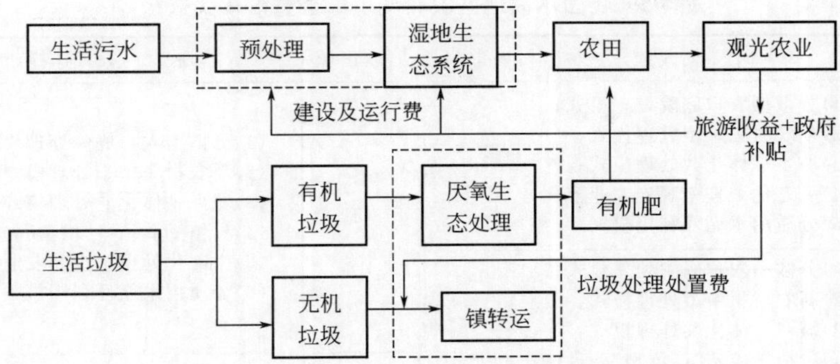

图 4-5 以观光农业为主的农村污水和垃圾处理模式

（2）适用范围

该处理模式主要适用于中心城市的城郊、经济较发达地区的农村地区。

4.2.6 以节水和资源回用为主的农村污水和垃圾处理模式

（1）农村污水和垃圾处理模式

如图 4-6 所示。

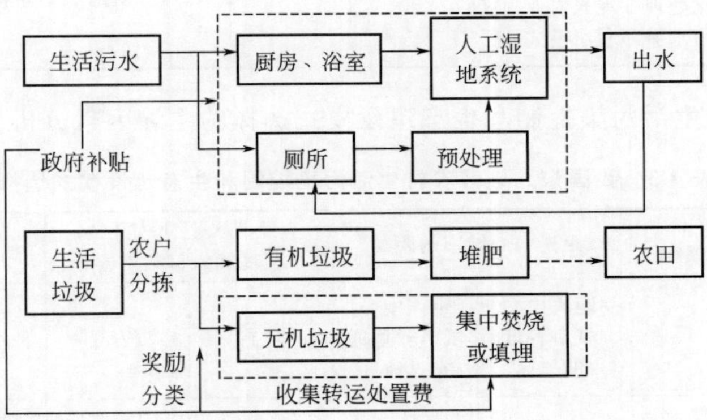

图 4-6 以节水和资源回用为主的农村污水和垃圾处理模式

（2）适用范围

该处理模式主要适用于水资源缺乏的农村地区。

4.3 我国不同地区农村环境综合整治模式选择

本研究将我国不同区域农村环境保护的模式与当地农村环境特点、区域气候特征、生产方式和经济模式相结合，总结提炼出适合七大不同区域的农村环境整治模式，具体如表 4-2 所列。

表 4-2　我国不同地区农村环境综合整治模式选择

行政区域	模式选择
东北地区	(1)分散型农户庭院处理模式； (2)新农村集中型处理模式； (3)城乡一体化共处理模式； (4)生态化处理＋观光农业模式； (5)分质用水循环利用模式
华北地区	(1)分散型农户庭院处理模式； (2)新农村集中型处理模式； (3)城乡一体化共处理模式； (4)种植＋养殖"产沼型"处理模式； (5)生态化处理＋观光农业模式； (6)分质用水循环利用模式
华东地区	(1)分散型农户庭院处理模式； (2)新农村集中型处理模式； (3)城乡一体化共处理模式； (4)生态化处理＋观光农业模式； (5)分质用水循环利用模式
华中地区	(1)分散型农户庭院处理模式； (2)新农村集中型处理模式； (3)城乡一体化共处理模式； (4)种植＋养殖"产沼型"处理模式； (5)生态化处理＋观光农业模式； (6)分质用水循环利用模式
华南地区	(1)分散型农户庭院处理模式； (2)新农村集中型处理模式； (3)城乡一体化共处理模式； (4)种植＋养殖"产沼型"处理模式； (5)生态化处理＋观光农业模式； (6)分质用水循环利用模式
西南地区	(1)分散型农户庭院处理模式； (2)新农村集中型处理模式； (3)城乡一体化共处理模式； (4)种植＋养殖"产沼型"处理模式； (5)生态化处理＋观光农业模式； (6)分质用水循环利用模式
西北地区	(1)分散型农户庭院处理模式； (2)新农村集中型处理模式； (3)生态化处理＋观光农业模式； (4)分质用水循环利用模式

不同地区农村生活污染控制和生态建设模式选择的主导因素分析见表 4-3～表 4-9。

表 4-3　我国东北地区农村生活污染控制和生态建设模式选择

模式选择影响因素 / 模式选择	距离中心城市的距离		经济水平、城镇化程度和人口集中度		产业结构	
	距离中心城市较近的郊区	距离中心城市较远的农村地区	较高	较低	种植业为主	种植和养殖业为主
分散型农户庭院处理模式		√		√	√	√
新农村集中型处理模式	√		√			
城乡一体化共处理模式	√		√			
生态化处理＋观光农业模式	√		√			
分质用水循环利用模式					√	

表 4-4　我国华北地区农村生活污染控制和生态建设模式选择

模式选择影响因素 / 模式选择	距离中心城市的距离		经济水平、城镇化程度和人口集中度		产业结构	
	距离中心城市较近的郊区	距离中心城市较远的农村地区	较高	较低	种植业为主	种植和养殖业为主
分散型农户庭院处理模式		√		√	√	√
新农村集中型处理模式	√		√			

续表

模式选择影响因素 模式选择	距离中心城市的距离		经济水平、城镇化程度和人口集中度		产业结构	
	距离中心城市较近的郊区	距离中心城市较远的农村地区	较高	较低	种植业为主	种植和养殖业为主
城乡一体化共处理模式	√		√			
种植＋养殖"产沼型"处理模式						√
生态化处理＋观光农业模式	√		√			
分质用水循环利用模式	√		√		√	

表 4-5　我国华东地区农村生活污染控制和生态建设模式选择

模式选择影响因素 模式选择	距离中心城市的距离		经济水平、城镇化程度和人口集中度		产业结构	
	距离中心城市较近的郊区	距离中心城市较远的农村地区	较高	较低	种植业为主	种植和养殖业为主
分散型农户庭院处理模式		√		√	√	√
新农村集中型处理模式	√		√			
城乡一体化共处理模式	√		√			
生态化处理＋观光农业模式	√		√			
分质用水循环利用模式	√		√		√	√

表 4-6　我国华中地区农村生活污染控制和生态建设模式选择

模式选择影响因素 模式选择	距离中心城市的距离		经济水平、城镇化程度和人口集中度		产业结构	
	距离中心城市较近的郊区	距离中心城市较远的农村地区	较高	较低	种植业为主	种植和养殖业为主
分散型农户庭院处理模式		√		√	√	√
新农村集中型处理模式	√		√			
城乡一体化共处理模式	√		√			
种植＋养殖"产沼型"处理模式						√
生态化处理＋观光农业模式	√		√			
分质用水循环利用模式	√		√		√	√

表 4-7　我国华南地区农村生活污染控制和生态建设模式选择

模式选择影响因素 模式选择	距离中心城市的距离		经济水平、城镇化程度和人口集中度		产业结构	
	距离中心城市较近的郊区	距离中心城市较远的农村地区	较高	较低	种植业为主	种植和养殖业为主
分散型农户庭院处理模式		√		√	√	√
新农村集中型处理模式	√		√			

续表

模式选择影响因素 / 模式选择	距离中心城市的距离		经济水平、城镇化程度和人口集中度		产业结构	
	距离中心城市较近的郊区	距离中心城市较远的农村地区	较高	较低	种植业为主	种植和养殖业为主
城乡一体化共处理模式	√		√			
种植＋养殖“产沼型”处理模式		√				√
生态化处理＋观光农业模式	√		√			
分质用水循环利用模式	√		√		√	√

表 4-8　我国西北地区农村生活污染控制和生态建设模式选择

模式选择影响因素 / 模式选择	距离中心城市的距离		经济水平、城镇化程度和人口集中度		产业结构	
	距离中心城市较近的郊区	距离中心城市较远的农村地区	较高	较低	种植业为主	种植和养殖业为主
分散型农户庭院处理模式	√	√	√	√	√	√
新农村集中型处理模式	√		√			
生态化处理＋观光农业模式	√		√			
分质用水循环利用模式	√	√	√	√	√	√

表 4-9　我国西南地区农村生活污染控制和生态建设模式选择

模式选择影响因素 / 模式选择	距离中心城市的距离		经济水平、城镇化程度和人口集中度		产业结构	
	距离中心城市较近的郊区	距离中心城市较远的农村地区	较高	较低	种植业为主	种植和养殖业为主
分散型农户庭院处理模式		√		√	√	√
新农村集中型处理模式	√		√			
城乡一体化共处理模式	√					
种植＋养殖“产沼型”处理模式		√		√	√	√
生态化处理＋观光农业模式	√		√			
分质用水循环利用模式	√		√		√	√

4.3.1　我国东北地区农村生活污染控制和生态建设管理模式

我国东北地区气候四季分明，冬季严寒，农村经济主要以种植业为主，城镇化程度相对较低，农村人居较分散，畜禽养殖分散。因此，东北地区农村生活污染控制和生态建设要综合考虑气候条件、污染强度和集中度，结合农村生产方式选择合适的模式[5]。

以农户为单元的生态循环农业为核心的农村生活污染控制和生态建设模式较为适应

东北农村生活污染控制和生态建设的现实[6]。

生态循环农业为核心的农村生活污染控制和生态建设模式主要是通过政策引导和扶持农民发展生态循环农业，大力发展绿色农业和有机农业，在农业发展过程中消纳农村生活污水、畜禽粪便、秸秆和部分生活垃圾。以提高农产品品质和农产品附加值来提高农民收入，以保障农民维持该模式的积极性。

东北农村地区冬季较为寒冷，普通生物处理技术难以发挥功效，常规的垃圾堆肥工艺在冬季也难以奏效，加上东北农村以旱厕居多，农村畜禽养殖分散，可以以分散农户为单元，将分离的可堆肥处理的生活垃圾、人畜粪尿和生活污水进行简单的堆置，用于农田。东北农田较为集中，秸秆可以利用机械化操作进行集中还田。

本模式实施的关键在于引导农民恢复农家肥的利用，建立生态循环农业模式。在操作层面上，政府需要加强宣传和引导，协助农户或集体构建有机或绿色食品生产基地。这种模式，投入较低（主要是要建设简易的堆肥装置和部分人工投入），可持续性强，技术上难度不大，关键是让农户恢复原有的生态化生产的模式。

4.3.2 我国华北地区农村生活污染控制和生态建设管理模式选择

我国华北地区是我国主要的粮棉产区之一，水资源相对匮乏，农村经济主要以种植业为主，城镇化程度一般，农村人居相对集中，畜禽养殖分散。华北地区农村经济差异程度大，旱厕较为普遍，庭院地面多为土地。随着新农村建设的发展，经济较发达地区室内卫生设施齐全，庭院地面硬化，水冲厕所普及。

华北地区多为平原地区，村落较为集中，部分山区村落沿河流分散布置，在地下水位较浅、水源保护地和重点流域保护区域严禁采用渗水井、渗水坑等排水方式，防止地下水受到污染。村落排水管渠的布置应根据村落的格局、地形情况等因素来确定。

对于新建农村集中居住区，污水和雨水的收集应实行分流制，通过管道或暗渠收集生活污水进行集中处理后排放，雨水应充分利用地面径流和明渠排至就近的河流或池塘。旧村庄的改扩建，已建合流制管网，可采用截流方式将污水送入处理设施，新建改建部分在污水处理设施前尽可能实行分流制。

以生活污水回用为核心的农村生活污染控制和生态建设模式较为适应华北农村生活污染控制和生态建设的现实。华北地区属严重缺水地区，污水处理应尽量与资源化利用结合。根据华北地区各省市的经济发展水平及环境条件，农村污水处理实用技术包括化粪池、污水净化沼气池、普通曝气池、序批式生物反应器、氧化沟、生物接触氧化池、人工湿地、土地处理、稳定塘等技术。

本模式实施的关键在于结合不同经济发展阶段的农村实际（经济发展水平、地形和自然条件），建立以生活污水回用为核心的农村生活污染和生态建设模式。在操作层面上，政府需要加强宣传和引导，协助农户或集体构建相关配套基础设施的建设和污水处理设施，做好垃圾分类收集体系的日常维护和管理。农村改水改厕（这部分工作在华北部分农村地区已经完成）、生活垃圾分类的设施、收运体系的建立等需要政府加大投入。

4.3.3 我国华东地区农村生活污染控制和生态建设管理模式选择

我国华东地区主要位于长江中下游流域，水资源（水量）相对丰富，经济发达，城镇化程度较高，农村的生产生活方式与传统意义上的农村有很大差异，传统方式的种植和畜禽养殖比例较小。因此，华东地区农村生活污染控制和生态建设要综合考虑自然条件、污染强度和集中度，结合农村生产方式选择合适的模式。

以乡镇为单元的城乡统筹适度集中式农村生活污染控制和生态建设模式较为适应华东地区乡镇企业较发达、城镇化率较高、人居集中的农村生活污染控制和生态建设的现实；以村为单元的城乡统筹适度分散式农村生活污染控制和生态建设模式较为适应华东地区以农业为主，集中式污水管网收集不到的区域农村生活污染控制和生态建设的现实。

以乡镇为单元的城乡统筹适度集中式农村生活污染控制和生态建设模式主要是通过政府投资或通过市场化融资（如 BOT 模式）来引导和扶持集中式治污设施的建立。对资源（水资源）进行分质有偿使用，通过集中治污设施的自身“造血”功能（根据污水水量、水质和处理难度收费）能够实现处理设施的正常运转。

本模式实施的关键在相关配套基础设施的建设，农村生活污水管网的建设、生活垃圾分类的设施、收运体系的建立等需要政府加大投入。此外，加强乡镇企业的环境管理和监督（保证污水处理达标或送至集中式污水处理设施），加强集中治污设施运行过程的监管也是保证该模式有效性的重要保障。因为在实践过程中，有的污水处理厂成了“晒太阳”工程，没有污水可处理，主要原因是管网建设滞后或企业将污水偷排；同时，也有集中式治污设施企业自律性不强，存在处理不达标排放现象。

以村为单元的城乡统筹适度分散式农村生活污染控制和生态建设模式主要是结合当地的自然条件，开展以生活污水经化粪池、前处理后进入人工湿地、土地处理或稳定塘处理达标排放或用于农田灌溉用水。

本模式实施的关键在于相关配套基础设施的建设和污水处理设施、垃圾分类收集体系的日常维护和管理。农村改水改厕（这部分工作在华东大部分农村地区已经完成）、生活垃圾分类的设施、收运体系的建立等需要政府加大投入。

4.3.4 我国华中地区农村生活污染控制和生态建设管理模式选择

我国华中地区地形地貌复杂，包括山地、丘陵、岗地和平原等，湖泊多，河流交错纵横。区域内农村人口数量、农村数目、人口密度均较大，很多行政村位于重要水系（如淮河、长江、洞庭湖等）流域，大量未经任何处理的农村生活污水直排，对水环境影响较大。该地区经济总量在全国处于中等偏下水平，区域内经济发展不平衡，农民生活方式、生活水平差异较大。

华中地区可以秦岭-淮河为界划为秦岭以南和秦岭以北。河南北部风俗习惯属于秦岭以北，用水量较小且经济欠发达。在农村生活污水处理技术选择方面，这些地区农村大部分采用旱厕或有家禽畜养，且村民有利用厩肥施用农田和菜地的习惯，这些农村污水很少外排，其排放的少量污水可考虑采用化粪池或厌氧生物膜反应池进行简单的处理。秦岭以北农村宜选择以生活污水分散处理和垃圾堆肥处理为核心的农村生活污染控制和生态建设模式。

秦岭-淮河以南农村多傍水而建，周围往往有多个池塘，池塘往往成为受纳水体。这些地区可考虑采用好氧生物处理技术、土地处理技术或者利用现有的池塘采用多塘技术。秦岭以南农村宜选择以生活污水土地处理和垃圾堆肥处理为核心的农村生活污染控制和生态建设模式。

4.3.5 我国西北地区农村生活污染控制和生态建设模式选择

我国西北地区气候干旱，平均气温较低，农村居民生活用水量偏少。大部分村庄居民主要使用旱厕，没有淋浴设施。近年来，随着新农村建设的推进，部分经济条件好的村庄的家庭也具有冲水马桶、洗衣机、淋浴间等卫生设施，接近于城市的用水习惯。

西北地区干旱缺水、生态环境脆弱，农村排水系统除了减少随意排放的污水对环境的污染，同时应以充分收集和利用水资源为目标，雨水和生活污水应实行分流排放，生活污水排量集中的区域，应用管网或沟渠收集到污水处理系统，处理后作为灌溉的水源。

西北部地区农户庭院排水应以方便资源化利用为目标，厕所、厨房污水和庭院养殖废水与洗涤废水宜分开收集。厕所、厨余污水和庭院养殖废水需经化粪池或沼气池处理后再进入排水管道。洗涤用水污染物含量较低，滤除较大悬浮物后进入排水管道。

西北大部分区域干旱缺水，日照时间长，生活污水处理应尽量与资源化利用结合，可以选择以新型能源（太阳能、风能）为动力的农村生活污染控制和生态建设模式。由于西北地区农村生活污水排放分散、水质和水量波动大，生活污水处理工艺可以结合当地经济和技术状况选择结构简单、易于维护管理和运行成本低的适用技术，包括污水预处理技术（化粪池、沼气池）、生物处理技术（厌氧生物膜反应器、生物接触氧化、氧化沟）和生态处理技术（人工湿地、稳定塘、土地渗滤）等。

4.3.6 我国西南地区农村生活污染控制和生态建设模式选择

西南地区地跨全国地势第一、二阶梯，地形复杂，主要有横断山区、云贵高原和四川盆地；主要江河有大渡河、雅砻江、金沙江、澜沧江、怒江、长江并有大量的高原湖泊；西南地区气候类型多样，大部分地区属于亚热带、热带季风气候；地形以丘陵、山地、高原和平原为主。西南地区经济在全国处于中下水平；农村人口众多；少数民族众多，是我国少数民族聚集集中的地区，定居了我国近八成的少数民族人口。

独特的自然风光和人文风光使该区域成为自然风光旅游和人文旅游的热点区域。随着近年来经济发展、生活习惯的改变以及旅游业的发展，农村污水总量迅速增长。大量未经处理的生活污水直接排放，引起周边环境的污染，西南地区又是农村水污染控制技术较为薄弱的地区，目前农村污水治理主要集中在经济发达的村落和旅游业发达的村落，大部分地区还没有开展农村污水治理工作。对于旅游区或小的聚居村落可以选择以生活污水一体化处理装置为核心的农村生活污染控制和生态建设模式。对于边远地区和山区，可以根据西南地区的区域特征和水污染控制的特征，农村污水处理技术应选择投资较低、运行费用较低、便于运行管理的技术，并综合考虑污水治理与利用相结合；在对水环境要求较高的农村，应采用生物生态结合的工艺。村落污水水量大，对周边环境污染严重，应收集处理后再排放。西南地区村落受地形影响，村落一般沿河流、公路等布置，根据当地地形和经济的状况可因地制宜采用合流制或分流制，污水收集宜优先采用分流制，通过管道或暗渠收集处理后排放。西南地区村落宜利用重力自流排水。距离城市较近的村落，经技术与经济比较后，可将村落污水统一收集，就近排入城市排水系统集中处理。

4.3.7 我国华南地区农村生活污染控制和生态建设模式选择

我国华南地区农村经济发达，农民生活水平高，室内卫生设施齐全，水冲厕所普及率高，庭院地面多为水泥地面。华南地区气温较高，发展沼气工程有天然的优势，不少地方也结合国家相关政策资金（农村沼气建设资金："十一五"期间中央累计投入农村沼气建设资金达212亿元）扶持，建设了沼气池。因此，华南地区可以选择以生态农业（沼气化生态农业）为核心的农村生活污染控制和生态建设模式。

关于生活污水处理模式，鉴于华南地区村落布局受河网影响，村落一般沿河流、河浜、水塘分散布置，对于相对集中的居住点，污水收集宜采用分流制，通过管道或暗渠收集处理后排放，并应尽量考虑自流排水；距离中心城镇较近的村落可优先考虑集中纳污至市政污水处理厂。农户污水可由单户修建化粪池或沼气池处理后再收集；也可先收集后再经过化粪池或沼气池处理。

农村生活垃圾可以经过源头分拣，能够资源化利用的进行回收利用，可以堆肥的结合沼气工程进行综合利用。有毒有害垃圾集中收集后安全处置，剩余不能利用无害垃圾可以安全填埋处置。

4.4 农村生活污水处理技术评估与模式选择

4.4.1 农村生活污水性质

农村生活污水指农村居民因日常生活和生产活动排放的废弃水，主要来源包括厨房排水、洗涤排水、洗浴排水和冲厕排水等几种类型；此外，也有部分地区家庭圈养禽畜产生的圈舍粪尿冲洗水（即粪便污水）混入其他生活用水，也可视为农村生活污水来源之一。

(1) 生活污水排水量

农村生活污水水量主要同农村居民用水习惯、经济发展条件有关。除居住较为集中的小城镇外，一般农村人口居住相对分散，因此产生污水量也较小，但不连续，水量时变化系数较大，排水集中于早上和傍晚，白天和夜里排放量较小，除时变化幅度大以外，季节性变化明显，夏季污水排放量远大于冬季。通常生活污水排水量需要根据不同区域实地调查结果确定，在没有调查数据的地区，可采取如下方法确定排水量：洗浴和冲厕排水量可按相应用水量的60%～80%计算；洗涤污水排水量为用水量的70%；厨房排水量如果通过管道排放则一般按用水量的60%计算。通过排放系数确定的污水排放量可作为污水处理设施进水流量设计的参考值。

(2) 生活污水水质

农村生活污水水质因排水类型不同而差异较大，农村生活污水中基本很少含有重金属和有毒有害物质，而有机物和氮、磷浓度较高，可生化性一般较好，水质波动较大。实际调查与监测结果表明：厕所污水污染物浓度最高，同时有臭味产生；洗衣第一遍污水和厨房洗刷COD浓度也很高，可高达10000mg/L以上；对TP贡献最大的是厨房的淘米水，其次是含磷洗衣洗涤水；而洗浴、洗澡水相对较干净，各项指标值都较低。

农村生活污水综合排放后的具体水质情况宜根据实地调查结果确定，2010年，住房和城乡建设部颁布了《农村生活污水处理技术指南（试行）》，可参考其取值范围，见表4-10。

表4-10 我国农村生活污水水质范围参考表 单位：mg/L

区域	pH值	SS	COD	BOD_5	NH_3-N	TP
东北地区	6.5～8.0	150～200	200～450	200～300	20～90	2.0～6.5
华北地区	6.5～8.0	100～200	200～450	200～300	20～90	2.0～6.5
西北地区	6.5～8.5	100～300	100～400	50～300	30～50	1.0～6.0
西南地区	6.5～8.0	150～200	150～400	100～150	20～50	2.0～6.0
中南地区	6.5～8.5	100～200	100～300	60～150	20～80	2.0～7.0
东南地区	6.5～8.5	100～200	150～450	70～300	20～50	1.5～6.0

(3) 农村生活污水处理现状及问题

农村生活污水的主要特点是污染面广且分散，生活污水水量和水质有较大的波动。污水成分复杂，水质一般呈弱碱性，悬浮物浓度较高，有机物浓度较低，氮、磷特别是磷含量较高，处理时不仅要消减有机物还要进行脱氮除磷。农村生活污水排放不均匀，日变化系数一般高达3.0～5.0。

我国在农村生活污水治理技术方面的探索已取得一定的成果。但目前的农村生活污水治理试点工程未能充分考虑推广的可能性和路径，存在着明显的项目导向特点，以及重工程轻管理、重技术轻机制、重建设轻运行等现象。在调研过程中发现一些村庄在不同程度上存在着以下问题。

① 由于长期无人负责维护，污水处理效果已明显下降，甚至对周边环境造成了污染，如一些采用人工湿地技术进行生活污水处理的，由于未能及时修剪或更换植物，植

物腐烂在水中造成污染。

② 污水处理设施的运行情况无人监管，如有些村庄由于缺乏长期的资金来源，难以支付日常运行费用，导致处理设施平时基本不运行。

③ 生活污水治理效果无人监督，出水水质没有专业人员进行定期检测，难以对污水处理效果进行评价，如在苏南地区和上海调研的10个村庄中，只有1个村在长达一年多的试运行期间有专业人员长期驻扎，定期监测，运行中出水质量达到了设计标准。

我国农村生活污水处理基础薄弱，治理工作刚刚起步，现行的城市污水处理技术虽然可行，但投资高，运行费用大，管理要求高，因而在农村难以推广使用。大多数村庄都采用集中生活污水处理系统，其管网费用占总费用的1/3以上。与集中处理模式相比，分散处理系统更节约管网费用和日常运行的动力费用（如电费）。对于我国大部分经济水平较低、布局分散、未铺设管网的农村来说，生活污水分散处理系统更具有推广的优势。

4.4.2 农村生活污水处理技术评估

我国从20世纪80年代开始，开展了农村生活污水与分散点污染源处理技术的开发和研制工作，有些无动力或微动力的低能耗型一体化污水处理装置得到应用。此外，还开始采用环境生态工程如土地处理、垂直流或水平流人工构筑湿地、地下渗滤系统、生态沟渠等处理工艺条件研究，以及环境工程如生物法的生物滤池、生物接触氧化处理工艺条件研究，初步形成以环境生态工程为主，以环境工程为辅的处理格局。如表4-11所列。

表4-11 农村生活污水处理适用技术一览表

适用技术	技术参数	去除效率	适用范围
化粪池	污水停留时间宜为12～24h；污泥清淘周期宜为3～12个月。化粪池有效深度≥1.3m，宽度≥0.75m，长度≥1.0m	污染物去除效率COD 40%～50%，SS 60%～70%，动植物油80%～90%，致病菌寄生虫卵≥95%	分散式污水处理系统黑水的预处理（水冲式厕所产生的高浓度粪便污水及家庭圈养禽畜产生的粪尿污水）
沼气池	正常工作气压≤800Pa为宜；平均产气率0.15$m^3/(m^3 \cdot d)$；贮气池容积昼夜产气量50%；最大投料量为沼气池池容的90%	污染物去除效率COD 40%～50%，SS 60%～70%，致病菌寄生虫卵≥95%	分散式污水处理系统（气候温暖地区的黑水预处理）
人工湿地	水力负荷0.033～0.082$m^3/(m^2 \cdot d)$；潜流湿地床层深度0.6～1.0m；水力坡度0.01～0.02，坡向出水一端	污染物去除率COD 40%～60%；BOD 60%～80%；SS 80%～90%；TN 30%～40%；TP 50%～70%	各种规模的污水收集和处理系统的灰水处理。可实行黑、灰水分离且有土地可以利用，最高地下水位大于1.0m的地区
土地渗滤技术	土壤渗透系数达到0.36～0.6m/d；淹水期与干化期比值应小于1，淹水期与干化期比0.2～0.3；渗滤层深度1.5～2m	污染物去除率COD 40%～55%；BOD 55%～75%；SS≥90%；TN 40%～50%；NH_3-N 40%～60%；TP 50%～60%	各种规模的污水收集和处理系统的灰水处理。有渗透性能良好的砂土、砂质土壤或河滩，地下水水位大于1.5m的地区

续表

适用技术	技术参数	去除效率	适用范围
稳定塘	调节池水力停留时间为12～24h；水力停留时间为4～10d；有效水深为1.5～2.5m	污染物去除率COD 50%～65%；BOD 55%～75%；SS 50%～65%；NH_3-N 30%～45%；TN 40%～50%；TP 30%～40%	集中式污水收集系统。经济欠发达、环境要求不高的农村地区；拥有坑塘、洼地的农村
生物接触氧化池	污水停留时间宜为3～4h，填料层高度宜为2.5～3.5m，有效水深宜为3～5m，向池内通入的空气量应满足气水比（5∶1）～（20∶1）	污染物去除率COD 80%～90%，BOD 85%～95%；SS 70%～90%；寄生虫卵≥95个/L；TN 30%～50%，NH_3-N 40%～60%，TP 20%～40%	集中式污水收集系统。处理出水水质要求较高的农村污水处理
脱氮除磷活性污泥法	进水水温12～35℃，进水pH值为6～9，营养组合比为100∶5∶1，总水力停留时间15～30h，需氧量0.7～1.1kg O_2/kg BOD_5，充水比0.30～0.35	污染物去除率COD 80%～90%，BOD 85%～95%，SS 70%～90%	集中式污水收集系统。对于处理出水排入敏感地表水体的地区尤为适用
膜生物反应器	进水pH值宜为6～9。污泥负荷F_w宜为0.1～0.4kg/(kg·d)；MLSS宜为3～10g/L；水力停留时间宜为4～8h	处理后排放浓度：BOD_5≤20mg/L，COD_{Cr}≤60mg/L，SS≤20mg/L，NH_3-N≤15mg/L，TN≤20mg/L，TP≤1mg/L	集中式污水收集系统。经济发达、对处理出水要求较高、排水去向为水源保护区和环境敏感区的地区尤为适用

基于国内外农村水污染控制技术的发展态势和我国农村自然地理条件、社会经济发展水平以及农村水污染状况的差异，我们迫切需要建立科学的农村水污染控制技术政策评估体系和各种技术政策的评估方法，本研究分析确定了技术的技术方向、特点及区域适宜性，明确了农村水污染控制技术评价目标，选取技术、经济、环境指标，建立了农村水污染控制技术评价指标体系，评估处理技术的成熟性、运行的稳定性、操作管理难易程度与区域特点的适配性，开展了共性技术评估。

4.4.2.1 农村生活污水处理技术评估方法

目前本研究已经筛选出一系列农村生活污水处理技术的技术、经济、环境评价指标，并针对当前农村生活污水单项处理技术及复合型处理技术分别建立了一套评价指标体系，并对各种技术进行了初步评价，评价指标体系的合理性及评价结果的科学性有待进一步研究和论证。

（1）技术指标

评价污水处理技术所采用的技术指标主要包括BOD_5、COD_{Cr}、SS、NH_3-N、TP、TN等污染指标的去除率、处理技术的成熟性、运行的稳定性、操作管理难易程度、分期建设性能、对气候的适应性等。

① 污染物处理效率　污染物处理效率是指各污水处理技术对BOD_5、COD_{Cr}、SS、NH_3-N、TP等的去除率。通过污水处理效率分析，可检验出某种污水处理技术对各种污染物的处理能力。

② 技术的成熟性　污水处理技术必须是经过实践检验的、技术成熟的、处理效果能得到保障的技术，不能一味地追求其先进性，而忽视农村的具体实际，应立足适用性来选择农村水污染控制技术。对于技术成熟性指标可用技术开发的年代来定量。

③ 运行的稳定性　运行稳定性是指污水处理技术抗冲击负荷的能力，当进水水质、水量变化时对处理性能的影响及出水水质达标情况。由于农村污水量及进水水质随时间变化的幅度较大，因此，处理技术的运行稳定性就显得格外重要。

④ 操作管理难易程度　操作管理难易程度不同的污水处理技术涉及不同的自控水平及人工管理的复杂程度。自控要求的高低直接影响污水处理厂运行的稳定性、工程投资、员工素质等。自控要求低（定性评价分值高）相对工艺来讲稳定性高，投资省，员工素质要求较低，反之亦然。农村地区经济实力较弱，不宜刻意为实现自控而增加相对过大的投资，宜于采取人工控制和自动控制相结合的方法，使系统关键部位的运行状态处于常时监控状态，并提供简捷可靠的事故处理和安全保障功能。

⑤ 对气候条件的适应能力　在生物处理技术中，水温是影响微生物生长的重要因素。夏季污水处理效果较好，而在冬季净化效果降低，水温的下降是其主要原因。在微生物酶系统不受变性影响的温度范围内，水温上升就会使微生物活动旺盛，就能够提高反应速率。此外，水温上升还有利于混合、搅拌、沉淀等物理过程，但不利氧的转移。对生化过程，一般认为水温在 20～30℃时效果最好。如果污水处理技术对气候适应能力强，则气候对处理效率的影响相对就小。对气候条件的适应能力指标可用处理技术对温度的适宜范围来定量。

（2）经济指标

污水处理费用包括技术的一次性投资和建成后的运行成本两部分。项目建设的一次性投资的大小并不直接决定运行成本，但可以对运行费用起很大的影响和作用。建设投资费用主要包括土地（即厂址和搬迁安置）费用、直接建设和安装工程费用、设备费用、管理费用等。运行费用包括人工费、电力和运输费、药剂费、维护费等。

农村地区土地资源相对比较丰富，征地费用较低，且可利用许多天然的处理系统，污水处理技术应充分利用这一条件，对于占地指标的要求可适当放宽。占地面积指标可采用各处理技术的占地面积的相对比例来进行定量。

（3）环境指标

① 污泥产量　污水处理过程产生的污泥有栅渣、沉砂池排渣和一沉池、二沉池排泥等。一沉池排出的污泥为生污泥，二沉池排出的为活性污泥。污泥处理的目的主要是减容和稳定化。减容处理主要是通过浓缩、脱水处理，浓缩是采用不同形式的浓缩池降低污泥的含水率，脱水主要是利用带式脱水机、卧式螺旋脱水机等将污泥进一步脱水。未经稳定的污泥，因有机物含量高，极易腐败发臭，尤其是初沉池的污泥，含有大量的病菌、病毒、寄生虫卵，易造成生物性污染和疾病传播。可见，污泥产量越少，对环境的影响越小。

② 运行影响　污水处理的处理设施在污水污泥处理过程中会产生臭气和其他有害气体，如不处理会对环境和人体健康造成危害。处理厂的臭气主要来源于格栅间、污泥处理、厌氧处理和曝气池等，除了臭气物质以外，还有甲烷、挥发性有机物等。美国、日本等发达国家对污水处理厂的臭气都有控制标准，我国已制定恶臭控制标准。因此，应选择产生臭味少、运行噪声小的污水处理技术。

本研究初步建立农村水污染控制技术评价指标体系如表 4-12 所列，在研究过程中将对指标体系进一步修改和完善。

表 4-12 农村水污染控制技术评价指标体系表

一级指标	二级指标	三级指标
经济	工程投资	
	运行费用	
	占地面积	
技术	有机物悬浮物去除率	BOD_5
		COD_{Cr}
		SS
	脱氮除磷效果	TN
		TP
	抗冲击负荷能力	抗水力冲击负荷
		抗污染物冲击负荷
	运行管理	自动化程度
		工艺复杂程度
	技术成熟性	
	对气候变化的适应能力	
环境	污泥产量	
	运行影响	气味
		噪声

本研究采用定性评价方法对目前国内农村生活污水处理技术从经济、技术及环境 3 个方面进行了初步评价。评价结果见表 4-13。

4.4.2.2 各地农村生活污水处理技术评估优秀范例

各地根据其农村自然条件和地理因素，同时结合污水现有处理技术，提出了逐步升级的农村生活污水的处理技术。以下是农村生活污水处理技术的一些优秀范例。

(1) 浙江省逐步升级的农村生活污水的处理技术

1) 农村生活污水处理设施 主要包括基础卫生设施、初级处理设施和深度处理设施。

① 基础卫生设施包括三格式化粪池（仅针对粪尿处理）、渗水井或生态水沟（渠）。

② 初级处理设施包括沼气池、地埋式无动力处理装置、厌氧处理池。

③ 深度处理设施包括一体化组合式生物处理设备、潜流式人工湿地、氧化塘、强化型生态氧化塘、人工载体辅助植物景观型水生态处理系统。

2) 农村水污染治理地区 由于浙江省农村各地区的地理环境、环境现状、功能要求、人民的生活习惯、饮食结构和经济发展水平等方面都存在较大的差别，可实施差别化管理，划分为以下农村水污染治理地区。

① 山区非水源保护地 以实施基础卫生设施建设及改造为主，生活污水实行渗水井排放，有条件的乡村可采用无动力埋地式处理设施或建造人工湿地处理。

表 4-13　农村生活污水处理技术评价表

处理技术	污染物的去除效果			能否去除氮磷	抗冲击性能	运行管理方便性能	节能	污泥减量	占地面积	优点	缺点	适用范围	应用实例
	BOD_5	SS	病原体										
延时曝气	高	高	高	否	好	方便		能	一般	污泥负荷低、曝气时间长、有机物氧化度高、剩余污泥量少	池容大、曝气时间长、基建和运行费用高		
氧化沟	高	高	高	能	好	方便		能	较大	工艺简单,管理方便,投资省,运行费用低,稳定性高,出水水质好	存在污泥膨胀,泡沫、污泥上浮等问题	平原、坡地皆适用,废弃农田、鱼塘及洼地可利用	千岛湖镇富城村污水处理设施
SBR	高	高	高	能	好	较为繁琐		能	较小	处理效果好,适合间歇进水,运行灵活,具有脱氮除磷功能	运行较为烦琐	适用于水资源短缺、土地紧张、间歇性排放的农村地区	
接触氧化	高	高	高	能	好	方便			一般	容积负荷高,对水质水量的骤变适应能力强;剩余污泥量少,不存在污泥膨胀问题,运行管理简便	工艺构筑物繁多,不易管理,运行成本偏高,对污水收集系统要求较高	经济较发达的农村地区	常熟市海虞镇汪桥村
曝气生物滤池	高	高	高	能	好	方便			一般	滤料就地取材,投资少(吨水投资约为 600 元)、运行费用低(吨水运行费用 0.11~0.22 元)、管理简单方便		适用于村庄布局分散、规模较小、地形条件复杂、污水不易集中收集的南方地区	
塔式生物滤池	高	高	高	能	好	方便	节能	能	一般	运行管理简单方便,耐冲击负荷强;污泥产率低	受温度影响较大,滤池填料易发生堵塞,总氮去除效果不显著	适用于经济较发达,人口密集的南方农村地区	苏州市吴中区上林村
MBR	很高	很高	很高	能	好	方便		能	较小	运行管理方便,占地面积小,出水水质稳定,脱氮效果好,泥龄长,动力消耗低			
稳定塘	一般	一般	高	有效果	好	方便	节能		大	基建投资少,能耗、运转费用低、维护简单、出水达到《污水综合排放标准》(GB 8978—1996)的一级排放标准	占地面积大,受气候影响较大,设计或运行管理不当,易造成二次污染	适用于山区、平原、水网区域,无法集中收集污水的农村地区	温州市龙湾区王宅村生态塘系统

续表

处理技术	污染物的去除效果			能否去除氮磷	抗冲击性能	运行管理方便性能	节能	污泥减量	占地面积	优点	缺点	适用范围	应用实例
	BOD_5	SS	病原体										
人工湿地	一般	高	高	有效果	好	方便	节能		较大	高效率、低投资、低运行费（小于0.1元/m^3）、处理量灵活、低能耗、处理效果好	占地面积大[4～6m^2/(m^3·d)]，易受气候、土壤和经济费用等因素限制	可利用空地较多，气候条件适宜的农村地区	东阳江人工湿地净化工程
慢速渗滤	高	高	一般	不稳定	好	方便	节能		较大	投资、运行、能耗省，处理效率高（SS、BOD_5、COD_{Cr}、凯氏氮、TP去除率分别达到42.2%、97.0%、86.9%、90.3%、96.6%），易管理，经济效益明显	受气候和植物限制比较大	适用于土地面积充裕的农村地区	滇池流域、沈阳西部滞洪区慢速渗滤处理
快速渗滤	高	高	高	能	好	方便	节能		较大	投资、运行费用及能耗低，处理效率高（COD_{Cr}、SS、TN、TP去除率分别为91.9%、98%、83.2%、69%），易管理，经济效益明显，抗冲击负荷强，系统稳定性好，应急处理和深度处理可以有机结合，不造成二次污染，不需对污泥做任何处理	占地面积中等，对土质要求较高（通透性能强、活性高，水力负荷大）	适用于土地面积充裕的农村地区	
地表漫流	较好	不高	不高	有效果		方便	节能		较大	投资、运行、能耗省	受气候和植物限制比较大	适用于土地面积充裕的农村地区	
净化槽	高	高	高	能	好	方便	节能		小	占地小，处理效果稳定，操作管理方便	建设和运行成本过高	经济水平较高和污水处理要求较高的地区	太湖流域
沼气净化池	一般	一般	一般	有效果		方便	节能	能	小	占地面积小，运行费用低，可产生一定量沼气	基建投资较大，运行技术要求较高	适用于住户相对集中的农村	永嘉县黄潭村生活污水处理工程

② 水源保护地　排水不直接进入水体的，可采取初步处理设施，如无动力埋地式处理设施，排水可进入农灌渠或经生态水沟（渠）排放。排水直接进入水体的，应采取深度处理设施进行有效处理，出水达到一级标准后排放。一般可建造人工湿地或采用一体化组合式生物处理设备。

③ 沿海及平原地区、水网和一般地区　充分利用现有池塘河道，建设各种强化型氧化塘，建设人工湿地或一体化组合式生物处理设备。经济欠发达地区采用埋地式无动力设施。

④ 海岛　参照山区和沿海平原地区，结合经济能力综合考虑。

浙江省通过实施差别化管理，从2003年开始结合“前村示范万村整治”项目推广农村污水处理工程，到2010年年底，全省开展生活污水治理的行政村覆盖率达45%。

(2) 江苏省简易可行、集中的农村生活污水处理模式

江苏省根据村庄经济能力和布局形态，探索简易可行、集中的农村生活污水处理模式。如建设地下排污管道和污水处理设施，禁止未经无害化处理的污水排放。

苏南地区，可结合居民区集中改造工程，建设有动力污水集中处理设施。

苏中地区，可根据各地经济条件，采取相宜方式开展居民集中居住区生活污水处理工程推广工作。

苏北地区，集镇和新建的居民集中居住区，可发展各种有效的小型污水处理设施，经济条件改善后，再兴建有动力污水集中处理设施。

另外，新建村庄、经济条件较好或地形地貌适宜的村庄，可优先采用如厌氧发酵加人工湿地、小型污水处理设备、生物塘（稳定塘）、生物滤池等集中式处理设施，有些村庄可采用净化沼气池、三格式化粪池等简易设施。

江苏省采取重点区域优先治理的政策，通过采用试点示范的方式，积极推进农村生活污水相对集中处理。截至2009年，累计完成476个农村集居点生活污水处理工程建设，其中将太湖一级保护区内的农村污水处理率提高到70%。

(3) 广东省统一纳管污水处理模式

广东省对省内大型城市周边农村地区采取统一纳管污水处理模式，目前深圳市、珠海市、佛山市、中山市、东莞市5个珠江三角洲城市已在全市范围内基本实现城镇化，所有农村污水已均按照城镇污水要求实现统一收集处理。

总的来说，我国农村污水处理工程依然具有较明显的政府主导、政府包揽的特点，公众参与和市场参与较为缺乏，未能建立起规范化的多元化责任认定和分担机制。例如，浙江在农村污水处理工程的建设成本95%由政府承担，其中，省级财政负担5%，市和县、乡镇级政府负担90%以上，运营费用同样全部由地方政府承担。这种推广模式虽然可以在初期能快速有效推动各区域的处理设施建设，但从长远来看，地方政府承担了过度的责任，很难实现长效持续的发展。其主要问题集中在三个方面：一是易示范难推广，易建设难运营；二是无法形成有效激励，长期效果难以保证；三是区域发展严重不平衡的问题，如广州市农村污水的处理率达到40%，宁波市达到60%，太湖核心区域的农村生活污水处理率达到70%以上，但全国总体农村污水处理率仍处于较低

水平。

4.4.3 农村生活污水处理模式

农村生活污水处理可分为单户分散型、单村集中型、连片集中型等三种处理技术类型，各类型划分按表 4-14 执行。

表 4-14 农村生活污水处理工程类型

工程类型	水量/(m^3/d)	家庭数/户	人口数/人	距离要求
单户分散型	≤4.0	1～10	＜50	就地处理(原位处理)
单村集中型	4.0～200	10～500	50～2500	村村距离＞5km
连片集中型	＞200	＞500	＞2500	村村距离＜5km

注：分散型、集中型主要用距离要求区分，不能以水量、家庭数及人口数区分。

4.4.3.1 分散型农村生活污水出水回灌农田处理工艺

(1) 工艺流程

如图 4-7 所示。

图 4-7 分散型农村生活污水出水回灌农田技术路线

(2) 适用范围

适用于经济条件差的地区；对污水处理要求不高的地区；有消纳沼渣、沼液农田面积的地区。

本技术在我国农村改厕过程中使用较多，经过化粪池或者沼气池处理后的污水可以用来灌溉、施肥。由于其出水中污染物浓度高，因此不宜直接排入村落周边水系。

4.4.3.2 分散型农村生活污水出水达到 GB 18918—2002 二级标准

(1) 工艺流程

如图 4-8 所示。

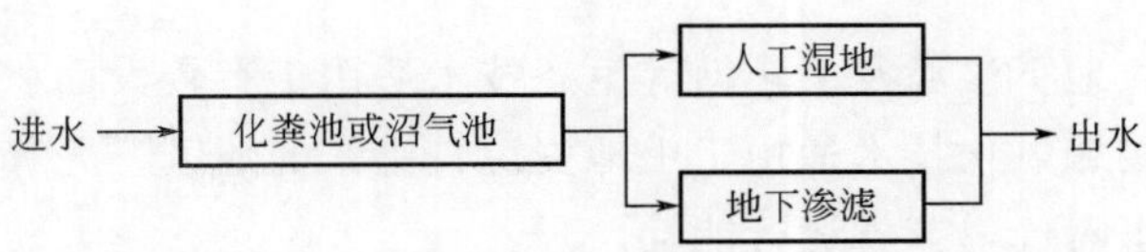

图 4-8 分散型农村生活污水出水达到二级标准技术路线

(2) 适用范围

适用于经济条件一般，有较大面积闲置土地或周边有废旧坑塘的农户。

本技术对于冬季气温较低的华北、东北等地要做好污水处理系统的保温。

4.4.3.3 分散型农村生活污水出水达到 GB 18918—2002 一级 B 标准

(1) 工艺流程

如图 4-9 所示。

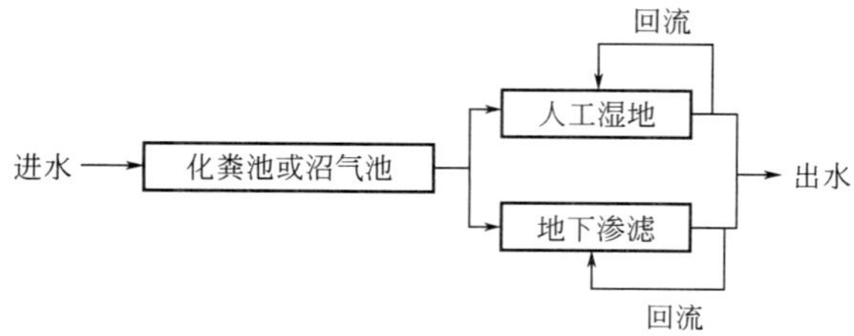

图 4-9　分散型农村生活污水出水达到一级 B 标准技术路线

（2）适用范围

适用于经济条件一般，有较大面积闲置土地或周边有废旧坑塘的农户。本技术路线中，人工湿地或地下渗滤系统出水要回流，其中人工湿地回流比为 1∶3，地下渗滤系统回流比为 1∶1。

本技术对于冬季气温较低的地区要做好污水处理系统的保温。

4.4.3.4　集中型农村生活污水处理工艺出水达到 GB 18918—2002 二级标准

（1）工艺流程

如图 4-10 所示。

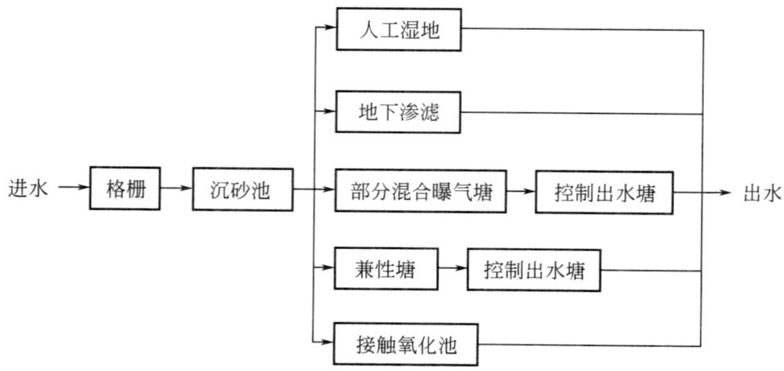

图 4-10　集中型农村生活污水出水达到二级标准技术路线

（2）适用范围

其中人工湿地、地下渗滤及氧化塘等生态技术适用于有较大面积闲置土地或周边有废旧坑塘的地区；接触氧化技术适用于土地资源较紧张的地区，尤其适用于存在地形高差的地区，采用跌水曝气，节省运行能耗。

本技术对于冬季气温较低的地区要做好污水处理系统的保温。

4.4.3.5　集中型农村生活污水出水达到 GB 18918—2002 一级 B 标准

（1）工艺流程

如图 4-11 所示。

（2）适用范围

在保证处理效果的情况下，接触氧化池内的溶解氧浓度宜保持在 2.0mg/L 以上。

本技术对于冬季气温较低的地区要做好污水处理系统的保温。

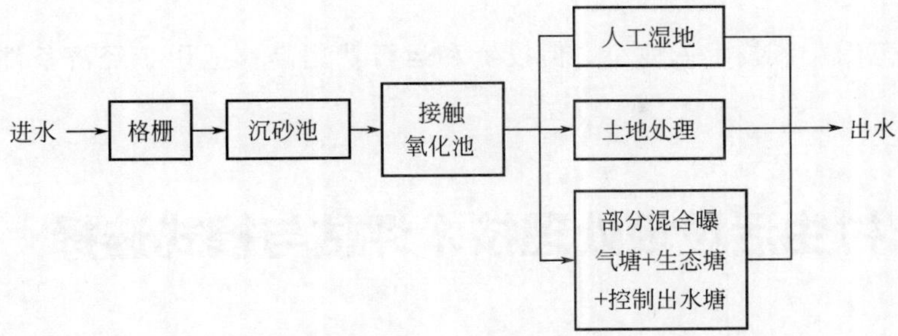

图 4-11 集中型农村生活污水出水达到一级 B 标准技术路线

4.4.3.6 集中型农村生活污水出水达到 GB 18918—2002 一级 A 标准

(1) 生物处理技术+生态处理技术

1) 工艺流程 如图 4-12 所示。

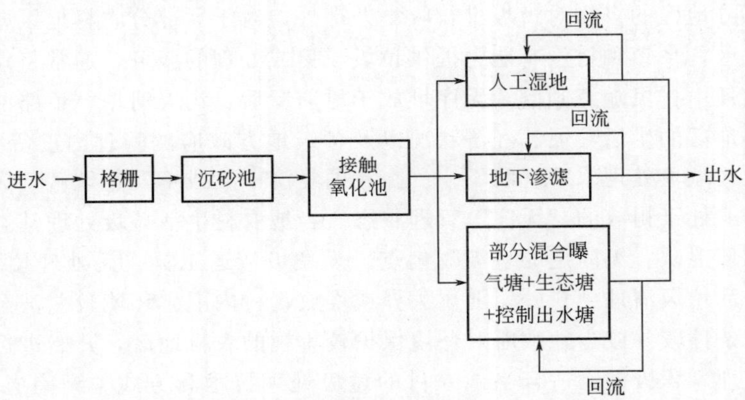

图 4-12 集中型农村生活污水出水达到一级 A 标准技术路线（一）

2) 适用范围 在本污水处理工艺中，人工湿地和地下渗滤系统出水要回流，其中人工湿地回流比为 1∶3，地下渗滤系统回流比为 1∶1。

本技术对于冬季气温较低的地区要做好污水处理系统的保温。

(2) 生物处理技术

1) 工艺流程 如图 4-13 所示。

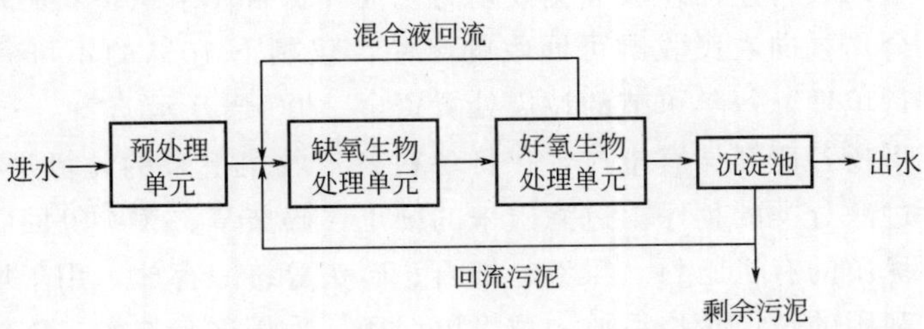

图 4-13 集中型农村生活污水出水达到一级 A 标准技术路线（二）

其中，预处理单元常用技术包括格栅和沉淀池，也可以采用生物预处理单元（如化粪池、沼气池等）。缺氧/好氧生物处理单元技术宜采用生物接触氧化法、SBR 或者氧化沟等技术。

2）适用范围　该技术占地小，但投资和运行费用高；适用于经济条件好、用地紧张的地区。

4.5 农村生活垃圾处理技术评估与模式选择

4.5.1 农村生活垃圾处理现状

长期以来，我国城市生活垃圾的收集处理作为社会公益事业由政府管理，而对于农村生活垃圾，受制于资金、人力、传统观念等因素，政府则缺少专门有效的管理。目前，除了少部分地区的乡村对垃圾进行收集处理外，对于大部分农村地区，尤其是经济较为落后的地区，乡镇和村没有能力提供垃圾收集或处理的服务，通常将垃圾收集后露天堆置，或者任由村民随意倾倒，无序堆放于村前屋后、沟渠河塘、道路两旁。

由于不同地区的生活习惯、经济状况以及各级地方政府的管理力度等方面的不同，目前各地的农村垃圾处理水平现状不一。在我国经济一般或不发达地区，大部分农村的生活垃圾还普遍处于粗放的“无序”管理状态。当地农村生活垃圾处理基本上属于“四无”状态：无环卫队、无固定的垃圾收集点、无垃圾清运工具、无处理垃圾专用场地，村民自行将生活垃圾清理到户外，随意丢弃或堆放，村内卫生环境较差甚至恶劣[7,8]。

某些经济条件较好或当地政府对环境保护较重视的农村地区，开始进行生活垃圾的统一收集、处理，积极探索适合当地农村的垃圾处理技术和方式。湖南省长沙县 2008 年开展生态环境建设和治理，2011 年成立了农村环境综合治理办公室，基本完成了覆盖全乡镇的农村垃圾收集处置体系建设。配发到农户垃圾桶 34991 个，集中居住区垃圾池建设 3689 个；42 个村分别建设了垃圾回购点；每村配发生活垃圾运输车 1 辆，建设垃圾处理中转站 19 座[9,10]，完成收运及处理垃圾 12243t；项目区各乡镇、村均建立了农村环境保洁制度，安排专人负责垃圾清扫、收集与运输；年清运生活垃圾总量 3972t，受益人口 136037 人，生活垃圾无害化处理率达 85%。其中，果园镇于 2009 年成立了全国第一个以农村生活垃圾分类处理为主的环保合作组织，农民自行对有机垃圾进行堆肥处理，合作社向农民收购可回收的废品，仅剩下 10%的不可利用垃圾被送到县里的垃圾场进行填埋，每年可节约垃圾处置资金 2700 余万元。

河北省迁安市杨各庄镇闫官屯村，在将各村各户收集上来的垃圾送往填埋场之前，要经过一道网筛过滤分类的程序。过滤出来的细土、碎柴草、菜叶等回收制成农作物的有机肥料，成为优质的有机肥料。粗渣、细石、砖头等统一存放，用于填坑、修路。废塑料等不可回收利用的垃圾焚烧后放入垃圾填埋场。采用这套技术，该村每年可清运处理垃圾 50t，生产有机肥料 10t，可节省肥料费用 1 万多元，节约垃圾填埋空间 50% 以上。

我国经济较发达地区或大城市的周边农村，如北京、深圳、上海、浙江等地，建立了科学的垃圾管理机制，对农村垃圾进行统一收集、运输和处理。比较有代表性的是“户收集、村集中、镇转运、县（市）集中处理”的城乡一体化的运作模式。这种管理模式取得的实际效果很好，但是处理运输成本比较高，所以目前在广大农村还没有大范围推广。长期以来，我国城市生活垃圾的收集处理作为社会公益事业由政府管理，而对于农村生活垃圾，受制于资金、人力、传统观念等因素，政府缺少专门有效的管理。目前，尤其在经济欠发达的农村地区，推广还存在一定的难度。

浙江省义乌市从2005年开始全面实行城乡垃圾一体化处理，农村环卫服务实行户、村、镇（街道）、市“四级联动”的保洁制度。农户负责自家房前屋后的卫生保洁，垃圾收集到指定容器内，每个农户配置一只垃圾筒；各村配备一名以上的保洁员负责本村垃圾的清扫保洁工作，每个村建有一座垃圾房，垃圾由垃圾筒收集到垃圾房内；镇（街道）主要做好辖区内的环境卫生监督和管理工作，负责将各村垃圾房内的垃圾清运到各镇（街道）垃圾中转站；市环卫处的职能向农村延伸，负责各镇（街道）垃圾中转站内垃圾的清运和处理工作。

2011年，四川省珙县按照“户收集、村保洁、镇清运、县处理”的农村垃圾处理原则，开展城乡环境综合治理，取得了良好的效果：50%的乡镇、90%的村生活垃圾实现了分类无害化处理，全县不可回收垃圾量减少到30%，减量率达70%，不可回收垃圾无害化处理率达100%。

从总体上看，我国大部分农村地区生态环境依然较差，生活垃圾处理问题亟待解决。除了极少数农村地区的生活垃圾能得到妥善处置外，大部分农村生活垃圾没有得到处理或者处理不达标。据有关调查表明，在我国329个城市生活垃圾处理厂中，填埋场占其中的87.5%，垃圾堆肥厂占6.4%，垃圾焚烧厂占6.1%。而在填埋处置中，约有80%以上为简易填埋处置场，这对土壤、水源、大气等造成了严重的影响和潜在的危害。由此可见，我国城市生活垃圾处理尚且存在较严重的问题，农村生活垃圾的处理工作则更是任重而道远[11]。

4.5.2 农村生活垃圾处理适用技术

我国经济快速发展带来了环境污染、人居环境恶化、人体健康受到威胁等问题，至今仍没有得到很好的解决。造成这些问题的重要因素之一是我国农村生活垃圾产量急剧增长，大量垃圾被丢弃或露天堆放，对农村环境造成严重污染，不仅占用土地、破坏景观，而且还传播疾病，影响居民健康。但相关处理技术与配套设施却相对滞后，严重影响了农村生态环境与人居环境质量。因此，农村生活垃圾处理已成为我国农村发展中亟须解决的重大环境问题。目前农村生活垃圾处理处置的方法基本上是填埋、焚烧、堆肥（包括好氧堆肥和厌氧堆肥）3种[12,13]。

4.5.2.1 卫生填埋处置技术

农村生活垃圾的最终处置方法是将经过焚烧或其他方法处理后的残余物送到填埋场进行卫生填埋。

卫生填埋技术是利用天然山谷、低洼、石塘等凹地或平地，经防渗、排水、导气、拦挡、截洪等措施防护处理后，将垃圾分区按填埋单元进行堆放。一系列填埋单元构成一个填埋层，多个填埋层依次升高形成填埋体，填埋体至最终设计标高后，最终覆盖封场。填埋体中通过微生物的活动推动有机物降解，使垃圾稳定。防渗、排水是指在填埋场底部构筑不透水的防水层、集水管、集水井等设施将产生的渗滤液收集排出并进行处理。导气是在填埋体中设置可渗透性排气或不可渗透阻挡层排气设施将产生的填埋气体收集排出。卫生填埋的优点是工程造价和处理费用均较低，产生的填埋气体可回收利用；缺点是占地面积大，稳定时间长，产生的渗滤液浓度高、毒性大而较难处理。

当前，由于填埋的卫生技术标准不断提高，填埋场投资费用和运行成本也随着提高，因而新的垃圾填埋场有向大型化和综合化处理的发展趋势；另外，由于采用了先进的防渗、填埋气体疏导利用及渗滤液达标排放技术，垃圾卫生填埋场的污染控制总体上得到了显著的加强。由于垃圾给环境造成的污染能够通过先进的技术进行控制从而降至最低水平，同时考虑到填埋处理的相对经济性和其他的垃圾处理方式所产生的最终物质必须通过填埋的方式进行消纳，故在未来的几十年里，用卫生填埋的方法处置垃圾仍然是国内外生活垃圾处理的主要手段之一。

农村生活垃圾填埋场选址的影响因素及指标见表 4-15。

表 4-15　农村生活垃圾填埋场选址影响因素及指标

项目	名称	推荐性指标	参考资料
地质条件	岩层深度	＞15m	
	地质性质	页岩，非常细密，均质透水性差	
	地震	0～1 级地区（其他震级或烈度在 4 级以上应有防震、抗震措施）	
	地壳结构	距现有断层＞1600m	
自然地理条件	场址位置	高地、黏土盆地	
	地势	平地或平缓坡地、原则上地形的自然坡度不应大于 5%	
	土壤层深度	＞100cm	
	土壤层结构	淤泥、沃土、黄黏土渗透系数 $K<10^{-7}$cm/s	CJJ 17—2004
	土层排水	较畅通	
水文条件	排水条件	易于排水的地质及干燥地表	CJJ 17
	地表水影响	离河岸距离＞1000m	GB 3838—2002 标准Ⅰ～Ⅴ类
	分隔距离	与湖泊、沼泽相距至少 1000m，与河流相距至少 600m	GB 3838—2002
	地下水	地下水较深地区	GB/T 14848—2017
	地下水水源	具有较深的基岩和不透水覆盖层厚＞2m	GB 5749—2006 GB/T 14848—2017
	水流方向	流向场址	
	距水源距离	距自备饮用水水源＞800m	

续表

项目	名称	推荐性指标	参考资料
气象条件	降雨量	蒸发量超过降雨量10cm	
	暴风雨	发生率较低的地区	
	风力	具有较好的大气混合扩散作用风向下，人口不密集区	
交通条件	距离公用设施	＞25m	
	距离国家主要公路	＞300m	
	距离机场	＞10km	
资源条件	土地利用	与耕地、农田相距＞30m	GB 8172—87
	黏土资源	丰富、较丰富	
	人文环境条件	人口密度较低地区＞500m，离水源地＞10km	CJ 3020—93 GB 5749—2006
	生态条件	生态价值低，不具有多样性、独特性的生态地区	
	使用年限	＞5年	

4.5.2.2　焚烧技术

焚烧处理是一种深度氧化的化学过程，在高温火焰的作用下，焚烧设备内的生活垃圾经过烘干、引燃、焚烧3个阶段将其转化为残渣和气体，可经济有效地实现垃圾减量化、无害化。

焚烧是将垃圾进行人工拣选、破碎、分选等预处理，然后进入焚烧炉，在800～1000℃高温下使垃圾转化为化学性质稳定的无害化灰渣。焚烧工艺可使垃圾体积减小80%～95%，便于填埋处置，并能彻底消灭各种病原体。另外，通过焚烧工艺，可回收热资源。但并不是任何垃圾都可产生热能。发达国家垃圾热值（单位质量垃圾完全燃烧并使反应产物温度回到反应物起始温度时放出的热量）多在9000kJ/kg以上，而我国大多数垃圾热值仅为2000～4000kJ/kg，燃烧困难，有时不得不添加辅助燃料。垃圾焚烧可产生有害气体，特别如剧毒物二噁英类化合物（在炉膛温度＜800℃时会大量产生）。焚烧设备投资大，运转成本高。

我国许多地区人口密度高，特别是东部沿海地区的许多城市，土地资源非常宝贵，焚烧处理已逐步发展成为这些地区生活垃圾处理的重要手段。随着我国经济的发展和人民生活水平的提高，农村生活垃圾中可燃物、易燃物的含量明显增加，气化率高的居住区生活垃圾热值已满足焚烧处理的基本要求，加强分区、分类收集将促进垃圾焚烧的应用。因此我国一些城市，特别是沿海经济发达地区已具备了发展焚烧技术的基础。近几年有许多地区开始进行垃圾焚烧处理的基础研究和应用研究工作，开发了系列小型垃圾焚烧炉，并建成了一批中小型垃圾焚烧厂。

4.5.2.3　堆肥技术

农村生活垃圾中有机组分含量高的垃圾，如厨余垃圾、瓜果皮、植物残体等，可采用堆肥法进行处理。

堆肥是将经分选后的有机垃圾或分类收集的有机垃圾，也有的设计是针对混合生活垃圾，在发酵池或发酵场中堆积，采用机械搅拌或强制通风或自然通风的方法使其高温发酵，杀灭病原体，有机物转化为稳定的腐殖质。堆肥技术的主要优点是稳定时间较填埋法短，可为农业及城市园林绿化提供有机肥料；缺点是对垃圾的有机物含量要求较高，操作过程较复杂，处理费用偏高。

垃圾堆肥处理技术在我国的应用目前还存在一些问题，如专用堆肥设备不过关、二次污染较严重（特别是恶臭）、堆肥过程升温不快（有的堆肥处理厂基本上达不到无害化温度要求和持续高温时间）、堆肥腐熟周期偏长、肥效不高、重金属污染、产品质量低下等。特别是堆肥制品销售有一定风险。目前国内已建成的堆肥厂基本上都处于半停产半运行状况，但是堆肥处理在广大农业型地区仍然有一定的应用前景。

4.5.2.4 热解技术

热解又称干馏、热分解或炭化，是指有机物在无氧或缺氧的状态下加热使之分解的过程。即热解是利用有机物的热不稳定性，在无氧或缺氧的条件下，利用热能使化合物的化合键断裂，由大分子量的有机物转化为小分子量的可燃气体、液体燃料和焦炭的过程。产物主要是可燃的低分子化合物，气态的有 H_2、CH_4、CO；液态的有甲醇、丙酮、醋酸、乙醛等有机物及焦油、溶剂油等；固态的主要有焦炭或炭黑。热解的产物是燃料气及燃料油可再生利用，且易于贮存和运输。

垃圾热解是指垃圾在隔绝或少量供给氧气的条件下，受热后分解为液体油、可燃气体和焦炭三种产品。热解燃料与生物质原料相比，具有能量密度高、易贮运等优点。

但目前垃圾热解气化技术尚存在以下问题。

① 未深入研究和研发适合农村垃圾特点的热解气化技术及其设备。农村有机物含量低、灰土含量高、含水量高、热值低，缺少针对农村生活垃圾研发的分类、处理和资源化利用技术。

② 农村生活垃圾产量不稳定，资源化困难，垃圾分选装置不健全，分选后的垃圾含金属量仍较高。

③ 现有的垃圾热解气化炉运行不稳定。适用于小型化的固定床气化炉由于进料方式的原因，使垃圾热解气化时容易偏烧，比较危险。

④ 垃圾热解产生的焦油处理困难。产生的焦油导致管路堵塞或结焦从而使设备停运，对金属材质的设备和塑料管道有很强的腐蚀作用，也使后续的维护、清理非常复杂。

具体如表 4-16 所列。

表 4-16　农村生活垃圾处理适用技术一览表

适用技术	技术参数	适用范围
简易填埋处置技术	场址应选在工程地质条件稳定的地区，应远离村庄，应特别注意避开地质灾害容易发生的地区；垃圾中包装类垃圾应严格控制在5%以下	炉渣，建筑垃圾、灰土等惰性垃圾填埋
焚烧技术	搅动程度、垃圾含水率、温度和停留时间、燃烧室装填情况、维护和检修	经济条件好，技术先进，用地紧张的地区
热解技术		

续表

适用技术		技术参数	适用范围
好氧堆肥技术	简易(开放)式好氧堆肥资源化利用技术	堆肥腐熟程度根据其颜色、气味、秸秆硬度、堆肥浸出液、堆肥体积来判断。碳氮比25∶1;腐化系数在30%左右;起始含水率50%～60%;含氧量5%～15%;密度350～650kg/m^3	农村生活有机垃圾的村庄集中堆肥或单个农户的庭院堆肥
	密闭式高温好氧堆肥资源化利用技术	改善垃圾颗粒间隙生态微环境的主要方法是控制堆体的碳氮比、含水率、温度、孔隙率等;碳氮比(25∶1)～(40∶1);含水率40%～55%;含氧量16%～18%;温度55～65℃;pH值6.5～7.5。通常一次发酵时间7～15d,二次发酵时间15～30d,整个堆肥周期30～45d	有机垃圾处理处置规模较大时的农村集中式垃圾堆肥
厌氧发酵沼气资源化技术		污泥浓度介于10～30g VSS/L之间,原液pH=6～8,发酵过程有机酸浓度以不超过3000mg/L为佳(以乙酸计)。当池温在20℃以上时,产气率可达0.4m^3/(m^3·d);当池温不低于15℃时,产气率不低于0.15m^3/(m^3·d)	人畜禽粪、秸秆、有机污水、污泥等有机垃圾的集中处置

4.5.3 农村生活垃圾处理技术模式

基于农村地区生活垃圾产生量、消纳以及收运状况，借鉴经验提出针对于我国农村生活垃圾的分类收集管理模式——“分拣-集运-再利用”的农村固体废弃物源头分拣、减量化、无害化、资源化处理模式。

农村生活垃圾处理具体可分为分拣模式、收集模式、转运模式、处理模式4部分。

4.5.3.1 分拣模式

目前，我国大多数农村还没有开展垃圾收集，而少数地区（例如宁夏镇北堡镇）已建立并正在运行农村垃圾收运管理体系和设施，均采用定点混合收集方式，其主要原因考虑到服务时间长、方便村民投放的优点。

故此，建立我国农村“农户分拣—源头分类”模式

（1）“农户分拣—源头分类”模式介绍

在此模式下，依据垃圾类别进行划分分拣，然后根据后续垃圾处理方式优化分类，上门收集和分类设置不同标识垃圾桶相结合，其分类标识采用各种形象化、生动化、具体化、带有颜色卡通的图像从而引导农户正确积极地分拣垃圾，此种模式下，需要提高农户意识，积极主动参与到垃圾分类中。

此种模式具体可以将农村垃圾分为五类：a. 可降解、可生化处理类有机垃圾；b. 渣土、灰土、砖瓦等无机垃圾；c. 废品等类可循环利用的可回收垃圾；d. 家庭有毒有害垃圾；e. 其他垃圾。

（2）“农户分拣—源头分类”模式的优点

采用人工分拣实现源头分流，源头分流的作用主要有两个：一是优化进入堆肥设施的垃圾组分条件，从简化预处理装备和减少处理量两方面节省堆肥的成本；二是分流出的可回收废品进入回收市场，获取资源和经济效益，对垃圾进行减量化。因此，采用此种模式可以实现农村固体废弃物分类的资源化。而该模式的关键步骤是源头分拣，即从垃圾产生的农户开始进行分拣。倘若不从源头上对生活垃圾进行分拣，资源化利用就无从谈起。

具体如表 4-17 所列。

表 4-17 集约化农村固体废弃物分类一览表

属性	种类
有机垃圾	垃圾中适宜于利用微生物发酵处理并制成肥料的物质(包括剩余饭菜、果皮、植物垃圾等易腐物)
无机垃圾	垃圾中比较稳定的、不会对任何环境带来直接或潜在危害的
	包括渣土、煤灰、废陶瓷、贝类等
可回收垃圾	包括下列适宜回收循环使用和资源利用的废物：
	A. 纸类，未严重玷污的文字用纸、包装用纸和其他纸制品等；
	B. 塑料，废容器塑料、包装塑料等塑料制品；
	C. 金属，各种类别的废金属物品；
	D. 玻璃，有色和无色废玻璃制品；
	E. 织物，旧纺织衣物和纺织制品；
	F. 木竹，使用后的木制品和树枝等
有害垃圾	垃圾中对人体健康或自然环境造成直接或潜在危害的物质
	包括废日用小电子产品、废涂料、废灯管、废日用化学品和过期药品等
其余垃圾	单独收集后的剩余垃圾，包括碎纸、地膜等不易回收物品

4.5.3.2 收集模式

根据我国农村固体废弃物中可回收垃圾和其他垃圾的分类收集主体和收集方式有所差异，运行模式建立为以下两种模式。

(1)“废品回收站模式”

农村生活垃圾中可收成分的收集由两大主体来完成，其一是农民，即垃圾产生者；其二是废品回收站。其中，废品回收站是实现可回收垃圾由废物向资源转变的一个关键因素，是连接资源与市场的枢纽。一方面，废品回收站具有前向控制作用，它可以通过价格手段促使农民进行源头细分类，并将分散的可回收资源集聚起来；另一方面，废品回收站具有后向带动作用，它实现了废物的资源化转变，使得可回收垃圾以资源的形式进入生产流通领域，从而带动起新兴产业的发展。

(2)“农村社区自治模式”

首先，在垃圾分类投放环节，由村民相互监督、相互提醒，确保垃圾的正确分类。其次，每个分类收集点的垃圾收集环节，采取“以劳代资”等方式，由该收集点覆盖的村民自行运送到指定的垃圾集中点，农民通过付出劳动减少需缴纳的垃圾处理费，这样不但可以培育农民对垃圾分类收集的认同感和参与意识，促进垃圾的源头削减，而且也可以减少保洁员的人数，降低垃圾收集成本。

1）“乡镇运”——公司化/村委会运作　由镇政府出资并派专门人员负责转运各村收集的垃圾，各镇将垃圾运送到统一地点进行处理。这些转运人员可以由政府委派，也可以委托运输公司进行垃圾转运。

2）“县处理”——资源化、产业化处理　县处理这一环节的发展重点是变废为宝，走垃圾处理产业化道路。由县政府出资建立垃圾焚烧厂或者垃圾发电厂，进行集中无害化处置。除生态堆肥外，当前主要采用卫生填埋和焚烧发电两种。现在农村垃圾可燃物含量明显增加，一般经过分类处理后的垃圾热值能满足垃圾焚烧的要求，垃圾集中焚烧发电虽然建设成本较高，但将是处置的重点发展方向。结合农村实际情况，将垃圾分为无机垃圾、可回收垃圾、有害垃圾和有机垃圾，分类进行收集；成立废品回收站，最大限度地向农户收购可再生废品。

“县处理”——资源化、产业化处理示意如图4-14所示。

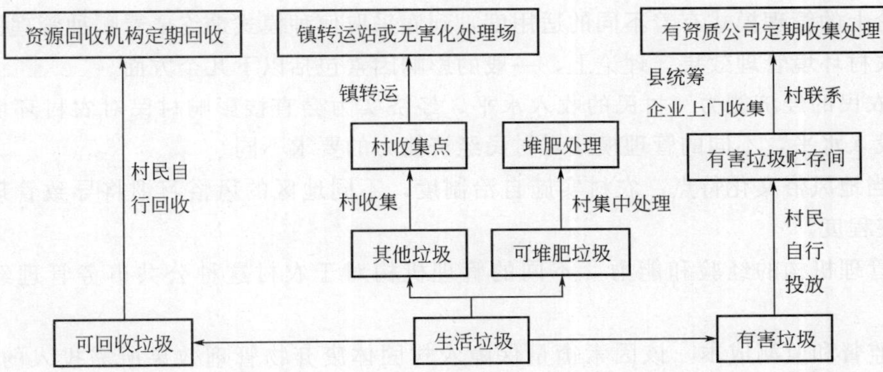

图4-14　“县处理”——资源化、产业化处理示意

4.5.3.3　管理模式

（1）政府直接管理模式

政府直接管理模式主要基于现有的农村环境管理体制，将县一级的政府机构向下延伸到村一级，在村里面设水利站、环保办公室等。政府从村庄手中接管农村环境管理权，派驻行政人员看护管理农村环境，直接通过行政权力及相关手段配置各种资源。例如江苏东海县的“环保轻骑兵”制度和浙江省余姚市所辖乡村的河道管理所制度均属于这种模式。这种“环保轻骑兵”对农村环境治理作用积极。浙江省余姚市成立了河道管理所，村级河道则按照每3～5km配备1名河道管理保洁员的要求，由镇、街道通过聘用人员组建河道管理保洁队伍。2007年，安排农村河道长效管理保洁预算内资金达420万元。

（2）市场（村民自发）管理模式

市场（村民自发）管理模式建立在农民自觉自愿地进行农村环境保护的基础上，通过建立“村规民约”的形式进行农村环境管理。村委会可以规定村民垃圾的放置地点、化肥农药的使用量，筹集资金，组织村民共同清理河道、植树种草等。村委会也可将河流的使用权承包给村民，村民按照规定进行水环境的管理。张家港市的村组河道管理员制度相当具体且具有可操作性。河道管理员均为本地村民，其所管河道的详细名称及河段、长度和联系电话都对外公布。这种做法便于对其工作开展监督，并有助于其他村民向其提供相关河道水环境信息。从江苏靖江的实践看，河道管护的激励机制完善，河道管理员同时就是投资经营者，而投资者一般是本地善于经营者，通过承包河道进行水产养殖或河岸种植，获得经济收益。

（3）合作管理模式

合作管理模式即在农村建立环境管理合作社，合作社作为法人机构与政府签订管理契约，规定合作社开展环境管理的职责范围、目标、资金机制、监督机制等内容。一般而言，所建立的合作社是与村民有着良好关系的组织，可以有效地配置各种资源，实施具体的管理。政府对合作社进行技术指导、资金支持、管理效果监督。目前中国没有严格契约意义上的合作社管理农村环境的例子。

我国农村经济发展情况、产业结构、社会条件、固体废弃物污染状况也有巨大差异。理论上的管理模式有着不同的适用度，到底采取何种模式最终要看哪种管理体制更能改进农村环境管理效果。理论上，一般的影响因素包括以下几个方面。

① 农民的经济能力　村民的收入水平、经济实力会直接影响村民对农村环境保护管理的投入水平，不同的管理模式对村民经济能力的要求不同。

② 当地风俗文化特点　农村实施自治制度，不同地区的风俗习惯将导致管理中不同的冲突程度。

③ 管理机构的经验和能力　不同的管理机构对于农村这种公共事务管理经验及能力。

④ 监督和监测成本　该因素衡量保障农村固体废弃物管理效果所需投入的监督、监测成本。

⑤ 时间有效性　该因素衡量农村水环境管理的见效时间和效果持续时间。

⑥ 内部化优化水平（满意度）　该因素衡量农村水环境管理内部化的成本收益水平，假定内部化的收益既定，即我国农村固体废弃物管理效果既定。因此，这个评价因素主要是考虑内部化成本大小。

我国农村固体废弃物分类管理模式评价如表4-18所列。

表4-18　我国农村固体废弃物分类管理模式评价

影响因素＼管理体制	政府直接管理模式	（市场）村民自发管理模式	合作管理模式
农民的经济能力	基本没要求	有一定要求	基本没要求
当地风俗文化特点	冲突大	冲突小	冲突小
管理机构的经验和能力	不足	很好	比较好
监督和监测成本	很高	很小	比较小
时间有效性	见效比较快 持续时间短	见效比较慢 持续时间长	见效比较快 持续时间长
内部化优化水平（满意度）	不高	比较高	比较高

参 考 文 献

[1] 蓝枫. 因地制宜 统筹推进 农村环境整治 [J]. 城乡建设，2009（6）：57-61.

[2] 陈远思. 农村生活污水治理中分散式污水处理技术的应用探讨 [J]. 化工管理，2017（14）：198-200.

[3] 陈洋. 农村生活污水治理问题及分散式污水处理技术进展 [J]. 当代化工研究，2016（08）：77-78.

[4] 刘秀平. 农村分散生活污水处理的技术进展 [J]. 广州环境科学，2015，30（01）：15-18.

[5] 郭会玲，郭会平，白惠芳. 我国北方农村生态环境综合整治可行性措施初探 [J]. 现代农村科技，2009（18）：56-57.

[6] 李清飞. 农村生活污染物控制技术研究进展 [J]. 中国农村和小城镇水环境治理论坛，2012.

[7] 黄向辉. 论农村生活垃圾的处理方式及其发展 [J]. 资源节约与环保，2018（01）：105-106.

[8] 付成果，梁明超，冯宜鹏，等. 农村生活垃圾处理现状及就近碳化处理问题分析 [J]. 中国农机化学报，2017，38（12）：74-78.

[9] 刘子琳，罗惠莉，吴根义，等. 长沙周边农村生活垃圾处理模式及其影响因素分析 [J]. 湖南农业科学，2017（01）：51-54.

[10] 孙欣栋. 长沙县农村环境保护规划研究 [D]. 长沙：湖南师范大学，2016.

[11] 杜明. 四川省城镇生活垃圾处理处置规划方案初探 [D]. 成都：西南交通大学，2005.

[12] 管冬兴，彭剑飞，邱诚，等. 我国农村生活垃圾处理技术探讨 [J]. 资源开发与市场，2009，25（1）：19-22.

[13] 辛雨菡. 我国农村生活垃圾处理技术分析探究 [J]. 科技与创新，2017（10）：49.

第5章 农村环境综合整治技术标准、规范

5.1 农村环境综合整治技术指导文件现状

我国农村环境保护形势严峻，面临着农村生活污水、生活垃圾、畜禽养殖污染等诸多问题，农村环境污染已经成为制约农村经济社会发展的重要因素。近年来，我国对农村环境保护科学研究的支持力度逐年加大，尤其在污染治理技术和规范化管理方面取得了一定成效，制定实施了一批相关技术文件，为完善农村环保技术管理体系奠定了科研基础[1]。

目前，我国关于农村环境保护综合治理技术指导文件体系，主要包含四个层次技术文件。

第一层次是污染防治技术政策、污染防治最佳可行技术导则，包括《农村生活污染防治技术政策》《农村生活污染最佳可行技术导则》《畜禽养殖污染防治技术政策》《畜禽养殖污染最佳可行技术导则》等。

第二层次是环境污染防治工程、设施运营监督管理技术规范，包括《村庄整治技术规范》《农村生活污染控制技术规范》《畜禽养殖污染治理工程技术规范》《畜禽养殖业污染防治技术规范》等。

第三层次是环境工程技术标准类，包括《畜禽养殖业污染物排放标准》等。

第四层次是管理办法类，包括《中央农村环境保护专项资金环境综合整治项目管理暂行办法》《农村环境综合整治"以奖促治"项目环境成效评估办法（试行）》等。

全国农村环境综合整治技术指导文件体系如表5-1所列。

表5-1　全国农村环境综合整治技术指导文件体系

序号	类别	技术指导文件
1	环境污染防治技术政策(导则)类	《农村生活污染防治技术政策》《农村生活污染最佳可行技术导则》《畜禽养殖污染防治技术政策》《畜禽养殖污染最佳可行技术导则》等
2	环境污染防治技术规范类	《村庄整治技术规范》《农村生活污染控制技术规范》《畜禽养殖污染治理工程技术规范》《畜禽养殖业污染防治技术规范》等
3	污染物排放技术标准类	《畜禽养殖业污染物排放标准》《福建省地方标准-农村村庄生活污水排放标准》等
4	管理办法类	《中央农村环境保护专项资金环境综合整治项目管理暂行办法》《农村环境综合整治"以奖促治"项目环境成效评估办法(试行)》等

我国农村环境综合整治技术大多借鉴城市环境污染治理模式，并针对农村区域特点进行改进，相关技术指导文件的出台，对于我国农村地区的环境污染治理、生态环境保护起了重要作用。自 2000 年以来，针对农村生活污水、生活垃圾、畜禽养殖污染的治理，各级政府发布了多项技术指导文件，规范农村环境综合治理。其中，“十五”期间发布的农村环境综合整治技术指导文件主要包括：国家环境保护总局发布的《畜禽养殖业污染物排放标准》(GB 18596—2001)，规定了全国地区集约化畜禽养殖场和养殖区污染物的排放管理要求，以及这些建设项目环境影响评价等方面的内容；福建省发布的《〈畜禽养殖污染防治管理办法〉实施细则》(闽环保〔2002〕12 号)，明确了辖区内畜禽养殖污染及防治技术规范，从而以法律法规的形式提出了畜禽养殖场管理要求；山东省发布的《畜禽养殖业污染物排放标准》(DB 37534—2005)，规定了集约化畜禽养殖场(区)最高允许排水量、畜禽养殖业废渣无害化、恶臭气体的最高允许日均排放浓度、水污染物最高允许日均排放浓度等标准。“十一五”期间发布的农村环境综合整治技术指导文件主要包括：2006 年，农业部发布的《规模化畜禽养殖场沼气工程设计规范》(NY/T 1222—2006)，对规模化畜禽养殖场沼气工程选址和总体布置、工艺、前处理、厌氧消化和后处理等进行了规定；2008 年，上海针对农村生活污水治理的地域性差异十分明显的问题，专门编制了适合上海市农村特点的《上海市农村生活污水处理技术指南》；住房和城乡建设部 2008 年发布的《村庄整治技术规范》，对村庄整治中的安全与防灾、给水设施、垃圾收集与处理等进行了规范，2010 年组织编制了东北、华北、东南、中南、西南、西北六个地区的农村生活污水处理技术指南(2010 年)。近年来相关部门发布的农村环境综合整治技术主要包括：2011 年，宁夏回族自治区发布的《农村生活垃圾处理技术规范》(DB 64/ T701—2011)、《农村畜禽养殖污染防治技术规范》(DB 64/ T702—2011)、《农村生活污水处理技术规范》(DB 64/ T699—2011)，对农村生活垃圾处理技术和模式、畜禽养殖废弃物处理模式与技术工艺、生活污水处理技术和工艺、生活污水处理设施运行管理维护等进行了规定。

5.2 农村环境综合整治技术指导文件评估

5.2.1 生活污水治理技术指导文件评估

5.2.1.1 国家层面

住房和城乡建设部、环境保护部等部门相继发布了农村生活污水处理技术文件，对农村生活污水处理原则、治理技术、污水处理设施与运营管理等方面进行了规定[2,3]。

(1)《水污染防治行动计划》(国发〔2015〕17 号)

环保部门公布的调查数据显示，2012 年，全国 10 大水系、62 个主要湖泊分别有 31%和 39%的淡水水质达不到饮用水要求，严重影响人们的健康、生产和生活。为切实加大水污染防治力度，保障国家水安全，制订本行动计划。2015 年 4 月 2 日，国务院发布关于印发水污染防治行动计划的通知。

按照“节水优先、空间均衡、系统治理、两手发力”原则，贯彻“安全、清洁、健康”方针，强化源头控制，水陆统筹、河海兼顾，对江河湖海实施分流域、分区域、分阶段科学治理，系统推进水污染防治、水生态保护和水资源管理。坚持政府、市场协同，注重改革创新；坚持全面依法推进，实行最严格的环保制度；坚持落实各方责任，严格考核问责；坚持全民参与，推动节水洁水人人有责，形成“政府统领、企业施治、市场驱动、公众参与”的水污染防治新机制，实现环境效益、经济效益与社会效益多赢，为建设“蓝天常在、青山常在、绿水常在”的美丽中国而奋斗。

到 2020 年，长江、黄河、珠江、松花江、淮河、海河、辽河七大重点流域水质优良（达到或优于Ⅲ类）比例总体达到 70%以上，地级及以上城市建成区黑臭水体均控制在 10%以内，地级及以上城市集中式饮用水水源水质达到或优于Ⅲ类北例总体高于 93%，全国地下水质量极差的比例控制在 15%左右，近岸海域水质优良（一、二类）比例达到 70%左右。京津冀区域丧失使用功能（劣于Ⅴ类）的水体断面比例下降 15 个百分点左右，长江三角洲、珠江三角洲区域力争消除丧失使用功能的水体。

到 2030 年，全国七大重点流域水质优良比例总体达到 75%以上，城市建成区黑臭水体总体得到消除，城市集中式饮用水水源水质达到或优于Ⅲ类比例总体为 95%左右。

（2）农村生活污水处理技术指南

2010 年住房和城乡建设部编制的技术指南分别从区域农村生活污水特征与排放要求、排水系统、农村生活污水处理技术、农村生活污水处理技术选择、农村生活污水处理设施的管理、工程实例 6 个方面给出了具体指导。

各地区农村生活污水处理技术指南在制订的过程中充分考虑了不同区域的农村地区的差异性特征。其中，《东北地区农村生活污水处理技术指南（试行）》涉及的范围主要包括黑龙江省、吉林省、辽宁省和内蒙古自治区大部等。该技术指南主要考虑了本地区农村环境的以下特征：该区域的农村村落规模通常较小，村落间的距离较远；由于地区差异，各地经济发展水平不同；地理、气候与经济发展特征决定冬季低温是影响农村污水处理技术效能的重要因素。

《华北地区农村生活污水处理技术指南（试行）》涉及的范围主要包括北京市、天津市、河北省、山西省、山东省大部、河南省北部和内蒙古局部地区。该技术指南主要考虑了本地区农村环境的以下特征：该地区属严重缺水地区，应实现污水处理与资源化利用结合；为避免污染地下水和地表水，对寒冷地区农村生活污水的处理工艺，采用保温措施，保障污水处理设施在冬季正常运行，在黄、淮、海重点流域采取污水拦截技术减少入河污染物总量。

《东南地区农村生活污水处理技术指南（试行）》涉及的范围主要包括江苏省、上海市、浙江省、福建省、广东省、海南省、山东省南部地区等。技术指南主要考虑了本地区农村环境的以下特征：该地区水系发达、河网、湖泊密布、河流纵横交错，是国家划定的流域污染控制重点区域；目前，江苏、上海、浙江和广东的部分地区已经开展了农村生活污水治理工作，取得了一定的成效；东南地区经济发达，区域内人口密度大，可用作污水处理的土地有限。

《中南地区农村生活污水处理技术指南（试行）》涉及的范围主要包括河南、湖北、湖南、安徽和江西。技术指南主要考虑了本地区农村环境的以下特征：地形地貌复杂，包括山地、丘陵、岗地和平原等，湖泊多，河流交错纵横。区域内农村人口数量、农村数目、人口密度较大，很多行政村位于重要水系流域（如淮河、巢湖、鄱阳湖、洞庭湖等），大量未经任何处理的农村生活污水直排，对水环境影响较大。该地区经济总量在全国处于中等偏下水平，区域内经济发展不平衡，农民生活方式、生活水平差异较大。

《西南地区农村生活污水处理技术指南（试行）》涉及的范围主要包括四川省、云南省、贵州省、重庆市、广西壮族自治区和西藏自治区部分地区。技术指南主要考虑了本地区农村环境的以下特征：地跨全国地势第一、二阶梯，地形复杂，以丘陵、山地、高原和平原为主。气候类型多样，大部分地区属于亚热带、热带季风气候。地区经济在全国处于中下水平，农村人口众多，少数民族众多，是我国少数民族聚集的地区。

《西北地区农村生活污水处理技术指南（试行）》涉及的范围主要包括陕西省、甘肃省、青海省、宁夏回族自治区、新疆维吾尔自治区和内蒙古西部。该技术指南主要考虑了本地区农村环境的以下特征：该地区气候特征属于内陆干旱半干旱区，年平均雨量少，蒸发量大。该区域国土面积较大，农村人口数量多，且居住分散，农村经济基础薄弱，污水处理配套设施和处理能力较落后。

在农村生活污水处理技术的选择上，根据各区域差异性特征选取了化粪池、厌氧生物膜池、污水净化沼气池、普通曝气池、序批式生物反应器、氧化沟、生物接触氧化法、土地渗滤/土地处理、人工湿地、稳定塘、生态滤池、生物浮岛等技术，其中各区域的农村生活处理技术详见表5-2。

表5-2　各地区农村生活污水处理技术汇总表

技术类型	东北地区	华北地区	东南地区	中南地区	西南地区	西北地区
化粪池	√	√	√	√	√	√
厌氧生物膜池	√		√	√		√
污水净化沼气池		√	√		√	√
普通曝气池		√				
序批式生物反应器		√				
氧化沟		√	√	√	√	√
生物接触氧化法	√	√	√	√	√	√
土地渗滤/土地处理	√	√	√	√	√	√
人工湿地	√	√	√	√	√	√
稳定塘	√	√		√		√
生态滤池			√		√	
生物浮岛				√		

（3）《农村生活污水处理项目建设与投资技术指南》

《农村生活污水处理项目建设与投资技术指南》是为防治污染、保护环境、指导农村环境整治工作而制订的，可作为农村环境连片整治项目建设与投资的参考依据。

该技术指南根据人口聚集程度、农村社会经济发展情况、污水排放基础设施建设情况等提出了不同的农村生活污水收集及处理技术模式，并分别给出了农村生活污水收集项目、集中处理项目和分散处理项目的建设内容和投资估算。其中，农村生活污水收集项目主要包括入户管、收集支管、收集干管、含人工格栅和含机械格栅等建设内容及其投资估算。农村生活污水集中处理项主要包括农村集中污水处理厂（站）、大型人工湿地和污泥处理处置等建设内容及其投资估算。农村生活污水分散处理项目主要包括小型人工湿地、土地处理、稳定塘、净化沼气池、小型一体化污水处理装置等建设内容及其投资估算。

（4）《农村生活污染防治技术政策》

《农村生活污水防治技术政策》适用于指导农村居民日常生活中产生的生活污水污染防治的规划和设施建设，并明确了地方人民政府是农村生活污水处理处置设施规划和建设的责任主体。同时对人口密集、经济发达并且建有污水排放基础设施的农村，人口相对分散、干旱半干旱地区、经济欠发达的农村，分散居住的农户等情况给出了生活污水处理的具体模式。

（5）《村庄整治技术规范》

《村庄整治技术规范》对农村生活污水排水设施、排水收集系统、污水处理设施及其运行维护技术等方面给出了具体规定。其中，从雨污合流、雨污分流、有（无）条件纳入城镇污水处理厂等方面对农村生活污水排水设施与排水收集系统建设做出了具体规定；从生活污水处理技术、排水标准等方面对农村生活污水处理设施建设做出了具体规定；从农村生活污水处理设施验收、运行与管理、操作人员培训等方面对农村生活污水处理设施运营维护做出了具体规定。

（6）《农村生活污染控制技术规范》

《农村生活污染控制技术规范》是为指导农村生活污染控制工作，改善农村环境质量，促进新农村建设而制定的，规定了农村生活污染控制的技术要求，适用于指导农村生活污染控制的监督与管理。

对于农村生活污水控制，从黑水和灰水分类治理等方面提出了源头控制技术；从户用沼气建设内容、注意事项、沼液沼渣处理要求等方面规范了户用沼气池技术；主要介绍了人工湿地、土地处理、稳定塘、净化沼气池、小型污水处理装置等低能耗分散式污水处理技术和传统活性污泥法、氧化沟、生物接触氧化法等集中污水处理技术，并对集中污水处理技术污泥处理提出了具体要求等。

（7）《村镇生活污染控制技术规范》

《村镇生活污染控制技术规范》适用于全国范围的村庄（自然村、中心村）和集镇（一般镇、中心镇）的生活污水控制。

该技术规范从减少投资和运行费用、污泥的处理处置等方面介绍了污水集中处理技术，从人工湿地、土地处理、稳定塘的设计注意事项与适用条件等介绍了自然处理技术，从沼气净化池、小型污水处理装置（地埋式）、沼气池等介绍了分散污水处理技术，并根据污水去向规定了村镇生活污水排放标准。

5.2.1.2 地方层面

为防止农村生活污水直接排放引起环境污染，切实改善农村居民生活条件，改变农村村容村貌，规范农村生活污水处理设施设计、建设和运行管理，福建、宁夏、湖北等部分省（自治区、直辖市）编制了农村生活污水治理技术文件，指导本辖区开展农村环境综合整治工作。各地农村生活污水处理技术文件主要存在以下几方面的异同。

① 大多数农村生活污水治理技术文件对农村生活污水处理原则、出水水质和排放要求、排水体制、收集管网、农村生活污水处理技术选取等方面进行了规定。

② 在农村生活污水处理技术选取方面，从技术适用范围、工艺流程、技术原理、技术指标、投资估算等方面进行了介绍。

③ 在农村生活污水排水体制方面，福建、江苏、河南等提出了雨污合流制、雨污分流制的处理方式，并对合流制、分流制具体适用条件进行了规定。对雨水管道、污水管道的铺设条件，管径的选择等方面做出了具体要求。

④ 在农村生活污水处理设施建设与维护管理方面，除江苏和福建外，其他省份尚未对其进行规范，只在农村生活污水处理技术中对各类技术的运营管理进行了界定。其中，江苏农村生活污水处理技术指南从管网建设、人工湿地填料、植物的选择与搭配等方面进行了规定。福建省农村生活污水处理技术指南从污水水质检测、排水系统的维护与管理、散户污水处理设施管理与污水站管理等方面对污水处理设施的运行、维护与管理进行了规定。

5.2.2 生活垃圾治理技术指导文件评估

5.2.2.1 国家层面

环境保护部、国家发展改革委、住房和城乡建设部等部门发布了相关农村生活垃圾处理技术文件，对农村生活垃圾分类与减量、收集与运输、处理处置等方面进行了规定。

(1)《农村生活垃圾分类、收运和处理项目建设与投资技术指南》(征求意见稿)

《农村生活垃圾分类、收运和处理项目建设与投资技术指南》(征求意见稿) 可作为农村生活垃圾分类、收运和处理项目建设与投资的重要参考依据，是供各级环境保护部门、规划和设计单位以及有关用户使用的指导性技术文件。

该技术指南介绍了城乡一体化处理模式、集中式处理模式、分散式处理模式等农村生活垃圾处理模式，从建设内容与投资估算等方面介绍了农村生活垃圾分类、收集、转运、堆肥与资源化处理。

(2)《农村生活污染控制技术规范》

《农村生活污染控制技术规范》从农村生活垃圾分类收集、运输处理模式等介绍了农村生活垃圾收集与转运；主要从填埋处理和堆肥处理两个方面介绍了农村生活垃圾处理工艺，其中从填埋场建设注意事项、防渗处理措施等介绍垃圾填埋工艺；从堆肥技术规范、不同经济条件堆肥场建设标准等方面对堆肥处理工艺进行了规范。

(3)《农村生活污染防治技术政策》

《农村生活污染防治技术政策》对农村生活污染防治技术政策的目的，污染防治目标，污染防治的技术路线、原则和措施等做了详细的阐述。

其中对农村生活垃圾做了以下规定：鼓励生活垃圾分类收集，设置垃圾分类收集容器。对金属、玻璃、塑料等垃圾进行回收利用；危险废物应单独收集处理处置。禁止农村垃圾随意丢弃、堆放、焚烧。城镇周边和环境敏感区的农村，在分类收集、减量化的基础上可通过"户分类、村收集、镇转运、县市处理"的城乡一体化模式处理处置生活垃圾。对无法纳入城镇垃圾处理系统的农村生活垃圾，应选择经济、适用、安全的处理处置技术，在分类收集基础上，采用无机垃圾填埋处理、有机垃圾堆肥处理等技术。砖瓦、渣土、清扫灰等无机垃圾，可作为农村废弃坑塘填埋、道路垫土等材料使用。有机垃圾宜与秸秆、稻草等农业废物混合进行静态堆肥处理，或与粪便、污水处理产生的污泥及沼渣等混合堆肥；亦可混入粪便，进入户用、联户沼气池厌氧发酵。

（4）《村庄整治技术规范》

《村庄整治技术规范》对农村生活垃圾处理原则、垃圾收集与运输以及垃圾处理等方面进行了规定。

其中，对农村生活垃圾收集点的设置、卫生保护措施以及运输过程的注意事项等进行了规定；从垃圾的源头分类处理、集中堆肥处理、沼气池等方面介绍了农村生活垃圾的处理方式。

（5）《农村生活污染控制技术规范》

《农村生活污染控制技术规范》从填埋处理、堆肥处理方面介绍了村镇生活垃圾处理工艺以及村镇垃圾填埋标准等。

5.2.2.2 地方层面

目前，除广东、宁夏等省区外，其他省份尚未制定农村生活垃圾处理技术文件。各地农村生活垃圾处理技术指导文件有待进一步建立。

（1）宁夏

宁夏回族自治区《农村生活垃圾处理技术规范》规定了农村生活垃圾处理的术语和定义、处理模式和处理技术。

本标准从城乡一体化处理模式、集中式处理模式和分散式处理模式三个方面介绍了农村生活垃圾处理的主要技术模式；从农村生活垃圾收集工具与转运设施建设标准、场址选择、辅助工程、运行管理等介绍了农村生活垃圾处理技术；从农村垃圾填埋场的选址要求、防渗工艺、规模、平面布置、辅助工程、工艺设计、运行管理等方面对农村生活垃圾填埋技术进行了规定；从堆肥场的建设标准、场址选择、平面布置、辅助工程、工艺设计与运行管理等方面对农村生活垃圾堆肥技术进行了规定；从厌氧发酵厂的设施建设标准、场地选择、辅助工程、工艺设计与运行管理等方面对农村生活垃圾厌氧发酵产沼技术进行了规定。

（2）广东

《农村生活垃圾收运处理技术指引》将全省农村生活垃圾设施的建设标准分为甲、乙、丙三级，依据城镇化情况、居住人口集中情况、地理位置等将村镇划分为Ⅰ、Ⅱ、Ⅲ三种类型。在农村生活垃圾收运处理建设方面，依据农村生活垃圾建设标准和村镇类型提出了农村生活垃圾收运处理系统分类建设标准。

5.2.3 畜禽养殖污染治理技术指导文件评估

5.2.3.1 国家层面

环境保护部、农业部、住房和城乡建设部等部门发布了相关畜禽养殖污染物处理技术指导文件，对畜禽养殖污染物排放、布局选址、工程技术规范等进行了规定。

(1)《畜禽规模养殖污染防治条例》(国务院令第643号)

《畜禽规模养殖污染防治条例》全文共6章44条，由国务院于2013年11月11日发布，自2014年1月1日起施行。

《畜禽规模养殖污染防治条例》颁布之前，我国还没有国家层面上专门的农业环境保护类法律法规。长期以来，畜禽养殖污染防治监管无法可依，仅有的原环保总局2001年颁布的《畜禽养殖污染防治管理办法》效力有限，无法作为进一步强化环境监管的依据，导致畜禽养殖污染防治设施配套率低，环境管理不到位；此外，部门规章也无法协调更多力量、出台更多的政策措施推动畜禽养殖废弃物水平的提高。另一方面，由于农村生产生活方式的转变、劳动力结构的变化以及国家对化肥使用的补贴等政策，导致畜禽粪肥的应用受到限制，也直接导致了大量畜禽粪便等废弃物资源的浪费，形成污染。《畜禽规模养殖污染防治条例》立法的根本目的，就是要推动畜禽养殖业从加强科学规划布局、适度规模化集约化发展、加强环保设施建设、推进种养结合、提高废弃物利用率入手，提高畜禽养殖业可持续发展能力，提升产业发展水平，提升产业综合效益。

为此，条例以生态文明建设的精神为指导，引领现代农业、生态农业发展，推动产业发展走绿色农业、循环农业和低碳农业的路子，采取全过程管理的思路，对产业的布局选址、环评审批、污染防治配套设施建设等前置环节做出了规定，对废弃物的处理方式、利用途径等环节做出了规定。为推动将综合利用作为防治畜禽养殖污染的根本手段，条例还特设专章对综合利用的激励措施做出了规定，如对污染防治和废弃物综合利用设施建设进行补贴、对有机肥购买使用实施不低于化肥的补贴等优惠政策、鼓励利用废弃物生产沼气以及发电上网等。这些规定，贯彻落实了生态文明制度建设的要求，将从根本上对提高畜禽养殖废物综合利用水平、实现以环境保护促进产业优化和升级、促进实现畜禽养殖产业发展与环境保护的和谐统一提供有力的制度保障。

(2)《畜禽养殖禁养区划定技术指南》

为贯彻落实《畜禽规模养殖污染防治条例》《水污染防治行动计划》，指导各地科学划定畜禽养殖禁养区(以下简称禁养区)，推进畜禽养殖污染防治，引导畜牧业绿色发展，制定该指南。

根据《全国主体功能区划》《全国生态功能区划》(修编版)，综合考虑各区域主体功能定位及生态功能重要性，在与生态保护红线格局相协调前提下，以饮用水水源保护区、自然保护区的核心区和缓冲区、风景名胜区、城镇居民区、文化教育科学研究区等区域为重点，兼顾江河源头区、重要河流岸带、重要湖库周边等对水环境影响较大的区域，科学合理划定禁养区范围，切实加强环境监管，促进环境保护和畜牧业协调发展。

（3）《畜禽养殖业污染物排放标准》

《畜禽养殖业污染物排放标准》用于全国集约化畜禽养殖场和养殖区污染物的排放管理以及这些建设项目环境影响评价，环境保护设施设计、竣工验收及其投产后的排放管理。根据养殖规模，分阶段逐步控制，鼓励种养结合和生态养殖，逐步实现全国养殖业的合理布局。

根据畜禽养殖业污染物排放的特点，本标准规定的污染物控制项目包括生化指标、卫生学指标和感观指标等。为推动畜禽养殖业污染物的减量化、无害化和资源化，本标准规定了废水、恶臭排放标准和废渣无害化环境标准。本标准按集约化畜禽养殖业的不同规模分别规定了水污染物、恶臭气体的最高允许日均排放浓度、最高允许排水量，畜禽养殖业废渣无害化环境标准。

（4）《畜禽养殖污染防治管理办法》

为防治畜禽养殖污染，保护环境，保障人体健康，根据环境保护法律、法规的有关规定，制定《畜禽养殖污染防治管理办法》。

该管理办法对畜禽养殖污染防治主体，新建、改建和扩建畜禽养殖场与污染防治设施建设要求，禁养区的划定，畜禽养殖场污染物排放标准与废弃物综合利用，畜禽废渣运输注意事项以及相关的处罚标准等进行了规定。

（5）《畜禽养殖业污染防治技术政策》

《畜禽养殖业污染防治技术政策》规定了畜禽污染防治的原则、清洁养殖与废弃物收集、废弃物无害化处理与综合利用、畜禽养殖废水处理、畜禽养殖空气污染防治、畜禽养殖二次污染防治、鼓励开发应用的新技术以及设施的建设、运行和监督管理等方面的相关内容。

（6）《农业固体废物污染控制技术导则》

《农业固体废物污染控制技术导则》规定了农业植物性废物、畜禽养殖废物和农用薄膜三种农业固体废物污染控制的原则、技术措施和管理措施等相关内容。

该文件对畜禽养殖产生的固体废弃物污染控制管理做了以下几方面的规定：从推动小规模、散养畜禽养殖向适度规模化、集约化生态养殖模式与生态农业模式结合等方面介绍了减量化技术；从高温好氧堆肥、沼气生产等生物处理和利用方式等方面介绍了资源化技术模式；从避免人畜混居、推广养殖粪便废水处理及重复利用技术方面介绍了畜禽养殖污染控制管理措施。

（7）畜禽养殖业污染防治技术规范

《畜禽养殖业污染防治技术规范》规定了畜禽养殖场的选址要求、场区布局与清粪工艺、畜禽粪便贮存、污水处理、固体粪肥的处理利用、饲料和饲养管理、病死畜禽尸体处理与处置、污染物监测等污染防治的基本技术要求。

该技术规范从禁养区划定，新建、改建与扩建畜禽养殖场址的建设注意事项等方面对畜禽养殖场址选择进行了规定；从养殖场的排水系统，新建、改建与扩建的畜禽养殖场的粪便技术措施等方面对畜禽养殖场区布局与清粪工艺进行了规定；从畜禽养殖场畜禽粪便的贮存设施应远离各类功能地表水体，采取有效的防渗工艺，设置防雨水措施等方面对畜禽粪便的贮存设施进行了规定；同时对畜禽养殖污水、固体粪肥的处理利用等进行了规定。

(8)《畜禽养殖业污染治理工程技术规范》

《畜禽养殖业污染治理工程技术规范》以我国当前的污染物排放标准和污染控制技术为基础，规定了畜禽养殖业污染治理工程设计、施工、验收和运行维护的技术要求与集约化畜禽养殖场（区）污染治理工程设计、施工、验收和运行维护的技术要求。

(9)《规模化畜禽养殖场沼气工程设计规范》

《规模化畜禽养殖场沼气工程设计规范》规定了规模化畜禽养殖场沼气工程的设计范围、原则以及主要参数选取等。

该技术规范适用于新建、改建和扩建的规模化畜禽养殖场沼气工程（参见NY/T 667—2003）的设计。畜禽养殖区沼气工程的设计可参照执行。本规范主要介绍了工程选址和总体布置、工艺、前处理、厌氧消化和后处理等内容。

(10)《农村生活污染防治技术政策》

《农村生活污染防治技术政策》适用于指导农村居民日常生活中产生的生活污水、生活垃圾、粪便和废气等生活污染防治的规划和设施建设。本政策对农村生活污染防治技术政策的目的，污染防治目标，污染防治的技术路线、原则和措施等做了详细的阐述。

其中对畜禽养殖业污染防治做了以下规定：小规模畜禽散养户应实现人畜分离。鼓励采用沼气池处理人畜粪便，并实施“一池三改”，推广“四位一体”等农业生态模式等。

(11)《村镇生活污染防治技术政策》

《村镇生活污染防治技术政策》对畜禽养殖业污染防治做了以下规定：合理配置房屋结构，厨房、畜禽舍、厕所与居室应分隔而建，防止厨房产生的煤烟和烹调油烟进入居室，防止畜禽舍、厕所的臭味等进入居室。以家庭为单位的畜禽养殖应逐步实现人畜分离，未实现人畜分离的畜禽粪便鼓励采用沼气池处理，同时实施“一池三改”，改善家庭环境卫生条件，形成“猪—沼—果”等农业生态模式等。

(12)《村镇生活污染控制技术规范》

《村镇生活污染控制技术规范》规定了村镇生活污染的处理原则和技术政策，阐释了产生村镇生活污染的主要来源，详细制订了相应的控制技术和管理措施。标准内容主要包括防治村镇生活污染的技术原则、村镇生活污水污染控制、村镇生活垃圾污染控制、村镇农业废弃物污染控制、村镇空气污染控制、村镇生活污染管理措施和施工与验收等。

其中对畜禽养殖业污染防治做了以下规定：规模化养殖场，畜禽粪尿可采用厌氧发酵、堆肥处理和饲料加工。结合可再生能源利用，鼓励采用厌氧发酵产沼气技术。小规模养殖场和家庭养殖，畜禽粪尿宜采用沼气池或堆肥处理，沼液、沼渣或堆肥产物可就地农田施用。严格控制家庭散养畜禽数量，提倡适度规模化养殖。做好散养畜禽卫生防疫工作，预防生态污染和疾病传播等。

(13)《农村生活污染控制技术规范》

《农村生活污染控制技术规范》规定了农村生活污染控制的技术要求，主要内容为农村生活污水污染控制、农村生活垃圾污染控制、农村空气污染控制和农村生活污染监督管理措施等。

其中对规模化畜禽养殖做了以下规定：小规模畜禽散养户应实现人畜分离，沼气池建造应结合改圈、改厕、改厨；人畜粪便自流入池，也可采用沼液冲洗入池。采用水冲洗粪便，沼液应有消纳用地。积极开展农村生活污水和垃圾治理、畜禽养殖污染治理等示范工程，解决农村突出的环境问题。以生态示范创建为载体，积极推进农村环境保护。提倡圈养、适度规模化养殖。做好散养畜禽卫生防疫工作，对疾病死亡的家禽、牲畜，应严格按照动物防疫要求执行等。

5.2.3.2 地方层面

为加强畜禽养殖污染防治，浙江、宁夏、广东等省区相继制定了畜禽养殖污染防治技术指导文件。

(1) 浙江

《浙江省畜禽养殖业污染物排放标准》规定了集约化畜禽养殖场、集约化畜禽养殖区最高允许排水量，水污染物、恶臭气体最高允许日均排放浓度，以及畜禽养殖业废渣无害化环境标准。

(2) 广东

《广东省畜禽养殖业污染物排放标准》规定了集约化畜禽养殖场、集约化畜禽养殖区最高允许排水量，水污染物、恶臭气体最高允许日均排放浓度以及畜禽养殖业废渣无害化环境标准。标准对于广东省集约化畜禽养殖场和养殖区污染物的排放管理，环境保护设施设计、竣工验收及其投产后的排放管理等方面有相应的规定。

(3) 宁夏

《农村畜禽养殖污染防治技术规范》规定了农村畜禽养殖污染防治的总体要求、废弃物处理的场址及布局要求、粪污处理模式与工艺选择以及排放要求。对污染治理工艺选择和处理设施建设有明确规定，并结合地区生产生活特点，介绍了应采取的治理技术及其参数和运行管理费用等细则。

我国农村生活污水、农村生活垃圾、畜禽养殖污染防治技术指导文件及适用条件汇总见表5-3。

表5-3 我国村镇环境综合整治技术文件汇总

类别	序号	技术文件名称	适用条件
农村生活污水	1	《农村生活污染防治技术政策》(环发〔2010〕20号)	适用于农村居民日常生活中产生的生活污水等生活污染防治的规划和设施建设
	2	《村庄整治技术规范》(GB 50445—2008)	适用于人口在10000人以下的乡镇、行政村和自然村的生活污染防治及环境管理。可作为村镇生活污水等治理设施环境影响评价、工程设计、工程验收以及运营管理等环节的技术依据
	3	《农村生活污染控制技术规范》(HJ 574—2010)	适用于全国范围的村庄(基层村、中心村)和集镇(一般镇、中心镇)的生活污染控制，县城以外的建制镇亦可参照本标准执行
	4	《东北地区农村生活污水处理技术指南(试行)》	指南作为农村污水处理的技术指导，是可供住房城乡建设部门、设计单位、农村基层组织和其他农村用户使用的农村污水治理指导性技术文件

续表

类别	序号	技术文件名称	适用条件
农村生活污水	5	《华北地区农村生活污水处理技术指南(试行)》	指南作为农村污水处理的技术指导,是可供住房城乡建设部门、设计单位、农村基层组织和其他农村用户使用的农村污水治理指导性技术文件
	6	《东南地区农村生活污水处理技术指南(试行)》	指南作为农村污水处理的技术指导,是可供住房城乡建设部门、设计单位、农村基层组织和其他农村用户使用的农村污水治理指导性技术文件
	7	《中南地区农村生活污水处理技术指南(试行)》	指南作为农村污水处理的技术指导,是可供住房城乡建设部门、设计单位、农村基层组织和其他农村用户使用的农村污水治理指导性技术文件
	8	《西南地区农村生活污水处理技术指南(试行)》	指南作为农村污水处理的技术指导,是可供住房城乡建设部门、设计单位、农村基层组织和其他农村用户使用的农村污水治理指导性技术文件
	9	《西北地区农村生活污水处理技术指南(试行)》	指南作为农村污水处理的技术指导,是可供住房城乡建设部门、设计单位、农村基层组织和其他农村用户使用的农村污水治理指导性技术文件
	10	《农村村庄生活污水排放标准》(DB 64/ T700—2011)	适用于农村生活污水处理设施水污染物的排放管理
	11	《上海市农村生活污水处理技术指南》	用以指导和规范农村生活污水治理实践
	12	《河南省农村环境综合整治生活污水处理适用技术指南(试行)》	指南针对河南省农村环境综合整治中生活污水处理部分进行技术指导,供环境保护部门、设计单位、农村基层组织和其他农村用户使用
	13	《福建省农村生活污水处理技术指南》	指南作为农村污水处理的技术指导,是可供住房城乡建设部门、设计单位、农村基层组织和其他农村用户使用的农村污水治理指导性技术文件
	14	《湖北省农村生活污水处理适用技术指南》	供有关部门和各级农村基层组织参考使用
	15	《农村生活污水处理适用技术指南》(江苏省建设厅)	指南主要内容包括:农村生活污水排放的基本情况、农村生活污水处理、排水系统、农村生活污水处理技术简介、建设与维护管理控制要点、工程应用实例
	16	《农村生活污水处理技术规范》(DB 64/T 699—2011)(宁夏回族自治区)	规范可作为环境行政管理部门、设计单位、农村基层组织和其他农村用水户生活污水处理的技术指导文件
	17	《宁夏回族自治区农村生活污水处理技术指南》	指南可作为环境行政管理部门、设计单位、农村基层组织和其他农村用水户生活污水处理的技术指导文件
农村生活垃圾	1	《农村生活污染防治技术政策》(环发〔2010〕20号)	农村居民日常生活中产生的生活垃圾等生活污染防治的规划和设施建设
	2	《村庄整治技术规范》(GB 50445—2008)	适用于人口在10000人以下的乡镇、行政村和自然村的生活污染防治及环境管理。可作为村镇固体废物等治理设施环境影响评价、工程设计、工程验收以及运营管理等环节的技术依据
	3	《农村生活污染控制技术规范》(HJ 574—2010)	适用于全国范围的村庄(基层村、中心村)和集镇(一般镇、中心镇)的生活污染控制,县城以外的建制镇亦可参照本标准执行
	4	《生活垃圾处理技术指南》(建城〔2010〕61号)	本指南主要对生活垃圾分类与减量、生活垃圾收集与运输、生活垃圾处理与处置、卫生填埋和焚烧处理等生活垃圾处理技术的适用性、卫生填埋场和焚烧厂等生活垃圾处理设施建设技术要求、卫生填埋场和焚烧厂等生活垃圾处理设施运行监管要求做了规定和说明
	5	《农村生活垃圾处理技术规范》(DB 64/ T701—2011)(宁夏回族自治区)	适用于农村生活垃圾处理工程的规划、立项、选址、设计、施工、验收及建成后的运行与管理

续表

类别	序号	技术文件名称	适用条件
农村生活垃圾	6	《江西省农村垃圾无害化处理操作指南(试行)》(赣清洁办字〔2009〕8号)	适用于指导江西省农村垃圾无害化处理
	7	《广东省农村生活垃圾收运处理技术指引》	适用于全省范围农村生活垃圾收集、运输和统一处理系统的应用,是农村生活垃圾收运处理体系建设的技术指导文件
	8	《恩施土家族苗族自治州农村生活垃圾处理技术指南》(恩州环办发〔2010〕51号)	指导该州各地选择适宜的生活垃圾处理技术路线,有序开展生活垃圾处理设施建设
畜禽养殖业污染防治	1	《农村生活污染防治技术政策》(环发〔2010〕20号)	农村居民日常生活中产生的粪便等生活污染防治的规划和设施建设
	2	《村庄整治技术规范》(GB 50445—2008)	适用于人口在10000人以下的乡镇、行政村和自然村的生活污染防治及环境管理。可作为村镇固体废物等治理设施环境影响评价、工程设计、工程验收以及运营管理等环节的技术依据
	3	《农村生活污染控制技术规范》(HJ 574—2010)	适用于全国范围的村庄(基层村、中心村)和集镇(一般镇、中心镇)的生活污染控制,县城以外的建制镇亦可参照本标准执行
	4	《畜禽养殖业污染物排放标准》(GB 18596—2001)	适用于集约化、规模化的畜禽养殖场和养殖区,不适用于畜禽散养户
	5	《畜禽养殖污染防治管理办法》	适用于中华人民共和国境内畜禽养殖场的污染防治
	6	《畜禽养殖业污染防治技术政策》(环发〔2010〕151号)	适用于中华人民共和国境内畜禽养殖业防治环境污染,可作为编制畜禽养殖污染防治规划、环境影响评价报告和最佳可行技术指南、工程技术规范及相关标准等的依据,指导畜禽养殖污染防治技术的开发、推广和应用
	7	《农业固体废物污染控制技术导则》(HJ 588—2010)	适用于指导农业种植、畜禽养殖等产生的固体废物污染控制管理,实现农业固体废物资源化、减量化、无害化
	8	《畜禽养殖业污染防治技术规范》(HJ/T 81—2001)	规定了畜禽养殖场的选址要求、场区布局与清粪工艺、畜禽粪便贮存、污水处理、固体粪肥的处理利用、饲料和饲养管理、病死畜禽尸体处理与处置、污染物监测等污染防治的基本技术要求
	9	《畜禽养殖业污染治理工程技术规范》(HJ 497—2009)	适用于集约化畜禽养殖场(区)的新建、改建和扩建污染治理工程从设计、施工到验收、运行的全过程管理和已建污染治理工程的运行管理,可作为环境影响评价、设计、施工、环境保护验收及建成后运行与管理的技术依据
	10	《规模化畜禽养殖场沼气工程设计规范》(NY/T 1222—2006)	适用于新建、改建和扩建的规模化畜禽养殖场沼气工程(参见NY/T 667—2003)的设计。畜禽养殖区沼气工程的设计可参照执行
	11	《浙江省畜禽养殖业污染物排放标准》	适用于浙江省集约化畜禽养殖场和养殖区污染物的排放管理以及建设项目环境影响评价、环境保护设施设计、竣工验收及其投产后的排放管理
	12	《广东省畜禽养殖业污染物排放标准》(DB44 /613—2009)	适用于广东省集约化畜禽养殖场和养殖区污染物的排放管理,以及建设项目环境影响评价、环境保护设施设计、竣工验收及其投产后的排放管理
	13	《山东省畜禽养殖业污染物排放标准》(DB 37/534—2005)	适用于山东省规模化、集约化畜禽养殖场和养殖区污染物的排放管理,以及建设项目环境影响评价、环境保护设施设计、竣工验收及其投产后的排放管理
	14	《浙江省畜禽养殖场养殖小区备案与养殖档案管理办法》(浙政办发〔2010〕42号)	加强畜禽养殖场、养殖小区管理,推进畜牧业规范化、标准化建设

续表

类别	序号	技术文件名称	适用条件
畜禽养殖业污染防治	15	《福建省畜禽养殖场、养殖小区备案管理办法》(闽政办〔2007〕231号)	规范畜牧业生产经营活动,加强畜禽养殖场、养殖小区管理
	16	《福建省〈畜禽养殖污染防治管理办法〉实施细则》(闽环保然〔2002〕12号)	适用于福建省辖区内畜禽养殖场的污染防治
	17	《辽宁省畜禽养殖场和养殖小区备案管理办法》	管理办法进一步规范畜牧业生产行为,加快推进畜牧业生产方式转变,保障畜产品质量安全,维护畜牧业生产经营者的合法权益,促进畜牧业持续健康发展
	18	《农村畜禽养殖污染防治技术规范》(DB 64/ T702—2011)(宁夏回族自治区)	适用于农村畜禽养殖场(小区、户)(存栏≥10头奶牛单位)污染治理工艺选择和处理设施建设
	19	《阜新市畜禽养殖污染防治管理办法》(阜新市人民政府令第90号)	规定了该市行政区域内畜禽养殖污染防治管理
	20	《杭州市畜禽养殖污染防治管理办法》(杭州市人民政府令第225号)	规定了该市行政区域内畜禽养殖污染防治管理
	21	《淮南市畜禽养殖污染防治管理办法》(淮南市人民政府令第134号)	规定了该市行政区域内畜禽养殖污染防治管理
	22	《无锡市畜禽养殖污染防治管理办法》(无锡市人民政府令第108号)	规定了该市行政区域内畜禽养殖污染防治管理

5.3 农村环境综合整治技术指导文件差异性分析

5.3.1 生活污水治理技术文件

5.3.1.1 文件颁布形式

根据已有的技术文件汇总,我国共有河南省、江苏省、上海市、浙江省、福建省、海南省、湖北省、广西壮族自治区、宁夏回族自治区9个省(市、自治区)颁布了农村生活污水治理技术文件,其中,浙江省以“技术规范”形式发布实施;福建省和宁夏回族自治区分别以“技术规范”“排放标准”“技术指南”形式发布;其他省市区以“技术指南”形式发布实施。

5.3.1.2 农村生活污水计算

(1) 污水产排量

河南省、江苏省、上海市、浙江省、福建省、湖北省、宁夏回族自治区等已颁布实施的农村生活污水治理技术指南(规范)确定的污水产生量主要依据相关文件规定与村民的生活习惯与用水特点等情况确定。如河南省农村地区排水量依据《华北地区农村生活污水处理技术指南》确定；上海市农村生活污水量根据《上海市污水处理系统专业规划》规定污水量标准计算；福建省农村用水量根据《城市居民生活用水量标准》（GB/T 50331—2002）等文件并结合当地居民情况基础上酌情确定。

河南省、江苏省、福建省和浙江省4省以村庄类型对居民生活用水量做出明确确定，按照农村居民类型大致分为3～5类，其用水量范围：经济基础条件好的村庄120～200L/(人·d)，经济基础条件较好的村庄90～130L/(人·d)，经济基础条件一般的村庄80～100L/(人·d)，经济基础条件较差的村庄40～70L/(人·d)。

另外，福建省针对含有畜禽养殖废水的村庄，规定其排水量参照《畜禽养殖业水污染物排放标准》（GB 18596—2001）等文件相关规定执行；浙江省明确了农村居民生活用水定额、畜禽养殖用水定额、住宿用水定额、餐饮用水定额，使得污水水量的确定更加规范。宁夏回族自治区对农村居民生活用水量、污水排放系数、污水排放量做出明确的取值规定。

（2）污水水质

河南省、江苏省、上海市、浙江省、福建省、湖北省、宁夏回族自治区等已颁布实施的农村生活污水治理技术指南（规范）确定的污水水质主要依据相关文件规定、实际监测与村民的生活习惯等情况确定。

其中，江苏省依据《污水综合排放指标》（GB 8978—1996）相关规定确定水质指标；其他省份依据当地实际工程设计水质取值惯例及实际监测等因素确定指标。以上省份在农村生活污水水质指标的选定方面，共同确定了化学需氧量、氨氮、总磷、悬浮物4项指标，其取值范围大致为100～500mg/L、10～65mg/L、1.3～7mg/L、100～200mg/L。其中，宁夏回族自治区以宁夏环境监测中心站监测数据为依据，确定了本辖区范围内沿黄灌溉农业区、中部干旱风沙区、南部山区3个类型农村地区的水质指标，主要有悬浮物、化学需氧量、生化需氧量、氨氮、总氮、pH值、总磷7项指标。

5.3.1.3 排水体制的选择

村庄排水体制的选择应结合当地经济发展条件、自然地理条件、居民生活习惯、原有排水设施以及污水处理和利用等因素综合考虑确定。目前，我国共有江苏省、河南省、福建省、湖北省、浙江省5省份的农村生活污水处理技术文件对农村排水体制进行了明确规定。新建村庄、经济条件较好的村庄，宜选择建设有污水排水系统的不完全分流制或有雨水、污水排水系统的完全分流制。经济条件一般且已经采用合流制的村庄，在建设污水处理设施前应将排水系统改造成截留式合流制或分流制，远期应改造为分流制。

（1）完全分流制

完全分流制具有污水和雨水两套排水系统，污水排至污水处理设施进行处理，雨水通过独立的排水管渠排入水体。

（2）不完全分流制

不完全分流制则只有污水系统而没有完整的雨水系统。污水经污水管道进入污水处理设施进行处理，雨水自然排放。

（3）截留式合流制

截留式合流制是在污水进入处理设施前的主干管上设置截留井或其他截留措施。晴天和下雨初期的雨污混合水输送到污水处理设施，经处理后排入水体；随着雨量增加，混合污水超过截留干管的输水能力后，截留井截留部分雨污混合水直接排入水体。

5.3.1.4 技术工艺选取

目前农村环境综合整治主要采用人工湿地、土地渗滤和生物接触氧化法等技术措施，对生活污水进行处理后达标排放；另外，我国在生态湿地处理农村生活污水方面开展了系统研究，研发了各式各样的人工湿地系统，同时也研究了垂直流、水平潜流、水平表面流湿地的结构和植物、微生物特征及污水净化机制，人工湿地在我国南方温度较高地区可以有效净化农村生活污水，可以与污水处理厂常规工艺组合，有效地消减氮磷营养物，为污水的再生利用提供途径。

在现有发布的农村生活污水处理技术指导文件中，河南省、江苏省、上海市、浙江省、福建省、海南省、湖北省、广西壮族自治区、宁夏回族自治区9个省（市、自治区）提出了人工湿地、稳定塘技术，其中《湖北省农村生活污水处理适用技术指南》对多种处理技术组合适用模式进行探讨；江苏省、福建省结合当地生活污水处理实际情况，提出工程案例说明；《上海市农村生活污水处理技术指南》对农村粪便污水、污泥处理方面规定了相应的要求。

5.3.1.5 农村生活污水处理设施长效管理机制

根据已有的技术文件汇总，江苏、福建、浙江、宁夏等省份对农村生活污水处理设施运营与维护管控要点做出明确规定，主要涉及以下几方面内容：污水处理设施建设要求；污水水质检测；排水系统的维护与管理；污水处理设施的运行、维护与管理。此外，宁夏回族自治区农村生活污水处理技术文件还分别针对稳定塘、人工湿地、土地渗滤系统等不同技术模式长效运行管理机制进行了规定。

从目前国内农村生活污水处理技术指导文件的发布情况来看，除住房和城乡建设部组织编制的东北、西北、华北农村生活污水处理技术指导文件以及宁夏回族自治区发布的农村生活污水处理技术指导文件涉及北方地区农村生活污水处理技术外，尚没有发布针对北方寒冷干旱地区特征的农村生活污水处理技术指导文件。

5.3.2 生活垃圾治理技术文件

（1）文件颁布形式

农村生活垃圾处理技术文件颁布形式主要包括技术规范、技术指南等形式，其中宁夏回族自治区以技术规范形式发布；江西省以技术指南形式发布；广东省以技术指引文件发布；福建省以指导意见形式发布。

（2）技术工艺

依据已有的农村生活垃圾处理技术文件，宁夏、江西等省份对农村生活垃圾工艺技术方面进行了规定，都对厌氧发酵堆肥生产沼气、卫生填埋技术等进行了明确要求。广东省农村生活垃圾处理技术文件对农村生活垃圾分类、收集点选取、中转站建设等方面进行了明确规定。

（3）农村生活垃圾处理处置模式

浙江省、江西省、广东省、福建省等农村生活垃圾处理实施“户分类、村收集、镇运输、县处理”的模式，特别是经济较为发达的地区应用较广泛。但是，对经济落后的偏远乡镇，大多距离城市较远且不具备实施生活垃圾的集中收运条件，因此，易采用因地制宜的垃圾处理模式，推行垃圾集中与分散处理相结合的垃圾处理模式。

（4）农村生活垃圾收集转运模式

针对农村生活垃圾具有高含水率、高有机成分、高混合性、低热值的特点，农村生活垃圾治理技术文件规定了不同的垃圾收运模式。例如江苏、浙江、广东、河南等省份的农村生活垃圾处理技术文件提出在经济发达、农村人口规模大、交通便利的农村地区，生活垃圾收运系统采用了城乡一体化垃圾管理模式，在农村建立生活垃圾分类、收集、运输系统；但是许多地方收运系统未完全建立，已建成的收运网络地区存在技术集成化较低等问题，难以适应当前城乡一体化生活垃圾收运要求。

（5）农村生活垃圾长效管理机制

宁夏、江西、广东、福建等省份颁布实施的农村生活垃圾治理技术文件从以下几个方面对农村生活垃圾处理长效管理机制提出了要求，主要包括：各村需配备专门设备运行维护人员，指导垃圾治理设施维护运行；完善农村垃圾收集系统建设，避免垃圾随意倾倒的现象；实施生活垃圾资源化处理处置，防治产生垃圾“二次污染”；防治垃圾堆放和处理过程中产生恶臭，污染村边生态环境。

从目前国内农村生活垃圾处理技术指导文件来看，除宁夏回族自治区发布的农村生活垃圾处理技术指导文件外，尚没有专门针对北方寒冷缺水地区农村环境综合整治的农村生活垃圾处理技术指导文件。

5.3.3 畜禽养殖污染治理技术文件

5.3.3.1 文件颁布形式

目前，天津、山西、山东、河南、上海、浙江、福建、广东、宁夏、辽宁等省（市、自治区）发布了畜禽养殖污染处理技术指导文件。其中天津、山西、山东、上海、浙江、福建、辽宁等省份以管理办法形式发布畜禽养殖污染处理技术文件；宁夏回族自治区以技术规范形式发布畜禽养殖污染处理技术文件；浙江省、广东省、山东省等以排放标准形式发布畜禽养殖污染处理技术文件。

5.3.3.2 畜禽养殖备案制度

从目前已颁布的畜禽养殖污染处理技术指导文件来看，天津、山东、上海、福建、辽宁、河南、山西、浙江等省（市、自治区）明确规定了畜禽养殖备案制度，且天津、山东、上海、福建、辽宁明确规定了禁养区的划分范围。山东、河南规定畜禽养殖区备案制度的有效期限为 3 年，天津、上海规定的有效期限为 2 年。山西、浙江则按照畜禽种类规定了不同的畜禽养殖区备案制度的有效期限。

5.3.3.3 技术工艺

天津市、山东省、上海市、福建省等地颁布的畜禽养殖污染治理技术文件，提出采用堆肥发酵、沼气化等畜禽养殖污染治理技术工艺，使畜禽养殖废弃物得到资源化处理。

(1) 堆肥化技术

随着我国农村地区畜禽养殖场集约化的迅猛发展，畜禽粪便肥料化技术成为资源化利用热点，堆肥化是处理有机废物的有效方法之一，是集处理和资源循环再利用于一体的生物方法。现有的畜禽养殖污染治理技术文件研究的技术模式集中于好氧发酵、厌氧发酵、快速干燥等，其核心问题在于调节畜禽粪便适当的碳氮比，控制适当的水分、温度、氧气、酸碱度进行发酵。

(2) 沼气技术

畜禽粪便的厌氧消化处理在厌氧菌作用下，将有机物转化为沼气和二氧化碳。我国农村畜禽养殖污染治理技术文件，从国家或地方层面规定了处理畜禽粪便和资源回收利用技术，利用厌氧处理产生的沼气技术具有低能耗、少占地、高负荷等优点，有效地解决了农村地区能源压力问题，同时还能消除臭气，杀死病原体，在一定程度上解决了农村地区畜禽养殖粪便污染问题。此外，发酵处理后产物可生产优质饲料，发酵液可作为农作物生长所需的营养添加剂。

5.3.3.4 畜禽养殖污染治理规模

山东、辽宁、河南、山西、浙江等省份发布的畜禽养殖污染治理技术文件，对治理规模做出相应规定，明确了建设工程及处理工艺技术等要求。

(1) 规模化养殖场治理模式

区域内规模化养殖场、养殖散户并存的连片整治区域，适宜依托大规模畜禽养殖场治污设施，建立区域废弃物收集、运输系统，废弃物处理系统，以养殖场处理带动养殖户治污。

(2) 养殖小区治理模式

对于土地消纳面积充足的畜禽养殖地区，对废弃物资源化、无害化处理后进入土地处理系统；对于土地消纳面积不足的畜禽养殖地区，适宜采用有机肥产业化生产为核心的治理模式。

(3) 散养密集区治理模式

对于养殖户生产相对密集区域或养殖专业村，采用“厌氧处理＋还田”“堆肥＋废水处理”和发酵床等技术模式，对粪便和废水进行集中处理。

5.3.3.5 畜禽养殖污染治理长效管理机制

天津、山西、山东、上海、浙江、福建、辽宁等地畜禽养殖管理办法中从污染排放的监督、设备运行管理、法律责任等方面对畜禽养殖污染治理设施的长效运行机制进行了规定，主要包括以下几方面的内容：养殖场（小区）的建设有关工程的设计、施工、验收及运营技术规范；鼓励实行社会化畜禽养殖经营、环境污染综合治理的专业化运营服务；配备专职运行管理人员和检测手段；违反畜禽养殖、防疫和销售规定的法律责任等。

综上所述，我国现有的农村畜禽养殖污染治理技术文件或规范，分别以国家层面或地方层面发布实施，大部分文件只规定本管辖区内的污染治理细则，针对北方寒冷缺水型地区的畜禽养殖污染治理技术指导文件尚属空白。

5.4 农村环境综合整治技术指导文件存在的问题

针对目前农村生活污水、垃圾以及畜禽养殖污染问题，国家和地方已发布了多项技术规范、污染物排放标准和技术指南等多项农村环境综合整治技术指导文件，分别对农村地区污染物排放、污染处理技术、治理模式、运行维护等方面做出了相应的规定，初步形成了农村环境综合整治技术规范体系，同时存在许多问题和不足，主要包括以下几个方面[4-6]。

(1) 部分地区农村环境综合整治技术指导文件欠缺

目前国内有关农村环境综合整治技术指导文件，分别以国家或地方层面颁布实施，例如北方部分省市区现有的农村环境综合整治技术文件虽规定了本辖区内农村生活污水、生活垃圾及畜禽粪便污染问题，但没有提及北方寒冷缺水型农村的环境污染综合整治。

北方大部分省市区没有发布农村环境综合整治技术指导文件。农村生活污水治理方面，除河南省和江苏省发布农村生活污水处理技术指南以外，北方各省市区暂时没有相关技术文件；农村生活垃圾治理方面，北方暂时没有发布专项技术指导文件；农村畜禽养殖污染治理方面，北方地区只有天津、山西、山东、河南、辽宁5个省市发布相关技术文件。同时，北方地区已发布实施的农村环境综合治理技术文件，欠缺针对冬季寒冷缺水型农村领域的研究。

(2) 相关标准陈旧且不规范

我国现行的农村环境污染物排放标准及技术指南等相关文件，关于生活污水产排量、生活垃圾设施建设指标、畜禽养殖污染排放物标准等内容的制定，大部分指标借鉴本辖区内相关文件估算得出，或凭借区域调查研究确定，不具有普遍适用性，而且缺乏规范性。

此外，关于农村地区环境污染技术指标的规定，部分技术指导文件标准的发布时限较早，如《畜禽养殖业污染物排放标准》(GB 18596—2001) 于2001年11月颁布实施，随着我国农村地区畜禽养殖业规模化、集约化经营迅速发展，相关标准的指导意义陈旧，实际上现行的标准已经不适用于农村经济发展情况，尤其针对寒冷和缺水型地区，其技术标准的实用意义有待商榷[7]。

(3) 缺乏统一规范

我国地方层面发布的农村环境综合整治技术指导文件，规定了本辖区范围内农村地区生活污染治理技术及管控措施，由于不同村庄地形特点、气候条件及经济基础略有差异，即使同一区域范围内，不同村庄的生活环境、污染治理现状也存在差异性，因此，省级层面实施的农村环境综合整治技术指导文件缺乏分区的规范，不能完全适用于所有村庄体系，尤其针对寒冷和缺水型的农村地区明显缺少统一的规范性。

（4）环境与健康领域的不确定

环境与健康分析是农村环境综合整治方案的实施效果之一，以表征农村生活污水、生活垃圾、畜禽养殖污染等方面治理成效。已有的治理技术指导文件只是针对污染排放物、处理技术、设施设计、管理维护等方面进行分析，缺乏对人体健康指标的界定。尤其在北方农村地区仍然存在环境管控不完善、二次环境污染严重等问题，如生活垃圾堆肥产生恶臭、畜禽养殖粪污病原体微生物传播疾病、生活污水处理后污泥回田重金属危害等现象，都潜在威胁到人体健康。

（5）技术适宜性不强

北方农村地区冬季寒冷干燥，降水量相对减少；村户分布较为集中且村村间距离相对较远；地形特点多为山区和丘陵，这些区域性特征都为农村环境综合整治技术工艺的选择提出相应的改进要求，如已发布的大部分生活污水治理技术指导文件中都提及了采用人工湿地、稳定塘、土地处理技术，但是并不能完全适用于不同类型的村庄，尤其针对北方农村地区，其冬季防冻土、微生物活性减低等技术处理能力下降是技术工艺正常运行需解决的问题。

5.5 农村生活污水排放标准

5.5.1 我国农村生活污水处理设施概况

随着经济的快速发展，我国农村生活污水的排放量呈逐年上升趋势。2010 年，第一次全国污染源普查结果表明，农村污染物排放量已经占到了全国总量的 50%左右，其中 COD、TN、TP 排放量分别占总量的 43%、57%、67%，而目前农村生活污水的处理率还极低。自 2010 年以来，我国农村生活污水处理设施的数量以年均 1%的速度增长，至 2014 年年底，行政村生活污水处理设施建设率约 11.4%。

我国农村生活污水处理起步于 2000 年左右，2008 年以后快速增长，国家和各级地方政府不断加大对农村生活污水处理设施的建设和投入。环境保护部、财政部积极推进农村环境综合整治，2008～2015 年累计安排资金 314 亿元，支持 7 万多个村庄实施农村环境综合整治，重点治理农村污水、垃圾等。自 2010 年以来，我国农村生活污水处理设施的数量以年均 1%的速度增长，至 2014 年年底，行政村生活污水处理设施建设率约 11.4%。到 2020 年，需新增完成环境综合整治的建制村 13 万个，农村生活污水处理率将进一步提高[8,9]。

（1）农村生活污水特点

农村生活污水指农村居民因日常生活和生产活动排放的废弃水，主要来源包括厨房排水、洗涤排水、洗浴排水和冲厕排水等几种类型；此外，也有部分地区家庭圈养禽畜产生的圈舍粪尿冲洗水（即粪便污水）混入其他生活用水，也可视为农村生活污水来源之一。

根据环境保护部《农村生活污水处理项目建设与投资技术指南》（HJ-NCHB-002），农村生活污水排放量应按生活用水量的 40%～80%计算。农村生活用水量应结合当地居民的用水现状、生活习惯、经济条件等情况酌情确定。有计量条件的应采用实际计量水量；无计量条件的可参考表 5-4 进行估算。

表 5-4　农村地区居民生活污水量参考值

类型	生活污水/[L/(人·d)]	
	南方	北方
村庄(人口≤5000 人)	45～110	35～80
村镇(人口 5000～30000 人)	85～160	70～125

(2) 农村生活污水处理工艺

农村生活污水处理基本工艺按处理单元组成来划分，一般可分为一级处理、二级处理和三级处理。

① 一级处理，主要去除污水中呈悬浮状态的固体污染物质，如格栅、沉砂池、隔油池等。格栅和隔油池等主要用于去除部分 SS 和油脂，处理后污水达不到排放标准。

② 二级处理，主要去除污水中呈胶体和溶解状态的有机污染物质，如水解酸化法、传统的活性污泥法、生物接触氧化法等，可使污水中有机污染物达到一定的排放标准。

③ 三级处理，在二级处理的基础上对污水进行进一步处理以去除残余有机物、氮、磷等污染物，满足高标准受纳水体要求或回用要求。

常用工艺主要是自然净化处理，如人工湿地、稳定塘、好氧生物处理等。如表 5-5 所列。

表 5-5　农村生活污水治理参照工艺流程

	第一阶段	第二阶段	第三阶段
常用工艺	格栅、沉淀池等，现有合格的三格式化粪池可作为本阶段处理单元	接触氧化、生物滤池、氧化塘、净化沼气池、人工湿地等	针对水源保护区，采用人工湿地等生物脱氮除磷技术
处理效果	去除悬浮颗粒物(SS)和部分 BOD_5	大幅度去除污水中呈胶体和溶解态的有机污染物质（以 BOD_5 和 COD_{Cr} 物质为主）	进一步去除第二阶段未能降解的有机物和氮、磷等能够导致水体富营养化的可溶性有机物

根据环境保护部 2008～2013 年农村环境综合整治基础信息调查统计结果，2008 年以来我国农村环境综合整治项目中主要应用的技术包括活性污泥法、生物接触氧化法、氧化沟法、膜生物反应器（MBR）法、人工湿地技术以及其他小型一体化污水处理装置。

对于集中式处理设施而言，当前我国应用最为广泛的是活性污泥法、生物接触氧化法、氧化沟法以及 MBR 法，从设施应用数量来看，采用活性污泥法的接近 60%，采用生物接触氧化的占 30%以上。从地域上来看，我国西北地区应用最为广泛的是生物接触氧化法，其次是活性污泥法；其他地区应用量最大的是活性污泥法，其次是生物接触氧化法，其余技术应用相对较少。

对于分散式处理设施而言，全国接近 1/2 设施应用小型人工湿地技术，1/4 以上设施属于小型一体化污水处理装置，另有少量稳定塘、土地处理和净化沼气池。

目前，我国农村缺乏相应的生活污水排放标准和污水处理设施的长效运行管理机制，农村生活污水排放标准采用的是《城镇污水处理厂污染物排放标准》（GB 18918—2002）、《污水综合排放标准》（GB 8978—1996）等。而 GB 18918—2002、GB 8978—1996 制定的主要依据是大、中城市的水环境状况和经济技术情况。近年来的实践表明，与城市相比，农村生活污水的处理存在以下特征：a. 由于农村经济基础相对较薄弱，用于水污染控制的经费不多；b. 技术力量薄弱，缺少相关行业的设计、施工和运行管理人员；c. 配套基础设施较差，没有相应的检测设施和监测人员；d. 单个污水处理设施规模较小，耐冲击负荷能力弱，设施总量巨大，运行和监管难度较大。可见，由于农村生活污水的污染特征、技术经济条件与城镇不同，利用的污水处理工艺也存在很大差别，强行要求农村生活污水执行城镇排放标准，结果往往很难达到预期效果。

5.5.2 标准制定的必要性分析

5.5.2.1 党中央、国务院高度重视，明确要求加大农村生活污水的治理力度

(1) 中央领导高度重视农村生活污水治理

党中央、国务院高度重视农村生活污水治理工作，习近平总书记指出，“解决好厕所问题在新农村建设中具有标志性意义，要因地制宜做好厕所下水管道网建设和农村污水处理，不断提高农民生活质量”“要来个厕所革命，让农村群众用上卫生的厕所”。李克强总理要求“统筹规划、因地制宜、量力而行、有序推进农村人居环境综合整治，加快美丽乡村建设”。2015 年 11 月 5 日，汪洋副总理在第二次全国改善农村人居环境工作会议上要求集中力量解决农村垃圾污水治理和改厕等问题[10-13]。

(2) 相关法律、规划文件对农村生活污水处理做出的规定

2014 年 4 月 24 日新修订通过的《中华人民共和国环境保护法》要求国家加强对大气、水、土壤等的保护，各级人民政府应当加强对农业环境的保护，统筹有关部门采取措施。县级、乡级人民政府应当提高农村环境保护公共服务水平，推动农村环境综合整治。各级人民政府应当在财政预算中安排资金，支持农村生活污水污染防治等环境保护工作。《中华人民共和国水污染防治法》要求国务院环境保护主管部门根据国家水环境质量标准和国家经济、技术条件制定国家水污染物排放标准。排放水污染物，不得超过国家或者地方规定的水污染物排放标准和重点水污染物排放总量控制指标。

水污染物排放标准是国家或地方政府环境法规体系中的一个重要组成部分，是环境管理中的重要依据。现行有效的国家水污染物排放标准《城镇污水处理厂污染物排放标准》（GB 18918—2002）和《污水综合排放标准》（GB 8978—1996）均缺乏专门针对农村地区生活污水排放的控制指标和限值数据，结合目前我国农村环保工作的开展和推进情况，制定《农村生活污水处理设施水污染物排放标准》是执行《中华人民共和国环境保护法》和《中华人民共和国水污染防治法》的要求。

2016 年中央 1 号文件明确要求"采取城镇管网延伸、集中处理和分散处理等多种方式，加快农村生活污水治理和改厕"。2016 年国务院发布的《中华人民共和国国民经济和社会发展第十三个五年规划纲要》要求加快建设美丽宜居乡村，开展生态文明示范村镇建设行动和农村人居环境综合整治行动，对 13 万个村庄进行农村环境整治，进一步改善农村的人居环境。2015 年国务院印发水污染防治行动计划，要求加快农村环境综合整治，以县级行政区域为单元，实行农村污水处理统一规划、统一建设、统一管理，有条件的地区积极推进城镇污水处理设施和服务向农村延伸。2016 年国务院印发了土壤污染防治行动计划，要求实施农村生活污水治理工程。2014 年 5 月 29 日国务院办公厅印发《关于改善农村人居环境的指导意见》，提出离城镇较远且人口较多的村庄，可建设村级污水集中处理设施，人口较少的村庄可建设户用污水处理设施；建立村庄道路、供排水、垃圾和污水处理、沼气、河道等公用设施的长效管护制度，逐步实现城乡管理一体化。

5.5.2.2 开展农村生活污水治理对改善环境质量具有重要作用

农村生活污水处理是改善农村人居环境、提高农村居民生活水平的重要内容，也是农村现代化根本性的重要标志。开展农村生活污水的排放控制对环境质量的改善具有重要作用。根据 2015 年城乡建设统计公报显示，2015 年年底，城市年污水处理总量 428.8 亿立方米，城市污水处理率 91.90%；县城全年污水处理总量 78.9 亿立方米，污水处理率 85.22%。

2015 年我国农村人口 7.97 亿人，按照人均日生活用水量 83L，排放系数 0.8 计算，全年累计需处理农村生活污水为 193.16 亿立方米，占全国生活污水排放总量的 31.05%。目前行政村污水处理率为 11.4%。实施标准后，农村生活污水减排量估算：根据农村生活污水水质，初始 COD、BOD_5、NH_3-N、TP 浓度按照 300mg/L、200mg/L、45mg/L、4.0mg/L 计算，参考已有地方标准出水按照最严格标准设为 60mg/L、20mg/L、15mg/L、1.0mg/L，若处理率为 90%，则 2015 年我国农村生活污水 COD、BOD_5、NH_3-N、TP 减排量分别为 417.22 万吨、312.91 万吨、43.46 万吨、5.22 万吨。

随着农村生活水平的提高，水冲厕所在农户开始普及，洗涤用水增加，农村地区的生活用水量和集中供水率逐年提高，农村生活污水排放量逐年增大。大量农村生活污水未经处理排出，已成为农村、湖泊和河流富营养化等环境污染的主要原因之一[14]。

5.5.2.3 标准制定对规范农村污水处理的重要指导作用

2015 年，住建部会同中国农业发展银行与吉林、江苏、山东、宁夏、山西 5 省区签订战略合作协议，并在全国选择 100 个县开展农村生活污水治理示范。力争用 3 年时间完成试点示范工作，并在此基础上总结经验、确定成熟技术、制定标准、完善政策，在全国梯次推开。浙江实施了“五水共治”专项工程，江苏省委省政府大力推动，山东全面推进农村改厕等[15-19]。

由于国家层面还没有出台排放标准，造成地方确定工艺和建设标准困难等问题。对工程的设计、施工、评价、验收也缺乏统一技术标准规范，有的地方照搬城市标准，造成成本高、没法正常运行等问题。此外，农村污水处理行业存在技术五花八门、质量参差不齐、设备基本性能不达标及存在安全隐患等乱象，亟须逐步建立有效的评估认证机制，引导农村污水处理行业的规模化、产业化与标准化发展。随着农村生活污水治理工作深入推进，农村生活污水处理设施数量必将迅速增加。面对快速增长的处理设施，亟须完善农村生活污水治理的监管体系以提升设施治理效果。

但由于农村点多面广，情况复杂，与城市相比，农村生活污水的处理存在以下特征：

① 由于农村经济基础相对较薄弱，用于水污染控制的经费不多；

② 技术力量薄弱，缺少相关行业的设计、施工和运行管理人员；

③ 配套基础设施较差，没有相应的检测设施和监测人员；

④ 单个污水处理设施规模较小，但设施总量巨大，运行和监管难度较大。

鉴于农村生活污水的污染特征、技术经济条件与城镇不同，利用的污水处理工艺也与城镇存在很大差别，因此农村生活污水排放不能盲目套用《城镇污水处理厂污染物排放标准》(GB 18918—2002)。

基于上述原因，从落实国家政策、改善环境质量、完善农村生活污水治理和监管体系等几方面考虑，十分有必要出台专门针对我国农村污水的排放标准，为农村生活污水排放监管提供技术支撑，为大量建设的农村生活污水治理设施提供设计、施工、评价、验收、运行监管等方面的统一评判标尺。

5.5.2.4 制定农村生活污水再生水回用农业的水质标准的意义

农村生活污水再生水回用农业的水质标准的制定有利于保障我国农村生活污水再生灌溉农田安全，促进农村生活污水资源化，保证农产品安全和人体健康。

(1) 水资源严重短缺需对农村污水进行处理和再利用

水资源的重复利用是我国的一项国策，当前国家应建立农村生活污水回用农业的技术标准，促进农村污水资源化，保证农产品安全和人体健康。

我国是一个严重缺水的国家，人均淡水资源占有量仅为世界平均水平的1/4，是全球13个人均水资源最贫乏的国家之一。特别是扣除难以利用的洪水径流和散布在偏远地区的地下水资源后，我国现实可利用的淡水资源量更少，人均可利用水资源量约为$900m^3/a$，并且其分布极不均衡。另外，水资源的可持续利用是社会经济可持续发展的重要因素和战略性问题，而日趋严重的水污染进一步加剧了水资源短缺的矛盾，不仅降低了水体的使用功能，也对我国的可持续发展产生了重大影响，同时严重威胁到城市和农村居民的饮水安全，威胁人民的身体健康。为了缓解水资源不足的矛盾，污水的合理与再生利用显得极为重要。

目前我国农田有效灌溉面积达到9.52亿亩，其中实灌面积仅为6亿多亩。中国

70%以上的粮食、80%以上的棉花和90%以上的蔬菜都产自灌溉的土地上，水对中国的粮食、棉花和蔬菜有着举足轻重的影响。然而由于供水不足，为了保持国民经济的高速发展，只能依靠现有工程设施超标运行、挤占农业用水来维持，抗旱能力降低，一旦出现大旱，粮食产量必将受到严重影响。

根据我国水资源紧缺的状况，污水资源化将会引起各级政府的重视。农村生活污水经过处理后作为再生水用于农业，经过多方专家的论证是可行的。但是农村生活污水回灌如果没有适当标准，盲目灌溉势必会造成土壤污染，减少和降低污水灌溉带来的危害是当前的一项重要任务。污水灌溉面积的85%在我国的北方农村地区，分布在各大中城市的农村郊区，生产的农产品（粮、菜）又返回城市，这种不良的生态循环将会带来严重的后果。据农业部环境监测总站调查，全国污水灌溉面积达6550多万亩。污水灌溉将使耕地受到重金属和有机化学物质污染，例如辽宁的张士灌区由于污灌造成农田污染，致使该灌区3万亩耕地不能农用，只能改作非农用地[20]。

(2) 生活污水再利用可为农用水需求提供资源

农业是用水大户，用水量约占全国用水总量的70%，灌溉用水短缺。已有研究表明，到2030年灌溉用水缺水1300亿～2600亿立方米，巨大的灌溉用水缺口足以说明生活污水再生利用的重要性。人粪尿和生活垃圾都是我国传统农业的最重要的物质基础，已利用了上千年都没有出现问题。因为生活污水是重要的水肥资源，含有氮、磷等多种植物营养成分，有丰富的有机质悬浮物，用于灌溉，不仅可为种植业提供优质肥源，而且还能够为土壤中的有益微生物提供食物，提高微生物活性，使之在改善土壤结构等方面发挥作用，为保持和提高土壤肥力做出重要贡献。但没有合理污水回用标准控制，不科学地盲目灌溉势必会造成污染，将对生态环境造成破坏。现在由于农村居民生活方式的改变，使得这一重要资源被水稀释成污水，使其利用率受到影响，不仅不能够回归于土壤，而且成为影响农村当地和周边生态环境的污染源。

再从农村生活污水的成分上看，其中有毒有害污染物质相对较少。农村活污水中Pb、Hg等重金属含量较低，未超过《农田灌溉水质标准》（GB 5084—2005），我国农村生活污水处理率虽与国外发达国家相比偏低，但有逐年提高趋势。科学研究和生产实践均已表明，农村生活污水经过处理后达到一定标准完全可以作为农业用水的补充水源。如果采取措施使生活污水得到合理利用，不仅减少了浪费，同时还减少了处理费用。我国对污水灌溉已经进行了大量研究，已经掌握了一定的控制措施，有很多成功的先例[21-23]。另外，农村生活污水的多项污染物指标与国家农田灌溉水质标准相差不大，只要合理控制和适度处理也可保证农田灌溉的安全性。

资源化利用是对农村生活污水最理想的处理形式，资源化利用无需按照污水的排放标准对农村生活污水进行处理，而是按照相关用途和避免对环境造成影响而将其处理到适宜的程度。根据用途的不同，农村生活污水处理的程度以及对单项污染物的控制指标也可不同。其中农田灌溉所需的水量最大，且对污水的处理程度的要求相对较低，其主要污染物含量与农田灌溉水质标准的要求比较接近，是比较容易实现的资源化利用途径。

针对上述情况，国家应对农村生活污水灌溉进行宏观控制和科学标准指导，必须制定农村生活污水再生回用农业的水质标准和技术指导体系，保障我国的农村生活污水再生灌溉农田安全，促进农村生活污水资源化，保证农产品安全和人体健康。

5.5.3 标准制订原则

（1）以人为本，生态优先原则

① 以人为本：以人体健康为本，以解决威胁农民身心健康的环境问题为首要工作。以改善农村卫生环境状况，保障农产品安全、保障饮用水安全、保持水体不黑不臭、提升农村环境质量为重要目标制定本标准，体现以人为本的原则。

② 生态优先：保障农村良好生态环境质量的优先地位。通过标准的实施实现农村水环境质量改善、着力治理农村环境“脏、乱、差”现象，促进农村卫生条件和人居环境的改善，达到村容整洁环境美，利于“美丽乡村”建设。

（2）鼓励污水资源化利用原则

我国是一个严重缺水的国家，为了缓解水资源不足的矛盾，污水的合理与再生利用显得极为重要。采取措施使生活污水达到一定回用控制标准后对其资源化利用是对生活污水最理想的处理形式，既减少农村生活污水中水肥资源的浪费，又避免环境污染，同时还能减少污水处理的费用。

（3）技术经济可行性原则

标准制订体现客观性和前瞻性，以当前和未来五年的国内技术水平和经济条件为依托，充分考虑相关技术所能达到的污染控制水平兼顾农村地区的经济承受能力和管理水平。

（4）与相关标准配套衔接原则

充分考虑与《城镇污水处理厂污染物排放标准》《污染水综合排放标准》《农田灌溉水质标准》《城市污水再生利用　农田灌溉用水水质》以及宁夏、河北、山西、浙江等现行国家和地方标准相衔接，与相关法律、法规、规划、政策和标准相衔接。

5.5.4 技术路线

通过对我国农村生活污水水质、水量、收集状况、排放特征以及我国农村生活污水处理设施运行状况和处理技术的调研，同时参考《城镇污水处理厂污染物排放标准》（GB 18918—2002）、《污染水综合排放标准》（GB 8978—2015）、《农田灌溉水质标准》（GB 5084—2005）、《城市污水再生利用　农田灌溉用水水质》（GB 20922—2007）以及宁夏、河北、山西、浙江等地农村生活污水处理设施排放标准，依据国家政策和法规，制定《农村生活污水处理设施水污染物排放标准》，并对标准的可操作性和经济合理性进行论证。

标准制定的技术路线见图 5-1。

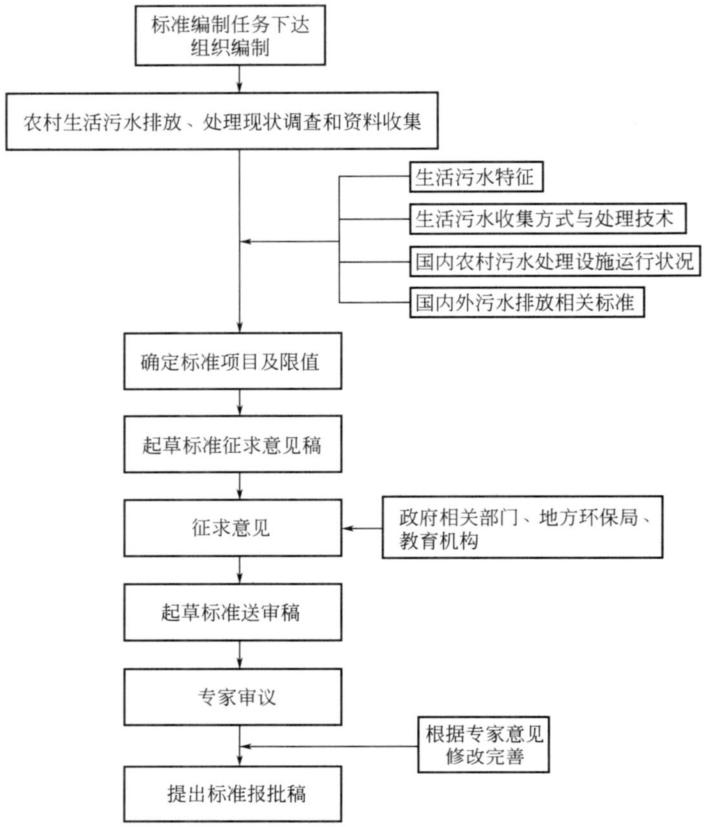

图 5-1　标准制定技术路线

5.5.5　《农村生活污水处理设施水污染物排放标准》主要技术内容

5.5.5.1　标准的适用范围

本标准规定了农村生活污水处理设施的水污染物排放限值、监测和监控要求以及标准的实施与监督等相关规定。

本标准规定除城镇建成区以外地区农村生活污水处理设施水污染物排放管理。

本标准适用于现有农村生活污水处理设施水污染物排放管理，以及农村生活污水处理设施建设项目的环境影响评价、环境保护设施设计、竣工环境保护设施验收及其投产后的污染物排放管理。

本标准不适用于混有乡镇工业、家庭式小作坊工业污水的农村污水处理设施的污染物排放管理，也不适用于农村畜禽养殖废水的污染物排放管理。规模化集中养殖畜禽废水不考虑，因为其有专门的标准；混有分散畜禽养殖废水的农村污水的处理排放可参照本标准执行。本标准适用于有下水管道的村集中污水处理设施/站，无下水道的农村污水（单户或联户的生活污水）不适用于本标准。单户或联户的小规模农村污水处理设施水污染物排放将通过制定农村生活污水处理技术规范进行管理。农村地区机关、学校、农家乐产生的生活污水处理设施水污染物排放可参照执行。

5.5.5.2 术语和定义

本标准定义农村生活污水、农村污水处理设施、现有农村生活污水处理设施、新建改建农村生活污水处理设施、农村生活污水回用五个术语。

农村生活污水是指农村（包括自然村、行政村和未达到建制镇标准的乡村集镇）居民生活所产生的污水，主要包括厕所粪尿、洗涤水、厨房水等家庭排水。

本标准所指农村生活污水处理设施是指对农村生活污水进行处理的构筑物及设备，但单独的化粪池不算作农村生活污水处理设施。

现有农村污水处理设施是指本标准实施之日前，已建成投产或环境影响评价文件已通过审批的农村污水处理设施。

新建农村污水处理设施是指本标准实施之日起，环境影响评价文件通过审批的新建、改建和扩建的农村污水处理设施。

农村生活污水回用是指农村生活污水经处理达标后用于农业灌溉、渔业等用水的行为。

5.5.5.3 标准分类分级

农村生活污水处理设施水污染物排放标准分为排放要求和回用要求，排放要求分为一级标准和二级标准。出水排入《地表水环境质量标准》（GB 3838）地表水Ⅲ类功能水域或国家、省确定的重点流域及湖泊、水库等封闭、半封闭水域（划定的饮用水水源保护区和游泳区除外）和水环境容量较小的区域时，执行一级标准；出水排入《地表水环境质量标准》（GB 3838）规定的地表水Ⅳ类、Ⅴ类功能水域时，执行二级标准；出水排入水塘、水渠等农业灌溉水体，回用于农田灌溉时，执行《农田灌溉水质标准》（GB 5084—2005）。污水回用灌溉水质标准分水田、旱作、蔬菜三类，旱作包括旱地谷物、油料作物和纤维作物等，蔬菜指除温室外陆地露天生长的需要加工、烹调及去皮的蔬菜。由于生食蔬菜和大棚蔬菜对水质要求严，二级处理后还需要深度处理，处理成本高，难以推广应用，对生食蔬菜和大棚蔬菜本标准不主张用此水，其目的是保障利用的生态安全。

5.5.5.4 污染物项目选取

资源化利用时，农村生活污水排放标准的污染物控制项目选择建议参考《农田灌溉水质标准》（GB 5084—2005）、《渔业水质标准》（GB 11607—89）等国家相关标准。

《国家污染物排放标准说明（暂行）》中指出，污染物控制项目的选择要全面分析本行业可能产生的污染物，主要依据为总量控制、对生态和健康的影响、各污染物项目之间关联性等。农村生活污水处理后直接排放时，污染物控制项目可根据以下3个原则进行选择。

① 产生量较大，具有代表性的污染物。选择的污染物应具有较大的产生量（或排放量），并较广泛地存在于环境中。

② 对人体、环境毒性强或对生态环境危害大的污染物。对污染物毒性的考虑，不仅要考虑化合物本身的性质，更要考虑其毒性可能导致的环境效应、生物效应以及对人体和环境的危害。

③ 应是农村基础条件可检测、可控制的污染物。优先选择目前监测条件已具备或在短期内可具备的污染物；目前的处理技术可有效处理的污染物。

具体地，本标准在选取污染物控制指标时将重点考虑以下 4 个方面。

① 参考典型农村生活污水处理设施排水实测分析检出项目；《城镇污水处理厂污染物排放标准》(GB 18918—2002)、《污水综合排放标准》(GB 8978—1996)、《农田灌溉水质标准》(GB 5084—2005)、《城市污水再生利用农田灌溉用水水质》(GB 20922—2007) 等农田灌溉重要水质标准、地方农村生活污水处理设施排放标准中规定的污染物。

② 要重点考虑农村生活污水污染的关键问题（富营养化）和导致污染的关键因子（氮、磷等因子)。

③ 考虑污染物总量减排等环保管理需求（COD_{Cr}、氨氮)。

④ 农村地区目前管理水平和经济水平，由于我国农村地区普遍具有经济、技术力量薄弱，不具备一些污染物的检测能力，较之《城镇污水处理厂污染物排放标准》(GB 18918—2002) 中的控制因子宜适当精简。

现行的《城镇污水处理厂污染物排放标准》(GB 18918—2002) 中规定了 12 项基本控制项目、43 项选择性控制项目和 7 项一类污染物的最高允许排放浓度。其中 43 项选择性控制项目和 7 项一类污染物都是针对城镇污水处理厂接纳工业废水时制定的标准限值，农村地区的生活污水不含有上述污染物，所以计划不考虑。对比 GB 18918 的 12 项基本控制项目，本标准拟包含 pH 值、化学需氧量（COD_{Cr})、悬浮物（SS)、氨氮、总磷、阴离子表面活性剂、粪大肠菌群数和动植物油 8 项，不包括生化需氧量（BOD_5)、总氮、石油类和色度 4 项。

现行的《农田灌溉水质标准》(GB 5084—2005) 控制项目共计 27 项，其中基本控制项目 16 项，选择性控制项目 11 项。其中 11 项选择性控制项目主要包括重金属、氟化物、氰化物、酚类、醛类等，生活污水中一般不包含此类污染物。16 项基本控制项目中，本标准拟选择 5 项与生活污水有关且回用农田灌溉必须执行的项目，包括 pH 值、化学需氧量（COD_{Cr})、阴离子表面活性剂、悬浮物（SS)、粪大肠菌群数，不包括五日生化需氧量（BOD_5)、蛔虫卵数、全盐量、氯化物、水温、硫化物、总汞、镉、总砷、铬、铅 11 项控制指标。其中 pH 值、化学需氧量（COD_{Cr})、五日生化需氧量（BOD_5)、悬浮物（SS) 4 项指标为生活污水出水基本控制项目。出水排放情形为水塘、水渠等农业灌溉水体，限值确定基于适当放宽的原则，不控制蛔虫卵数及水温 2 项指标。生活污水中全盐量和氯化物 2 项指标浓度很低，控制的意义不大。另外，生活污水一般并不包含其他 6 项控制项目（硫化物、总汞、镉、总砷、铬、铅)，所以也不做要求。

本标准对各控制指标的选取具体分析如下。

① pH 值、化学需氧量（COD_{Cr}）和悬浮物（SS）控制指标为判断水质的最基本指标。

② 色度是水质的外观指标，控制色度指标的意义在于色度高会减弱水的透光性，影响水生生物生长和降低观赏价值。对于农村地区生活污水来说，一方面进水浓度中色

度指标值普遍较低，另一方面常规的沉淀法处理对色度就有较好的去除效果，并且色度对农村地区的环境影响不敏感，所以不对色度指标做控制要求。

③ 对 BOD_5 和 COD_{Cr} 两项指标，二者均反应水体受还原性物质污染的情况，而且由于农村生活污水的可生化性较好，BOD_5 和 COD_{Cr} 两项指标具有一定相关性，BOD_5 测定所需时间较长，COD_{Cr} 属于国家重点控制污染物且监测方便，因此对 BOD_5 和 COD_{Cr} 两项指标仅选取 COD_{Cr} 进行控制即可。

④ 控制氨氮、总氮和总磷指标主要可以防止水体富营养化。当地表水中氮、磷物质超标时，微生物大量繁殖，浮游植物生长旺盛就会出现富营养化，从而影响到地表水水质，且当氨氮含量较高时，对鱼类呈现毒害作用，对人体也有不同程度的危害。在我国过去 30 年经济高速发展时期，大量的氮、磷物质排入自然水体，造成了相当部分水体的富营养化，可以预见未来十年之内，我国经济还将保持高速稳定的增长，水体富营养化的压力非常大，所以必须严格控制氨氮、总氮和总磷的排放。对营养性污染物氨氮、总氮和总磷指标，由于农村生活污水中的氨氮和总磷在目前技术经济条件下易于实现高效去除，而总氮难以通过目前常用的人工湿地等生态化处理方法实现稳定去除，因此仅选取氨氮和总磷进行控制，总氮暂不控制。

⑤ 动植物油和石油类化合物漂浮在水体表面，影响空气与水体界面间的氧交换，从而导致水体缺氧水质恶化。石油类物质主要来源于工业废水，污染物产生于原油开采、加工及各种炼制油的使用等部门。对于石油类控制项目，农村地区生活污水处理设施进水不包括工业废水，故可以不控制石油类出水水质指标；对于动植物油指标，其主要来源于餐厨废水，在城镇生活污水中，动植物油含量高主要受餐饮业发达的影响。农村地区餐饮业不发达，不含农家乐废水的一般农村生活污水，动植物油浓度均值已经很低，不需要进行控制，但是农家乐农村生活污水动植物油浓度均值较高，需要进行控制，因此可仅对含农家乐废水的设施进行动植物油指标控制。

⑥ 阴离子表面活性剂主要来源于洗涤剂。阴离子表面活性剂会造成水体起泡，降低水中的复氧速率和充氧速率，使水质变差，影响水生生物的生存，使水体自净受阻。阴离子表面活性剂能乳化水体中其他的污染物，增大污染物质的浓度，造成间接污染。阴离子表面活性剂属于难降解物质，长时间积累将对水环境造成污染，对动植物和人体慢性毒性比较大，在我国环境标准中把它列为第二类污染物质。

⑦ 粪大肠菌群数属于微生物指标，反映了出水的生物安全性，主要来源于厕所废水。粪大肠菌群数控制指标代表了一类具有某些特性的与粪便污染有关的细菌，对人类和其他生物的健康会产生危害。

⑧ 溶解性总固体（TDS）和氯化物易造成土壤盐碱化，因此污水回灌时应考虑。

基于以上筛选原则和实测分析数据，本标准拟控制项目的具体筛选结果为 pH 值、化学需氧量（COD_{Cr}）、悬浮物（SS）、氨氮、总磷、阴离子表面活性剂、粪大肠菌群数和动植物油 8 项。其中：出水排入地表水受纳水体的控制项目 8 项，出水排入水塘、水渠等农业灌溉水体的控制项目 7 项[22]。

具体控制指标如表 5-6、表 5-7 所列。

表 5-6　排放控制指标

指标类型	指标名称
一般指标	pH 值、SS
有机指标	COD_{Cr}
营养物指标	氨氮、总磷
生物性指标	粪大肠菌群数
洗涤污染控制指标	总磷、阴离子表面活性剂(LAS)
其他指标	动植物油(仅针对含农家乐废水的设施)

表 5-7　污水回灌控制指标

指标类型	指标名称
一般指标	pH 值、SS
有机指标	COD_{Cr}
生物性指标	粪大肠菌群数
洗涤污染控制指标	阴离子表面活性剂(LAS)
其他指标	溶解性总固体(TDS)、氯化物

5.5.6　水污染物排放限值的确定及制定依据

5.5.6.1　限值确定原则

污染物排放限值的制定原则是兼顾污染物控制技术和水环境容量。污染物排放限值的确定方法主要有两种：一种是按工艺设备条件和工艺水平确定；另一种是从保护水资源出发，根据水环境质量标准、考虑水体稀释能力和允许负荷量确定。由于根据水环境质量标准和水体稀释能力推导农村生活污水排放标准限值，可能会出现即使采用最先进的处理技术也很难使污染物达标排放的情况，即推导出的标准的操作性和可行性不强，因此污染物排放限值的制定主要依据农村生活污水的处理水平，同时兼顾水环境容量。

为全面分析根据水环境质量标准来制定我国农村生活污水排放标准的可行性，编制组对我国不同区域农村的 200 多项农村污水处理工程进行了详细调研，对农村生活污水经各种处理技术处理后的出水进行了分类统计。调研结果表明，目前我国农村生活污水采用的处理技术多种多样，包括人工湿地、稳定塘、小型一体化污水处理装置、生物接触氧化法等。按处理程度，可划分为一级处理、二级处理和三级处理系统，每级处理系统均有对应的工艺技术。一级处理，主要去除污水中呈悬浮状态的固体污染物质，如格栅、沉砂池、隔油池等。格栅和隔油池等主要用于去除部分 SS 和油脂，处理后污水达不到排放标准。二级处理，主要去除污水中呈胶体和溶解状态的有机污染物质，如水解酸化法、传统的活性污泥法、生物接触氧化法等，可使污水中有机污染物达到一定的排放标准。三级处理，在二级处理的基础上对污水进行进一步处理以去除残余有机物、氮、磷等污染物，满足高标准受纳水体要求或回用要求。常用工艺主要是自然净化处理，如人工湿地、稳定塘、好氧生物处理等。

由表 5-8 可见，我国农村生活污水设施主要执行《城镇污水处理厂污染物排放标准》（GB 18918—2002）一级 A 和一级 B 标准，但执行上述标准的处理设施达标率仅为 23% 和 40.63%，进一步分析数据表明不达标污染物包括 COD、NH_3-N、TP、TN 等，即使采用三级处理技术也很难达到目前的排放标准，因此必须考虑适宜的农村水污染处理技术，结合处理效果来确定排放标准。当然，同时还必须考虑水环境容量，如果受纳水体是环境容量较大、稀释能力较强的开放式水体，建议适当放宽排放标准。

表 5-8 我国典型农村生活污水处理设施排放标准及达标统计

标准	达标数/个	不达标数/个	达标率/%	不达标污染物
《城镇污水处理厂污染物排放标准》(GB 18918—2002)一级 A 标准	6	20	23	COD、NH_3-N、TP、SS、BOD_5
《城镇污水处理厂污染物排放标准》(GB 18918—2002)一级 B 标准	39	57	40.63	COD、BOD_5、NH_3-N、TP、TN、SS
《城镇污水处理厂污染物排放标准》(GB 18918—2002)二级排放标准	2	0	100	
《污水综合排放标准》(GB 8978—1996)一级标准	7	1	87.5	NH_3-N、TP、SS

具体地，水污染物排放限值确定注意以下几个方面。

① 控制污染物排放量，改善环境质量，保护人体健康和生态环境；

② 与现行标准衔接，充分考虑我国农村废水排放管理特征及发展趋势，引导农村污水处理设施的建设；

③ 结合污水处理工艺和技术，限值设置科学合理、经济可行；

④ 借鉴国内外有关污染物排放标准的排放控制要求。

标准的控制项目最高允许排放浓度参考国内外各类标准和研究成果。一级标准参考 GB 18918—2002 中一级 B 标准；二级标准参考 GB 8979—1996 中的一级标准、GB 18918—2002 中的二级标准；污水回用灌溉水质标准参考 GB 20922—2007 和 GB 5084—2005。如表 5-8 所列。

5.5.6.2 基本控制项目限值

（1）pH 值（无量纲）

根据调研农村地区生活污水水质情况来看，pH 值生活污水一般大于 6，且小于 9。一级、二级标准参考《城镇污水处理厂污染物排放标准》（GB 18918—2002）。《污水综合排放标准》（GB 8978—1996），pH 限值拟定为 6～9。

试验表明：pH＝6.0～7.5 适宜农作物生长。pH＜5.5 的水长期灌溉，土壤中硝化细菌受到抑制，硝化作用减弱，氮肥得不到充分释放，磷酸盐的肥效降低，钙盐、镁盐易淋失，土壤在偏酸性条件下重金属毒性提高，易被作物吸收致害。pH＞8.5 的土壤中的氮肥易被氧化，钠离子活跃，对作物根系发育有抑制作用。pH＞9 蔬菜生长受到抑制，直至受害死亡。同时参考我国《城市污水再生利用 农田灌溉用水水质》（GB

20922—2007)《农田灌溉水质标准》(GB 5084—2005),污水回用灌溉水质标准 pH 值限值定为 5.5～8.5。

(2) 化学需氧量 (COD_{Cr})

本标准 COD 的排放限值分为一级、二级和三级标准。

农村生活污水中 COD 浓度 200～400mg/L,BOD_5 浓度 120～200mg/L,BOD_5/COD 比值为 0.5～0.6,可生化性较好。

① 一级、二级标准 COD 限值的确定。一级、二级标准与《城镇污水处理厂污染物排放标准》一级 B 和二级标准一致。对应的处理工艺为生态法、厌氧+生态法、A/O、A/O+生态法、A^2/O、A^2/O+生态法、一体化设备等。一、二级处理工艺由于水力负荷、停留时间等设计参数的不同,COD 去除率分别可达到 70%～85%、50%～75%。出水 COD 浓度一般可达到 60mg/L 和 100mg/L。因此,将一级标准 COD 限值拟设为 60mg/L,二级标准 COD 拟设为 100mg/L。

② 污水回用灌溉水质标准 COD 限值的确定。污水回用灌溉水质标准中的水作、旱作、蔬菜 COD 限值与我国《农田灌溉水质标准》一致,区别在于我国《农田灌溉水质标准》分别给出了两种蔬菜的 COD 限值:a. 加工、烹调及去皮蔬菜;b. 生食类蔬菜、瓜果和草本水果。由于生食类蔬菜、瓜果和草本水果的 COD 限值要求较高,本标准不提倡农村生活污水回用于生食类蔬菜、瓜果和草本水果,所以污水回用灌溉水质标准中的蔬菜只考虑加工、烹调及去皮蔬菜。污水回用灌溉水质标准对应的处理工艺为生态法、厌氧法等。污水回用灌溉水质标准蔬菜、水作和旱作的 COD 限值分别拟设为 100mg/L、150mg/L 和 150mg/L。

(3) 悬浮物 (SS)

一级、二级标准拟与《城镇污水处理厂污染物排放标准》一级 B 和二级标准一致。污水回用灌溉水质标准中的水作、旱作、蔬菜 SS 限值拟与我国《农田灌溉水质标准》一致。

农村生活污水中悬浮物 (SS) 浓度 100～200mg/L。常用物理法去除农村生活污水中呈悬浮状态的固体污染物质 (SS),初沉池等预处理工艺一般对 SS 的去除率可达到 50%以上,处理后 SS 浓度在 50～100mg/L,再经生物+生态法等后续工艺处理,其出水浓度可达到 15～40mg/L。因此,本标准中 SS 一级标准拟设为 20mg/L,二级拟设为 30mg/L,一级标准可通过调整水力负荷、停留时间等参数满足要求。

污水回用灌溉水质标准 SS 限值确定:由于农村生活污水中 SS 成分复杂,农田灌溉水中的悬浮固体过多易造成土壤板结,使土壤呈厌氧状态,导致幼小植株和幼苗死亡,回用水的 SS 指标应当严格控制。根据试验表明:SS<200mg/L 对旱作无明显影响;SS<150mg/L 对水稻无明显影响;SS>100mg/L 对蔬菜有明显的抑制。我国《农田灌溉水质标准》规定为:水作 SS<80mg/L,旱作 SS<100mg/L,加工、烹调及去皮蔬菜 SS<60mg/L,生食类蔬菜、瓜类和草本水果 SS<15mg/L。我国《城市污水再生利用 农田灌溉用水水质》规定 SS:旱地谷物和油料作物<90mg/L、水田作物<80mg/L、露地蔬菜<60mg/L、纤维作物<100mg/L。参考上述标准限值,污水回用灌溉水质标准 SS 限值设为旱作 100mg/L、水作 80mg/L、蔬菜 60mg/L。

综上所述，本标准中SS排放限值拟设为：一级20mg/L，二级30mg/L，污水回用灌溉水质标准旱作100mg/L、水作80mg/L、蔬菜60mg/L。

(4) 氨氮（NH_3-N）

一级、二级标准氨氮限值参考《城镇污水处理厂污染物排放标准》一级B和二级标准，同时根据农村生活污水处理设施调研结果进行设定。

农村生活污水中氨氮（NH_3-N）浓度15～90mg/L。好氧、厌氧等生物法对氨氮的去除效果较好，人工湿地等生态法相对较差。经生物法处理后，氨氮去除率40%～60%，出水浓度可小于30mg/L，深度处理对氮的去除率可达到60%～80%，出水浓度可达到10～20mg/L。因此，本标准中一级设为15mg/L、二级25mg/L（水温＞12℃时）；一级设为20mg/L、二级30mg/L（水温＜12℃时），其中一级可通过调整水力负荷、停留时间等参数满足要求。

因此，综合农村生活污水水质和处理设施对氨氮处理效果，同时参考《城镇污水处理厂污染物排放标准》《污水综合排放标准》、我国《城市污水再生利用　农田灌溉用水水质》《农田灌溉水质标准》等，确定本标准中氨氮排放限值为：一级15mg/L、二级25mg/L（水温＞12℃时）；一级20mg/L、二级30mg/L（水温＜12℃时）。

(5) 总磷（TP）

总磷排放限值分为一级标准和二级标准。一级标准拟定为2.0mg/L，对应的处理工艺为生物强化处理（脱氮除磷）＋生态法处理；二级标准限值拟定为3.0mg/L，对应的处理工艺为生物法＋生态法处理。

农村生活污水中总磷（TP）浓度1～6.5mg/L。与《城镇污水处理厂污染物排放标准》一级B标准和二级标准相比，本标准限值较宽松，主要原因为农村生活污水水量、水质波动大，采用生物法除磷效果不稳定；同时在农村生活污水处理中，物理法因成本过高、技术复杂而很少应用。化学法的特点是磷的去除率较高，处理结果稳定，污泥在处理和处置过程中不会重新释放磷而造成二次污染，但污泥的产量比较大，在农村生活污水处理中也较少使用。单纯的人工湿地等生态法对TP的处理效果也较差。因此，本标准排放限值一级拟设为2.0mg/L，二级拟设为3.0mg/L。不设置三级的限值要求。

(6) 阴离子表面活性剂（LAS）

一级、二级标准拟与《城镇污水处理厂污染物排放标准》一级B和二级标准一致。污水回用灌溉水质标准中的水作、旱作、蔬菜LAS限值拟与我国《农田灌溉水质标准》一致。

将在水中电离后起表面活性作用的部分带负电荷的表面活性剂称为阴离子表面活性剂。我国《城镇污水处理厂污染物排放标准》一级B和二级标准的LAS限值为2mg/L和3mg/L；农田灌溉中的LAS含量对农作物的生长和发育能产生明显的影响。我国《农田灌溉水质标准》规定为水作LAS＜5mg/L，旱作LAS＜8mg/L，蔬菜类LAS＜5mg/L；我国《城市污水再生利用　农田灌溉用水水质》规定旱地谷物和油料作物、纤维作物LAS＜8mg/L、水田作物及露地蔬菜LAS＜5mg/L。调研结果显示，农村生活污水中，阴离子表面活性剂的排放量不大，原水排放浓度在0.78～9.43mg/L之间。常用的农村生活污水处理工艺可基本满足其排放要求。

因此，参考《城镇污水处理厂污染物排放标准》(GB 18918—2002)、《污水综合排放标准》(GB 8978—1996)、《农田灌溉水质标准》(GB 5084—2005)、《城市污水再生利用　农田灌溉用水水质》(GB 20922—2007) 等，初步确定本标准中 LAS 排放限值为：一级 2mg/L，二级 3mg/L，三级旱作 8mg/L、水作 5mg/L、蔬菜 5mg/L。

(7) 粪大肠菌群数 (FC)

一级、二级标准 FC 与《城镇污水处理厂污染物排放标准》一级 B 和二级标准一致。污水回用灌溉水质标准中的水作、旱作、蔬菜 FC 限值与我国《农田灌溉水质标准》一致。

粪大肠菌群数主要是大肠杆菌，也包括可雷伯菌属等。我国《城镇污水处理厂污染物排放标准》规定，一级 B 和二级标准 FC<10^4 个/L；我国《农田灌溉水质标准》规定旱作、水作 FC<4000 个/100mL，加工、烹调及去皮蔬菜 FC<2000 个/100mL，生食类蔬菜、瓜类和草本水果 FC<1000 个/100mL；我国《城市污水再生利用　农田灌溉用水水质》规定旱地谷物和油料作物、纤维作物 FC<40000 个/L、水田作物及露地蔬菜 FC<20000 个/L。我国农村生活污水处理技术中，常用的农村生活污水处理工艺可基本满足以上排放要求。

因此，参考《城镇污水处理厂污染物排放标准》(GB 18918—2002)、《污水综合排放标准》(GB 8978—1996)、《农田灌溉水质标准》(GB 5084—2005)、《城市污水再生利用　农田灌溉用水水质》(GB 20922—2007) 等，初步确定本标准中粪大肠菌群数排放限值为：一级 1×10^4 个/L，二级 1×10^4 个/L，污水回用灌溉水质标准旱作 4×10^4 个/L、水作 4×10^4 个/L、蔬菜 4×10^4 个/L。

(8) 动植物油

餐饮、厨房污水一般含有动植物油，农村居民生活废水的动植物油浓度相对较低，饭店、旅游接待废水中浓度较高。对于动植物油指标，不含农家乐废水的一般农村生活污水动植物油浓度均值已经很低，不需要进行控制，但是农家乐农村生活污水动植物油浓度均值较高，需要进行控制，可仅对含农家乐废水的设施进行动植物油指标控制。常用的农村生活污水处理模式，依据处理工艺和参数的不同，除油率可达到 60%～90%。参考《城镇污水处理厂污染物排放标准》(GB 18918—2002)、《污水综合排放标准》(GB 8978—1996) 等，初步设定本标准中动植物油排放限值为：一级 4mg/L，二级 5mg/L。

(9) 溶解性总固体 (TDS)

美国灌溉水质指南要求溶解性总固体 (TDS) 灌溉农业 (柠檬和鳄梨) <1000mg/L，灌溉风景区 (草) <2000mg/L。约旦回用水质标准规定灌溉食用蔬菜的 TDS<2000mg/L。印度灌溉标准要求 TDS<2100mg/L。我国生活饮用水水质规范规定 TDS<1000mg/L。我国地下水质量标准规定用于农业的 TDS<2000mg/L。根据试验，在非盐碱化土壤上，当地下水位在临界深度以下时，用含盐量 1500～2000mg/L 水灌溉，对小麦、高粱、玉米、甘薯、棉花、黄豆等作物生长无不良影响。土壤未造成次生盐渍化，但土壤含盐量有增高的趋势。用含盐量>1000mg/L 的水灌溉番茄、甘蔗和瓜果类蔬菜，会造成减产10%。

我国《农田灌溉水质标准》规定溶解性总固体TDS非盐碱地区<1000mg/L，盐碱地区<2000mg/L；我国《城市污水再生利用 农田灌溉用水水质》规定露地蔬菜、纤维作物、旱地谷物和水田谷物非盐碱地区<1000mg/L，盐碱地区<2000mg/L。

综合国内外的研究成果，确定本标准灌溉农田的TDS非盐碱地区<1000mg/L，盐碱地区<2000mg/L。

(10) 氯化物

美国灌溉水定性分类规定：氯化物<175mg/L为优到好，175～350mg/L为好到有害，>350mg/L为有害到不满意。联合国粮农组织灌溉水质标准规定：地面灌溉氯化物<142mg/L为好，142～355mg/L为中，>355mg/L为坏。我国地表水环境质量标准规定生活饮用水地表水水源地的氯化物含量<250mg/L。我国农村生活饮用水二级标准规定为<300mg/L。我国《农田灌溉水质标准》规定氯化物为<350mg/L；我国《城市污水再生利用 农田灌溉用水水质》规定氯化物为<350mg/L。我国地下水质量标准规定用于农业的氯化物含量<350mg/L。综合国内外标准，确定本标准的污水回用灌溉水质标准的氯化物含量<350mg/L。

通过对上述各个指标限值的分析，农村污水处理设施水污染物指标限值如表5-9和表5-10所列。

表5-9 水污染物最高允许排放浓度

序号	控制项目	一级标准	二级标准
1	pH值	6.0～9.0	
2	化学需氧量(COD_{Cr})/(mg/L)	60	100
3	悬浮物(SS)/(mg/L)	20	30
4	氨氮/(mg/L)	15(20)①	25(30)①
5	总磷/(mg/L)	2	3
6	阴离子表面活性剂/(mg/L)	1	2
7	粪大肠菌群数/(个/L)	1×10^4	1×10^4
8	动植物油②	4	5

① 括号外的数值为水温>12℃的控制指标，括号内的数值为水温<12℃的控制指标。

② 仅针对含农家乐废水的处理设施执行。

表5-10 污水回用灌溉水质控制最高允许排放浓度

序号	控制项目	回用控制标准		
		蔬菜	水作	旱作
1	pH值	5.5～8.5		
2	化学需氧量(COD_{Cr})/(mg/L)	100	150	200
3	悬浮物(SS)/(mg/L)	60	80	100
4	阴离子表面活性剂/(mg/L)	5.0	5.0	8.0
5	粪大肠菌群数/(个/L)	2×10^4	4×10^4	4×10^4

续表

序号	控制项目	回用控制标准		
		蔬菜	水作	旱作
6	溶解性总固体(TDS)/(mg/L)	1000(非盐碱土地) 2000(盐碱土地)		
7	氯化物/(mg/L)	350		

注：蔬菜是指除温室、大棚蔬菜外的陆地露天生长，需经加工、烹调及去皮的蔬菜。

5.5.7 监测要求

农村生活污水处理设施运行过程中，要进行水质监测。采样应在污水处理设施工艺末端排放口。对水污染物排放情况进行监测的频次、采样时间等要求，按 HJ/T 91—2002、HJ/T 92—2002 等有关技术规范规定执行。

监测分析方法按表 5-11 执行。

表 5-11　水污染物浓度测定方法标准

序号	污染物项目	方法、标准名称	方法标准编号
1	pH 值	水质　pH 值的测定　玻璃电极法	GB 6920—1986
2	化学需氧量(COD_{Cr})	水质　化学需氧量的测定　重铬酸盐法	GB 11914—1989
		水质　化学需氧量的测定　快速消解分光光度法	HJ/T 399—2007
3	悬浮物	水质　悬浮物的测定　重量法	GB 11901—1989
4	氨氮	水质　氨氮的测定　气相分子吸收光谱法	HJ/T 195—2005
		水质　氨氮的测定　蒸馏-中和滴定法	HJ 537—2009
		水质　氨氮的测定　钠氏试剂分光光度法	H J535—2009
		水质　氨氮的测定　水杨酸分光光度法	HJ 536—2009
5	总磷	水质　总磷的测定　钼酸铵分光光度法	GB 11893—1989
6	阴离子表面活性剂	水质　阴离子表面活性剂的测定　亚甲蓝分光光度法	GB 7494—1987
7	粪大肠菌群	水质　粪大肠菌群　多管发酵法和滤膜法(试行)	HJ/T 347—2007
8	动植物油	水质　石油类和动植物油类的测定　红外分光光度法	HJ 637—2012
9	氯化物	水质　氯化物的测定　硝酸银滴定法	GB/T 11896—1989
10	溶解性总固体	重量法	GB/T 5750.4—2006

5.5.8 主要国家、地区农村污水处理设施发展概况及相关标准

5.5.8.1　国外农村生活污水处理设施概况及排放标准

(1) 美国农村生活污水处理相关标准

美国的农村卫生建设起步早，不存在类似我国的城乡差别，而且农村居民都比较富裕，总的来说农村生活污水处理技术水平也比较高，因此美国农村与城市使用相同的污

水排放标准。美国的乡村污水治理主要指1万人以下的分散污水治理。联邦政府和各州政府对分散污水治理越来越重视，推出了不少项目计划对分散污水治理进行支持。目前美国分散污水治理系统被看作是一种永久性的设施建设，具有与城市排水系统同样重要的地位。据统计，美国在城郊地区已经安装了约2500万套分散型污水处理系统，约有1/4的人口和1/3的新建社区在使用分散型污水处理设施，由分散型污水处理系统处理的污水量达到$1.7\times10^7 m^3/d$[24]。

1987年美国将治理面源污染的内容写进《水质量法案》，要求各州为分散污水治理建立计划和项目资助。美国国家环保局于2002年发布了《污水就地处理系统手册》，2005年发布了《分散式污水处理系统管理手册》，引导地方政府和群众在适当的地方安装分散型污水处理系统并配合管理、维护。在美国，分散污水治理的组织结构包括联邦、州和民族保留区的行政部门、当地政府的办事机构、特别目的区、公共责任主体以及民间责任主体等。在联邦层级，国家环保局的职责是通过执行《清洁水法案》《安全饮用水法案》和《海岸带法修正案》保护水质。在这些法案下，国家环保局设立并管理许多与分散式污水处理系统相关的计划和项目，包括水质标准项目、最大日负荷总量计划、非点源管理计划、国家污染排放削减系统计划和水资源保护计划等。美国由联邦的《清洁水法》（Clean Water Act）中的“国家污染物排放清除系统”（NPDES，the National Pollutant Discharge Elimination System）许可证制度进行规定，由环境保护署建立并执行，《清洁水法》规定，可由环境保护署将部分或全部NPDES职权授权给各州。

（2）日本农村生活污水处理相关标准

日本的生活污水处理系统主要分为集合处理和个别处理两大类。其中，集合处理是指公用下水道和农村集落排水设施。公用下水道主要用于城市污水的处理，通过管道将家庭污水和工业污水收集到污水处理厂进行集中处理；农村集落排水设施主要用于农村村落生活污水的集中处理，二者分归国土交通部和农林水产部管理。个别处理是指单独处理净化槽（已经禁止生产和安装）和合并处理净化槽，净化槽主要用来处理一家一户或楼房排放的生活污水，是不同于下水道的一种分散式污水处理设施，分归生活环境部管理。

20世纪60年代，人们对抽水马桶的需求增长，净化槽技术开始迅速发展。此后，日本在1983年颁布了《净化槽法》，对净化槽的维护、清扫、检查做了明确的规定。《净化槽法》是一部专门适用农村污水治理的法律，明确规定任何农村地区不得随意排放生活污水，必须经过处理。城市人口＞5万或人口密度＞40人/hm^2的集中居住地适用《下水道法》，农村地区主要适用《净化槽法》。符合《下水道法》规定的农村地区居民的生活污水也排入城镇污水治理管网[25]。

1995年，由于要求保护湖泊、内海等封闭型水域水质的呼声日渐高涨，日本政府对净化槽的构造标准进行了大规模的修订。在新修订的版本中，除了提高去除BOD、COD的标准外，为了缓解水体富营养化的问题，还增加了去除氮、磷的内容。这一修订促进了深度处理（氮、磷去除型）净化槽的开发。目前，日本的深度处理净化槽技术已较为成熟，出水水质可达到以下标准：BOD在10mg/L以下，COD在15mg/L以下，TN在10mg/L以下（因处理工艺而定），TP在1mg/L以下。

2006年，日本乡村污水治理服务的人口约占全国的31%。截至2007年年底，日本公用下水道的平均覆盖率已经达到70%以上，净化槽的平均覆盖率在9%左右，农村集落排水设施的平均覆盖率约为3%。具体如表5-12所列。

表5-12　净化槽构造标准（日本建设省1292号公告）

类别	处理工艺	处理人数/人	处理性能				
			BOD去除率/%	处理水质/(mg/L)			
				BOD	COD	TN	TP
单独处理	腐散泡	5～500	≥55	≤120	—	—	—
	土壤过滤	5～500	SS≥55	SS≤250	—	—	—
合并处理	沉淀分离接触曝气	5～50	≥90	≤20	—	—	—
	厌氧滤床接触曝气	5～50	—	—	—	—	—
	脱氮滤床接触曝气	5～50	—	—	—	≤20	—
	生物转盘	50～5000	≥90	≤20	≤30	—	—
	接触曝气	50～5000	≥90	≤20	≤30	—	—
	散水滤床	500～5000	≥90	≤20	≤30	—	—
	长时间曝气	100～5000	≥90	≤20	≤30	—	—
	标准活性污泥	5000	≥90	≤20	≤30	—	—
	接触曝气过滤	100～5000	—	≤10	≤15	—	—
	凝集分离	50～5000	—	≤10	≤15	—	—
	接触曝气活性炭吸附	100～5000	—	≤10	≤10	—	—
	凝集分离活性炭吸附	50～5000	—	≤10	≤10	—	—
	硝化液循环活性污泥	50～5000	—	≤10	≤15	≤20 ≤15 ≤10	≤1
	深度处理除磷脱氮	50～5000	—	≤10	≤15	≤20 ≤15 ≤10	≤1

注：“—”表示不做要求。

(3) 欧盟农村生活污水处理相关标准

在农村污水处理方面，欧盟有明确的责任划分。由于欧盟国家基础设施建设比较完善，良好的公路网络体系已经扩散到广大农村地区。政府也投入大量财力在公路沿线铺设集中式的排污管道。例如，意大利主要以集中纳管的方式处理农村污水，对能够进入污水管网的农户要求都尽可能使用管道。排水管网沿公路建设，各主体的承担责任也以公路级别进行划分。中央、大区和省政府分别负责国道、区道、省道污水管网的建设，基层政府负责干线到农村支线管网的建设和投资，用户则承担将公共管道连接到自己私有土地上的费用。网管的运营维护责任由政府承担，但农村用户需要向政府支付污水处理费以实现运营成本的回收，考虑到农村地区支付能力较弱，农村地区的污水和垃圾处理一般只按城镇居民标准的30%收取。对不能接上排污管道的农村居民由专门的服务公司帮助用户建立家庭式污水贮存与净化池，用户每年缴纳一定的费用以支付专业人员一年一度的清理服务，保证设备持续有效运行。

依据欧盟水框架指令（Water Framework Directive），德国依据人口规模等实际情况制定农村污水出水限值，爱尔兰也制定了污水排放标准。德国每个州都有自己的“水法”，与欧洲大致相似，主要是消减负荷、保护环境。针对不同的排放要求以及处理设施的规模，设定了不同的处理目标，包括仅消减COD，同时消减COD和NH_3-N，同时消减COD、TN和TP等。具体如表5-13、表5-14所列。

表5-13 德国污水排放标准 单位：mg/L

人口/人	BOD_5	COD_{Cr}	NH_3-N	TN	TP
<1000	40	150	—	—	—
1000～5000	25	110	—	—	—
5000～10000	20	90	10	—	—
10000～100000	20	90	10	18	2
>100000	15	75	10	18	1

注：“—”表示不做要求。

表5-14 爱尔兰分散型生活污水处理限值执行标准

指标	限值/(mg/L)	备注
生化需氧量(BOD_5)	20	
悬浮物	30	
NH_3-N	20	除非地方当局有特殊要求
TN	5	敏感地区要求
TP	2	敏感地区要求

（4）韩国农村生活污水处理相关标准

韩国《下水道法》（2007年修订）中，将农村排水系统定义为处理量为500m^3/d以下的公共排水系统。根据韩国《农村整顿法》《农村住宅改良促进法》，建设的处理量为50m^3/d以下的简易污水处理设施都包括到了农村排水系统内，这使农村生活污水处理设施建设管理有了较强的可操作性。

韩国农村不同流量级别的污水处理设施数量统计结果表明，处理量为50～500m^3/d的污水处理设施占54%，50m^3/d以下的占46%，最小污水处理设施的处理量仅为2m^3。

针对农村污水水质特点和水量，韩国农村污水处理工艺种类较多。农村水污染控制措施采用的工艺比例排序分别为生物膜法、高效组合工艺、深度处理工艺、序列间歇式活性污泥法（SBR）、A/O法和土地处理工艺。其中，生物膜法占据了明显的优势，这与生物膜法管理方便、出水水质较稳定、污泥产量低等有关。原来标准没有对出水营养盐排放做出严格的规定，因此营养物去除的工艺在农村污水处理中不多见。但韩国是水资源相对缺乏的国家，针对水资源紧缺的现状，约有 14%的韩国农村污水处理设施对污水进行深度处理，以满足回用的要求。

具体如表 5-15 所列。

表 5-15　污染物排放标准（韩国环境部 2013.9.5）

项目	一级	二级	三级	四级
pH 值	5.8～8.6	5.8～8.6	5.8～8.6	5.8～8.6
BOD_5(污水排放量≥2000m^3/d)/(mg/L)	≤30	≤60	≤80	≤30
BOD_5(污水排放量<2000m^3/d)/(mg/L)	≤40	≤80	≤120	≤30
COD_{Mn}(污水排放量≥2000m^3/d)/(mg/L)	≤40	≤70	≤90	≤40
COD_{Mn}(污水排放量<2000m^3/d)/(mg/L)	≤50	≤90	≤130	≤40
TP/(mg/L)	≤4	≤8	≤8	≤8
TN/(mg/L)	≤30	≤60	≤60	≤60
SS(污水排放量≥2000m^3/d)/(mg/L)	≤30	≤60	≤80	≤30
SS(污水排放量<2000m^3/d)/(mg/L)	≤40	≤80	≤120	≤30
矿物油/(mg/L)	≤1	≤5	≤5	≤5
动植物油脂/(mg/L)	≤5	≤30	≤30	≤30
苯酚/(mg/L)	≤1	≤3	≤3	≤5
C_2N_2/(mg/L)	≤0.2	≤1	≤1	≤1
Cr/(mg/L)	≤0.5	≤2	≤2	≤2
可溶性铁/(mg/L)	≤2	≤10	≤10	≤10
Zn/(mg/L)	≤1	≤5	≤5	≤5
Cu/(mg/L)	≤1	≤3	≤3	≤3
Cd/(mg/L)	≤0.02	≤0.1	≤0.1	≤0.1
Hg/(mg/L)	≤0.001	≤0.005	≤0.005	≤0.005
有机磷化合物/(μg/kg)	≤0.2	≤1	≤1	≤1
As/(mg/L)	≤0.05	≤0.25	≤0.25	≤0.25
Pb/(mg/L)	≤0.1	≤0.5	≤0.5	≤0.5
Cr^{6+}/(mg/L)	≤0.1	≤0.5	≤0.5	≤0.5
可溶性锰/(mg/L)	≤2	≤10	≤10	≤10
氟/(mg/L)	≤3	≤15	≤15	≤15
PCB/(mg/L)	—	≤0.003	≤0.003	≤0.003
总大肠杆菌/(个/mL)	≤100	≤3000	≤3000	≤3000
色度(稀释倍数)	≤200	≤300	≤400	≤400
温度/℃	≤40	≤40	≤40	≤40
三氯乙烯/(mg/L)	≤0.06	≤0.3	≤0.3	≤0.3
四氯乙烯/(mg/L)	≤0.02	≤0.1	≤0.1	≤0.1
阴离子型表面活性剂/(mg/L)	≤3	≤5	≤5	≤5

续表

项目	一级	二级	三级	四级
苯/(mg/L)	≤0.01	≤0.1	≤0.1	≤0.1
二氯甲烷/(mg/L)	≤0.02	≤0.2	≤0.2	≤0.2
TU(生态毒性)	≤1	≤2	≤2	≤2
Se/(mg/L)	≤0.1	≤1	≤1	≤1
CCl_4/(mg/L)	≤0.004	≤0.04	≤0.04	≤0.04
1,1-二氯乙烯/(mg/L)	≤0.03	≤0.3	≤0.3	≤0.3
1,2-二氯乙烷/(mg/L)	≤0.03	≤0.3	≤0.3	≤0.3
$CHCl_3$/(mg/L)	≤0.08	≤0.8	≤0.8	≤0.8

注：农村地区没有特定的适用等级。一些农村地区可适用一级标准，其他地区可参考二级、三级或四级标准。因此，在韩国，需要选择特定的研究区域进行研究。

5.5.8.2　国外生活污水回用标准概况

为了促进污水回用农业的健康发展，避免污染农田，许多国家包括美国、英国、澳大利亚、墨西哥、以色列等国家纷纷制定了适合本国特点的农田灌溉水质标准和再生水农业利用的回用标准。由于灌溉方式、灌溉制度和国情等情况的不同，各国对农业灌溉的水质控制项目和指标的制定并不一致，各国有机污染物、卫生学控制项目及指标如表5-16、表5-17所列。

表5-16　欧美及中东国家城市污水回用农业的标准

国家	控制项目					
	pH值	BOD/(mg/L)	SS/(mg/L)	FC/(个/L)	Cl_2残留/(mg/L)	DO/(mg/L)
美国	6～9	30	30	2000	1.0	
加拿大	6～9	45	45	2000		
日本	6～8.5	8	100			2.0
以色列		15～60	15～50	2500	0.5	
赛普路斯		20	30	2000		0.5
WHO				10000		

表5-17　前苏联和印度的污水回用农业标准

国家	控制项目		
	溶解性总固体/(mg/L)	COD_{Cr}/(mg/L)	BOD/(mg/L)
前苏联	1500～2000	200～300	75～100
印度	2100		60～120

5.5.8.3　与国内相关标准的比较

① 我国尚未制订专门针对农村生活污水处理的国家排放标准。已经编制的国家相关标准主要有《城镇污水处理厂污染物排放标准》(GB 18918—2002)、《污水综合排放标准》(GB 8978—1996)、《农田灌溉水质标准》(GB 5084—2005) 和《城市污水再生利用农田灌溉用水水质》(GB 20922—2007)。在国家环境保护部《关于农村地区生活

污水排放执行国家污染物排放标准等问题的复函（环办函〔2010〕844 号）》中，没有明确指出农村生活污水的处理适用具体标准。

② 部分省市出台了关于农村生活污水处理排放的地方标准，如《宁夏回族自治区农村生活污水排放标准》（DB 64/ T700—2011）、《山西省农村生活污水处理设施污染物排放标准》《河北农村生活污水排放标准》（DB 13）、《浙江省农村生活污水处理设施水污染物排放标准》《北京市水污染物综合排放标准》和《重庆市农村生活污水处理设施污染物排放标准（征求意见稿）》、福建省《农村村庄生活污水排放标准》。没有出台农村生活污水处理设施水污染物排放地方标准的大部分省市出台了农村生活污水处理技术指南，制订了推荐处理模式、处理工程或处理工艺的相关污水出水水质技术标准，或参照国家或地方已颁布实施的排放标准，规定了污染物排放限值，例如江苏省、上海市、湖北省等。

③ 本标准拟参考《城镇污水处理厂污染物排放标准》（GB 18918—2002）、《农田灌溉水质标准》（GB 5084—2005）、《城市污水再生利用农田灌溉用水水质》（GB 20922—2007）以及山西、宁夏、福建、河北和浙江等地的农村生活污水处理设施水污染物排放标准，但标准分级、控制指标、标准限值等主要内容均与以上标准不同。

相关标准主要污染物限值见表 5-18。

总体来讲，所有地方标准的分级都考虑了地表水环境功能和保护目标或区域的水生态功能重要程度，区别在于：福建、河北的排放分级标准在考虑排入水体功能类别的同时也考虑了当地经济发展水平；重庆的排放分级标准在考虑排入水体功能类别的同时也考虑了污水处理设施规模；宁夏、山西的排放标准既考虑了根据水体功能类别的直接排放分级标准，同时考虑了污水处理后用于灌溉、渔业等的标准；浙江和北京标准根据新建设施和现有设施分别执行相关限值要求，其他地方对新建设施和现有设施未进行区分。

从指标限值来看，浙江标准指标限值多数要严于山西和宁夏两地标准；但较北京、河北标准无论从控制指标数量还是指标限值上来讲都相对宽松。

山西、宁夏、福建、河北以及浙江等地的农村生活污水处理设施水污染物排放标准控制指标的限值总体上低于《城镇污水处理厂污染物排放标准》（GB 18918—2002）对应指标限值，北京农村生活污水处理设施水污染物排放标准控制指标高于《城镇污水处理厂污染物排放标准》（GB 18918—2002）对应指标限值。

《山西省农村生活污水排放标准》制定时明确了适用范围为：针对规模在 500t/d 以下的农村生活污水处理设施，制定出的各项指标限值均比《城镇污水处理厂污染物排放标准》（GB 18918—2002）宽松。

我国各地农村自然经济条件差异较大，本标准拟依据全国农村生活污水处理设施的调研情况编制，在标准分级、标准限值等方面均有别于已发布的地方标准。本标准的控制项目最高允许排放浓度参考国内外各类标准和研究成果。总体来看，拟定的本标准中一级、二级标准与《城镇污水处理厂污染物排放标准》（GB 18918—2002）相比略为宽松，三级标准与《农田灌溉水质标准》（GB 5084—2005）和《城市污水再生利用 农田灌溉用水水质》（GB 20922—2007）相当。

表 5-18 相关标准主要污染物控制指标

标准	分级	主要污染物指标									
		pH 值	COD /(mg/L)	色度 (稀释倍数)	BOD_5 /(mg/L)	SS /(mg/L)	NH_3-N /(mg/L)	TN /(mg/L)	TP /(mg/L)	粪大肠杆菌/(个/L)	动植物油 /(mg/L)	LAS /(mg/L)
《城镇污水处理厂污染物排放标准》(GB 18918—2002)	一级 A 标准	6～9	50	30	10	10	5(8)	15	0.5	10^3	1	0.5
	一级 B 标准		60	30	20	20	8(15)	20	1.0	10^4	3	1
	二级标准		100	40	30	30	25(30)	—	3.0	10^4	5	2
	三级标准		120	50	60	50	—	—	5.0	—	20	5
《污水综合排放标准》(GB 8978—1996)	一级标准	6～9	100	50	30	70	15		0.5 (磷酸盐)		10	5,5
	二级标准		150	80	60	150	25		1.0 (磷酸盐)		15	15(10)
	三级标准		500	—	300	400	—				100	20(20)
《农田灌溉水质标准》(GB 5084—2005)	水作	5.5～8.5	150		60	80	—	—	—	4×10^3	—	5
	旱作		200		100	100	—	—	—	4×10^3	—	8
	蔬菜		100(60)		40(15)	60(15)	—	—	—	2×10^3 (1×10^3)	—	5
《城市污水再生利用农田灌溉用水水质》(GB 20922—2007)	纤维作物	5.5～8.5	200	—	100	100	—	—	—	4×10^4	—	8
	旱地谷物 油料作物		180	—	80	90	—	—	—	4×10^4	—	8
	水田谷物		150	—	60	80	—	—	—	2×10^4	—	5
	露地蔬菜		100	—	40	60	—	—	—	2×10^4	—	5
浙江《农村生活污水处理设施水污染物排放标准》(DB 33)	一级标准	6～9	60	—	—	20	15	—	2	1×10^4	3	—
	二级标准		100	—	—	30	25	—	3	1×10^4	5	—

续表

标准	分级	主要污染物指标										
		pH值	COD/(mg/L)	色度(稀释倍数)	BOD_5/(mg/L)	SS/(mg/L)	NH_3-N/(mg/L)	TN/(mg/L)	TP/(mg/L)	粪大肠杆菌/(个/L)	动植物油/(mg/L)	LAS/(mg/L)
河北省《农村生活污水排放标准》(DB 13)	一级A标准	6～9	50	30	10	10	5(8)	15	0.5	1×10^3	1	0.5
	一级B标准		60	30	20	20	8(15)	20	1	1×10^4	3	1
	二级标准		100	50	20	40	15	—	—	1×10^4	10	5
	三级标准		150	80	30	50	25	—	—	1×10^4	15	10
《山西省农村生活污水处理设施污染物排放标准》(DB 14)	一级标准	6～9	60	—	20	20	15	20	1	1×10^4		1
	二级标准		150	—	50	50	30	—	—	—	—	—
	三级标准		200	—	80	80	—	—	—	—	—	—
宁夏《农村生活污水排放标准》	一级标准	6～9	60	—	20	20	8(15)	20	1	1×10^4	—	1
	二级标准		120	—	50	30	25(30)	—	3	1×10^4	—	2
	三级A标准		150	—	80	80	—	—	—	4×10^4	—	3
	三级B标准		200	—	100	100	—	—	—	4×10^4	—	8
北京《水污染物综合排放标准》	A标准	6～9	30	—	6	5	1.5(2.5)	15	0.3	1×10^3	0.5	0.3
	B标准		40	—	10	10	5(8)	15	0.4	1×10^4	1	0.3

注：1.《城镇污水处理厂污染物排放标准》(GB 18918—2002)、河北省《农村生活污水排放标准》(DB 13)、宁夏《农村生活污水排放标准》及北京《水污染物综合排放标准》中 NH_3-N 的浓度，括号外数值为水温>12℃时的控制指标，括号内数值为水温≤12℃时的控制指标。

2.《污水综合排放标准》(GB 8978—1996) 中 LAS 的浓度，括号外数值为 1997 年 12 月 31 日之前建设的单位，括号内数值为 1998 年 1 月 1 日之后建设的单位。

3.《农田灌溉水质标准》(GB 5084—2005) 中括号外为加工、烹调及去皮蔬菜，括号内为生食类、瓜类和草本水果。

5.5.9 标准实施建议

为确保本标准的顺利实施，切实做到消减污染物排放，保护生态环境，保障人体健康，建议如下。

① 完善农村生活污水处理技术评估方法，规范和指导污水处理规划、设计、建设以现有单项技术综合评价制度、现有同类技术筛选评价制度和新技术验证制度为核心，建立完善的农村生活污水处理技术评价制度，开展农村生活污水处理技术的筛选、评价与评估。通过调研，结合现场实测运行结果，评估验证工艺的运行效果，反馈修改设计。对于效果好的工艺，形成设计技术指南。农村生活污水治理监管体系涵盖了从治理设施设计、建设、验收、运行维护和达标排放的各个环节。组织编制农村生活污水处理设施规划、设计、建设相关技术标准，规范和指导污水处理规划、设计、建设。

② 加强处理设施的资金保障。开展建设运行方面长效管理机制的研究完善资金保障体系，建立以政府补助为主导的多元化运管经费分担机制。农村生活污水治理属于公益性事业，建议省级各相关部门设立处理设施运管省级财政资金专项，并明确列支处理设施运管资金的政策。市、县（区）级财政部门要把设施运管经费纳入年度预算，鼓励各乡镇、村根据自身经济情况合理筹措资金，并引导农民以投工投劳等方式参与到运管中来。充分发挥市场机制，吸引社会资金，如通过项目招标委托第三方运管；以县为单位，通过项目捆绑招商引资、PPP 模式（政府和社会资本合作）等方式运管。倡导社会参与，鼓励和引导党政机关、人民团体、企事业单位、社会各界人士及志愿者通过结对帮扶、捐资捐物等多种方式支持设施运管。

③ 鼓励市场化的专业运维机制，培养专业运维技术人员。市场化专业运维机制是指由专门从事环境保护设施（污染治理）的环保型企业充当第三方，对设施（污染）进行专业运营（治理）的模式。这种模式不仅解决了设施运维人员不专业化的问题，同时也能激发市场活力，提高运维的效益。建议在经济条件允许的前提下，污水处理设施规模较大的地区全面推行市场化的专业运维机制；污水处理设施规模较小且分散的地区以村镇为单位，将一定区域内的处理设施打包分片，然后公开招投标，实现市场化的专业运维。

④ 加强对污泥的统一规划处理。建议各地因地制宜，按照污泥后续处置利用需求，统筹规划污泥的处理处置方式，防范二次污染。

⑤ 为保证农村生活污水处理后用于农田灌溉对土壤、地下水、农产品以及人体健康的安全，仅靠标准值的限值规定是远远不够的。农村生活污水再生水农田灌溉是一项系统工程，在灌溉之前，要根据各地区气候条件、种植作物、土壤类型、地形地质和生态条件，对拟采用再生水进行灌溉的地区必须进行农田灌溉的合理规划。规划的内容包含污水的水量、水质及污水处理工艺；输送、贮存及净化措施，农田灌溉管网的配制等。根据处理水量和灌区的灌溉制度，制定适合当地的农村生活污水再生水灌溉制度（灌水定额、灌水次数、灌溉方式）和灌溉要求、监测要求和控制规范。

由于生食蔬菜卫生要求条件较高，生食蔬菜用水的水质要求较高，农村生活污水二级处理后，还需要进行深度处理，成本较高，因此不建议用于生食蔬菜的灌溉。同时，在用于农田灌溉时应保证最近的灌溉取水点的水质符合国家标准的规定，旱地作物在灌浆期应改用清水灌溉，避免微量污染物进入子粒或可食部位。露地蔬菜在采摘前两星期应改为清水灌溉，避免污染物进入蔬菜内。

由于农业用水是阶段性用水，而农村生活污水处理设施处理后的出水，每天都会排出，因此必须建有贮存设施，贮存设施的功能一是贮存，二是使水质稳定，然后通过输水管网实现回灌。在灌溉中出现作物生长异常、地下水中污染物增多时应立即停灌，并查明原因。灌溉区的农产品质量应达到国家食品中污染物限量标准，达不到要求应立即停灌查明原因。同时，在输水过程中主渠道应有防渗措施，防止地下水污染。

农村生活污水通过处理后应用于回灌时应达到回灌标准，与当地灌溉制度相衔接，非回灌时达到排放标准。

⑥ 加强农村生活污水农田灌溉回用的监测。为了确保安全灌溉，在用于灌溉之前应对拟定的灌溉区农田土壤进行调查、取样、分析、评价，若已被污染，该地不能作为农村生活污水农田灌溉回用的农业灌区。灌溉区与居民区之间应有 200m 的卫生防护带，喷灌区应距离居民区 500m 以上，避免水雾中可能的病原体向居民区扩散。同时，在集中式水源保护区、泉水出露区、岩石裂隙及碳酸岩溶发育区淡水的地下水位距地表小于 1m 的地区、经常受淹的河滩和洼涝地不允许设置农村生活污水农田灌溉回用的灌溉区。灌溉露地蔬菜为每季度监测一次，灌溉纤维、旱地、水田为每半年监测一次，对再生水长期灌溉后的安全性进行长期监测和管理。

参　考　文　献

[1] 康之望. 农村环境连片整治政策效率研究 [D]. 长沙：湖南农业大学，2016.

[2] 夏雪娟. 新型城镇化背景下的村庄环境整治研究 [D]. 苏州：苏州大学，2016.

[3] 杨平. 农村社区环境保护管理研究 [D]. 泰安：山东农业大学，2015.

[4] 刘煜东. 农村生活垃圾处理财税政策研究 [D]. 北京：财政部财政科学研究所，2014.

[5] 刘英敏. 河北省农村环境综合治理中的问题与对策研究 [D]. 保定：河北大学，2014.

[6] 肖爱萍. 新中国成立以来中央农村环境保护政策的演进与思考 [D]. 长沙：湖南师范大学，2010.

[7] 孔祥才. 畜禽养殖污染的经济分析及防控政策研究 [D]. 长春：吉林农业大学，2017.

[8] 山田七绘，王猛. 太湖流域农村面源污染防治对策及实施过程——关注基层自治组织的作用 [J]. 当代日本中国研究，2017 (01)：199-239.

[9] 周生贤. 积极探索环境保护新道路 [J]. 时事报告 (大学生版)，2011 (02)：37-44.

[10] 高帆. "厕所革命" 彰显农村发展内涵转换 [J]. 中华建设，2018 (01)：26-27.

[11] 吉林省住房与城乡建设厅. 提高农民生活质量加快美丽农村建设——吉林省大力推进农村厕所改造工作 [J]. 北方建筑，2016，1 (01)：21-22，26.

[12] 徐学东. 厕所革命，让农民过上更精致的生活 [J]. 中国农村科技，2016 (07)：30-33.

[13] 吉林省新农村办关于贯彻落实习近平总书记在吉林考察时对新农村建设工作指示要求的具体意见 [J]. 吉林农业，2015 (17)：19-20.

[14] 江苏省苏州市环保局王冠楠. 农村生活污水排放标准需尽快制定 [N]. 中国环境报，2017-06-20 (003).

[15] 许明珠，尚光旭，王浙明，等. 地方农村生活污水处理设施水污染物排放标准制订研究——以浙江为例 [J]. 环境保护，2017，45 (10)：57-59.

[16] 武璐. 浙江省农村生活污水处理设施水污染物排放标准研究 [D]. 杭州：浙江工业大学，2015.

[17] 周迎久. 河北制定农村生活污水排放标准 [N]. 中国环境报，2015-04-17 (006).

[18] 段丽茜. 我省农村生活污水排放标准实施污水排放不能"任性" [N]. 河北科技报，2015-04-14 (A01).

[19] 陈永青，王阳，何晓俊，等. 广西《农村生活污水处理设施建设标准》(DBJ45/005-2013) 编制介绍 [J]. 给水排水，2014，50 (12)：126-128.

[20] 韦嘉和.《农村生活污水处理设施建设标准》发布 [J]. 给水排水，2014，40 (03)：160.

[21] 谢卫平，刘泓，蒋科伟，等. 关于农村生活污水排放标准的思考 [J]. 环境科学与管理，2013，38 (04)：12-15.

[22] 丁绍兰，刘泽航，郭雪松，等. 关于中国农村生活污水排放标准制定的探讨 [J]. 环境污染与防治，2012，34 (06)：82-85.

[23] 刘泽航. 农村生活污水排放标准的研究 [D]. 西安：陕西科技大学，2012.

[24] 黄文飞，韦彦斐，王红晓，等. 美国分散式农村污水治理政策、技术及启示 [J]. 环境保护，2016，44 (07)：63-65.

[25] 沈哲，黄劼，刘平养. 治理农村生活污水的国际经验借鉴——基于美国、欧盟和日本模式的比较 [J]. 价格理论与实践，2013 (02)：49-50.

第6章 农村环境基础设施建设管理

6.1 完善农村环境治理技术政策

6.1.1 完善农村人居环境污染处理技术评估制度和方法

农村人居环境污染控制技术评价制度是农村人居环境污染控制技术政策体系的有机组成部分，建立完善科学、规范、客观、公正的技术评价管理制度、方法和程序，是有效实施农村人居环境污染控制技术管理的重要技术手段。农村人居环境污染控制技术评价制度建设的重点任务是在现行专家技术评审、论证、验收等工作的基础上，借鉴发达国家环境技术评价制度的成功经验，结合我国农村的具体情况，以现有单项技术综合评价制度、现有同类技术筛选评价制度和新技术验证制度为核心，建立完善的农村人居环境污染控制技术评价制度，开展农村人居环境污染控制技术的筛选、评价与评估，为农村人居环境管理科学决策服务。

（1）建立农村人居环境污染控制技术评价指南与指标体系

借鉴发达国家技术评价咨询制度，总结科技成果评估、项目评估制度的经验，建立适合我国国情的技术评价制度，依据《国家环境技术评价、示范和推广管理办法》，建立配套的农村人居环境污染控制技术评价指南、指标体系等。

（2）开展现有农村人居环境污染控制可行技术综合评价

依托现有单项技术综合评价制度，在现行专家技术评审、论证、验收等工作的基础上，建立以费用-效益分析和生命周期分析为基础，综合考虑技术的环境效益、经济效益、社会效益，对现有可行技术进行评价的制度[1]。

（3）建立农村人居环境污染控制技术优选评价体系

建立农村人居环境污染控制同类技术的筛选评价方法和体系，制定评价指标体系和同类技术优选方法，重点制订适用于不同的污染控制工艺技术（设备）筛选、评价的方法、程序和标准。建立以费用-效益分析和生命周期分析为基础，能够客观反映环境污染控制技术的有效性、可靠性、经济性、环境效益等的同类技术筛选和评价体系、制度、机构和评估队伍，规范农村人居环境污染控制技术评价行为。

（4）建立新技术和引进技术验证评价体系

借鉴美国、日本等发达国家环保部门实施的环境技术验证制度，结合我国农村实际情况，依据《国家环境技术评价、示范和推广管理办法》，建立以试验数据和统计学方法为基础的第三方技术评价验证方法体系。通过对农村人居环境污染控制新技术、首次引进的技术进行验证，创新农村人居环境污染控制新技术和引进技术的消化吸收机制，推进农村人居环境污染控制技术的创新与高新技术的应用，提高对农村人居环境污染控制新技术评价的科学性和公正性。

（5）确定三类评价制度在污染防治最佳可行技术选择、技术示范和技术推广中的应用机制

对已应用的技术，依据现有可行技术综合评价制度和同类技术筛选评价制度，选择现有污染防治最佳可行技术，作为制定技术政策、污染防治最佳可行技术导则和进行技术推广的基础。对新技术、新工艺，采用新技术验证评价方法体系，开展技术应用的前评价，以及先进技术示范推广项目的后评估。在示范的基础上，通过对其技术的先进性、有效性、经济可行性和环境效益等进行综合评估，考察技术示范项目是否达到预期的目标，同时评价其作为制订污染物排放标准、技术政策和污染防治最佳可行技术导则等的可行性。根据评价结果，将可行的示范技术列入技术政策、污染防治最佳可行技术导则等。

（6）建立技术评价、验证支持机制

在进行第三方技术评价、验证时需对环境技术进行必要的检验和测试，以取得可靠的技术数据作为评估的依据。因此国家或地方应建立第三方技术评价支持机制，政府支持环境技术第三方进行评估测试等工作，设备设计、加工和运行管理等由技术拥有方出资支持，以推动第三方技术评价、验证工作的开展。

（7）建立事后评估制度

为避免运行中的问题不能有效反馈到设计环节，设计中的错误一再重复，建立污水处理厂事后评估制度。通过问卷调查，结合现场实测运行结果，评估验证工艺的运行效果，反馈修改设计。对于效果好的工艺，形成设计技术指南；今后如果发现问题，则继续修改技术指南[1,2]。

6.1.2 实现集中与分散的有机结合收集模式

农村生活污水收集主要分为两种方式，即分散式污水收集模式与集中式污水收集模式，其中分散式污水收集模式又包括庭院收集系统与多户连片收集系统两种类型[3]。

坚持试点引路、分步实施、因地制宜的原则，多方式推进村庄生活污水治理。在水厂建设的基础上，配套完善给水管网延伸及改造工程，实现城乡同网同质安全供水，实行城乡供水一体化，保障城乡饮用水安全。加快主干供水管网和沟通各供水区域的管网建设，形成“层次分明、布局合理”的城乡一体化供水管网。

具备截污输送条件的，要加快截污管网的建设，纳入邻近的城镇或工业集中污水处理厂进行处理。不具备截污输送条件的城镇郊区、平原地区、经济发达且布局相对集中

的村庄应建设集中式生活污水处理设施。

村庄人口密度较大、远离城镇的农村地区，建设以村庄为单位的污水处理设施。在上述地区但人口密度较稀的农村地区建设以户为单位的污水处理设施。

山区、海岛等地区村庄的生活污水，按照环境敏感程度（环境承载力）的要求，采用集中和分散相结合的方式，应用低成本、易管理的适宜技术进行治理，如厌氧生物膜法＋人工湿地、沼气＋人工湿地、氧化塘、土地处理技术等。

对经济基础较好、位于集中式饮用水源保护区内和区域水环境富营养化比较严重的村庄应考虑采用处理工艺成熟、效果相对较好的污水处理技术，积极探索农村生活污水回田利用模式。

有条件的农村住户，采用农村改厕与庭院生活污水处理结合的模式。以清除露天粪缸、建设无害化卫生厕所为重点，结合农村污水处理和沼气工程建设，规模推进农村改厕及人、畜（禽）粪便无害化处理。加强对农村建房卫生厕所配置的监管，新建农居应配套建设三格式以上化粪池，农户洗涮用水下水道应与粪便下水道分离，保障化粪池厌氧灭菌、灭虫卵效果，提高粪便无害化处理效果。

在综合考虑经济、技术可行的基础上，规范了分散型生活水处理工程的各种类型，提出了庭院处理系统、小型分散处理系统及分散式处理系统的技术模式，保障了连片综合治理工作的顺利开展。

农村生活污水处理工程类型如表 6-1 所列。

表 6-1 农村生活污水处理工程类型

工程类型	水量/(m^3/d)	家庭数/户	人口数/人	距离要求
分散型	≤4.0	1～10	＜50	距离主管网或支管网＞0.3km
单村集中型	4.0～200	10～500	50～2500	村村距离＞5km
连片集中型	200～2000	500～5000	2500～25000	村村距离＜5km

污水由居民排水管道进入村内污水支管汇入村庄污水收集主管，在需要的条件下建设一级污水提升泵站，将污水提升至市政污水处理干管，进入污水处理厂。如图 6-1 所示。

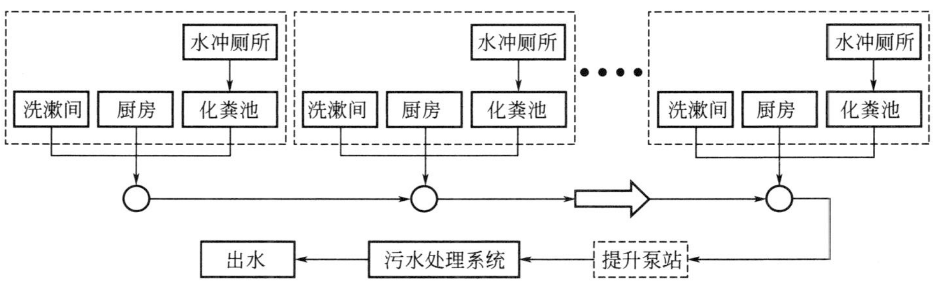

图 6-1 纳入市政管网生活污水收集系统示意

在水冲厕所普及、用水量较大、村庄人口密度较大、远离城镇的农村地区，建设以村庄为单位的污水处理设施。

在上述地区但人口密度较小的农村地区建设以户为单位的污水处理设施。

在仍用旱厕、用水量较小的大部分农村地区主要做好粪便处理，改厕、建造沼气池，传承并提升粪便资源化的我国优秀传统方式。

镇负责统一收运各村垃圾收集点集中的垃圾。离县（市）无害化处理场距离≤5km的农村，可直接将生活垃圾运输至县（市）无害化处理场进行处理；离县（市）无害化处理场距离>5km的农村，可将生活垃圾运至镇级转运站，压缩减容，再转运至县（市）或镇级无害化处理场；转运距离≥30km的，可将生活垃圾运至镇级无害化处理场或由县（市）统筹增加建设二级转运站，再将生活垃圾转运至县（市）无害化处理场；偏远山区、海岛村等较为封闭，不具备交通运输条件的特例村庄就近选址建设村级处理场。农村环境整治过程中鼓励实现废弃物的资源化利用。

农村生活垃圾镇转运体系如图6-2所示。

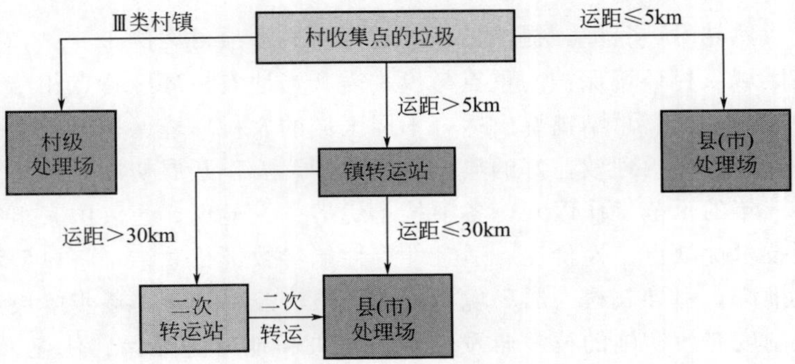

图6-2 农村生活垃圾镇转运体系

对乡镇生活垃圾实现日产日清，按照统一规划、就近处理的原则，纳入县（市）处置系统统一处置。推进城乡垃圾一体化收集处置体系建设，加快镇乡垃圾中转设施、城镇或区域生活垃圾无害化集中处理设施的建设，积极开展现有生活垃圾处理设施的无害化改造或封场，确保集中收集的农村生活垃圾得到无害化处置。在经济发达地区、平原地区推行“户集、村收、镇（乡）运、县（市、区）或区域集中处理”的生活垃圾收集处置模式。

在山区、海岛等交通不便的地区，以镇（乡）或中心村为单元集中，按照“统一收集、就地分拣、综合利用、无害化处理”模式运作，积极推进农村生活垃圾处理。农村地区服务业垃圾应统一纳入城乡生活垃圾无害化处置体系。禁止农村生活垃圾简易填埋和土法焚烧，逐步淘汰不符合环保技术标准的农村生活垃圾焚烧炉，积极做好遗留焚烧灰渣的无害化、安全处置。

加强对农村临时垃圾堆放点的污染处置和生态恢复，做好垃圾中转站、填埋场的压滤液、淋沥液和渗滤液的处理。对村庄河道、池塘、沟渠和道路两旁等地的垃圾进行集中清理。有条件的村庄，积极推进垃圾的分类收集处置，能够就地消纳的生物性有机垃圾以就地处理为主[4]。

6.1.3 出台详细的技术指导

（1）出台农村环境整治项目基本建设程序实施办法

目前推进我国农村污水处理的主要障碍是资金短缺、没有统一规划和管理体系的制约。农村环境整治项目建设地点分散、单项工程资金量较小，难以按照市政工程项目基本建设程序组织实施，为缩短前期工作程序、节省前期工作经费，简化财审、图审、招投标等前期工作程序，建议国家出台相关基本建设程序实施办法，筛选具有环保资质的施工单位，防止工程层层转包后影响工程建设质量．也可以通过区域整合，将众多农村的污水处理项目“捆绑”成一个大项目，从而发挥规模效益，提升农村污水处理项目的财务生存能力；以县（区）为付费主体，由县（区）和所属镇乡自行决定污水处理费分担比例，确保专业公司实现建设运营项目可靠的现金流。

（2）成立成熟技术项目库，提供治理效益好的典型项目案例

我国不同区域农村环境保护的重点与模式需和当地农村环境特点相结合，结合各地农村环境保护工作实践，总结提炼出适合不同区域的农村环境保护模式组合，建议成立成熟技术项目库，提供治理效益好的典型项目案例。工作开展初期，各地为筛选可行技术耗时较长，三年的示范工作以来，各项技术优劣一一显现，建议国家组织各地专业技术人员将各项技术优缺点、性价比、适宜性等性能参数进行总结，将典型治理效益好的项目案例上报推广，引导农村人居环境污染综合整治技术进步，逐步解决制约我国农村人居环境管理制度有效实施的技术瓶颈。要求中央和地方的环保、住建、农业、林业、水利等部门的财政支持项目优先采用目录推荐的技术；尽快建立成熟技术项目库，为后期更多的农村地区环境整治提供优秀项目和实施模板，节约前期建设成本。建议将农村地区常用的生态处理技术——人工湿地、土地渗滤系统和稳定塘等纳入到污水减排措施中，完善农村地区的污水减排计划。

（3）出台农村地区环境整治项目技术标准和规范

目前我国农村生活污染处理工程由于缺少规范的指导而引起了技术选用不规范、处理效果难以保证、监督管理难以开展等各种问题；我国的环境技术标准和规范，主要是针对城市、工业点源污染防治，对农村领域环境整治工作的针对性和可操作性不强，相关农村污水排放标准还存在空白。各地对农村环境整治项目工作技术标准和规范做出了探索，成效参差不齐，建议尽快出台农村环境整治项目技术标准和规范。各类技术政策主要内容应包括：制订农村环境污染控制技术政策的目的，污染防治目标，污染防治的技术路线、技术原则、技术方针、技术方案，鼓励使用的新技术以及农村环境污染控制技术的作用机制等；与已制定农村生活污染防治技术政策相衔接；严把质量关，促进后期运行监管有章可循。

与村镇生活污染防治技术政策相衔接，已制定村镇生活污染防治最佳可行技术导则，但由于生活垃圾污染管理与生活污水管理存在较大的差异性，应分别制订农村生活垃圾收集、转运与处理处置技术指南和农村生活污水处理技术指南。

① 健全农村环境污染控制工程技术规范：农村环境污染控制技术规范包括农村环境污染治理工艺技术规范、重点污染源治理工程技术规范、污染治理设施运行规范等，以通用性的技术规范为重点。

② 重点污染源治理工程技术规范：是根据行业污染物和治理工艺特点，依照排放标准制订的典型污染物治理技术规范。其特点是行业、污染物及工艺技术紧密结合，如畜禽养殖污染防治工程、生活垃圾填埋场技术规范等。

③ 污染治理设施运行技术规范：是指为保证重点行业污染治理设施运行的可靠性，对设施的运行管理等提出的技术规定。

因此，农村环境污染控制技术规范应与农村水污染控制技术政策与最佳可行技术导则、技术指南相衔接，综合考虑污染部门、污染源、污染物、污染过程和污染防治工艺，制定农村环境污染控制技术规范。

6.1.4 完善农村环境标准体系

环境标准是环境保护法律的定量化、指标化，是实现环境管理目标的重要依据和手段。农村环境标准体系的建设和完善是农村环保工作的基础性保障，有着极其重要的地位和不可替代的作用。

农村环境标准体系的主要作用有：a. 农村环境标准是国家环境保护法规的重要组成部分；b. 农村环境标准是农村环境保护规划的具体体现；c. 农村环境标准是环境保护行政主管部门依法行政的依据；d. 农村环境标准能够推动农村环境保护科技的发展；e. 农村环境标准有助于明确农村环境保护和建设的方向；f. 农村环境标准能够引领农村环保投资导向。

现行农村环境标准体系中环境质量标准、污染物排放标准等标准文件共有 30 余项，其中农村水环境保护领域 9 项、农村大气环境保护领域 6 项、农村噪声污染控制领域 3 项、农村土壤环境保护领域 3 项、农村固体废物处理处置领域 5 项、农村生态环境保护领域 5 项。农村环境保护污染防治技术政策类标准文件约 15 项，包括生活垃圾、生活污水处理，畜禽养殖污染控制技术，生活饮用水保护，农村环境连片整治技术指南、导则及政策等。农村环保领域工程技术规范类标准文件共 10 余项，包括村庄整治、畜禽污染防治、沼气工程设计、村庄污水处理及村庄景观环境工程等设计规范、技术规程等。农村领域环境保护管理办法类标准文件共约 8 项，包括农村环境保护专项资金管理办法、畜禽养殖污染防治管理办法、农村环境综合整治目标责任制考核办法等[5-7]。

尽管出台了上述标准，但由于农村环保问题复杂多样，同时受到经济水平、文化程度等诸多因素的影响，农村环境标准体系还不完善，存在许多的标准空白，已有的标准有些存在适用性问题，已经不能有效应对日趋严重和复杂的农村环境问题，急需建立健全农村环境保护标准体系，修订部分现行标准，以满足今后 5～10 年期间农村环境保护工作的标准需求。为此，项目组建议构建农村环境标准体系如表 6-2 所列。

表 6-2　农村环境保护标准构建需求一览表

序号	类别	序号	标准类别和名称
一	农村水环境标准	1	农村生活污水灌溉再利用水质标准
		2	农村生活污水排放标准
		3	农村生活污水处理技术指南
		4	农村生活污水景观水再利用排放标准
二	农村土壤环境标准	1	土壤环境质量标准(待修订)
		2	温室蔬菜产地环境质量评价标准
		3	食用农产品产地环境质量评价标准
		4	有机食品产地环境质量评价标准
三	农村固体废弃物处理处置场地环境质量标准	1	生活垃圾填埋场污染控制标准
		2	生活垃圾焚烧污染控制标准
		3	农用污泥中污染物控制标准
		4	城镇垃圾农用控制标准
		5	农用粉煤灰中污染物控制标准
四	面源污染区域环境质量标准		
五	有机农业领域环境质量标准		
六	农村工矿废弃地环境质量标准		
七	农村大气环境质量标准		

6.1.5　建立农村环境基础设施建设技术推广平台

农村生活污染控制与生态建设技术推广平台由信息平台、组织平台、示范平台和工作平台 4 个部分[8]。

6.1.5.1　信息平台

信息平台由农村生活污染控制与生态建设实用技术信息库和农村生活污染控制与生态建设推广专家库两个数据库组成，为农村生活污染控制与生态建设技术推广提供科技成果信息、实用技术信息和人才专家信息储备，并具备信息查询和咨询服务功能。

6.1.5.2　组织平台

组织平台以农村生活污染控制与生态建设技术推广机构为核心，通过建立有效的协调、合作机制，在农村生活污染控制与生态建设技术推广体系内部搭建一个组织运作的平台，把多元推广主体紧密联系起来，共同开展农村生活污染控制与生态建设技术推广服务，达到整合推广资源、形成推广合力的目的。

6.1.5.3　示范平台

示范平台主要由示范村、示范户和示范基地（企业）组成，由农村生活污染控制与生态建设技术推广机构根据农村布局、农民和企业的需要以及示范带动能力等实际情况设立，为多元推广主体开展农村生活污染控制与生态建设科技示范活动提供一个共用的平台，协调统一示范行为，提高示范带动效果。

6.1.5.4 工作平台

工作平台由一系列推广服务的设施、手段和方法构成，为多元推广主体开展推广服务工作提供一个公共的渠道和操作平台。建立健全农业环保技术推广服务体系，积极开展实用技术的推广、咨询服务。

同时，由于城乡统筹农村生活污染控制与生态建设技术推广平台建设是一个系统工程，需要集合政策和法律法规模块、财政（资金投入）模块、技术设备模块、日常运行管理模块和监管模块。

（1）政策和法律法规模块

从国家和地方政府两个层面，针对农村生活污水和生活垃圾制定相关管理政策和法律法规。

① 农村环境保护制度和考核体系建设要尽快建立，将城市环保和农村环保置于平等位置，从法律、法规体系上对农村环境保护制度的建立提供依据，确保有法可依，有法能依。

② 实施环境保护目标责任制，要尽快建立“政府主导、农民主体、环保牵头、部门协同、联合推进”的工作机制，推行县、乡（镇）环境质量行政首长负责制，实行年度和任期目标责任制。乡镇企业法人对本企业影响范围内的环境质量负责，不能只关注经济发展，同样要关注环境保护，并列入考核内容。

③ 加强乡镇环境保护的机构和能力建设，完善农村环境管理基础体系建设，逐步实现城乡环境保护监督管理一体化。

（2）财政（资金投入）模块

1）工作内容　除了相关法律法规的约束外，为了推动农村生活污染控制和生态建设技术的推广和普及，对采用国家或地方推荐的技术并开展设备（设施）采购和建设的村落给予一定补助。此外，在检修维护费用、清扫费用、污泥处理费用等日常运行费用方面进行补贴。

2）具体操作

① 各级政府应将农村环保与城市环保同等对待，利用各级政府财政分担一定比例的方式，列支专项资金进行环境保护和管理。

② 采取政府的投入和企业的参与政策措施相结合。政府在政策上要给予强有力的支持，促使企业在发展过程中自觉地做好环保工作。

③ 通过建立沼气池、垃圾临时堆放池、生态果园等，达到农户、自然环境、社会的和睦相处，从而维护好农村环境。

（3）技术与设备模块

1）工作内容　从国家和地方政府两个层面，针对农村生活污染控制和生态建设的关键技术和共性技术，如生活污水的人工湿地处理技术、生活污水的土地处理技术、生活垃圾的生物堆肥技术、生活垃圾干发酵技术和生活垃圾制沼气技术等，开展技术的适用性验证和优化，建立技术标准化体系，制定生活垃圾和生活污水处理工艺选择、处理效率、设备（设施）要求、结构设计、施工要点等方面的具体要求和具体规定设备选择、施工安装、维护管理等内容，用于指导地方开展农村生活污染控制和生态建设工程的设计、生产和开发。

2）具体操作

① 国家层面：可以就有些农村生活污染控制和生态建设的共性技术和设备（设施）（如生活污水的生态化处理技术）出台一些技术导则和设计指南，用于指导地方开展设施建设或设备制造。

② 地方层面：可以结合本地实际（经济发展水平、农村产业结构、自然地理特征）总结和提炼适用于本地的技术和设备（设施），并出台一些技术导则和设计指南，用于指导当地开展设施建设或设备制造。

（4）日常运行管理模块

由政府投入，组建一支专业化维护和管理的队伍，专门解决农村生活污染控制和生态建设的关键技术和共性技术，例如生活污水的人工湿地处理技术、生活污水的土地处理技术、生活垃圾的生物堆肥技术、生活垃圾干发酵技术和生活垃圾制沼气技术等在建设和运行过程中出现的技术和操作问题等，保障设备（设施）良好的运行状态。

（5）设备设施运行监管模块

积极推进农村生活污染控制和生态建设的关键技术和共性技术设备产业化、市场化，保障农村生活污水和生活垃圾处理设施安全稳定运行，加强并规范行业监管，建立并完善科学决策、依法监管、综合评价的监管体系。监管体系框架可以考虑以下模式：

① 政府监管、公众参与、舆论监督相互制约和补充模式；

② 主管部门和其他行政部门监管并行模式；

③ 法定监督和约定监管并行模式。

6.2 完善农村环境基础设施建设投入机制政策框架

农村生活污染控制与生态建设资金渠道单一，使所需资金严重不足等。城乡统筹农村生活污染控制与生态建设投入涉及公共管理的许多层面和领域，需构建一下政策框架。

6.2.1 农村污水处理项目“捆绑”PPP第三方运行模式

PPP是英文“Public-Private Partnership”的简写，中文直译为“公私合伙制”，简言之指公共部门通过与私人部门建立伙伴关系提供公共产品或服务的一种方式。《财政部关于推广运用政府和社会资本合作模式有关问题的通知》的定义为：“政府和社会资本合作模式是在基础设施及公共服务领域建立的一种长期合作关系。通常模式是由社会资本承担设计、建设、运营、维护基础设施的大部分工作，并通过‘使用者付费’及必要的‘政府付费’获得合理投资回报；政府部门负责基础设施及公共服务价格和质量监管，以保证公共利益最大化。”同时明确“政府和社会资本合作模式的实质是政府购买服务”。《国家发展改革委关于开展政府和社会资本合作的指导意见》定义为：“政府和社会资本合作（PPP）模式是指政府为增强公共产品和服务供给能力、提高供给效率，通过特许经营、购买服务、股权合作等方式，与社会资本建立的利益共享、风险分担及长期合作关系。”PPP有三大特征，即伙伴关系、利益共享、风险共担。

近年来，随着国内对县城以下乡镇环保问题的日益重视，农村污水处理设施建设被逐步提上日程，该领域已经成为污水处理市场的热点。

6.2.1.1 乡镇污水设施建设存在的主要问题

目前，国内大部分县级以下政府都面临着污水处理项目投资、建设以及运营管理的难题。

首先是投资压力较大，通常要初步建成全县的乡镇污水处理系统，少则要投资2亿～3亿元，多则要6亿～7亿元。这对县域经济不太发达的地区来说，无疑会对县财政构成巨大压力。其次，县级以下政府对污水设施的建设管理，尤其是竣工后的运营管理缺乏相关人才和经验。由政府直接投资管理的一些乡镇污水处理设施，很多都存在着投资超标严重、工程质量低劣等问题。竣工后，由于缺乏专业的运营队伍，污水处理厂要么处于“晒太阳”的状态，要么处理后的水质达不到环保要求。在严重浪费社会资源的同时，却远远没有达到预期的环境治理目标。乡镇开征污水处理费的比例和标准偏低，污水处理费用的收支差额较大，需要政府给予补贴才能维持正常运转，这对乡镇一级政府而言基本难以持续。

以北京农村污水处理设施为例。根据对北京近30座乡镇集中污水处理厂和2006年78个新农村村级污水处理站的调查，53%的乡镇集中污水处理厂和70%村级污水处理站运行情况较好。其他未能正常运行的处理设施除了设计和建设本身缺陷外，还有一些运行管理机制中的问题。这些问题也一定程度上存在于运行情况较好的设施中，其主要包括以下4个方面[9,10]。

（1）运行管理主体不具备设施运行管理职责

北京农村地区的污水处理设施的运行管理主体类型比较多，乡镇集中污水处理厂的责任主体包括乡镇政府、乡镇或流域水务站、开发区管委会、企事业单位等，以前三者为主，占90%以上；村级污水处理设施的责任主体主要是村委会。村委会是群众自治组织，当其运行管理不力时，难以对其进行有效处罚。

（2）缺乏运行维修资金

目前北京乡镇集中污水处理厂的运行经费来源途径主要有区县财政、乡镇财政、企业排污收费3种。村级污水处理设施的经费主要来源于村委会公共经费。此外，市水务和财政也曾探索通过奖励的形式给予一定资金支持，但是尚未形成固定制度。总体而言，运行费用如来自区县财政和企业排污收费则将比较有保证；如来自乡镇财政和村委会公共经费，大多数的乡镇政府和村委会表示污水处理费负担很重，则难以长期为继。

（3）运行监管不到位

农村污水处理设施数量多，地点分散，环保监管部门对其进行全面运行监管难度较大。而在线监测由于成本较高，技术复杂又难以全面实行。我国环境管理体制最基层的执行组织是设在县级政府内的环保局及其他相关组织机构，镇以下的地方政府部门一般没有相应的人员和资源，导致我国大部分农村地区的环境监管工作很难开展。而且目前生态环保部门还没有农业环境监测的专门机构、专职人员、监测仪器和业务经费，对农业环境还没有任何常规监测。农村环境监管体系的不健全是我国农村环境管理工作中的“短板”。建立长效运行管理机制、完善村级物业管理办法，对于农村污水处理工程的有效运行至关重要。

（4）缺乏专业运行维护人员

污水处理专业技术性较强，而农村地区技术力量薄弱，缺乏污水处理设施运行管理所需的专业人员，存在污水处理效果波动较大，处理出水不达标，吨水处理成本难以有效下降等问题。尤其对于村级处理设施而言，村级管水员以农民为主，缺乏污水处理的专业知识，仅能负责日常安全看护工作，难以胜任污水设施专业系统维护工作。

6.2.1.2 污水处理 PPP 项目打包招商的意义

正是由于存在投资建设和运营管理的难题，众多县级以下政府采用 PPP 模式，引入一家专业投资运营机构，以 BOT（建设-经营-转让）、TOT（移交-经营-移交）、委托运营等形式投资或运营污水处理设施。在这过程中也出现了一些地方政府将多个污水项目打包招商的案例，典型的案例包括海南 16 座污水处理厂打包委托运营招商、贵州省黔南州和黔东南州 22 座污水处理厂 BOT 打捆招商、江苏武进 3 座污水处理厂委托运营打包招商、贵州桐梓县 13 个污水处理厂 PPP 招商等项目。

打包招商相比较单个项目分别招商而言主要有以下优势。

（1）增强规模效应，提高项目吸引力

受人口规模的影响，乡镇污水处理厂的规模普遍较小，通常在每日几百至几千吨，大小参差不齐。若单个项目进行招商，由于项目经营收入较少，运营成本高昂，很可能会无人问津。但若将多个项目捆绑在一起，一方面可以实现项目之间优劣搭配，避免投资者挑肥拣瘦，同时可以产生明显的规模经济效益，增强项目对投资者的吸引力。

（2）降低运营成本，减轻财政负担

若单个项目分别招商，最终很可能形成有多家机构同时参与投资运营的局面。而打包招商则可以选择一家机构承担多个项目的投资运营，相比而言，可以在运营成本上实现节约。一方面可以实现人力资源共享，优化人员调配，同时可以在药剂采购和设备维护等方面获得明显的规模经济效益，单位成本将大幅降低，进而降低政府的污水处理费支出，减轻财政负担。

（3）提高招商效率

理论上讲，单个项目分别招商，则每个项目都要开展一次招商工作。而将全部项目打包招商，则招商工作可以一次完成，能大大降低各项中介费支出，节约政府的人力、物力和财力，且可以降低各乡镇自行运作时因专业能力所限而产生的各种风险，提高招商成功的概率。

（4）提高监管效率

将多个项目打包招商，引入一家投资机构，可以降低政府的监管成本，提高监管效率。相比同时监管多个对象，政府监管一家机构的难度和监管的工作量都会明显降低。

6.2.1.3 污水处理PPP项目PPP运作模式

农村生活污水治理工程一般为新建工程，在合法合规的情况下，为缩减交易环节，同时保证农村生活污水治理设计的灵活性，建议此类项目采用设计-建设-运营-移交（DBOT）的方式进行运作，此类运作模式是建设-运营-移交（BOT）模式的变体。目前，作为全国农村生活污水治理示范县（市、区）的江苏省常熟市已经采用这种方式实施市场化运作。

农村生活污水治理工程项目采用DBOT方式运作，具体而言，即由社会投资人与当地政府指定政府出资人共同出资设立项目公司，由政府授权的行业主管部门与项目公司签订《PPP项目合同》，约定在PPP合作期内由项目公司负责本项目的设计、投资、融资、建设及运营维护；项目公司通过政府付费（包括可用性付费、运维绩效付费）形成的收入获得合理的投资回报。项目PPP合作期结束后将项目公司所有资产无偿移交给行业主管部门或其指定的相关部门，具体的运作方式如图6-3所示。

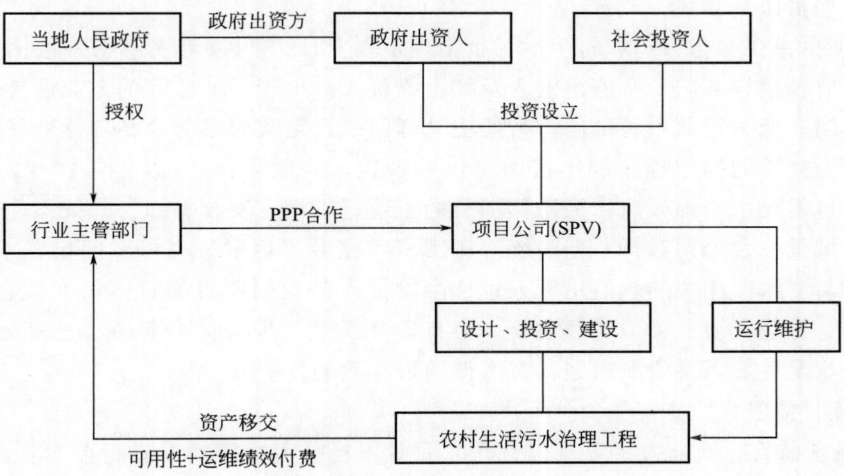

图6-3 运作方式

（1）投融资结构

根据《国务院关于调整和完善固定资产投资项目资本金制度的通知》（国发〔2015〕51号），此类项目资本金占项目总投资的最低比例为20%。为降低政府和社会资本的出资义务，建议此类项目的资本金占项目总投资的20%。

根据财政部《PPP项目合同指南（试行）》的说明，为了充分发挥社会资本的积极性，政府及其所属机构在项目公司的股权比例应低于50%，且不具有实际控制力及管理权。鉴于此类项目的PPP运作特征，建议政府参股比例为10%。

（2）合同体系

农村生活污水治理工程项目在DBOT模式下，合同体系主要包括投资合作合同、股东协议、PPP项目合同、融资合同、工程承包合同、设备采购合同和保险合同等，PPP项目合同是其中最核心的法律文件。PPP合同体系如图6-4所示。

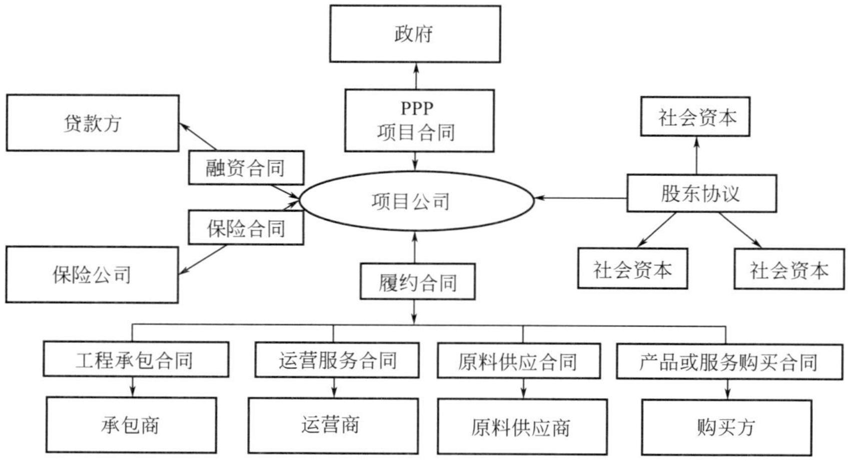

图 6-4　PPP 合同体系

(3) 项目监管

1) 项目主要参与方　农村生活污水治理工程 PPP 项目参与主体主要包括项目所在地人民政府及授权部门、政府出资人及社会投资人。出于行业监管的专业性考虑，政府的授权部门一般为行业主管部门，行业主管部门一直是政府参与公私合营项目的实施机构，有较为完善的操作程序和丰富的可借鉴经验，一般为住建部门下属的污水管理部门，同时也需要由当地政府牵头协调项目的土地、规划、发改等部门的关系；政府出资人一般从城投平台公司选择，但为统筹考虑资产整合等因素，也可专门设置水务公司，统一作为与“水”相关的政府出资人；社会投资人是根据项目的具体情况在企业资产、财务状况、企业资质、类似项目业绩、自有资金规模、商业信誉等方面，选择企业实力强，财务状况良好，融资能力强，有类似项目经验的投资人。

2) 项目监管内容

① 融资监管。政府方主要从以下几方面对项目公司融资情况进行监管：a. 社会投资人对项目公司的出资额是否符合本合同规定；b. 项目公司筹措资金是否及时到位；c. 社会投资人是否抽逃项目资本金；d. 项目公司是否挪用、挤占、截留建设资金；e. 项目公司是否严格执行建设资金专款专用、专户存储管理的规定；f. 项目公司是否按合同规定支付工程款和应由其支付的其他款项；g. 是否建立健全财务机构，财务制度是否规范；h. 是否存在违反与项目建设资金筹措、使用监管相关的法律、法规规定的其他行为。

② 建设监管　项目公司和社会投资人应按照下列要求完成本项目工程建设、施工，监管内容包括但不限于以下内容：a. 按照投标时的承诺派驻项目经理和技术负责人及其他工程管理人员进入现场组织施工，未经政府方同意，不得擅自更换相关人员；b. 应为项目的施工建立健全质量保证体系、安全保证体系，确保工程质量符合国家现行的工程施工技术规范和技术标准，确保施工安全，杜绝事故；c. 社会投资人和项目公司须严格遵守国家、省、市的法律法规；d. 社会投资人和项目公司严格执行和服从政府方的建设施工、质量、安全生产、文明施工等规章制度，执行和服从当地的相关规

定，对违规行为，接受相关处罚；e. 严格执行政府有关环境保护和土地管理、文物保护的规定，采取有效措施保护环境、文物古迹和节约用地；f. 应建立和加强与影响工程建设的地上、地下各类既有设施的产权（管理）单位的联系和协调，并做好调查和保护工作，承担损坏赔偿等责任；g. 必须严格执行《劳动法》等有关劳动保护的规定，充分保护劳动者的合法权益；h. 遵守与项目建设有关的其他法律、法规的规定。

③ 运维监管。农村生活污水治理工程的实施机构一般为污水管理部门，项目合作期内由项目实施机构负责项目的日常运营维护监管，从行业运营发展和政府监管要求出发，以政府监管重点为基础确定考核目标，从而设计确定绩效考核的关键指标，最终来指导工程设施运营维护主体的具体绩效管理工作。

6.2.1.4 通州区乡镇污水处理 PPP 模式案例

（1）项目过程

项目公司负责投资、建设及运营管理漷县镇（觅子店）、西集镇（中心区）、潞城镇（甘棠）、永乐店镇（第二）、宋庄镇（寨辛庄）、马驹桥镇、台湖镇（第二）7 座污水处理厂/再生水厂；负责对西集镇（次中心）与于家务乡（次中心）2 座污水处理厂/再生水厂进行升级改造、投资及运营管理；负责运营管理永乐店镇、于家务乡（中心区）、张家湾镇（西定福庄和牛堡屯）4 座污水处理厂/再生水厂。特许经营期限［25 年（含建设期）］届满时，项目公司将 13 座污水处理厂/再生水厂无偿完好移交给区水务局或其指定机构。新建 9.05×10^4 t/d（一期 5.05×10^4 t/d），升级改造 0.55×10^4 t/d，委托运营 1.75×10^4 t/d。

具体如表 6-3 所列。

表 6-3 通州区乡镇污水处理 PPP 项目规模表

序号	名称	处理规模/(m^3/d)
1	漷县镇觅子店再生水厂	3000，一期 1000（新建）
2	西集镇中心区再生水厂	5000，一期 2000（新建）
3	潞城镇甘棠再生水厂	10000（新建）
4	永乐店第二再生水厂	2000，一期 1000（新建）
5	宋庄镇寨辛庄再生水厂	8000，一期 4000（新建）
6	马驹桥再生水厂	40000，一期 20000（新建）
7	台湖第二再生水厂	20000，一期 10000（新建）
8	西集镇次中心再生水厂	3000（升级）
9	于家务次中心再生水厂	2500（升级），2500（新建）
10	于家务中心再生水厂	2500（运营）
11	张家湾镇西定福庄污水处理厂	2000（运营）
12	张家湾镇牛堡屯污水处理厂	3000（运营）
13	永乐店中心区污水处理厂	10000（运营）

1）土地使用权　区水务局以划拨方式获得，免费向 PPP 项目公司提供。

① 项目公司注册资本金：项目公司注册资本不得低于项目总投资的 30%。

② 预先完成规划、土地使用手续；预先完成征地拆迁平整。

③ 污泥处置：各污水处理厂/再生水厂出厂的污泥含水率应≤80%，并统一运往符合国家相关规定的污泥消纳场所（河东污泥消纳厂及通州区有机质资源生态处理站）进行处理，项目公司承担污泥运输的费用。

2）标的　单方污水处理价格，即每座污水处理厂运营期的单方污水处理价格，按各污水处理厂的一期规模进行加权平均得出的综合污水处理价格。

3）规模确定

① 2013 年 12 月，各乡镇初步申报，水务局、区发改委与各乡镇相关负责人走访分析核实具体项目。

② 2014 年 1 月，各乡镇具体项目申报，水务局对各乡镇具体资料进行收集、分类，整合。

③ 2014 年 2 月，结合具体资料对各乡镇实地勘察土地现状、周边情况及配套条件，确定了该项目 PPP 模式的内容和规模。

4）现状　12 座污水处理厂运行，其中 6 座已委托第三方运营。

5）规划

① 新建再生水厂 7 座：宋庄寨辛庄再生水厂、潞城甘棠再生水厂、西集镇中心区再生水厂、台湖镇第二再生水厂、马驹桥镇再生水厂、漷县镇觅子店再生水厂、永乐店第二再生水厂。

② 改扩建及升级再生水厂 2 座：西集次中心再生水厂、于家务次中心再生水厂。

③ 委托运营厂 4 座：永乐店镇再生水厂、于家务中心区再生水厂、西定福庄污水处理站、牛堡屯污水处理站。

6）配套管网准备

① 2014 年 3 月，根据打捆内容，设计院在 2012 年年底以来的调查结果，乡镇、村庄污水处理厂（站）及配套管网建设方案的基础上，与各乡镇具体复核管线规模，对管线实施条件进行复核，基本确定项目配套管线规模。落实与外部水、电、路等各种市政设施的建设经费。落实配套管网建设资金，管网建设在污水处理厂建成前完成。

② 2014 年 4 月，水务局、区发改委与各乡镇相关负责人对各乡镇管线规划情况及土地使用开发情况进一步复核，最终确定项目配套管线规模。

③ 2014 年 6 月，区政府通过配套管网工程设施方案。

④ 2014 年 7 月，完成配套管网项目建议书（代可研）编制。

工程总投资估算为 13.03 亿元。其中，新建及改造再生水厂投资估算约 3.68 亿元；征地费用约 0.4 亿元；红线外三通费用约 0.34 亿元；配套管网投资约 6.33 亿元；管网建设道路恢复费约 1.1 亿元；管网建设二类费约 1.18 亿元。

7）资金筹措方案　3.68 亿元＋0.4 亿元＋0.34 亿元＝4.42 亿元，由项目公司负责；配套管网投资和二类费由市发改委支持 70%，由区政府负担其余的 30%以及道路恢复；PPP 公司负责 7 个新建和 2 个升级改造污水处理厂建设（包括个股东的融资）；水务局负责配套管网建设和维护；PPP 公司负责 7＋2＋4 污水处理厂 25 年运行。水务局负责监管、提供污水、支付处理费。

8）区环保局监管水质 25年后PPP公司将13个污水处理厂移交区水务局。

（2）模式特点

1）组织有序

① 模式思路。社会建厂，市区/县配网，区/县和乡镇付费。2012年年初，北京市发展改革委提出将区县乡镇污水处理设施建设运营项目打捆运作的投资思路，并于2012年开始实行。

② 社会建“厂”。区（县）分别制订个性化方案，对新建污水处理厂以PPP/BOT方式为主，经营期限不少于25年。为适当扩大规模、降低水价，鼓励区县对已建成的镇乡污水处理厂一并委托给专业公司运营。

③ 市和区县配“网”。根据需要市和区县支持镇乡建设污水管网或随路实施一部分污水管网。

④ 区县和镇乡“付费”。区（县）和所属镇乡自行决定污水处理费分担比例，确保专业公司实现建设运行项目可靠的现金流。

⑤ 组织实施和各项具体工作的安排。办公室主任由区水务局局长及区发改委主任兼任，副主任由区水务局副局长及区发改委副主任兼任。

2）技术单位作用明显

① 项目复杂。新建7座＋升级改造2座＋委托运营4座；出水标准高，其中10座污水处理厂要求为再生水标准［COD≤30mg/L，SS≤5mg/L，TP≤0.3mg/L，氨氮≤1.5（2.5）mg/L］；需要每座污水处理厂运营报价和加权平均价（目的为明确不同污水处理厂区与乡镇运行费用承担）。

② 技术保障。区水务局委托设计院进行项目前期调查、技术方案编制。设计院对全区11个镇、4个街道、400多个行政村的污水处理现况进行了调查，提出《通州区加快污水处理和再生水利用设施建设三年行动方案（2013～2015年）》技术方案。通州区水务局在对全区污水处理和再生水利用设施建设计划进行全面调研，并征求相关单位及乡镇政府意见基础上，形成了《通州区加快污水处理和再生水利用设施建设三年行动方案（2013～2015年）》，提出先乡镇后村庄的行动方案，并获得区政府批准。

设计院在招标前，进行了2.5年的技术准备工作，提供了通州区乡、镇、村的详细调研结果，各污水处理设施的规模和配套管网、投资估算、融资方案、各污水处理厂水价估算、特许经营期的污水收费预测和政府补贴预算等，使得区政府对PPP模式运作过程中的决策具有科学依据。

咨询公司为PPP模式运作提供了详细的实施方案，从专业角度完成招标所需要的所有文件的编制和制定详细的特许经营协议、污水处理服务协议、升级改造协议、运营服务协议、项目公司股东协议、项目公司章程等。使得PPP模式运作有序且合规合法。

设计院和咨询公司为PPP模式提供了技术保障。

3）配套工作落实 通州区政府采取联席会议小组制度，由主管副区长为顾问，水务局为召集单位，成员单位为区发展改革委、财政、规划、环保、国土、住房城乡建设、市政市容委、新城建设、相关镇政府等部门，联席会议小组负责对项目重大问题进行决策。联席会议小组下设办公室，组织协调各部门单位具体开展工作。

区政府统一领导协调，水务局牵头落实，各部门协作有序，明确代表政府行使权单位为区水务局，明确代表政府在项目中投资融资和入股单位［大运河（北京）水务建设投资管理有限公司］。

通州区发展改革委负责新建＋升级改造污水处理厂和配套管网工程立项，制订乡镇、村污水处理费征收政策及标准；区环保局负责环评和水质监管；区国土局负责乡镇征地占补指标；区规划局负责规划审批；财政局负责筹措配套管网建设资金，负责将污水处理服务费列入区财政预算，从而保障本工程的顺利实施建设和正常运行；供电部门负责各污水处理厂用电；各乡镇负责拆迁；负责污水处理费征收并全额上缴区财政，纳入财政专户管理。大运河（北京）水务建设投资管理有限公司代表政府投资入股 PPP 公司和融资。

4）运营费用保障　预先对污水收费和政府补贴进行了预测，并将政府补贴纳入财政预算；污水费实现专款专用，各乡镇将污水收费统一交区财政专户；区财政补贴同时进区财政专户；区水务局按季度下拨运营费用。

5）政府和社会伙伴关系明确

① 分阶段签约特点：政府先确定项目，并进行了充分的技术分析、投资估算等项目组织和技术准备；政府通过招标获得合作伙伴；政府和中标伙伴共同成立 PPP 项目公司；政府和中标候选人谈判；区水务局与中标人草签投资合作协议；中标人和大运河（北京）水务建设投资管理有限公司签约组建 PPP 项目公司协议（制定项目公司章程，签项目公司股东协议等）；区水务局与 PPP 项目公司正式签署特许经营协议。

② 优点

政府方面：项目目标明确，财政预算可控；减少政府因支付能力违约风险。

社会伙伴公司：投资预先可预测及可控，减少项目前期工作量，运营收费风险小，投资回报可预测。

③ 缺点

政府方面：项目前期时间长。

社会伙伴公司：无项目内容选择权。

④ 政府和 PPP 项目公司的关系

合同关系：政府（区水务局）与 PPP 项目公司之间本质上为合同关系，各按合同获得权力，履行合同义务。

利益共享：PPP 项目公司享受投资回报；区水务局府获得污水处理服务，获得环境效益的改善。

风险共担：PPP 项目公司承担建设运营质量风险，政府承担水量保证（前 1～3 年不低于 60%，4～6 年不低于 70%）和法律改革调整风险；不可抗力风险由双方共同承担。

“打捆” PPP 招标模式是解决目前建设资金问题的一种可行方式。成功的 PPP 模式项目运作应包括技术方案制订、融资方案制订、运营方案制订、PPP 项目公司组建、配套设施落实、运营费用支付保障、项目质量控制等内容，以便保证政府和社会伙伴双方的利益共享、风险共担。水处理技术单位和投资咨询单位应根据自身专业技术优势在 PPP 模式运作中发挥作用。

6.2.1.5 广东省云浮市郁南县整县农村污水治理PPP案例

2015年年底，广东省住房和城乡建设厅等部门印发了《加快推进粤东西北地区新一轮生活垃圾和污水处理基础设施建设实施方案》（粤建城〔2015〕242号），明确提出采用政府与社会资本合作（PPP）方式引入社会资本，建设粤东西北地区生活垃圾和污水处理设施。郁南县在巩固西江流域郁南段112条农村中心村污水治理成效的基础上，结合自身财政实际情况，探索农村污水治理新模式。

（1）郁南县整县农村污水治理PPP做法

1）技术选择　与建设污水处理厂比较，建设无动力厌氧污水处理系统治理农村生活污水，有工程投入少（投入约35万元/个，运行费用不超过0.1元/吨）、工程占地小（180～600m^2）、工程简便、治污效果好等优势。

2）统一组织管理　成立PPP项目领导小组，明确发改、财政、建设、环保、规划、国土等部门职责。确保政令统一、政策协同，有力地推动政府和社会资本合作项目的顺利实施。

3）可行性论证　通过公开招标，聘请广东省建筑设计研究院作为该PPP项目的咨询机构，在充分调研和论证的基础上，对项目进行经济评价、可行性研究、物有所值评价及财政承受能力论证。

4）做好群众工作　在为群众无偿提供112条农村中心村污水治理工程土地的基础上，充分地听取群众意见，多方论证研讨后做出决策，明确镇村承诺以零租金租赁或其他双方商定的形式（主要是镇区污水站用地）为项目公司提供污水处理设施项目用地，更充分体现了群众的觉悟和“我要建”的意愿，从而带动更多的群众支持参与，确保了项目顺利建设和日后运行，加快实施整县推进PPP项目，推动农村治污从“小作坊”式生产迅速成为“现代大企业”式运作。

5）争取国家支持　将PPP项目上报国家重大项目库，报省发改委列入2016年重点流域水污染防治中央预算内投资计划备选项目，列入省财政厅PPP项目库，并争取到省2015年PPP项目前期工作经费中央预算内投资40万元和省2016年第二批专项建设基金3000万元，创新推动全省首个整县捆绑PPP项目成功落地郁南。

6）打包招标　郁南县创新实施了“整体打包”“城镇与农村”“建设与运营”“终端与管网”4个捆绑模式，牢牢掌握PPP项目实施的主动权。2016年7月27日，与中标的社会资本重庆康达环保产业（集团）有限公司和广东亮科环保工程有限公司（联合体）举行整县生活污水处理捆绑PPP项目合同草签仪式，标志着广东省首个整县生活污水处理捆绑PPP项目正式落地郁南。该项目投资总额约5.02亿元，PPP值达到143579万元。

（2）郁南县整县农村污水治理PPP项目重点

PPP是一项政府社会管理模式的创新，将原本由政府独自提供的基础设施和公共服务建设转由政府和社会资本合作，是一项重大改革。PPP涉及污水处理设施设计、建设、融资、运营维护、移交等多个环节。

具体要把握以下4个重点。

1）项目需求　根据《广东省住房和城乡建设厅等部门关于印发〈加快推进粤东西

北地区新一轮生活垃圾和污水处理基础设施建设实施方案〉的通知》要求，结合郁南实际提出，到2017年年底，郁南县城区、镇区和农村污水收集处理率分别达到90%、85%和80%。按照这一目标，项目包括：新建14座镇级污水处理设施及配套管网；完善县城区和2个中心镇污水收集管网；903个农村污水处理设施及配套管网；112个农村污水处理设施的后续维护；15个中心村人居环境综合提升。通过实施本项目，全县生活污水基本得到有效收集处理，解决了全县包括48万农村常住人口在内的生活污水处理问题。

2）支付能力　污水处理项目具有公益性，不能产生稳定的现金流，属于非经营性项目范畴，需要政府根据项目产生的社会效益，安排相应的财政资金投入。对此，请第三方对项目进行了物有所值评估和财政承受能力论证，通过分析了近五年财政预算收支情况，确定项目建设总投资控制在5亿元左右，政府年付费低于5000万元，包括政府的其他公共服务支出不超过24156万元，占2016年一般公共预算支出28.42亿元的8.48%，适宜采用PPP模式。

对此，项目招标不设底价，采取最高限价方式，由投标人根据各自提交的技术方案对服务年费进行报价，超过最高限价的，投标文件整体被拒绝，保证项目支出在财政能力承受范围内。

3）考核机制　有效监管的重要途径就是科学设定考核评价指标。在建设投资验收和支付考核评价方面，本项目有3个特点。

① 以结果为导向设定考核指标。包括污水收集率、污水浓度（进出水浓度差不低于80mg/L）、污水量（不低于居民综合用水量75%）、出水水质等。

② 增加场景性描述。如要求无污水外泄入河，无地面污水聚集。

③ 绩效考核引入公众监督。如对污水处理站运行绩效和管网运行养护的考核均设置“社会服务”或“社会影响”评价项目，对被政府部门处罚、被社会有效投诉和公众媒体有效负面报道均予以扣分；对农村污水运营绩效评价也设置“社会综合评价”项目，公众评价结果直接影响项目付费，推动社会资本增强服务意识，提高服务效率，保证服务质量。

4）退出机制　在项目设计时重视建立健全退出机制。一方面，在合同书设置了“履约担保”条款，要求合同生效日期前或者同时，项目公司应向郁南县提交履约保函，金额5000万元；在项目开始运营前，还要出具金额1000万元的维护保函。另一方面，还建立“违约、提前终止及终止后的处理机制”，做到既重视准入保障，又重视退出安排。

（3）项目难点

为推动PPP项目成功落地解决以下5个难点问题。

1）部门的认识问题　PPP项目的实施涉及发改、财政、建设、环保、规划、国土等部门，统一部门认识形成政策合力，是项目落地的重要保障。在项目立项方面，让各相关部门明白项目的总体立项与最终社会资本中标后的建设项目立项的区别，做好总体项目立项，并迅速上报至国家和省各相关项目库，为项目各阶段的工作打好基础。在购买服务方式方面，让上级政府财政部门明白项目边界的不确定性，同意采用竞争性磋商方式。

成立PPP项目领导小组，明确部门职责。要求环保局负责组织项目实施方案的编制、项目准备、项目采购、运营监管和合作期满项目移交和监管等；发建局负责对项目进行必要性、可行性、经济性、合规性评估，做好项目审批立项、核准（备案）等工作；财政局负责财政规划指导、融资支持、审核资金安排及做好预算准备工作；国土局负责项目用地审批和职能范围内监督管理工作；县城市规划局负责项目方案、施工图等规划审批工作和职能范围内监管工作；各镇政府按职能分工做好各参建单位和群众的组织协调配合工作。领导小组定期召开会议，通报项目实施进度，共同研究解决项目推进过程的问题；对于涉及多部门职能的政策，联合发文；对于仅涉及单个部门的政策，出台前注意充分征求其他部门意见，确保政令统一、政策协同、组织高效、精准发力，有力地推动政府和社会资本合作项目的顺利实施。

2）项目吸引力问题　PPP项目收益偏低，社会资本财务投资的动力不足，加上农村污水处理设施量多面广，项目很难有较强的吸引力。对此做好以下3个方面的设计。

① 对项目进行整县捆绑，扩大项目规模。创新性地提出项目“整体打包”“城镇与农村”“建设与运营”“终端与管网”4个捆绑模式。整县生活污水处理捆绑PPP项目总投资约5.02亿元。

② 降低不确定性风险，保证社会资本的合理回报。PPP项目为微利项目，收益率一般为6%～8%，对社会资本而言，相对于前期巨额的资金投入，收益偏低，如果项目的回报包含太多的不确定性风险，项目吸引力明显不足。不确定因素主要来自使用者付费，考虑到农村的实际，政府承担全部直接付费责任。

③ 增加“人居环境综合提升”内容，增强项目的示范效应。在该项目中，挑选15个中心村进行人居环境综合提升设计建设，加上作为全国农村生活污水治理示范县的效应，更进一步增加项目对社会资本的吸引力，在保证“微利”的前提下项目公司参与的积极性都较高。

3）项目的用地问题　PPP项目用地政策尚未明确，项目土地取得困难，这是各地面临的普遍性问题。针对这个问题，按照《中华人民共和国土地管理法》的有关公益事业用地手续的规定，明确要求各镇、村在项目实施前签订承诺函，确保项目公司在工程建设期开始日，以零租金租赁或其他双方商定的形式（主要是镇区污水站用地），免费获得使用污水处理设施项目用地的权力。

对使用土地过程中发生的土地使用税费，由项目公司负责。目前，14个镇区污水处理站的用地问题以及903个村污水处理设施的用地问题，相关镇、村均做出了承诺并在一定范围内予以公示；国土部门也予以确认。

4）项目的融资问题　PPP项目所需的资金量大、周期长，对社会资本的资金筹集能力提出了极大的考验，融资难依旧掣肘PPP发展的关键因素。金融机构考虑PPP项目收益低、周期长的特点以及项目资产的权属不清，只有经营权，没有所有权；项目公司对项目土地只有使用权，不能进行抵押；项目公司没有存量资产，很难满足抵押要求，放贷顾虑重重。对此我们从项目总体立项阶段就邀请农发行参与设计，在项目竞争性磋商过程中，农发行提出的专项建设基金按照固定利率1.2%的价格投入以及PSL抵押补充贷款执行4.145%的年利率两大优惠政策对社会资本形成了较大的吸引力，双方已达成初步的融资意向。下一步，县政府将配合农业发展银行，完善相关手续，支持社会资本完成PPP项目融资。

5）政府的参股问题　考虑到地方政府以往存在信用透支问题，导致社会资本参与PPP有“三怕”顾虑（怕陷阱、怕违约、怕反复），政府参股风险分配难以确定，加上PPP项目周期长，项目运营期通常长达30年，一些地方政府换届或换领导后，对上一届政府政策不连贯甚至不予承认。“新官不买旧账”，换一套领导班子改一套政策，新旧政府对PPP模式态度不同，监管方式迥异，不履行合作协议约定，这些都使得社会资本方往往无所适从。针对这些问题采用了DBFO模式，即项目的设计、建设、融资、运营全过程、一体化交由社会资本，政府不入股项目公司，这样，使本项目真正形成“一套严密的政府购买服务模式、一条完善的企业一体化运作路径、一套科学的第三方监管体系。”政府在参与PPP项目时真正转变心态，履行合同约定，保障PPP项目的顺利推进。

（4）未来展望

下一阶段，郁南县将全力以赴持续推进项目的全面实施。

1）支持项目融资　积极配合农业发展银行云浮分行，完善相关手续，支持社会资本完成PPP项目融资（专项建设基金按照固定利率1.2%的价格投入以及PSL抵押补充贷款执行4.145%的年利率等优惠政策）。

2）配合成立项目公司　积极配合、支持重庆康达环保产业（集团）有限公司和广东亮科环保工程有限公司成立项目公司，突出抓好项目规划、设计、建设和管理，确保项目如期开工、运营。

3）认真履行合同约定　遵照并采用DBFO模式，持续推进项目的全面落实。

由于本PPP项目是全省首个整县污水处理PPP项目，实施推进的过程带有探索性质，加上郁南县是经济欠发达地区，财政薄弱、专业技术人员缺乏。建议尽快推动出台以奖代补政策，结合郁南县的实践，测算出省级财政在污水治理方面应承担的费用，参照财政部《关于实施政府和社会资本合作项目以奖代补政策的通知》精神，每年安排一定的财政资金通过以奖代补方式支持政府和社会资本合作项目，规范运作，保障PPP项目实施质量。此外，完善政府、社会资本与金融机构“风险共担”机制。建议上级政府、金融机构在社会资本向金融机构融资的合同中，增加有关条款，明确规定社会资本按期向金融机构还本付息作为政府支付服务费的条件之一，纳入考核，实现多方共赢的局面。

6.2.1.6　PPP项目打包招商的相关建议

（1）招商主体的选择

一般而言，乡镇污水处理PPP项目的业主单位是所在地乡镇政府（或该乡镇政府下属的单位）。在打包招商的过程中，由于涉及多个乡镇政府，而各乡镇经济条件、项目实际情况一般差异较大，各方的利益诉求也自然会有所不同。若各乡镇政府同时作为招商业主单位，统一打包招商必定困难重重。由于难以平衡各方利益，大量的时间和精力可能都会浪费在各种争论和利益协调方面，甚至可能出现某些乡镇政府不作为或抵触的情形，从而导致招商工作难以推进。为避免上述情况发生，可由县政府委托县行业主管部门作为招商业主单位，统筹推进全部污水处理PPP项目的招商工作，制订统一的PPP招商方案并负责实施。同时作为PPP项目的业主方，代表县政府与投资者签署PPP项目合作协议。

(2) 污水处理服务费单价

由于各乡镇的污水处理项目规模大小不一，运营成本差异明显。在打包招商的过程中，污水处理服务费单价最易引起各乡镇政府产生异议。在各地的实践中，有的地方实行“一厂一价”，有的实行统一价格。客观来看，两种模式各有优劣。

1)“一厂一价”易于平衡各乡镇利益，减少分歧。但缺点也很明显，评选投资者的过程中无法确定一个统一的报价竞争标的，不能评审出最优的报价，价格最终还是需要通过协商确定，难以实现减少政府污水处理服务费支出的目的。虽然表面上是打包招商，但实际依然是简单叠加，规模效应无法实现。

2) 实行统一价格，优势在于容易确定报价竞争标的，易于评审出最优报价，从而减少污水处理服务费支出。但缺点在于，实行统一价格会产生不公，容易引起项目条件较好的乡镇政府的抵触。

该模式既有采用“一厂一价”的案例，也有实行统一价格的案例。从第三方角度来看，建议选取统一价格方案。虽然条件较好的乡镇相对而言会有利益损失，但从全县的角度来看，可以通过竞争减少污水处理服务费支出。另外，若由县级政府牵头招商，这种方案也可以顺利地落实。

(3) 采用竞争性程序招商

从国内乡镇污水处理投资运营市场来看，大部分项目都未经竞争性程序而直接交给一特定投资者承担。其客观原因在于乡镇污水处理项目大多商业条件欠佳，意向投资者较少，而县级以下政府大多欠缺类似项目招商运作经验。因此，一旦有投资者表达意向，往往会被政府视为救命稻草。

在没有竞争对手的情况下，投资者的要价条件通常会远远超出合理水平。而经过充分竞争的项目，不仅报价会远低于“一对一”谈判的项目，且各项合作条件也要明显优于后者。因此，从维护好政府和社会公共利益的角度出发，认为在条件允许的情况下，有必要采取竞争性招商程序。

(4) 付费机制和付费来源

农村生活污水治理工程项目涉及范围广、投资大、时限长，且项目利益相关各方诉求较多，在兼顾各方利益的前提下，从付费机制和付费来源设计上创新和完善，打消社会投资人的顾虑，引入更多的社会投资人，扩大市场竞争，以市场的方式选择为农村住户提供更优质污水处理服务的社会投资人。

现阶段，大部分乡镇的污水处理费征收情况都不太理想，难以实现收支平衡。由于乡镇政府财力大多有限，依靠乡镇财政维持污水处理厂的正常运转可能不太现实。为确保乡镇污水处理厂能正常稳定运行，降低项目的投资风险，县政府有必要建立污水处理费征收体系，对各乡镇的污水处理费征收进行统筹管理，并作为付费主体，承担污水处理服务费的支出义务，在污水处理费收不抵支的情况下，由县财政对污水处理服务费进行弥补。

(5) 聘请专业咨询机构

污水处理PPP项目打包招商交易程序复杂，涉及特许经营、水务行业、财务、法务、商务等众多领域，一般县级以下政府都不具备类似的专业人才和操作经验，若无专业咨询机构协助，则只能任由投资者主导协商和谈判，政府和社会公共利益难以得到保障。从行业内运作较为成功的PPP打包招商案例来看，无一例外都聘请了专业咨询机构。

建立健全PPP管理维护体制，实现污水、垃圾等处理设施的规范化、常态化运行。通过区域整合，将众多农村的污水、垃圾等处理项目“捆绑”成一个大项目，从而发挥规模效益，通过公开招标的方式，委托有资质的环保企业，对连片整治设施和已建污水、垃圾等处理设施开展第三方运营，有效保证了治理效果。

有效监管，严格奖惩。农村污水处理设施数量较多，定时定量进行检查难度较大，应以抽查为主。对于政府委托企业运行和完全企业运营的处理设施，还可以通过公布举报电话、热线等方式发挥社会力量，特别是发动农民管水员来监督污水处理设施运行。对于政府直接管理的污水处理设施则必须由生态环保部门进行监督。

6.2.2 垃圾处理项目其他运行模式

垃圾处理方面有废品收购站的BTO模式（建设-转让-经营），即由政府投资，在地理位置优越、服务设施比较齐全的集镇、中心村建设高标准的废品回收站，以承包、租赁等方式转让给个体业主经营，收购周边村庄产生的废纸、塑料、金属、玻璃、织物等可回收资源。废品回收站可以进行特种经营，单纯进行废品的收购和销售；也可以采取复合经营，在废品回收业务的基础上，发展废塑料造粒等加工业，发展废物交易市场等服务业，带动后续资源再生产业的发展。

此外还存在着“农村环保合作社”模式，即由政府组织，村民参与，共同组建农村环保合作社，民主推选理事会，下设村级分社，向社会招聘农民保洁员。同时，成立由退休干部、退伍军人、老党员、在校优秀团员、少先队员组成的环保志愿者协会，形成集管理、清扫、宣传于一体的组织机构。

然而不能忽视的是政府作为运作主体存在着法律制度完善问题，组织机构建设问题及环境治理资金短缺问题。而这几个问题的解决依赖于国家对农村环境的重视和对农村基础建设的支持。

农村社区自治模式，即在可堆肥垃圾、不可回收垃圾和有害垃圾的收集过程中发挥农村的社区自治机制，让农民参与到垃圾收集活动中。首先，在垃圾分类投放环节，由村民相互监督、相互提醒，确保垃圾的正确分类。其次，每个分类收集点的垃圾收集环节，采取“以劳代资”等方式，由该收集点覆盖的村民自行运送到指定的垃圾集中点，农民通过付出劳动减少需缴纳的垃圾处理费，这样不但可以培育农民对垃圾分类收集的认同感和参与意识，促进垃圾的源头削减，而且也可以减少保洁员的人数，降低垃圾收集成本。

6.2.3 供排水一体化运作模式

供排水一体化是将城区和农村的供水、排水、污水处理和节水有机地结合，统一经营，其实现形式为具有法人地位的水务集团公司或供排水公司。供排水一体化模式属于公有公营模式的一种，对市场化体系的建设要求不高，适用于市场化的初级阶段。该模式适用于农村污水治理的融资、建设、运营和维护，其市场化的优势如下。

（1）便于融资，以解决农村污水治理资金短缺的难题

该模式实现市场化的关键在于政企分开，原来的政府下属单位变更为独立的法人主体，解决了政府不能为污水处理项目向银行等金融机构融资的体制问题。

（2）以供促排，协调发展

供水投资回报率高，而污水处理投资回报率低且回收期较长。供排一体化后，供水量和排水量共同影响着公司的经济利益，企业无法单纯追求多供水、超前投资供水设施的经济目标，还要顾及污水收集和处理设施的建设。同时，该模式将水费分为供水费和排污费两部分一起征收，解决了农村污水费征收难的问题，保障了农村污水处理的资金来源。而且，该模式将建设、运营、收费、管线安装、巡查、维修等供排水业务中和在一起，提高了工作效率，节约了技术成本，提升了竞争力。

江苏省常熟市采用了该模式，成功解决了农村污水治理的资金短缺和长效运营问题，实现了城区和农村污水的统筹治理。但是，该模式容易造成事实上的垄断，从而降低公共服务的效率和质量，提高公共服务的价格。因此，政府的监管作用不可缺失。

6.2.4 污水处理补贴机制

污水处理作为一项市政工程、公益工程，政府有义务和责任在建设、运行、检修等多方面对其进行投资和补贴。而在补贴民众的具体形式方面，如“以奖代补”，通过奖励的形式更好地调动民众参与环保。通过运行污水处理设施可以获得一定的经济利益或者其他收益，则可以大大提高群众的积极性。对于政府委托企业运行和政府运行的模式，可以采用对农村集体进行经济奖励和主管人员进行行政奖励的方式，提高其积极性。“费补共治”政策是指地方政府向农民收取环境治理费，再以奖励的方法补贴，以提高农村环境治理效果的环境政策，将政府的环境管制与农民参与治理相结合，并由第三方进行效果评价，以形成协作型环境治理结构，它将是对我国“以奖促治，以奖代补”的农村环境政策的探索和完善。

“费补共治”型农村环境政策设计思路（见图 6-5）中，政府收费是指县乡村级政府采取定期直接收取的方式对流域内村民收取环境费，包括垃圾处理费和污水治理费，即环境卫生费；农民参与是以出工代劳参与各种可量化的公共治理行为，不包括约束和改变自己的道德规制行为；奖补政策包括奖励和补助两部分，“奖”是指县乡级政府对环境效益好的村庄进行定期物质和精神奖励，“补”是对治理工程和公共治理行为进行补贴，也可以奖补合并，也可先奖后补或以奖代补；第三方评价是指包括以学者为主的

学会（协会）的非政府组织（NGO）和公众对环境治理以抽查方式进行定期的公正评价过程。

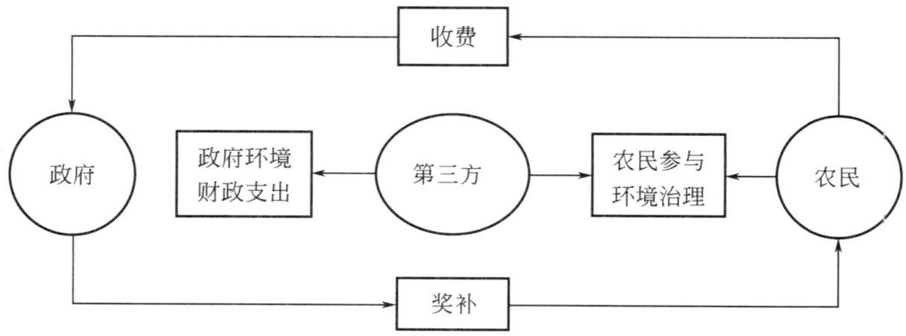

图 6-5 面向流域的农村“费补共治”型环境政策的设计

镇、村污水处理厂（站）运转费用补助办法：城乡统筹镇、村级污水处理厂（站）运转费用补助资金的管理要推行市场运作、企业管理或农民竞标、包干负责的模式，由企业或农民负责镇、村级污水处理厂（站）运转。制订农村污水处理厂（站）运转费用补助办法、管理办法，确保镇村污水处理厂（站）有序运转。对排放达到设计要求的镇和村级污水处理厂（站）给予一定资金补助。由水务局牵头，每季度对镇、村级污水处理厂（站）运转情况进行一次检查，并将检查情况报城乡统筹农村环保负责机构，由城乡统筹农村环保负责机构向县政府提出资金拨付申请，经县政府审核批准后，由县财政局将补助资金分两批拨付到各镇。

对污水处理厂建设者，市财政进行补贴。具体补贴额度依据当地实际情况而定。如每建设 1 万吨容量的污水处理厂，市财政补贴 300 万元，并且每增加 5000t，增补 100 万元；对管网建设者，每削减一个排污口给予 5 万～15 万元不等的补贴（具体补助数额根据排污口与污水处理厂之间的管网距离确定）；已经实现一级达标排放的企业，接入污水处理厂集中处理的，给予适当补助；镇区生活污水接入污水处理厂的，对居民暂不收取处理费，这块费用由镇财政承担，市财政补贴；鼓励镇政府将生活污水接入污水处理厂，接入量达到每天 100t 的一次性补助 20 万元。

湖州市长兴县出台了《生态县建设奖励、补助专项资金使用管理办法》（长政办发〔2006〕89 号），明确了农村生活污水处理池建设补助标准，按实际工程投资额的 50% 给予补助（单户式污水处理池预算标准为 1200 元/池）。德清县政府按农村人口 7 元/(人·年）的标准给予垃圾管理的直接补助，还要按 10 元/(人·年）为基数进行考核补助，德清县财政按各乡镇（开发区）补助标准进行 1∶1 配套。与此同时，每个农村人口（含外来常住人口）应按 1 元/(月·人）的标准收取保洁费。这种具体可行的补偿机制充分调动了农村参与环保行动的积极性，大大推动了农村环境质量整治工作顺利进行，起到了很好的示范、带动及推广效果。

6.2.5 垃圾处理补贴机制

垃圾处理的企业自身可创造一定收益，如将有机垃圾堆肥销售，可回收垃圾再生利用等。政府可在此之外再进行财政补贴或向农村居民收取一定垃圾处理费以平衡企业收支并保证经济利益。农业固体废弃物处理方向多为用于堆肥、产沼气等资源化再生利用模式，设备要求较高，先期投入较大，这方面可借助农机补贴减轻设备成本负担。

农村垃圾处理系统运转和维护费用补助办法：加快“村收集、乡运转、县处置”作为农村垃圾集中收集处理模式建设，一是加快县一级的垃圾终端处理设施——焚烧厂建设；二是完善乡镇一级垃圾中转站，配备好必要的清运车辆；三是完善村一级垃圾收集房，配备好必要的清运车辆和工具；四是增添自然村一级垃圾箱（筒）等设施，根据村庄布局合理设置垃圾箱（筒），对已有不标准的垃圾箱（筒）进行改造，做到有盖有门。通过四级环卫设施建设，完善垃圾收集网络。

加快垃圾收集各项基础设施的完善、更新和压缩式垃圾中转房建设，根据市级垃圾焚烧发电厂建设进度，合理规划和调整镇级收集运作体系，进一步整合财力、整合技术、整合人力资源，明晰城乡垃圾一体化管理体系。同时探索农村垃圾的分类处理办法，减轻垃圾焚烧发电厂的负担，提高垃圾收集处理水平。

建议设立农村生活垃圾集中处理专项资金，通过“以奖代补”的方式，将村级保洁员与农村垃圾处理有机结合，各乡镇要由企业或农民负责农村垃圾处理系统运转和维护；要制定本镇农村垃圾处理系统运转和维护的具体办法以及农村环境综合整治的检查和考核办法，明确资金、明晰责任，确保将工作落到实处，资金落实到位。县级对已配备垃圾桶的更新和修复、垃圾大箱（全称“封闭式垃圾中转站”）的维护、镇级垃圾清运车（不包括农用车和手推车）的维修和运行给予补助。

各地要根据城乡统筹农村环境保护和生态建设长效管理机制的具体要求，制订具体的补助办法。各乡镇要积极引入市场机制，组织、指导各村推行企业管理或农民承包管理，实行保洁员职业化、岗位化、规范化管理，同时要健全和完善环卫所，配齐相应工作人员，具体负责镇域内保洁工作的督查和垃圾清运工作。各乡镇要按照县、镇投入比例，制订相应的补助政策，并保证资金足额、及时到位；要加强对专项补助资金的监督和管理，确保专款专用，并于每年的1月底前向县财政局报告上一年度专项补助资金的使用情况。县财政局等相关部门对专项补助资金执行情况进行不定期检查或抽查。对配套资金到位不及时或使用效益不高的乡镇，将减少或停止下一年度专项补助；对挤占、挪用专项补助资金的，将收回和停拨补助资金；对违反国家有关法律、法规和财务规章制度的，将依法依规严肃处理。目前，国内很多地方已经积极探索了多种农村生活垃圾处理处置运作模式和补贴模式，并取得了积极的效果，可供参考。

(1) 对已配备垃圾桶的更新和修复给予补助。

标准如下：人口在1000人以下（含1000人）的行政村，每年每村补助0.4万元。人口在1000人以上的行政村，每年每村补助0.6万元。

(2) 对垃圾大箱（全称“封闭式垃圾中转站”）的维护给予补助。

标准如下：每年对每个地埋式垃圾大箱（全称“封闭落地式垂升斜拉垃圾中转站”）给予0.5万元的补助；每年对每个地上垃圾大箱（全称“封闭落地式地上垃圾中转站”）给予0.1万元的补助。

(3) 对镇级垃圾清运车（不包括农用车和手推车）的维修和运行给予补助

每辆每年 2 万元的补助。

(4) 其他补助

政府按农村人口 7 元/(人·年) 的标准给予垃圾管理的直接补助，还要按 10 元/(人·年) 为基数进行考核补助，财政按各乡镇（开发区）补助标准进行 1∶1 配套。每个农村人口（含外来常住人口）应按 1 元/(月·人) 的标准收取保洁费。

如北京市密云县出台了《建立和完善新农村建设与管理长效机制意见》，意见中规定按县、镇各负担 50%的比例，对镇级污水处理厂给予补助。设计处理能力在 800t/d 以上的，每个每年给予 30 万元的运转补助；设计处理能力在 400～800t/d（含）的，每个每年给予 15 万元的运转补助；设计处理能力在 400t/d（含）以下的，每个每年给予 1 万元的运转补助。按县、镇、村分别负担 30%、30%、40%的比例，对村级污水处理厂（站）每个每年给予 1 万元的运转补助。

在实践过程中，各地与社会主义新农村建设有机结合，不断探索城乡统筹农村生活污染控制长效管理办法，涌现了较多的运作模式与良好做法，开始探索和尝试市场化运作模式。如对农村按照城市物业管理模式统一进行管理，建立奖惩制度，明确考核办法。在开展农村垃圾集中收集工作的基础上，县区、乡镇相继出台村庄整治长效管理政策，完善了机制、保障了经费，有效地巩固了环境整治成果。《德清县农村环境卫生长效管理实施细则》设立专项资金保障，2010 年投入 1000 万元用于农村环境卫生长效管理工作，主要用在垃圾收集、运输、处理等环节上，每个行政村都将成立环卫站，确保真正实现农村生活垃圾日产日清、村内垃圾无积存的目标。

完善村级保洁员管理和工资补助办法：完善村级保洁员管理和工资补助资金的管理应推行市场运作、企业管理或农民竞标、包干负责的模式，由企业或农民负责村级保洁员管理和工资补助资金的管理。县政府对农村保洁员的工资补助按季度分四批拨付。由城乡统筹农村环境保护领导小组同县市政管委、生态办、文明办每季度进行一次检查。保洁员工资补助根据各季度农村环境整治检查考核情况拨付，考核成绩在 85 分以下的镇将被扣拨当季度的村级保洁员工资补助，成绩在 85 分以上的镇由城乡统筹农村环境保护领导小组向县政府提出资金拨付申请，经县政府审核批准后，由县财政局直接将村级保洁员工资补助资金拨付到有关镇，由各镇将补助资金拨付到相关企业或行政村。

加强对村级保洁员的管理，每个行政村根据人口数量配备专职保洁员。按照县、镇、村三级分别负担 1/3 的比例，积极筹措补助资金，确保村级保洁员工资足额到位。要协调、指导负责村级保洁员管理的企业或农民制定村级保洁员工作规范，确定卫生责任区、工作标准以及作业时间等操作要求，提高村级保洁员的管理水平。要加强对负责各村保洁工作和村级保洁员管理的企业或农民的监督，研究制订村级保洁员的检查、考核办法，保障农村保洁工作落到实处。县级按照一定比例给予农村保洁员工资、工伤保险和医疗保险补助。

如村保洁员工资按 800 人口以下村每村每年 2000 元，800～1500 人口村每村每年 3000 元，1500 人口以上村每村每年 4000 元的标准补助，保洁员工资每季一考核，考核不合格，不予支付，垃圾收集处理运行机制不到位的不予补助。垃圾焚烧人员、镇统一清运人员（车辆）工资，由镇里事先确定相关费用，签订协议后运行正常予以支付。

6.2.6 城乡统筹农村环保多元化投资机制

从发达国家经验看，世界各国大都是在进入工业化中期时开始实施工业反哺农业的政策，其本质是政府通过公共财政和产业发展政策支持农业发展和农村环境保护。我国也相应制定了“工业反哺农业”和“建设社会主义新农村”的战略决策，体现在农村环境保护领域即加强对农村环境保护资金投入，为落实这一目标，必须建立相应的配套机制。

首先应加快制定、完善和细化可操作的农业农村环保基础设施建设方面的财政投入政策，逐步提高政府财政向农村地区的转移支付比例，提高农村环境保护基础设施、环境保护示范工程、环境保护技术应用等农村环境能力建设的投资强度，改变政府财政投资比例偏少的局面。

明确社会性污染防治的责任主体只能是地方政府。根据当前农村环境的实际状况和改善农村环境质量的要求，省一级财政每年应保持一定的农村环保投入，重点扶持欠发达地区的农村环境保护。主要用于社会性污染治理和农业废弃物资源化项目补贴，欠发达地区沟河清淤清理的以奖代补，欠发达地区基层环保能力建设和跨行业的生态示范工程等。同时，市、县（市）、乡（镇）三级财政的每年投入也要纳入政府财政预算，投入的数额与比重应视当地财力做出相应的规定。

省级政府部门要优化支出结构，将农村环境保护作为公共财政支出和保障的重点之一，列入年度财政预算，根据财力可能进一步加大投入，重点加大规划确定的重点任务资金投入，并向农村环境保护倾斜，切实管好用好中央农村环保专项补助资金和省农村环境综合整治以奖代补专项资金，努力发挥资金的引导和激励作用。加大对城乡统筹农村环境基础设施建设的投入力度，积极推进建立城乡统筹农村环境保护基础设施运行经费保障机制，加强对生活垃圾收集与处置、生活污水处理等设施运行管理的长期财政扶持。同时积极利用好中央财政对农村环境保护的投入政策，组织各地申请中央财政资金补助。如辽宁省每年从省级环保专项资金中安排1500万元，用于支持农村小康环保行动计划实施；宁夏回族自治区环保专项资金中每年安排不少于1000万元资金用于农村小康环保行动工作，用“以奖代补”的方式，加强农村环境综合整治。加强对财政投入农村环境保护工程资金的监管，保障资金使用效率。

其次是建立健全政府多管齐下、社会多头并进的投入机制：充分发挥社会资金“哪需要用向哪”的灵活性、实用性及多效性的优势，建立各级政府多管齐下、社会多头并进的投入机制是快速聚集和解决城乡统筹农村环境综合整治资金的有效途径。

政府要进行城乡统筹农村环境污染治理管理体制改革，实行政企分开、政事分开，将污染治理设施建设和运行推向市场，引入竞争机制，通过市场的力量，经过公开招标方式，选择投资主体和经营单位，吸收更多的民间资本投入。同时排污者与治污者适当分离，按照排污者付费、治污者收费的原则建立经济关系。充分发挥价格、税收、信贷等经济杠杆的作用，引导社会各方面和各种资金参与农村环境保护。加快农村生活污水、农村废弃物处理市场化进程，向投资主体多元化的市场化方向转变。协调党政机关与镇村建立环保定点挂钩帮扶制度，组织发动经济效益好、社会责任感强的企业开展“万企帮万村”活动。

在不增加农民负担的前提下，按照“一事一议”规定，发动农民筹资投劳，把政府支持、社会参与和农民自主投入紧密结合起来，多方面筹集农村环保资金。各级财政以“以奖代补、以补促投”形式，发挥财政资金“四两拨千斤”的作用，充分调动县、乡镇、村和广大企业、群众参与，增加投入，形成县、乡镇、村（企业）三级联动的投入机制。

近些年，我国一些地区积极探索“政府补助一点，村、镇筹一点，农户自筹一点”“乡镇、村（企业）三级联动融资机制”“县财政以奖代补补一点，乡镇配套一点，有条件的村集体经济贴一点，通过‘一事一议’的形式向在村的企业、商店和村民收一点的‘四个一点’融资机制”及设立农村环保专项等投资融资机制，既落实了农村环境卫生长效管理经费，确保了其正常运行，同时在农村环境卫生整治宣传教育的过程中，激发了广大农民群众参与管理和监督的积极性，在实践中取得了很大的成功，并具有很好的借鉴、示范、带动及推广作用。

再次是采取政府引导、社会投入、市场运作的方式，多渠道筹措资金，建立政府、企业、社会多元化农村环保投、融资机制。发动村民，吸引民间资本投入，鼓励国内外企业、民间资金投入环境保护领域，引导全社会参与城乡统筹农村环保建设，形成以中央财政投入为主、地方配套、村民自愿的多方资金保障体系，逐步完善社会资金对农村环境保护的投入、利益分成及退出机制，实现投入有途径、利益有保障、退出有办法，降低社会资金对投资农村环境保护的顾虑，积极引导社会资金对农村环境保护的投入，使全社会都积极投入到环保计划中来。有了强有力的资金保障，才能大力开展城乡统筹农村环保基础设施建设、农村环境综合整治等工作，从而为城乡统筹农村环保行动奠定坚实的物质基础。

最后是设立农村环保专项资金，加大资金投入力度。地方各级政府应结合实际，设立农村环境保护专项资金，对专项资金的管理实行“突出重点、注重实效、公开透明专款专用、强化监管”的原则，采用“以奖促治”的方式支持城乡统筹农村环境综合整治，采用“以奖代补”的方式促进城乡统筹农村环保基础设施建设。在安排专项资金投入的同时，还要建立专项资金区、市、县三级督查制度，在环保项目建设过程中，严格执行责任制、报账制、招投标制，确保环保资金专款专用。生态环保部门要积极申请环保专项资金，同时发动乡镇政府，争取国家对口项目补贴；政府研究制定优惠政策，运用市场机制吸引各类社会资金参与农村环境基础设施建设。

参 考 文 献

[1] 王海蓉. 农村环境质量综合评价模型研究 [D]. 太原：太原理工大学，2011.

[2] 赵玉凤. 山东省农村人居环境现状及评价分析 [D]. 济南：山东师范大学，2010.

[3] 范理，李坤，王亚娟，等. 农村生活污水收集与处理模式的探讨 [J]. 环境工程，2014 (s1)：169-171.

[4] 武璐. 浙江省农村生活污水处理设施水污染物排放标准研究 [D]. 杭州：浙江工业大学，2015.

[5] 宁夏回族自治区环境保护厅，宁夏回族自治区财政厅. 宁夏农村环境综合整治技术与政策 [M]. 北京：中国环境科学出版社，2012.

[6] 邵蕾，王一，何家军. 乡镇污水处理设施建设与运营管理若干问题及对策分析 [J]. 环境保护，2017 (24)：56-58.

[7] 张正玲，刘德绍，赵绪云，等. 重庆小城镇污水处理设施建设运行问题及对策建议 [C] //中国环境科学学会 2013 年学术年会，2013.

[8] 鞠宇平. 村镇污水治理存在的问题与对策 [J]. 中国建设信息 (水工业市场)，2012 (9)：11-16.

[9] 邱彦昭. 北京市农村污水处理设施现状调研及运营管理措施研究 [D]. 北京：北京化工大学，2016.

[10] 廖日红. 北京市农村污水处理技术的研究与应用 [J]. 水工业市场，2012 (09)：42-45.

第7章 农村环境整治长效运行管理政策

7.1 改革农村环境保护管理体制

7.1.1 完善农村环境管理机构

建立和完善乡镇一级环境保护机构，借鉴在乡镇设立派出所（行政村设警务室）、工商所、税务所、农业技术推广站的做法，在乡镇普遍设置专门的环保行政管理机构，配备专职环保行政管理人员，并明确一名乡镇领导重点分管；同时，所有行政村均明确分管领导，明确专人负责环保管理，确保农村环保队伍组织落实、工作落实。

实行建立地方行政首长负责与环境行政主管部门统一管理相结合的农村环境监管模式，环境行政管理权由各级政府首长和环境保护行政主管部门共同行使。各级政府首长对本行政区域的环境保护负总责，并由各级政府分管领导（如省级政府副主席）兼任同级环保局局长职务，而环境行政主管部门则具体负责环保技术和污染纠纷处理等专业性问题。

政府分管领导兼任同级环保局局长，赋予环保机构较大的管理权限，可以强化同级政府所属职能部门和下级政府的环保责任，便于更好地协调各相关行政部门的环境监管权，增强环境执法队伍整体实力和执法效力，从而使环境管理过程中出现的种种阻力得以克服。

鉴于环境管理具有较强的专业性和技术性，由环境行政主管部门具体负责，可以为政府领导在业务方面提供咨询，从而使各种环境决策和重大管理措施在技术、经济、法律等各方面切实可行。

在乡镇增设环保管理机构，配备专职农村环境管理干部和必要监测设施。县级财政和劳动人事部门要为乡镇环保管理机构提供一定的物质和人员保障，并为其配备相应的环境监管设施。其次要在县级以上环保部门设立专人专职负责农村生态环保工作，逐步建立和完善农村环境监测体系，加强农村饮用水源地和基本农田等重点区域的环境监测，定期公布农村环境状况。

村民委员会作为有处理公共事务职能的群众性自治组织，也应该是农村生活垃圾监督管理体系中的主体之一。因此，村民委员会要认识生活垃圾处理的重要性，积极配合乡（镇）政府和环保部门，落实生活垃圾处理工作[1]。

7.1.2　构建环保监督下的多部门协调共管的农村环境整治工作机制

农村环境整治是一项涉及面广、社会性强的系统工程，应实行党委政府统一领导、环保部门统一监督、部门各司其职、公众广泛参与的工作机制。

各级政府应成立“农村人居环境综合整治领导小组”负责统筹规划、综合协调，按统一的目标要求和标准组织实施，并由环保部门加强监督检查，组织考核与工作评价。省、市两级可设专家顾问组，对技术业务工作予以指导。

（1）环保部门

负责编制农村人居环境综合整治规划计划，拟定目标要求、工作规范与考核验收标准，按环保法律法规统一监督管理，组织建设跨行业的综合性生态化建设示范工程，强化工业污染防治，实施农村生态环境监测，建立农村环境预警系统。

（2）农业部门

负责本系统的污染防治与农业生态保护，推行农业生产清洁化，会同经济部门组织推行农业废弃物资源化，组织推行农业生产社会化专业化服务。

（3）建设部门

将环境保护目标要求纳入乡镇、农村规划、建设与管理，负责建设农村环保基础设施，推动建立农村社区环境公共服务体系。

（4）水利部门

负责河道清淤清理的组织实施，拆除河道违章搭建，清理行洪障碍，制止违章填河和侵占水面。推行节水灌溉。

（5）农机部门

负责推行农作物秸秆机械化粉碎还田等项目。

（6）经济部门

负责推行农业废弃物资源化，推动资源综合利用企业化生产，推动综合利用产品、有机食品、绿色食品、无公害农产品规范进入市场。

（7）发改部门

负责组织拟定和落实环境经济政策，按农村环境综合整治目标，做好计划调度。

（8）卫生部门

将除害防病、卫生保健、农村改水改厕与环境保护目标要求接轨。

（9）工商部门

负责加强农业投入品的市场管理，按规定查禁剧毒高残留农药进入市场，依法查处销售食用受保护的动植物的不法行为。

（10）财政部门

负责农村环境综合整治所需资金的调度与落实。

（11）宣传教育部门

将环境保护纳入农村精神文明建设，开展环境保护宣传教育培训，倡导文明消费，革除陈规陋习，形成保护环境、崇尚文明的社会风尚。

农业、水利、建设、卫生、交通等部门已开展的各项工作，应按改善农村环境质量的要求，进行调整、补充和延伸，将条线工作内容和工作目标整合到全面提高农民生活质量上来，形成工作合力。

7.1.3 构建“村-乡镇-县”的三级责任管理体系与绩效考评制度

将垃圾、污水等环境治理问题作为考核政绩的标准之一，放在与经济发展同等重要的地位，对环境污染严重的地区，可以采取“一票否决制”原则，使领导干部真正从思想和行动上重视起来。激发村干部事业心和环境整治中的责任心，让村干部认识到搞好农村环境卫生，是为民办实事、建设和谐新农村的主要内容，是一项上下关注的大事[2]。从而充分调动党员干部和村领导的积极性，转变政绩观念，提高其环保意识。

具体各级责任管理体系与制度如表 7-1 所列。

表 7-1 “村-乡镇-县”的三级责任管理体系

	村民/菜农	小组/种养大户	村委	乡镇	区县	上级政府
垃圾	负责分类、集中存放，参与对环境和村乡工作监督举报	组织收集集中，负责监管，保障不乱弃	负责清理、外运，督查小组	负责集中处理货运，督查村级工作	负责集中处理，组织技术监管、工作督查，绩效评估奖惩	负责资金配套、政策完善配套
污水	负责雨污分离，参与对环境和村乡工作监督举报	负责污水收集工程和系统管理维修	负责集中去毒处理(或入上级网)，检测再利用	负责入网处理、技术指导、督查村级工作	负责入网处理，组织技术指导和监管、工作督查，绩效评估奖惩	负责基础设施建设和运行资金配套，政策完善配套
秸秆	配合实施秸秆还田，多余秸秆负责集中存放，参与对环境和村乡工作监督举报	负责秸秆还田，多余秸秆组织统一集中清运、监管，保障不焚烧、不丢弃	负责集中处理，资源化或运送专门部门单位处置，推广秸秆还田	负责建立集中专门资源化处理设施，核查村级工作	负责资源化技术指导，组织监管、工作督查、绩效评估奖惩	负责资金(含管理费用、补偿资金)配套，政策完善配套
畜禽粪便	参与对环境、养殖大户和村乡工作监督举报	配合保持适当的养殖规模。建设配套设施，负责设施运用、实施干湿分离、规范运送	负责督查养殖户遵章守法、设施报修服务、设施运行、废弃物资源化循环利用技术指导	负责设施建设和运行管理的技术指导，督查村级和养殖户工作	负责配套设施的规划、设计、建设、运行等技术指导、组织监管、工作督查、执法管理、绩效评估奖惩	负责资金(含管理费用、补偿资金)配套，政策完善配套
菜田垃圾	负责集中存放，参与对环境和村乡工作监督举报	负责配合建设必要收集场所和设施，组织集中清运，保障不丢弃	负责配合建设集中处理设施、干湿分离、资源化处理后再利用	负责相关技术指导，督查村级工作	负责配套设施的规划、建设、运行等技术指导，组织工作督查、绩效评估奖惩	负责资金(含管理费用、补偿资金)配套，政策完善配套
村庄环境	负责自己居家和院落整洁	负责组织村内公共活动区清扫	负责组织宣传、检查、评比	负责科普和卫生措施指导，督查村级工作	负责科普宣传材料、组织科普宣传活动和生活卫生指导，组织工作督查、绩效评估奖惩	负责奖励资金配套，政策完善配套

7.1.4　构建农村环境保护的市场化制度创新

建立城乡一体化的环境保护体制机制：统筹兼顾、协同推进城乡环境保护，把农村环境保护置于与城市环境保护同等重要的地位，促进城乡环境质量全面改善。完善城乡一体的环境保护与建设管理体制，形成全覆盖、网络化的环境保护省、市、县三级监管体系。严格执行建设项目环评，推进战略与环评规划。加强对大气、土壤、水环境的城乡一体化综合整治，着力推进以饮用水源保护、垃圾及污水集中处理、土壤污染防治为重点的城乡生态环境建设。加强城乡污水处理、水资源利用与保护设施、防洪设施等的整体协调，推进城乡之间、区域之间环境保护基础设施共建共享，形成城乡一体的生态环境综合保护与建设新格局。

开展“农村-城市环境产权挂钩”试点。探索制订城市-农村排污权交易政策，农村向城市企业有偿出让排污权，争取在试验区开展排污权交易试点，建立全国排污权交易市场，采取招标、拍卖或政府定价方式有偿出让排污权。

建立污染企业环境治理和生态恢复的责任机制，强制在农村生产的企业从销售收入中提取一定比例资金用于农村环境的恢复和生态补偿，逐步使企业合理负担其开发过程中实际发生的各种成本，形成“完全成本价格”。

把环境容量作为农村环境准入的必要条件，无容量或容量不清的禁止审批或者实行区域流域限批。划定基本生态控制线，将农村饮用水源保护区、自然保护区、湿地、重要生态功能区等敏感区域纳入农村生态环境控制线范畴，实行最严格的环境保护措施，除公用设施外禁止各类产生污染的开发活动。

进行区域性的城市-农村环境补偿机制建设试点。在一定区域范围内实行跨市、县的环境补偿和财政转移支付；局部地区不同行业、不同生态要素或自然资源开发单位之间进行环境补偿。

尽快制订《农业清洁生产条例》，引导地方出台地方性法律法规，从源头上防范农业面源污染的发生。修改和制定农业面源污染、农村生活污染和农村饮用水污染防治的相关标准、技术规范和操作规程，对相关限制性开发的主体功能区、主要农业生产区、重要饮用水源地、重要湖泊水域和南方河网地区，要制定并颁布限定性的农业技术标准和管理规程。同时，建立健全执法队伍，规范执法程序和依据，强化农业环保机构的管理职能，加大对农业环境污染的处理力度，切实保障农民合法权益。

针对我国农村“脏、乱、差”突出，生活垃圾随意排放，环境卫生差问题及“辛辛苦苦大半年，一夜回到整治前”的村庄整治后“脏、乱、差”复燃现象，需建立健全农村生活垃圾长效管理制度、规范、机制，如《农村生活垃圾处理考核意见》《农村环境卫生长效管理机制建设意见》《村庄卫生公约》《门前屋后三包管理制度》《清洁户评选制度》《农村社区卫生保洁中转站管理制度》《保洁员管理制度和职责》《农村生活垃圾收集台账管理制度》《村庄保洁检查登记制度》等，以村规民约的形式规范和约束村民卫生行为，从而为农村生活垃圾处理提供相应技术保证和法律保障，实现“村容整洁、设施完善、服务标准、管理有序”的城乡统筹农村环境卫生目标。

7.2 注重教育及公众参与

7.2.1 统筹城乡环境保护宣传保护教育，提高农民环保意识

加大宣传教育培训力度，不断提高农民的环保意识。将农村环境保护有关的科学知识和法律常识纳入环保宣传教育计划，充分利用广播、电视、报刊、网络、宣传册、科教片等各种新闻媒体，开展多层次、多形式的舆论宣传和科普教育，不仅仅是针对负责垃圾清理的员工和政府人员，同样也是针对广大普通群众。有效利用现代信息技术和手段宣传环保知识，逐步让农民树立农业资源忧患意识、环境保护的参与意识，满足不同层次的农村劳动经营者对农业科技知识、技能、管理方法以及农村生态环境建设等方面不断发展的多元化需求。将环保法律法规和各项环境决策转化为社会的自觉行动，努力营造农村环境保护的舆论氛围。

组织和发动农民投身到环境保护之中，在生产和生活的各个环节爱护自己的生存环境。倡导符合绿色文明的生活习惯、消费观念和环境价值观念，把保护环境、合理利用与节约资源的意识渗透到市民日常生活之中。积极引导、鼓励支持社会各界及非政府组织从事有益环境保护事业发展的宣传教育活动。

加大农村基层领导及广大村民的环境教育培训力度，提高环境与发展综合决策能力。组织企业法人代表、在职干部及职工参加环保培训，进一步增强干部职工的环境意识和参与保护环境的自觉性。在农村定期开展环境保护知识和技能培训，广泛听取农民对涉及自身权益环保项目的意见和建议。此外，还可采取多种多样的教育培训模式。如组织新闻媒体和教学单位下乡普及环保知识，采取图片、宣传册、多媒体等宣传教育形式，重点是乡镇和村一级要组织专门人员定期对农民进行环保知识教育，帮助农民群众熟悉和掌握相关环保常识，使广大农村群众和各级基层干部了解农村环境恶化的现状及其危害性，促使其充分认识加强环境保护的重要性和紧迫感，同时组织力量编写农村环境污染治理实施技术简易手册，以提高农村群众、各级基层干部对农村环境污染治理知识的普及程度和文化、科技、环保素质水平。

7.2.2 建立农村环境信息公开制度

环保部2011年发布的《关于进一步加强农村环境保护工作的意见》，对农村的信息不全问题提出了要求。政府应积极推动农村环境信息的公开化，既包括政府自身公开有关的农村环境信息和农村政策信息（即公布环境状况公报、公布重大农村环境决策、公布农村有关建设项目的信息和召开听证会等），也包括政府必须要求企业等相关组织公开有关排放污染物的信息、治理信息。

建立环境信息公开制度，定期发布有关环境监测信息和科技标准，要实行环境信息公

开化，尊重农民知情权、参与权和监督权，从整体上提高群众的环境意识，使其主动参与、支持、关心环境保护事业。信息公开的渠道包括新闻媒体、热线电话、公众信箱等。农民可以通过新闻媒体了解地方政府有关环境保护的情况，并且还可以通过媒体提出环境保护方面的建议，对破坏环境的行为予以曝光。建议乡镇政府、企业配置一些通信设备，方便农民反映环境问题，而且政府或企业可以对所反映的问题及时展开调查并尽早解决。

设立长期的农村环境信息观察员制度、农村环境和污染动态监测网络体系以及建立农村环境信息平台等方式。采用问卷调查的方式收集农村环境保护信息，具有成本低、获得的信息代表性及针对性强的特点，在环境监测起步水平极低的农村地区，问卷调查是个可行的方式。信息平台同时也是决策平台，它将农村环境信息整合在一个完备的数据库中。环境主管部门、政府管理机构和广大公众可以通过与数据库相连的网站随时查询相关信息，其中公众具有反馈环境相关信息的自由。

7.2.3 建立农村环保理事会制度，实行环境决策民主化

在农村建立农村环保理事会制度，在村庄规划、农村生活污水处理、农村生活垃圾治理、解决住宅与畜禽圈舍混杂、改善农村人居环境和村容村貌等新农村建设方面，举行论证会、听证会等，使农民积极参与乡镇环保决策，征求农民的意见，实行环境决策民主化，保护农民的环境权益。

① 建立乡镇村级基层的乡规村约，并纳入村庄发展规划中。依据因地制宜、量力而行、逐步提高的原则，通过各种奖励补贴与处罚措施相结合，致富与治污相互促进，以利益为导向激发农民保护环境的积极性和创造性，以达到流域农村污染治理的目的。

② 强化村民参与的治理机制，建立以利益冲突平衡为核心的立法理念，以项目为纽带，以施惠于民为宗旨开展参与式环境治理，从而树立农民主体意识、参与习惯和维权能力，形成村民自治的治理机制，问策于民，施政于民，受益于民。最大限度地回应居民诉求，使得政策制定更加科学、民主，更能贴合居民的实际需求，更好地调动他们的积极性。

③ 构建第三方评价机制。构建包括以学者为主的学会（协会）的非政府组织（NGO）和公众为核心的第三方评价主体，对环境治理定期抽查和测评，转变公众导向的政策评价模式，从而提高政策的公正性和效能。

④ 广泛开展文明生态村的创建，借鉴示范村“费补共治”的经验，强化环境综合治理，通过以评促建，提高农民环境意识，改良农民的行为，提高基层干部的环境管理能力，将文明创建的绩效与干部考核挂钩。

7.3 农村生活污水处理长效运行机制

农村生活污水处理要建立完善的管理和综合保障体系，明确政府部门、村委会、村

民、保洁员的职责，把污水治理规划做到实处，充分做好政府与村民的沟通交流工作；明确建设补助金制度，主要包括申请、认定、交付、检查等步骤；明确治理排放指标，将污水排放指标与补助金制度挂钩；严格施工单位资质，严把工程质量关，做好工程的检查、运行管理工作；加强工程日常运行管理工作，明确责任主体，建立科学严谨的监管机制；制订详细的监督考核细则及奖惩机制，充分调动村民参与农村环境保护的积极性和主动性[3-5]。如图 7-1 所示。

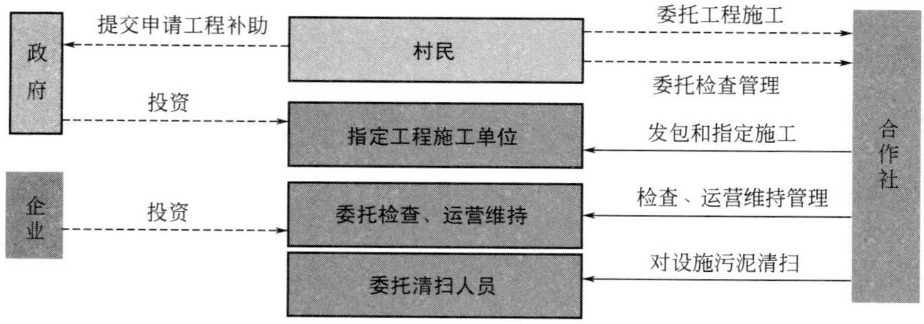

图 7-1 “政府组织、村民参与、合作社运行”各方参与污水管理模式

7.4 农村生活垃圾处理长效运行

对农村生活垃圾的处理处置，建立村委会、村民、垃圾收拣及保洁人员三级目标责任制，明确职责和职能，通过层层监管及奖惩基质，实现农村生活垃圾的有效收集和处理；其中奖励措施的实施对于培养农户垃圾分类的意识也有一定的促进作用[1,6]。

村委会成立垃圾分类领导小组，与保洁员签署垃圾收集责任书，同时负责监督保洁员和村民的职责完成情况以及奖励措施的发放情况；保洁员按照垃圾分类收集方案做好相应的垃圾收集管理。如图 7-2 所示。

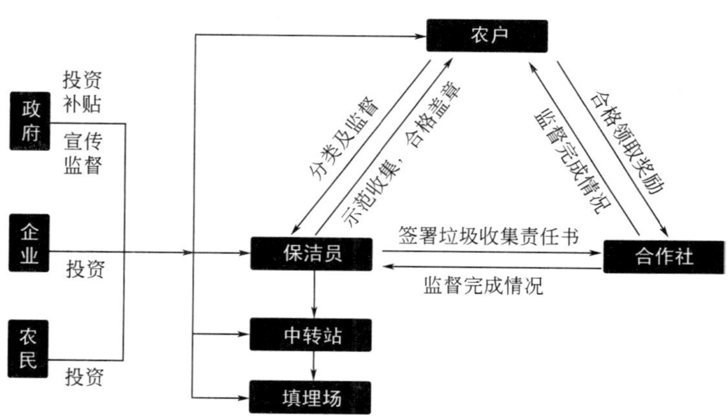

图 7-2 “政府组织、村民参与、合作社运行”各方参与垃圾管理模式

（1）村委责任制

① 加强村路等基础设施建设，改善条件，方便居民垃圾投放和垃圾清运工作。

② 负责垃圾最终出路及收运设施维护。

③ 负责制定相关的管理政策，如《村规民约》等。

④ 负责将垃圾收拣、保洁工作都承包给个人负责，考虑其生活状况，困难户优先，承包合同里应明确规定保洁、收拣人员的工作范围、责任义务和工作报酬。

⑤ 成立负责本村的垃圾收集处理工作的专门指导和监督小组，对居民、收集人员、保洁人员行为及工作效果进行监督检查，检查结果与保洁人员和收拣人员工资挂钩，设立奖惩制度，对乱丢垃圾的农户按规定从严处罚。

（2）居民责任制

严格遵守《村规民约》规定，将垃圾投入垃圾桶，并负责自家房前屋后保洁；定期交纳垃圾处理费用，不得拖欠。奖励措施：对农户发放分类合格登记表，委托保洁员对农户垃圾分类进行辨别，对分类合格的农户，保洁员盖章予以登记，农户达到相应合格次数则奖励适当生活必需品。同时设立垃圾随意堆放举报奖励制度。

（3）垃圾收拣及保洁人员责任制

垃圾收拣人员负责垃圾的清运、分拣工作，按照规定进行分拣，并对垃圾收集房内外保洁负责；保洁工作人员，维护日常公共场所的清洁卫生，或者直接由收集人担任或者另外选取。

完善环境保洁长效机制。各乡镇成立环卫所，并配备不少于两名专职环卫管理人员，同时，各行政村都要成立环卫站，抓好村里的环境卫生管理、保洁人员和保洁工具的配备、垃圾收集、设施建设等工作。按照“定职责、定内容、定时间、定范围、定报酬”五定方针，建设稳定的保洁队伍。加强对保洁员工作表现的考核，制订切实可行的考核细则，实行作业质量与奖金报酬相挂钩，对表现突出的保洁员予以奖励，对检查评比中不及格的保洁员予以处罚，对连续三次不及格的坚决辞退，使保洁员队伍的素质和保洁质量不断得到提升。

参 考 文 献

[1] 陈立刚，闵星，黄健. 农村环境连片整治示范工程运行维护的机制创新 [J]. 环境工程，2014，32（S1）：652-654.

[2] 王敏英. 关于农村环境污染治理设施后续运行管理问题的思考——以海南省为例 [J]. 宁夏农林科技，2013，54（04）：103-104.

[3] 闻乃余. 关于欠发达地区农村污水处理设施运行问题的思考 [J]. 污染防治技术，2015，28（01）：53-57.

[4] 方土. 浙江省三门县域污水治理统筹规划研究 [D]. 西安：西安建筑科技大学，2015.

[5] 杨龙，孙长虹，刘桂中. 基于规模经济效应的农村污水处理设施运行模式研究 [J]. 环境与可持续发展，2014，39（05）：72-74.

[6] 王敏英. 关于农村环境污染治理设施后续运行管理问题的思考——以海南省为例 [J]. 宁夏农林科技，2013，54（04）：103-104.

第8章 我国农村环境整治优秀模式案例

8.1 浙江桐庐模式——环境立县

桐庐县在城乡社会经济发展中，实施“环境立县”战略，以循环经济理念和生态城市建设为指导，以环境容量、自然资源承载能力和生态适宜度为依据，坚持以整体优化、协调共生、趋时开拓、区域分异、生态平衡和可持续发展的基本原理为指导，树立科学发展观，合理保护和利用各种资源，明确空间管理要求，控制合理的环境容量，以寻求最佳的城镇生态位；建立健康、安全的生态支持体系，实施区域一体化发展；加快新型工业化步伐，推进城镇化进程，大力发展生态经济，保护现有生态优势，实现资源生态保护性开发，走生产发展、生活富裕、生态良好的文明发展道路，精心打造“生态桐庐”。

桐庐县通过强化工业污染防治，加强农业污染治理，使全县集中式饮用水水源地水质达标率达100%，空气环境质量优良率达90%以上。桐庐县加快工业转型升级，全面发展现代循环农业，推进美丽乡村建设，实施安全饮水工程，形成了生活垃圾处置和生活污水处理“县—乡—村”三级处置体系。

8.1.1 桐庐农村生活污水处理

桐庐农村生活污水处理工作的难题主要集中在“用地难”“资金难”“纳管难”和“观念难”方面。桐庐县创新工作思路，在全国率先采取整村推进的办法，充分利用闲置地、夹缝地等进行污水处理设施的建设；成立“一办四组”，同步推进农村生活污水、农家乐污水、卫生改厕和旅游景点污染治理工作。

桐庐县于2009年年初启动了农村生活污水治理整村推进和农家乐污水治理工作，始终坚持“因地制宜、注重结合、连片整治、统筹城乡、建管并举”，明确了农村生活污水治理的适用范围、处理原则、实施计划、管理要求和排放要求。全面推进“生态疗法”，采取人工湿地、无动力厌氧、小型沼气池等3种模式处理农村生活污水；先建设格栅装置和隔油池滤去废水中的固体物质和动植物油，再以无动力厌氧或人工湿地的方式处理农家乐污水[1]。

目前，已投入使用的农村污水处理设施出水水质的监测结果表明，污水净化效果达到了国家规定的标准，基本实现了污水净化、村庄绿化、环境整治的“三重效果”。同时，农村生活污水、农家乐污水生态模式治理不仅不会破坏自然生态环境，而且充分利用闲置地、臭水塘、杂物堆放场所进行污水处理设施建设，能有效改善群众的居住生活环境。

8.1.2 桐庐农村生活垃圾处理

桐庐县全民动员，彻底清除溪沟、池塘、路边、房前屋后陈年垃圾，同时强化基础设施建设，投入1.5亿元新建县城垃圾无害化处理工程，配套建设乡镇垃圾中转站15个，形成全县“户集—村收—镇中转—县处理”城乡一体的生活垃圾无害化处置体系。

桐庐正在推进农村垃圾分类收集及资源化利用，村庄被划分为若干网格，在网格内设置固定分类投放点，村民将生活垃圾自行分类后，再放入对应投放点，每日回收。具体而言，垃圾分类要求以户为单位，根据生产生活垃圾是否可腐烂，分为可堆肥和不可堆肥两类。可堆肥垃圾包括剩菜剩饭、作物秸秆、饲养动物粪便等，投入蓝色可堆肥垃圾桶作资源化处置；建筑废物、废塑料、废金属等不可堆肥垃圾投入黄色垃圾桶，统一通过乡镇中转站送至县城作无害化处置或再利用。

通过“清洁桐庐”三年行动计划，农村生活垃圾得到彻底清理，农村环境面貌发生质的转变。同时，通过加强宣传教育，实行多方考核监督，“户集、村收、镇中转、县处置”的城乡环卫一体化模式全面形成，使农村垃圾整治从突击走向了长效[2,3]。

8.1.3 桐庐农村环境治理资金保障

在资金保障上，农村生活污水处理工程按350元/人予以补助，并配以相应的奖励政策；垃圾处理则实行县乡两级财政1∶1配套60元/(人·年）卫生保洁补助，配备农村保洁员1712名，县乡两级每年财政补助资金达到2000余万元，实现了农村卫生保洁的精细化、常态化、规范化，也让农村环境面貌焕然一新。同时，积极推进生活垃圾分类收集，完成资源化综合利用试点工程。

8.1.4 桐庐农村环境治理长效机制

坚持建管并举原则，与新农村建设项目中的改水改厕、村容村貌整治、农村住房改造建设等工作相结合，由点位布局、材料质量、池体建造、填料摆放、管网设计、窨井尺寸等多环节和细微处入手，“抓大不放小”，为工程质量保驾护航。出台生活污水处理运行维护管理考核办法，落实专项资金和管理人员，实施与乡镇业绩考核和行政村补助挂钩考核机制。同时，积极探索运用信息化管理手段，着手建立农村生活污水处理工程数字化管理平台、智能移动导航巡查系统及快速监测反馈等管理新模式，切实提高管理实效。

桐庐县还全面抓好农业面源污染治理，散养畜禽污染经预处理后就近纳入农村生活污水处理工程再处理，提倡畜禽养殖污染立体化治理模式，全县100头以上规模的畜禽养殖场得到有效整治。开展重点产粮区“肥药双控”示范区建设，采用湿地生态化改造模式有效治理河沟池塘污染。

8.2 湖南攸县模式——城乡同治[4-6]

2009年以来，株洲攸县以“三创四化”（即创建国家或省级平安畅通县、卫生县城、文明县城、园林城市和绿化、亮化、美化、净化）和“洁净攸县大行动”为抓手，先县城、后镇区、再乡村，逐年梯次推进城乡环境卫生治理工作，接连荣获全国村镇建设先进县、全国绿化模范县等荣誉称号，并成功创建为“全国平安畅通县”“省级卫生县城”。针对资源耗费大、利用不足，城乡环境不断恶化的现实，适时提出了“城乡环境同治”的系统工程，走出了一条不同寻常的发展道路。其经验做法引起省内外乃至国家有关部门和领导的高度重视。

8.2.1 管理模式——四分法

攸县在农村环境卫生治理方面创新管理模式，探索推行了“四分法”。

（1）卫生分区责任包干

即将全村所辖卫生区域划分为村级公共区和农户责任区，村级公共区由村集体出资，聘用专门保洁员进行日常保洁维护，农户责任区由各农户按要求落实“三包”责任（包卫生、包秩序、包绿化），保持日常整洁。

（2）垃圾分类减量，分散处理

每个农户配备一个垃圾池，采用“一氹、两池、三桶、四筐”方式，按照可回收垃圾、不可回收垃圾分户分类收集，并通过“回收、堆肥、焚烧、填埋”等方法化整为零，就地从简处理，做到厨余垃圾就地处理还土、可回收废旧物资集中回收利用、无回收利用价值的垃圾焚烧做填埋处理。

（3）经费分级投入

主要包括县、乡（镇）、村三级投入模式。首先由县财政每年采取以奖代拨的方式预算乡（镇）村洁净行动的专项经费1000万元。其次是各乡镇根据实际情况，配套一定的工作经费，对重点村、中心村、贫困村给予适当财政支持。然后是各乡镇居民、各村（居）民自筹一部分资金，这就基本形成了财政下拨、部门支持、乡镇配套、村（居）组自筹相结合的多元多级投入模式。

（4）分期考核评比

采用定期检查的方式考评，实行月抽查、季考核的方式，具体考核方式为一级一级考核，即采用县考核乡镇镇区、乡镇考核村、村考核组的方式。最后根据考核评比的结果来进行奖惩，并与干部的业绩考核挂钩，实行重奖重罚。

8.2.2 主体模式——五统一

科学合理布局回收站点是做好再生资源回收利用工作的重要环节。当前，攸县从事废旧物资回收站点有200多个，其中办理了工商登记的回收站点96个，这些站点普遍存在“规模小、分布散、管理乱、档次低”的现象，总体规划的缺失和站点布局的无序，导致了再生资源回收行业管理混乱、效益低下。要改变这一局面，必须结合城乡建设发展规划和新农村建设规划，科学制定回收网点建设规划。要按照“合理布局，便民快捷、保护环境”的原则和统一规划、统一标志、统一着装、统一价格、统一衡器、统一车辆、统一管理的“七统一”和经营规范的要求，在充分整合和利用现有再生资源回收渠道的基础上，建设一批规范化的回收网点，原则上做到“一乡一站，一村一点，一点一人”。再生资源回收工作要保证质量、提升效率，首要问题是建立规范统一的操作模式。

工作中我们重点实行“五统一”原则。

（1）统一回收渠道

严格按照“农户—村回收点—乡回收点—县回收公司”的统一渠道组织定向回收。

（2）统一时间编排

回收工作按月定期开展，村回收点每月1～20日深入责任区域内各村民小组按照固定日程编排开展上门回收，21～23日进行分拣、打包，24～25日送售到乡回收站；而乡回收站每月21～23日到各村回收点回收有毒有害类废品并中转至县无害化处理场，24～25日送售各村回收点送售物资，26～28日进行二次分拣、打包，29～30日送售到县回收公司。

（3）统一装备配置

对各回收站点标识、计量、服装、胸卡、车辆进行统一标志、统一配发。同时，为提高乡回收点工作的机动性和效能化，还专门配置了一台回收货车。

（4）统一专业管理

定期组织回收从业人员开展业务培训，建立站点工作制度，并推行网店服务“公开承诺制”和“星级站点”评比，加强行业自律，杜绝压价、拒收等现象发生。

（5）统一宣教行动

积极开展乡村干部进村入户大宣传，定期组织“大手拉小手”“老手拉新手”等活动，推动再生资源回收知识普及。各村老年志愿服务队以“不讲回报、只为奉献”的精神，在动员群众积极参与回收工作中做出了突出贡献。

8.2.3 程序模式——六固定

攸县城乡环境综合治理需要长期性投入，再生资源的回收利用也是一项艰巨而繁杂的工程，为此，攸县采取了独特的程序模式——“六定”制，具体内容如下。

（1）定地点

全县各回收站点实行统一挂牌，并公布相关信息，方便居民及回收人员送售和收购，原则上是“一乡一站，一村一点，一点一人”。

（2）定时间

回收公司负责编排和公布到各乡镇回收站的收购时间，回收站负责编排和公布到各村回收点的收购时间，各回收点负责编排和公布到各村小组的收购时间。

（3）定种类

按可回收利用的废旧物资和不可回收利用的有害有毒的废弃物资分类收取。可回收利用废旧物资包括废纸类、塑料类、金属类、玻璃类、橡胶类、家用电器及电子产品类等；不可回收利用的有害有毒废弃物资包括废弃干电池、节能灯管等。可回收利用的废旧物资由公司收集分拣后销售给加工利用企业；有害有毒废弃物资由各站点收集后交公司统一进行无害化处理。

（4）定价格

根据市场行情，在全县范围内公布各类废旧物资的统一收购价。为确保量多、质轻、价值低的白色垃圾和有害有毒的废弃物资应收尽收，可通过调剂、听证和补贴等方式适当提高统一收购价。

（5）定规则

全县的废旧物资由回收公司安排回收人员持证按统一价格、统一种类、统一时间和统一地点依法依规收取。无证、违规违法收取废旧物资的人员由相关部门进行行政处罚，情节严重的追究其法律责任。

（6）定职责

回收公司负责全县范围内废旧物资回收及该项工作的业务指导和规范管理；各乡镇人民政府（街道办事处）配合做好相关工作，加强对辖区内废旧物资回收工作的宣传教化和督促指导；城乡同治办负责对各乡镇有害有毒废弃物资回收情况进行考核；回收人员按照公司的规定负责管辖片区的废旧物资回收工作。

8.2.4 运行模式——市场化

搞好城乡环境综合治理工作必须整合资源，组建公司，推行市场化（或公司）运作。我们采取政府主导、市场运作的模式，由县供销社负责组建注册资本金1000万元以上的攸县再生资源回收公司（简称回收公司），实行企业化管理，由回收公司负责全县废旧物资回收网络建设和分拣处理中心建设的具体实施。通过申请、审核、培训等程序确定从业人员，持证上岗，优先考虑现有从业人员、村级卫生保洁员。回收站（点）原则上由从业人员自筹自建、自主经营、自负盈亏。

攸县再生资源回收公司是做好再生资源回收利用的核心载体，是环境综合治理重要的推动力量。县供销系统有从事废旧物资回收的工作基础和网络平台，完全具备组建再生资源回收公司的条件和优势。我们坚持采取政府引导、市场运作、多元投资的方式，以资本和资源为纽带，以项目建设为核心，全面整合供销系统和社会资源，尽快组建县再生资源回收公司，加快推进全县再生资源回收网络建设和分拣处理中心建设，全面实行企业化管理，突出资源整合，加强业务培训，规范行业运作，真正实现政府对资源和市场的有效管理。通过再生资源回收公司的带动，不断提高再生资源回收效益和加工处理水平，加快推进再生资源回收行业的产业化，加强农村再生资源回收队伍建设，优先从现有的从业人员和村级保洁员中考虑选定工作人员，通过规范化、专业化的培训，提高农村再生资源回收利用工作水平和组织化程度。

通过市场化运作，以经营改善环境，使环境提升效益：一是坚持公司化保洁，将城区主街道、小街小巷乡村公共区域的卫生保洁全部实行市场化、公司化运作和社会化管理相结合；二是坚持市场化经营。

8.2.5 推广模式——试点制

鸭塘铺乡地处攸县西部，辖 10 个村，178 个村民小组，6922 户，30168 人。再生资源回收作为城乡环境同治工作的一项配套工程，是建设“两型社会”，实现资源节约、环境保护的有效途径，更是对人民负责、对子孙负责的一项重要工作。2011 年 7 月以来，鸭塘铺乡在县委、县政府的正确领导下，在县供销社、县同治办等相关部门的大力支持下，以“六定”为统揽，以公共服务购买为基本模式，以政府引导、市场运作、科学考核、奖补推动为主要手段，以定点定责、定类定量、定向定期、定考定补为推进方法，积极探索试行再生资源回收工作，有效破解了再生资源回收的“谁来收、收什么、收多少、怎么收、怎么管”五个关键性问题。

在城乡同治工作中，攸县探索出了分类减量、分散处理农村垃圾，取得了良好的效果。那么分类出来的各类垃圾又该如何加以利用呢？为此，在鸭塘铺乡率先示范，建立了乡村两级废旧物资回收站。

首先，鸭塘铺乡对 30 多名废旧物资回收员和村干部进行了培训。在培训活动中，鸭塘铺乡政府组织参训人员首先参观了乡村两级废旧物资回收站，使他们能详细了解废旧物资回收站的建设和管理模式以及各种废旧物资的分类、存放方式。

来自县供销社的工作人员重点就攸县废旧物资资源化、无害化处理工作相关政策进行了讲解，增强废旧物资回收人员的法律意识和业务技能，为鸭塘铺乡再生资源回收体系建设工作奠定了坚实的基础。

作为攸县废旧物资回收工作的试点乡镇，鸭塘铺乡自 2011 年 7 月开始着手开展此项工作，按照“一乡一站、一村一点”的网络布局，全面完成了一个乡级和十个村级废旧物资回收站的建设任务。

正是利用这种试点推广的办法，攸县城乡环境综合整治工作通过不断总结经验，才能一步步在全县范围内全面铺开，从而减少了阻力，降低了成本，收获了效益。

8.2.6 保障模式——考核制

攸县城乡环境综合整治工作得以顺利推行，首要保障模式是加强组织领导，实行严格考核。为确保再生资源回收利用工作顺利推进，县里面成立了由县委副书记任政委，常务副县长任组长，一位县委常委、一位副县长任副组长，有关部门负责人为成员的再生资源回收利用工作领导小组，具体负责再生资源回收利用工作的统筹、指导、协调和督促；各成员单位要切实履行职责，充分发挥作用，积极配合、全力支持抓好再生资源回收利用工作；各乡镇（街道办事处）要健全工作机制，明确专人负责，努力形成“政府统一领导，部门各司其职，社会齐抓共管”的工作格局。

再生资源回收利用工作领导小组办公室要发挥组织协调和督促检查的作用，定期组织人员进行督促检查，并及时通报工作情况。制订出台了《废旧物资回收利用考核办法》，把再生资源回收利用工作纳入“城乡同治、结对共建”工作范畴，列为乡镇（街道办事处）和村组城乡同治考核的重要内容，进行严格考核，实行一月一检查，一季一调度。严格兑现奖惩，对考核排名靠前的给予表扬奖励；对考核排名靠后的给予通报批评；对严格影响全盘工作的启动问责程序。

8.3 常熟城乡污水统筹治理模式——统一管理，统一规划，统一建设，统一运行

常熟位于“长江三角洲”经济带中心，是中国经济最强县级市之一。市域面积1276km^2，全市户籍人口106.72万人，中心城区户籍人口38.81万人，实际常住人口接近100万人，人口城镇化率超过70%。常熟市经济发达，2011年人均GDP（户籍人口）为24819美元，达到中等发达水平。常熟地处太湖流域，河网密布，水系发达，境内水网交织，均属太湖水系，以城区为轴心向四面辐射，东南较密，西北较疏，河道较小，水流平稳。全市有5000多条河流、水域面积达388km^2。全市原有33个乡镇经多轮调整合并为9个镇、2个街道办事处，加上沿江开发区、高新技术产业园、新材料产业园、服装城等15个板块。常熟市原乡镇所在地成为各镇下辖的办事处，建成区有一定规模。各镇形成镇区、集镇区（镇区辖办事处）、村庄三级镇村体系结构，其中镇区作为全镇的综合性中心；集镇区是生活服务中心；村庄功能较为单纯，主要为农村居民聚居点。随着经济的发展和城镇化建设的推进，水环境污染问题愈发突出，2007年太湖蓝藻事件更给常熟市敲响了警钟。

常熟市提出的城乡污水统筹治理的可行模式旨在针对我国县级经济基础薄弱、污水相对分散的特点[7]，结合我国国情，以县（市）为基本单元，以县（市）域小城镇为辐射中心，按照城乡一体化的原则，加强县（市）域城乡污水统筹治理的组织和管理，科学、高效地推进县（市）域污水处理设施及其运行维护体系的建设，普及城乡公共排水和污水处理的设施与服务，为实现城乡一体化创造有利条件。在开展示范探索过程中，常熟市在县（市）域城乡污水统筹治理工作中，通过管理创新、技术创新，走出了一条“统一管理、统一规划、统一建设、统一运行”的城乡一体化县（市）域城乡污水统筹治理模式，有效破解了县（市）域城乡污水统筹治理的管理问题、资金困局和设施

建设运行缺乏规模效应的难题。

8.3.1 整治之初存在的问题

在2008年实施农村生活污水统筹治理之前，全市农村生活污水治理工作也存在着诸多问题，主要集中在以下几个方面。

（1）治污设施少而散

设施绝大部分为各镇或村出资建设，缺少统一规划，也无相应配套的政策支撑，缺乏可持续性和连贯性。截至2008年年底，全市仅建有小规模的生活污水处理站6座，处理规模约4600t/d，分散式污水处理设施15套，处理规模2800t/d，农村生活污水处理率不足10%[8,9]。

（2）日常管理不到位

各镇各自为政，既没有统一的管理标准和规范，也没有专门的机构进行监管，治污设备的实际运行效果无法评估。

（3）日常运行不规范

生活污水处理设施的日常维护保养由属地负责，缺少必要的专业知识和技能，造成大部分设施故障率较高，正常运转率偏低，污水治理的实际成效不佳。

8.3.2 常熟模式主要做法

从2009年开始，常熟市把农村生活污水治理作为控制农村面源污染、提高城乡水环境质量和村庄综合整治水平的一项重要工程来抓，按照“四统一”的思路，制订了全市农村生活污水治理三年行动计划（2009～2011年）以及城乡生活污水治理提优工程计划，明确工作目标，集中精力和财力，加快推进全市农村生活污水治理工程建设[10]。

8.3.2.1 统一规划，优化布局

按照“城乡一体、统筹推进”的思路，2008年，启动编制《镇村污水处理专项规划》，打破行政区域的界限，以集中式污水处理系统为主，分散式污水处理设施为辅，合理布局城乡污水处理系统。对远离城镇的农村区域，按照水域保护要求，重点规划建设分散式处理设施，其中阳澄湖水源保护区和太湖流域引清通道——望虞河沿线按处理率80%规划布点，其他区域按处理率60%规划布点，基本做到了专项规划全覆盖。

（1）规划六项原则

一是近期以镇区污水治理为重点，同时将城镇周边村庄及中心村污水治理纳入近期规划；二是镇区污水及城镇周边村庄以集中处理为主，打破内部行政区划，规划市域集中污水处理系统；三是在主管网覆盖范围之外的村庄采取分散处理方式进行治理；四是综合考虑城镇水系分布、地形地貌、工业布局、行政区划等因素；五是考虑利用地形高差，减少中途提升泵站的数量，污水主干管靠近污水量较大的区域布置，节约污水收集

管网投资；六是尽可能利用现有处理设施，优化污水处理系统布局。

(2) 分类制订治理近期目标

常熟市近期镇区污水实现主干管网全覆盖，污水处理率达到 80%；普通村庄污水处理率达到 40%，阳澄湖保护区及望虞河引水通道保护区内村庄达到 70%。

(3) 集中和分散污水处理模式的选择规则

小城镇污水采取集中式污水处理模式。村庄污水处理模式可分为纳入城镇污水管网集中处理与分散处理两种方式。集中处理有两种情形：一是村庄位于重力自流的主干管道 1km 范围之内；二是污水收集后能够通过自流管接入主干管，村庄污水纳管处理一般不设提升泵站。受河道等因素阻隔的村庄污水一般不纳入集中处理系统。

8.3.2.2 统一建设，保质保量

组建国有独资的市江南水务有限公司，作为项目建设主体，统一推进城乡生活污水治理工程建设。公司主要承担项目融资和集中式生活污水处理设施建设，以及城乡生活污水处理厂、污水收集管网、污水泵站的运行维护，采用市场化方式选择施工单位及设备供应商，常熟市住房和城乡建设局负责指导建设与行业监管。目前常熟市域 11 个污水处理厂中，3 个污水处理厂为城市污水处理厂，5 个污水处理厂由常熟市江南水务公司建设与运行，另有 3 个污水处理厂由其他投资主体与运行主体负责。

住建局统一负责村庄生活污水分散式治理工程的建设计划制订、工程建设督导和污水处理设备的优选推荐，并负责分散式污水管网的设计，市财政采用“以奖代补”的方式，按工程造价的 80%标准予以补贴。常熟市分散污水处理设施建设主体为各镇政府。截至 2013 年，全市共建设农村分散污水处理设施 391 套，分布在 99 个农村集中居住点，总处理水量 3694t/d，服务 2.61 万户农村居民。其中 86 个农村集中居住点、226 套设施为村组处理方式，总处理水量 3529t/d，13 个村庄居住点采用分户处理方式，共建设 164 套设施，处理水量 165t/d[11,12]。

8.3.2.3 统一管理，明确职责

明确了由市住建局作为行业主管部门，市环保部门依法监督，其他部门协调配合的城乡生活污水治理体制，并将全市生活污水处理厂、分散式污水处理设施全部纳入行业管理范围。为进一步明晰行业管理职能，新成立了市给水和排水管理所，从体制上理顺了管理关系，为全面推进城乡生活污水治理工作奠定了基础。

8.3.2.4 统一运行，确保长效

目前，纳入一体运行的污水处理厂共有 11 座，其中城区 3 座（城北、城南、城西）由常熟污水处理厂负责运行，乡镇区域的 8 座中，除滨江污水处理厂等 3 座实行市场化运作外，其余由市江南水务有限公司集中运行。对分散式生活污水处理设施，委托专业第三方运行公司具体负责运行和维护。经过两年多的运行实践，全市污水处理设施的完好率和正常运转率提高到 98%以上。

(1) 集中处理设施运行维护

尽可能采用联合运行方式，在管理、生产、维修等环节共享人员、设备设施和物资等资源，主要做法如下：

① 资产整合，统一运行管养；

② 城镇污水管网系统设施统一养护管理；

③ 采用远程控制系统监管。

（2）分散处理设施运行维护

1）统一管理前的问题　与集中污水处理相比，分散处理的优缺点都是由设施的分散性所决定。虽然污水分散处理设施的规模小，但其运行管理的专业性要求和难度并不见得比大型污水处理厂低。由于分散污水处理设施规模小，采用有人值守的办法对设施进行专业化运行维护显然成本太高，大多数县（市）也缺乏这样的专业技术人员。现状条件下县（市）域分散污水处理设施运行维护主要有两种方式：一种是由县（市）委派专职或兼职人员进行管理，即“开关师傅”式管理，人员的专业和职业素养很难保证，且隐含的吨水处理人工成本很高；另一种是由设备供应商或工程承包商代管，相当于延伸的售后服务，这种方式虽然在专业性方面有所保障，但在运行维护成本和质量上很难兼顾。

2）探索统一运行方式　按照统一运行的思路设计出一套采用市场机制委托统一运行维护与监管的方案，并在常熟市辛庄镇的26套分散处理设施中进行了模拟示范。示范点设施的正常运行率从不足20%提高到90%以上，设施的完好率从40%提高到95%。

3）常熟市分散处理设施统一运行的技术要点

① 准备事项；

② 人员配备与岗位职责；

③ 操作记录、台账编写与信息管理；

④ 现场运行维护；

⑤ 检测与分析指标，包括现场检测采样与实验室分析；

⑥ 工艺工况管理；

⑦ 做好污泥处置；

⑧ 建立污水治理信息与设施远程监管系统。

（3）间接费用测算

间接费为企业管理费与利润两部分，取直接费的15%。直接费与间接费的和为测算的总运行费。本测算包括各种税费。分散污水处理属于农村环保与基础公共服务事业，同时运行费也是由市财政拨付，建议免征各种税费。

（4）分散处理设施运行成本影响因素分析

在污水分散处理设施的运行费中，人工费约占总成本的50%，而电费仅约占15%，说明降低分散污水处理设施运行成本的关键在于降低人工成本。影响运行成本的因素有：

① 人均用水量增加；

② 农村污水处理率增加；

③ 巡检频率；

④ 降低设施分散程度。

通过上述的简单分析可以看出，污水分散处理的吨水运行成本尚有大幅降低的空间。随着农村污水处理的普及、人均用水量的增加，特别是随着设施建设质量与技术水平的提升，污水分散处理的吨水运行成本将会更加接近集中处理的运行成本，分散处理的成本优势与生态效益将得到充分显现。从另外一个方面讲，迫切需要提升污水分散处理设施的技术水平并加大设施建设过程中的质量控制力度。

8.3.2.5 统筹资金保障

（1）强化污水处理收费，多渠道筹集资金

常熟市虽然经济比较发达，但同样面临县域污水治理资金筹措困难的问题。目前县域污水治理的资金来源主要是征收城乡污水处理费，由于管理有力，措施得当，常熟市在三年行动计划开始前全市结余的污水处理费将近5亿元。

① 通过实施城乡全覆盖的区域供水，城乡同水同价，有效保障了对县域居民污水处理费的征收；

② 规范排污，有偿服务；

③ 常熟市通过各种途径，争取上级资金；

④ 积极融资。

（2）城乡统筹，确保县（市）域城乡污水统筹治理资金

常熟市政府对城乡统筹污水处理设施建设的资金筹措和使用做出了明确规定：

① 明确了市域污水集中处理全部由市财政统筹，统筹范围包括污水处理厂、污水主管道、集镇区的收水管道、污水提升泵站等建设费用以及运行费用；

② 对村庄污水治理实行“以奖代补”的政策，补贴的范围包括村庄收水管网和分散处理的设施。

市政府出台了《关于对农民集中居住区生活污水处理设施建设“以奖代补”的实施意见》《常熟市农村生活污水处理设施建设“以奖代补”资金管理暂行办法》等配套政策，对由各镇负责建设的村庄污水处理设施（包括纳入统一处理的村庄收水管网、分散处理的村庄收水管网及处理设施），采用“以奖代补”的方式，由市财政按工程造价的80%给予补贴。对于村庄分散污水处理设施的运行费用，在2012年之前常熟市按运行电费的60%予以奖励。从2012年起，常熟市为加大分散污水处理设施长效运行的保障力度，对申请纳入市政统一委托运行管理的村庄污水处理设施，其运行经费全部由市财政统筹。

8.3.3 模式成效

常熟市在应对太湖流域及区域水环境保护方面成效显著，城市污水处理率达到95%，规模以上工业废水处理率达到100%。在此基础上，常熟市提出将污水治理重点向农村地区转移，把农村地区污水治理作为普及公共服务和保护环境的亶要举措来抓。按照“建设生态文明，实现人水和谐”的总体要求，于2009年在全市启动实施了市域生活污水治理三年行动计划，推进市域城乡污水综合治理。目前常熟市已初步形成城乡统筹、打破行政区域、集中处理与分散治理初步优化、市域全覆盖的生活污水综合治理

系统，基本实现生活污水与工业废水的分别处理。全市共规划建成生活污水集中处理系统 11 套，处理能力 32.7×10^4 t/d，其中主要服务城区生活污水的系统 3 套，处理能力 18×10^4 t/d，主要服务镇区生活污水集中处理的系统 8 套，处理能力 14.7×10^4 t/d，新建和改扩建主干管 380.78km、小区收水管网 425km，新建和改扩建污水提升泵站 53 座，镇区生活污水处理率达 85%。建成村庄污水纳管处理点 135 个，服务农村居民 1.73 万户，建成村庄生活污水分散处理点 128 个，共 391 套污水分散处理设施，服务 2.61 万户农村居民。全市污水处理费实现财政统一征收、统一管理、统筹支付。城镇集中处理厂通过行政划拨等措施全部并入国有独资企业江南水务公司统一运行，管网维护由住房和城乡建设局下属市政公用管理处统一负责，全市农村分散污水处理设施全部纳入市政统一管理、市场化委托统一运行，初步实现了县（市）域城乡污水统筹治理的长效运行。

经验教训如下：

① 统一建设的执行程度决定农村污水处理设施建设的成败；

② 对运行的重视程度不够；

③ 污水收集环节处理不能忽视；

④ 常熟市在选择分散处理方式时有值得商榷的地方。

8.3.4 今后的工作方向

基于从“十一五”到“十二五”期间的努力，常熟市已经初步探索出一条农村环境改善与生活污水治理之路，形成了一套具有较强可操作性的县域农村污水统筹治理的解决方案。下阶段着眼城乡一体化发展，结合村庄布局规划，统筹兼顾，立足长远，进一步提升全市城乡生活污水治理水平。

（1）深化城乡污水治理工程

按照“苏州市农村生活污水治理三年行动计划”要求，计划投资 15 亿元实施城乡生活污水提升优化工程，进一步提高城乡生活污水治理工程的实施效率，使全市 11 座生活污水处理厂的平均负荷率从目前的 57%提高到 85%以上，并将建设的重心转移至收水支管上，彻底解决污水收集“最后一公里”的问题，切实提高污水处理厂平均负荷率，使全市乡镇区域 368 个住宅小区、419 家企事业单位全部实现生活污水集中收集。同时，结合村庄布局规划和综合整治村庄规划，力争用三年时间实现重点村、特色村污水处理全覆盖，农村污水处理率达 80%。

（2）加强城乡污水治理体系建设

按照“职责清晰、分工合理、监管到位、运行高效”的原则，推进城乡生活污水治理的管理体系建设，逐步建立市、镇、村三级监管网络，完善相关管理机构和监管技术机构建设。同时，按照“量力而行、适度提前”的原则，加强城乡生活污水治理的技术体系建设，研究制订常熟市城乡污水统筹治理技术标准与行业管理办法；以城乡分散污水治理为重点，制定地方性分散污水治理的环境标准、行业标准以及技术规范、规程与指南等。

(3) 打造城乡污水治理的产业高地

常熟市城乡污水治理实践吸引了包括中国北车、日本久保田等世界知名企业的高度关注，下一步常熟市将和相关企业密切合作，加强技术的深度开发和产业培育。开展城乡污水治理的产业建设，培育并形成一个集“净化槽、立体氧化沟、真空排导、真空源分离”等核心技术为一体的产业集群。加强与中国科学院的合作，重点围绕分散污水治理在政策、技术、培训等方面的产业需求，共建集“政策研究、技术研发、技术认证、教育培训”为一体的城乡污水治理技术中心，为全面开展县域污水统筹治理的政策研究和技术研发提供平台载体，将常熟打造成一个具有全国影响的环保产学研中心，实现污水治理的“常熟模式”向“常熟管理标准、技术规范、设备产品和培训服务”的转变和提升。

8.4 宁夏永宁模式——资源回用

永宁县地处宁夏平原中部，深居内陆，属中温带干旱气候，具有明显的大陆性气候特征。气候特点是：冬长且寒，夏短且热；气温日较差大，春暖快，秋凉早，四季分明；光照充足，热量资源丰富；降水少，蒸发强烈，水资源匮乏；因此在污水处理过程中要实现资源化回用。

8.4.1 永宁农村生活污水处理

(1) 成品环保化粪池技术

在原老式化粪池基础上改进的一种替代环保产品，主要结构包括酸化沉淀池、厌氧生物滤池，其最大优点是省工省时，施工期短，清掏周期长（2～3 年 1 次），污泥量只是老式化粪池的 1/2，在末端过滤池中设置了生物滤料，排水水质均符合国家环保排放标准。成品环保化粪池克服了冬季无法施工的难题，安装不受季节限制。

项目示范范围为原隆村安置区 C、D 两个小区，总人口 709 户 3105 人。结合建设实际，与其他资金建成的污水主管网相对接，采用雨污合流形式，配套 600mm 的主干管 485m 和 500mm 主干管 892m，砖砌检查井 34 座，雨水篦 68 个。末端采用 3 套 100m^3 钢筋混凝土成品环保化粪池、1 套玻璃钢材质三格厌氧化粪池进行处理。

(2) 合并式净化槽技术

把化粪池和净化槽合并设计成为一体，装置的前两格对污水进行预处理的作用类似于化粪池，后段为净化槽，该生活污水净化槽处理系统由沉淀及预处理区、生化处理区和回流装置组成。在好氧区内底部设有均匀分布的曝管，在沉淀区的右侧中部设置有出水口。生化区包括由 4 个隔板隔离而成的厌氧收集区、厌氧硝化区、接触曝气区、清水沉淀区、消毒区及位于净水槽顶部的硝化液回流系统和位于净水槽底部的污泥回流系统，净化槽上还设置有3个检查口，方便检修和观察。

示范工程建设于原隆村，选取村庄西北角新入住户30户为合并式净化槽使用用户，净化处理后的水，可以用于附近区域景观用水或者农田、草木的浇灌。

(3) 地埋式一体化技术

主要工艺环节为调节池、缺氧池、曝气池、沉淀池。生活污水经排水管道收集进入调节池，调节池对水量水质调节后进入缺氧池，缺氧池对污水进行初步的酸化分解反应后进入曝气池，曝气池通过生物接触氧化去除污水中的主要有机物，曝气池处理后的水进入沉淀池将产生的污泥进行沉淀，污泥通过污泥泵定期清理，沉淀后的水通过排放口排放。

用于农村生活污水处理的“地埋式一体化污水处理技术”在望远镇政权村建成运行，污水处理系统设计规模为$110m^3/d$，即平均小时处理能力为$5m^3/h$，污水处理设施24h自控运行。

(4) 生活污水回用技术

生活污水经过上述技术处理之后，出水进入贮水池，在贮水池中收集到足够的水后，用潜水泵将水抽出用于绿化浇灌、道路降尘。该回用模式在干旱缺水的宁夏回族自治区非常实用，新农村环境有待改善，绿化草坪和树木都需要定时浇灌，处理后的水用于这些绿化带的浇灌较节省水资源。

农村生活污水经过处理后回用于非作物类种植的灌溉、绿化用水、景观用水等，既可提高水资源的利用率，也可补充水源，同时也减轻了污水处理的投资。特别是把污水处理中难于去除的氮、磷等营养物作为农作物的肥料，这也一定程度上避免了生活污水直接排入水体而引起富营养化。污水回灌前要求水质必须达花草林木灌溉和景观用水标准，这样才能保证在中水回用中不会对生态环境产生不良影响。

8.4.2 永宁农村生活垃圾处理

8.4.2.1 垃圾分类收集方式

农户配置相应的垃圾桶，农户将生活垃圾分为有机垃圾、无机垃圾、塑料垃圾、有害垃圾4类投放；由一名保洁员负责垃圾收集、转运和处置工作；利用村周边闲置土地建设简易堆肥坑和填埋坑，分别用以处理有机垃圾与无机垃圾；塑料垃圾与有害垃圾采取统一收集变卖或暂存的方式，由村委会集中处理。本次试验所采取的这种垃圾分类处理模式简称为“村民定点存放、保洁员收集运输、村统一处理”模式。

8.4.2.2 垃圾分类管理方案

通过实施奖励措施以及设定村委会、保洁员、农户三方面的责任来保证垃圾分类的有效进行，奖励措施的实施对于培养农户垃圾分类的意识也有一定的促进作用。

(1) 奖励措施

对农户发放分类合格登记表，委托保洁员对农户垃圾分类进行辨别，对分类合格的农户，保洁员盖章予以登记，农户达到相应合格次数则奖励适当生活必需品，同时设立垃圾随意堆放举报奖励制度。

（2）三方责任

委托村委会成立垃圾分类领导小组，与保洁员签署垃圾收集责任书，同时负责监督保洁员和村民的职责完成情况以及奖励措施的发放情况；保洁员按照垃圾分类收集方案做好相应的垃圾收集管理以及合格盖章工作，同时接受示范农户及村委会的监督；示范农户保证自觉地进行垃圾分类以及院外、院内、室内环境卫生的干净整洁，同时监督保洁员职责的完成情况，并在分类合格的情况下向村委会领取奖励。

8.4.2.3 垃圾处理模式研究

农村垃圾处理模式的研究是基于“3R”处理模式。“3R”原则即垃圾处理的减量化、资源化和生态化，基于“3R”原则的垃圾处理是今后农村生活垃圾处理方式的正确方向。在此基础上，处理好政府、市场和村民间的关系，是真正解决日益严重的“垃圾围村”问题的有效途径。

生活垃圾“3R”处理模式见图 8-1。

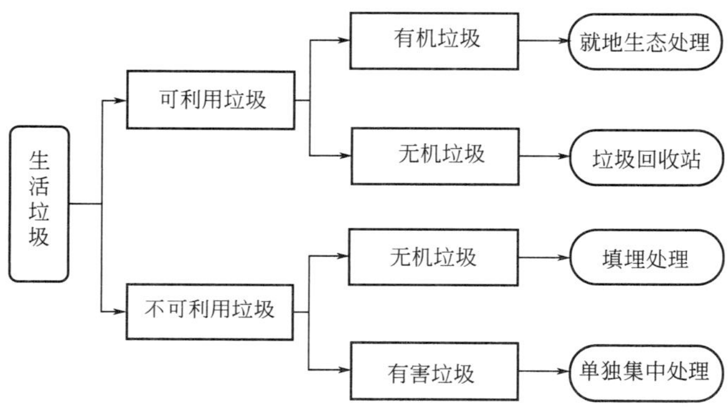

图 8-1 生活垃圾“3R”处理模式

建立适合农村社会经济和自然条件并可持续运行的农村生活垃圾管理模式，对改善农村环境质量和农村环境卫生条件有着重要作用和意义。通过本课题中对原隆村垃圾分类试验得出，鉴于原隆村经济发展一般的实际，垃圾无害化应成为这类农村垃圾处理的首要方式。考虑到村落的聚集性，危废垃圾采取统一收集、集中处置的方式是一种适宜的途径。由于原隆村是宁夏典型的移民搬迁村，农户平常生活中取暖做饭都用煤，产生大量灰分，这些灰分和其他无机灰土垃圾在清扫收集时与其他生活垃圾分开收集，直接送入填埋场。而其余生活垃圾通过两次分类，可利用的垃圾基本全部回收，剩余的有机垃圾和养殖粪便调配后堆沤发酵。由于垃圾处理是一个长期的行为，随着经济条件的改善，垃圾资源化为最理想的处置途径。农村生活垃圾中有利用价值的成分占有相当大的比重，西北其他地区的农村也用永宁的生活垃圾分类方式，同时，可以因地制宜地进行资源化处理。例如，有机垃圾堆肥，炉渣用来铺路筑坝，不可降解垃圾可以按危害性的大小分别进行回收处理等。因此，宜采取循序渐进的方式，通过教育宣传培养农户的分类习惯，提高垃圾管理的资金投入等措施，逐步实施垃圾合理分类，最终实现农村垃圾无害化向垃圾分类资源化的过渡。

8.4.3 运行管理及保障措施

8.4.3.1 运行管理

运行过程中主要产生的费用包括人员工资、电费、垃圾设施的维护费用、运输费用以及设备的维修费用。根据自治区政府与22个县区签订的2012年农村连片整治环境目标责任书内容，本项目实施验收后，后续运行费用由永宁县人民政府承担。

永宁县人民政府严格按照由中国环境科学研究院制定的自治区农村环境连片整治"九项制度"，由闽宁镇制定具体、完善的管理制度，加强村庄环境的管理实施工作，具体管理方案见附件。根据实际情况以村为单位设置专门的负责人员，对辖区内的道路、公共场所的环境卫生及垃圾的清扫、收集工作进行实施、管理和监督。通过对环境保护重要性的教育、宣传、表彰、树立模范人物等工作，使村民树立起环境保护的意识，调动起村民开展环境保护的积极性，引导村民发展适合农村建设的乡风习俗，创造卫生、和谐、文明的乡村环境。

8.4.3.2 保障措施

（1）组织保障

组织保障包括了成立示范项目领导小组，加大农村环保宣传教育力度、加强部门协调等工作，严格遵守自治区2010～2012年农村环境连片整治示范工作方案（见附件）及永宁县人民政府与自治区人民政府签订的宁夏农村连片整治示范目标责任书中的规定。

（2）资金管理

资金管理严格按由中国环境科学研究院指导编制的《宁夏农村环境连片整治专项资金管理暂行办法》执行。

（3）技术保障

1）方案及项目施工图的设计　在严格遵守设计规范及行业标准的基础上，设计人员会同测量、地质勘察等技术人员与示范区负责人进行了深入的沟通，仔细了解示范区的情况，并多次进行实地踏勘，结合实际，因地制宜，对本项目做出了符合当地实际的方案，达到了项目区农村环保项目的最优化。

2）成立项目专家技术咨询和验收组　通过咨询专家领导及专业技术人员，解决实施的技术问题，参照工程建设技术标准和规范，落实示范建设工作，实现质量、投资、工期控制目标，依托项目总体技术组对工程进行验收工作。

3）加强对项目区内相关管理人员和技术人员的培训　工程各项目区采取"政府组织、专家领衔、部门合作、公众参与"的工作方针和"上下结合、市县协调"的方案编制方式，科学规划，统筹安排，编制符合实际，具有指导性、操作性的各项目区的实施方案，确保工程项目顺利有序实施。

4）建立项目建设动态监管体系　进行实地检查和调查，建立项目建设动态监管体系，为项目监管提供强有力的技术支撑和信息保障，保障项目建设功效的发挥。实现项目建设的环境效益、社会效益和经济效益的充分发挥。

5）建立项目绩效评价体系　根据项目的实际情况和特点，建立项目绩效评价体系，对于环境效益、社会效益进行追踪问效，确保项目功效的及时、充分发挥。

8.5 安徽淮南模式——生态治理

近年来，随着工业治污的持续深入与城市基础设施建设的逐步完善，工业与城市生活等点源污染得到了有效控制，相反农业面源污染对水质污染贡献的比重逐渐凸显。农业面源污染已成为淮河流域的首要污染来源，能否有效治理农业面源污染事关治淮成败。

淮南市政府未雨绸缪，将毛集、平圩、曹庵、桂集、孙庙、夏集、洛河、山王等乡镇的“农村生活污水生态治理”列为当年市政府的民生工程，旨在改善当地水环境的同时，减轻对淮河的污染压力[13]。

8.5.1 现状环境问题

（1）污水混排严重

由于市政基础设施建设的滞后，乡镇生活污水大多直接在房前屋后就近排放，在道路两侧的边沟汇集后逐级进入地表水系。在此路径上，周边的农田退水、地表径流等也汇入其中，形成目前乡镇普遍存在的混排水。

混排水的水量、水质较生活污水已经发生了很大变化，在水量被放大的同时污染物浓度被降低了。这种情况在八镇中的山王镇尤为突出。该镇500t/d的生活污水在和农田退水、地表径流、井下排水混排后，水量扩大到50000t/d，COD、NH_3-N浓度则分别下降到20～30mg/L、5～6mg/L，形成了大量低污染水。

从包括人工湿地在内的生态工程的技术特征上看，来水水量基本决定了其占地面积，而来水中污染物的浓度更多的是影响湿地中生物膜的发育程度。一般而言，市政废水、生活污水等中浓度污水最有利于发挥生态工程的技术经济优势。换言之，低污染来水并不能成比例地减少人工湿地的占地面积。大水量低污染水要求大面积的生态工程，也就意味着更高的建造费用，乡镇一级的财政是难以承受的。

（2）工程占地矛盾突出

生态工程与市政污水处理厂相比，具有投资和运行费用低、管护要求简单、二次污染低、耐受水力和污染负荷冲击等优势，但也存在占地面积偏大的缺陷。过去人们经常错误地认为农村用地是没有限制的，因此也就忽略了应用生态工程的限制。目前在新农村建设过程中用地矛盾日益突出，因此减少占地面积直接影响到生态工程的应用推广。

以八镇中的桂集镇为例，治理工程由于收水的需要，选址于镇中心。工程规模260t/d，如按人工湿地的一般设计要求，其占地应在1300m^2以上，而选址处可用地仅为600m^2，用地矛盾十分突出。

（3）污水净化效果有待提高

从受纳水体功能区划要求出发，对生态工程出水水质要求越来越高，在满足一级 B 常规要求的基础上，有些地区直接要求达到地表水Ⅴ类、Ⅳ类甚至更高的标准。生态工程在开放环境下主要依靠的是其自组织运行，生态工程的处理效率主要由基质填料及其附属的植物、微生物决定，易受温度等外部环境的影响，同时也存在基质填料的老化问题。因此，提高对污染物的去除率与稳定性，是决定生态工程技术生命力的重要保障。

此外，生态工程经常也会有更高的污染负荷冲击。以八镇中的洛河镇为例，由于大量畜禽养殖废水汇入生活污水后，COD、NH_3-N 分别达 1000mg/L、600mg/L 左右，要实现一级 B 标准，必须大幅度提高生态工程的处理效率。

8.5.2 主要治理措施

从八镇各自的污染现状出发，本着一镇一策的原则，设计差异化的技术方案，以满足各镇对治理工程的不同要求[14]，见表 8-1。

表 8-1 八镇对治理工程的具体要求

乡镇	要求
毛集	(1)出水稳定达到一级 B 标准后排放； (2)工程选址该镇规划新区，要求尽量减少占用新区用地
平圩	工程选址于一温水养鱼场场区内，要求： (1)出水稳定达到地表水Ⅴ类标准后排入养鱼塘； (2)尽量减少占用场区用地
曹庵	(1)出水稳定达到一级 B 标准后排放； (2)工程选址于 206 国道南侧，要求提高景观效果
桂集	(1)出水稳定达到一级 B 标准后排放； (2)工程选址于镇中心，可用土地面积不足 $600m^2$，要求尽可能减少占地
孙庙	(1)出水稳定达到一级 B 标准后排放； (2)由于工程选址于镇郊农田，要求减少占用农田
夏集	(1)工程排水进入焦岗湖，要求工程出水稳定达到地表水Ⅴ类标准； (2)工程选址于颍凤路主干道南侧，要求提高景观效果
洛河	由于畜禽养殖废水汇入，来水 COD 达 800～1000mg/L，NH_3-N 达 400～600mg/L，要求工程出水稳定达到一级 B 标准后排放
山王	$500m^3/d$ 生活污水与农田退水、井下排水、地表径流等混排后水量放大到 $50000m^3/d$，要求通过建设 $100m^3/d$ 规模示范工程，出水稳定达到地表水Ⅳ类标准，为 $50000m^3/d$ 治理工程确定技术方案

（1）三级滴落生态滤池作为主处理单元的技术模式

如图 8-2 所示，从减少占用规划新区用地的角度，选用三级滴落生态滤池作为主处理单元，同时辅以格栅和调节池等作为前处理单元。

格栅和调节沉淀池的功能主要是拦截污水中的漂浮物，降低污水中的 SS，以便提高人工湿地的渗滤效率，防止堵塞。调节池一方面起到初沉池的作用，使污水中粒径较小的无机和有机颗粒沉降下来；另一方面起到了调节水量作用。调节沉淀池分隔成两段，第一段为沉淀段，池底设泥斗，由排泥泵排泥。第二段为调节水解段，同时设置导流墙，并在池内布置半软性填料，污水以折流形式穿过填料区，有机物会被附着生长在

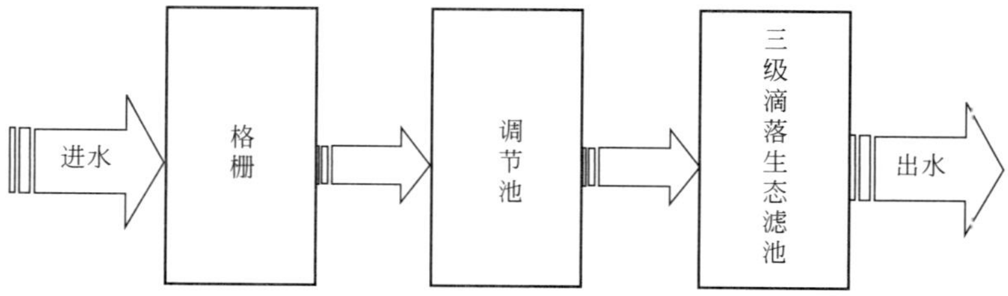

图 8-2　三级滴落生态滤池作为主处理单元的技术模式

填料表面的厌氧菌分解成小分子有机物，便于后续处理。

三级滴落式生态滤池实现了垂直流人工湿地的平面内容向空间分布，减少了工程占地，同时在生态滤池中投放蚯蚓进行生物强化，又提高了污染物的去除率，是新型的人工湿地类型。生态滤池集物理过滤、吸附、好氧分解和厌氧生物处理以及污泥堆肥处理等功能于一身。人工施放的蚯蚓在滤床中起分解和利用污水和污泥中的有机物和营养物质、清通滤床堵塞以及促进含氮物质的硝化与反硝化作用。滤床内少量增殖的蚯蚓可作为农牧业饲料，而产生的蚯蚓粪中含有较丰富的有机物和氮、磷、钾等营养成分，可作为微生物的食料或作为高效农肥和土壤改良剂使用。该工艺投资省，运行成本低，稳定性高，且可与人工湿地或氧化塘处理技术相结合，具有较强的除磷脱氮能力，很适合于农村生活污水处理。

为增强三级工程结构强度，每级滤池均采取单元组合的方式。

（2）以跌水接触氧化池作为主处理单元的技术模式

如图 8-3 所示，从提高景观效果的角度，选用跌水接触氧化池作为主处理单元，同时辅以格栅和调节池等作为前处理单元。

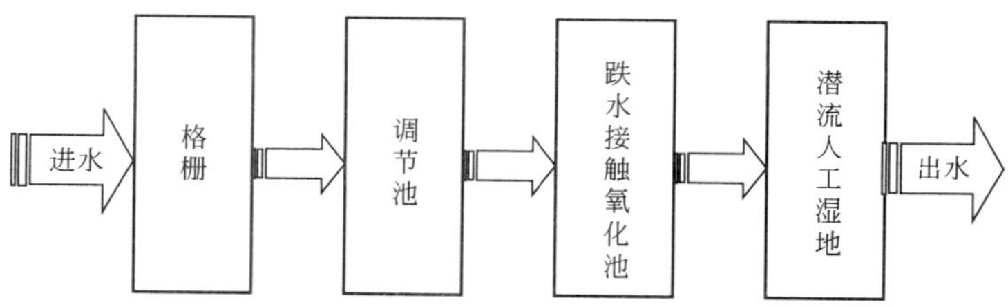

图 8-3　以跌水接触氧化池作为主处理单元的技术模式

考虑到夏集镇来水污染负荷相对较重，采取跌水接触氧化池与潜流湿地串接并接的方式，以提高对污染物的去除率。

（3）以人工快渗作为主处理单元的技术模式

如图 8-4 所示，为减少工程占地，选用人工快渗作为主处理单元，同时辅以格栅和调节池作为前处理单元，辅以生物稳定塘作为后处理单元。

（4）以再生沸石床氨氮转换器结合潜流湿地为主处理单元的技术模式

如图 8-5 所示，为解决大水量低污染水的处理问题，开发了再生沸石床氨氮转换器结合潜流湿地作为主处理单元，同时辅以格栅和调节池等作为前处理单元。

再生沸石床转换器由设置在潜流湿地前端的两个曝气沸石床组成：来水进入一个沸石床，在不曝气的状态下利用沸石良好的吸附性能，在高水力负荷下对低浓度氨氮进行

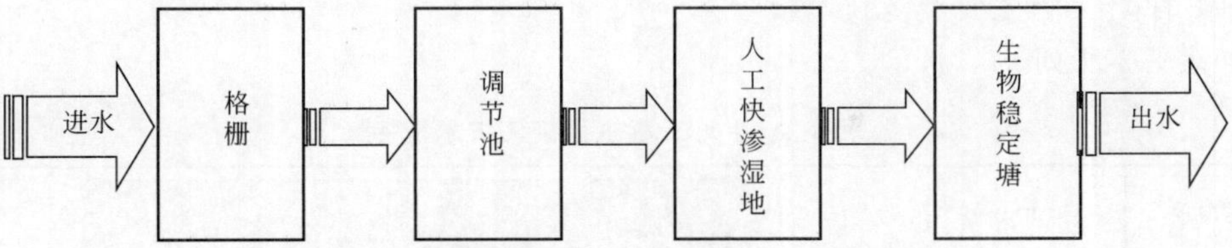

图 8-4 以人工快渗作为主处理单元的技术模式

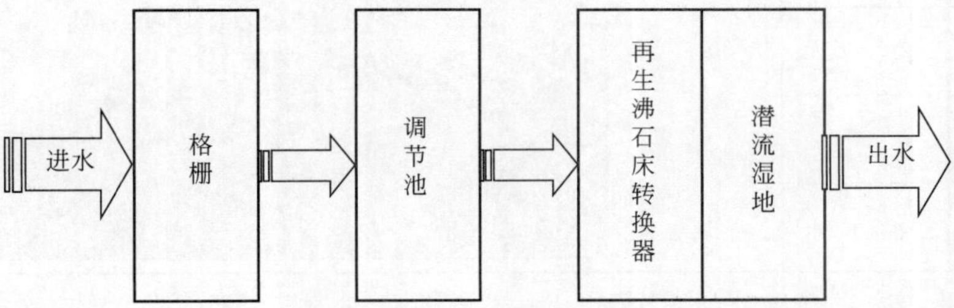

图 8-5 以再生沸石床氨氮转换器结合潜流湿地为主处理单元的技术模式

高效吸附，出水达到地表水四类水质直接外排；当沸石床吸附饱和后，启动曝气装置将吸附在沸石内的氨氮解吸出来进行硝化，再进入潜流湿地进行反硝化，水量反复在沸石床和潜流湿地之间循环，当所有吸附氨氮脱除后沸石床即完成再生；当一个沸石床吸附饱和后即切断来水，切换与潜流湿地连接进行吸附再生，同时另一个已完成再生的沸石床则切断与潜流湿地的联系，接入来水重新开始吸附氨氮，两个沸石床交替使用。由于事先将大水量低浓度废水转化成小水量中高浓度废水，再生沸石床转换器极大地挖掘了人工湿地去除污染物的潜能，是低污染水治理理念的突破与创新。

8.5.3 主要经济技术指标

（1）毛集工程主要经济技术指标

如表 8-2 所列。

表 8-2 毛集工程主要经济技术指标

工程占地	2000m^2	
吨水占地	6.7m^2	
建造费用	30.5 万元	
吨水建造成本	1010 元	
运行成本	0.05 元/m^3	

（2）平圩工程主要经济技术指标

如表 8-3 所列。

表 8-3　平圩工程主要经济技术指标

工程占地	1400m^2	
吨水占地	7.0m^2	
建造费用	21.2 万元	
吨水建造成本	1060 元	
运行成本	0.05 元/m^3	

（3）曹庵工程主要经济技术指标

如表 8-4 所列。

表 8-4　曹庵工程主要经济技术指标

工程占地	2300m^2	
吨水占地	8.21m^2	
建造费用	31.1 万元	
吨水建造成本	1110 元	
运行成本	0.05 元/m^3	

（4）桂集工程主要经济技术指标

如表 8-5 所列。

表 8-5　桂集工程主要经济技术指标

工程占地	588m^2	
吨水占地	2.26m^2	
建造费用	25.0 万元	
吨水建造成本	960 元	
运行成本	0.05 元/m^3	

（5）孙庙工程主要经济技术指标

如表 8-6 所列。

表 8-6 孙庙工程主要经济技术指标

工程占地	$2400m^2$	
吨水占地	$9.6m^2$	
建造费用	22.4 万元	
吨水建造成本	890 元	
运行成本	0.05 元/m^3	

（6）夏集工程主要经济技术指标

如表 8-7 所列。

表 8-7 夏集工程主要经济技术指标

工程占地	$2600m^2$	
吨水占地	$9.3m^2$	
建造费用	30.2 万元	
吨水建造成本	1080 元	
运行成本	0.05 元/m^3	

（7）洛河工程主要经济技术指标

如表 8-8 所列。

表 8-8 洛河工程主要经济技术指标

工程占地	$1800m^2$	
吨水占地	$18.0m^2$	
建造费用	15.5 万元	
吨水建造成本	1550 元	
运行成本	0.05 元/m^3	

（8）山王工程主要经济技术指标

如表 8-9 所列。

表 8-9 山王工程主要经济技术指标

工程占地	30m^2
吨水占地	0.3m^2
建造费用	5.0 万元
吨水建造成本	500 元
运行成本	0.05 元/m^3

8.5.4 综合效益

八镇工程已稳定运行超过一年，2010 年共计削减 COD 265.3t、NH_3-N 20.8t，有效改善了所在乡镇的水环境，与常规建造的市政污水处理厂相比节约建设与运行费用 40%～50%，工程设施也成为各乡镇环保宣教的重要场所，取得了较好的环境效益、经济效益与社会效益。

8.6 河北省白洋淀模式——征补共治

8.6.1 白洋淀村庄污染现状

（1）淀内生活垃圾

根据调查发现，淀区内村民没有对生活固体垃圾如包括塑料、灰渣、草木灰、厨余废弃物、玻璃瓶、纸张、炉灰渣等进行任何分类，随意堆砌在村庄的淀边，有大量垃圾已经直接进入水体，污染严重；大多数村庄没有固定的垃圾投放点或不明显；而一些有固定垃圾点的村庄收集和清理得不及时，更多是流于形式。总体看来，环境卫生工程设施缺乏，生活垃圾泛滥，严重影响村庄的生态环境质量。

（2）淀内污水排放

根据调查，村民生活、生产污水多数直接排入淀内，一般不进行任何处理，安新县白洋淀淀区涉及的 10 个乡镇，39 个纯水村中，淀内人口 8.55 万人。如果按每人每天产生生活污水 40L 估算，淀区水村的生活污水产生量约为每天 3420m^3，其中的污染物浓度 COD 为 500mg/L，BOD 为 350mg/L。淀内居民生活污水的排放会对淀内的生态环境造成一定的影响[15]。

(3) 旅游业污染方面

随着旅游业的发展，很多农户购置了燃柴油机动船，这些船只的行驶对大气造成了一定程度污染，废油以及漏油严重的船对水体也会造成污染。游客在游览时随意丢弃的塑料袋、纸等垃圾，由于没有回收或回收不及时，对淀内水质造成了影响。

8.6.2 农村环境治理适用的环境政策类型分析与选择

自20世纪70年代以来，环境污染外部性内部化的方法或途径研究得到学者政府部门空前的重视，纵观国内外的环境管理发展历程及未来发展趋势，大致可以分为4种类型。

① 政府直接管制型，世界各国通过采用命令和控制式的直接管制手段极大地改善了环境质量。

② 市场激励型，由于政府直接管制型方法的成本太高，20世纪80年代后期，世界各国的研究者和决策者开始设计和实施基于市场的经济激励手段，以实现环境与经济协调发展。

③ 自愿协商型，其理论来源于著名的“科斯定理”，它被普遍认为是外部性内部化的制度创新即产权途径。

④ 社会准则型，即对人们进行社会准则的教育以解决外部性。

环境问题出现初期，市场、技术还不够成熟，人们的保护环境意识淡薄，政府管制对环境污染治理具有非常积极的作用，但是随着社会经济发展，对资源的利用种类越来越多，通过各种方式向环境排放的污染物的种类和数量急剧上升，同时市场愈发成熟，技术水平有了很大提高，人们的环保意识也得到加强，此时只依靠政府管制很难得到有效治理，需要市场激励型、自愿协商型和社会准则型环境政策出台。在环境治理过程中不同类型的环境政策不是相互排斥而是相互补充的，在特定的环境治理中可能以一种环境政策为主，以其他环境政策为辅。新出现不容易控制的环境治理偏重于政府管制型政策，成熟的公众比较容易做到的环境治理趋向于社会准则型政策。如表8-10所列。

表8-10 环境污染治理的4种类型特征

评估标准	政府控制型	市场激励型	自愿协商型	社会准则型
对政府的依赖程度	强	较弱	弱	极弱
对市场的依赖程度	弱	强	极强	极弱
对环境技术创新和改进的依赖程度	弱	较强	强	极强
对社会文化的依赖程度	弱	较强	强	极强
执行效率(监督、执行成本)	成本高	成本较高	成本较低	成本低
公众参与程度	低	较高	高	最高

农村生活污染治理应该由政府控制型政策和社会准则型政策共同作用。农村环境污染的特征主要表现为分散性和随机性，这种特性要求村民有很好的自觉性，能够自觉保

护环境，能够很好地处置生活废水和垃圾废物等，而这种环境意识的提高是与政府的大力倡导紧密相连的，需要政府通过各种方法教育村民提高环境保护意识，积极参与到环境保护的行动中去；同时农村环境治理资金短缺，需要政府通过财政拨款投资于环境治理项目；因此在农村的环境治理过程中政府起主导作用，而农村村民的社会参与程度同样重要，缺少任何一方都很难治理好环境。农村面源污染问题是中国环境污染的一个非常严重的问题，需要政府主导和广大村民积极参与[16]。农村面源污染主要来自村民过量施用化肥和农药，过量施用是市场作用的结果，因为边际效益大于边际成本，政府应该通过各种手段如教育培训、媒体宣传等教育村民适量施用化肥，让村民能够意识到过量施用化肥和农药的对环境损失的严重性。适量施用化肥会造成一定程度的减产，减少的粮食产量由政府根据当地的实际情况给予损失补偿[17-19]。

8.6.3 “征补共治”型农村环境政策制定

“征补共治”型农村环境政策，是指地方政府向农民征收环境费，作为环境治理费用的一部分，再从财政中提取一部分，共同作为农村环境治理费用，根据村庄环境特点，选取一些典型村庄，主要以奖励或补贴的形式，以提高农村环境治理效果的环境政策。这种政策手段将政府的环境管制与农民参与相结合，以第三方效果评价为纽带，形成多方主体协作治理环境的结构框架。“征补共治”型农村环境政策是在中国实施的“以奖促治，以奖代补”农村环境政策基础上的一种探索[20-22]。

“征补共治”型农村环境政策设计思路见图 8-6。其中，“征”是指县、乡、村级政府采取定期对村民直接收取环境费，包括垃圾处理费和污水治理费，或合并为环境卫生费；农民参与是以出工等方式参与可量化的公共治理行为；“补”包括奖励和补助两部分，奖励是指县、乡级政府对环境治理效果好的村庄进行定期物质和精神奖励，补助是针对村庄环境的公共治理工程和治理行为进行补贴，也可以奖补合并，也可先奖后补或

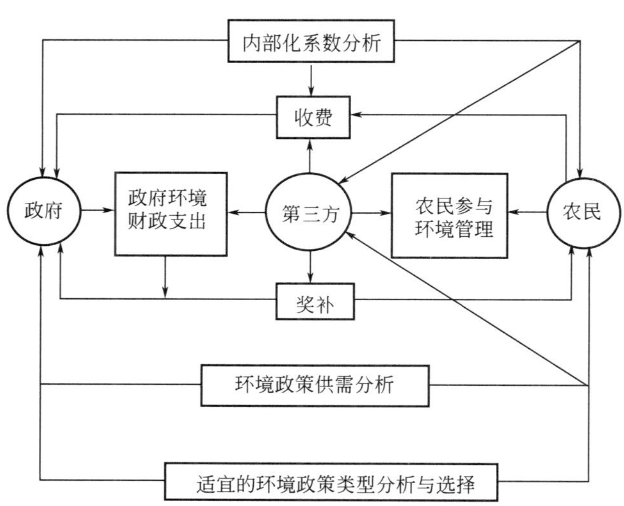

图 8-6 “征补共治”型

以奖代补。第三方评价是指环境学会（协会）的非政府组织（NGO）和公众共同对环境治理进行定期和抽查方式的公正评价的过程。如图 8-6 所示。

“征补共治”型具有以下优点：

① 有利于政府根据环境污染的具体状况和经济发展水平制定切合实际的收费标准和奖补标准，从而激励村民保护环境，约束污染行为；

② 有利于为今后环境税的征收打下伏笔；

③ 有利于政府根据环境污染的具体情况具有针对性地制定不同环境政策类型的政策实施细则；

④ 有利于政府由现状单一的政府控制型环境政策类型转向多元化的诱导性、交易性、参与性的共治型环境治理类型过渡；

⑤ 有利于政策主体的转型，即由政府独揽环境政策的制定权和执行权转向政府、企业、协会和农民共同参与政策制定、执行、评价、监控和终结的分权共治；

⑥ 有利于以公众为治理核心的第三方主体的形成；

⑦ 有利于提高治理效果，降低治理成本。

8.7 四川省模式——与旅游结合，向农村延伸

8.7.1 四川省农村环境问题的原因分析

（1）认识上不足

当前，四川农业和农村经济增长方式还没有根本转变，各级党委、政府对农村环境污染问题的严重性认识较晚，对其防治的重要性认识不足，农村环境污染的控制问题还未得到系统的、足够的重视，长期以来农村面源污染问题排除在环境控制之外，基本处于失控状态。从各级部门来看，由于各级党委、政府的重视程度都不够，政府职能部门没有把农村环境污染治理工作纳入其工作重点。从基层干部来看，部分乡镇干部对农村环保问题和形势认识不足，畏难情绪大，困难重重，在处理经济社会和环境协调发展的关系上，仍然存在“重经济轻环保”“先污染后治理”的思想。从农民群众来看，环境意识普遍较差，一些群众长期存在的随意排污等不良习惯，一时难改，环境保护的自觉性、责任感都不强，有待提高[23]。

（2）法律上空缺

现行的环境管理法规制度主要是针对城市和工业污染源，农村源污染控制监督管理缺乏可操作性的法律和规章，农村环境立法缺位。特别是农村环境保护责任主体不明，按“谁污染，谁治理”的责任模式，不能有效实施农村环境治理。《环境保护法》《水污染防治法》等都有涉及农村环境管理和农业源污染治理问题，但对农村具体问题针对性不强，可操纵性差，缺少解决农村面源污染的法律依据。长期以来，农业生产企业几乎没有执行环境影响评价和“三同时”等制度。环境规划和空间规划滞后，不少村庄建设

处于无序状态。

(3) 投入上滞后

① 资金来源不足以解决当前环境治理问题，导致污染治理不力。虽然我国借鉴发达国家经验，长期以来一直较重视环境治理，但资金几乎都投到城市和工业，而对农村环境保护及治理力度不够。另外，在治理过程中还存在重复建设、资金分散等问题。

② 政策扶持措施不力，导致未能在农村污染治理上建立市场化的机制。

在我国环境治理上，我国目前在城市已实行的排污费返还使用等政策在农村尚未实行[24]。

(4) 技术上薄弱

由于农村面源污染物面广量大、污染物收集难、治理成本高，防治技术有特殊的要求，应有别于工业污染和城市污染防治技术，如果套用工业末端治理等手段，存在技术上和经济上的障碍，会出现既治不起也治不净的情况。最终导致因为受污染治理设施建设和运行的最小经济规模以及高折旧率限制而变得不可行。因此，需要研发适合农村污染实际和农村可接受成本的治污工艺和技术，制订出针对农村环境污染现状的近期和远期污染治理技术措施和要求[25,26]。

(5) 体制上不顺

目前，农村环境污染防治的相关职能和治理资金分散于环保、农业、畜牧、林业、国土、水利、建设等多个职能部门中，但没有形成党委政府领导，生态环保部门统一监督，各部门分工负责的管理体系，不利于农村环境污染的防治。环境保护不是农业部门的核心职能，环保部门近几年才将农村生态环境保护工作的职能转入，对农村环境监督管理问题缺乏相应的职能、手段和力度。加之部门相互之间沟通不够、协作不多，不能在农村环境污染的防治上形成监管和投入合力。

(6) 能力上不足

全省的县和乡镇的环保能力建设十分薄弱。目前全省一部分县级环保局还是合署局。合署的县级环保机构也存在人员编制不足、设备简陋，部分县级环保局还是事业局，无行政执法资格。全省大部分乡镇没有专职或兼职环保工作人员，仅有部分县设有环保所配有专兼职环保员。2010 年 6 月统计，省级、市州级、县市、区级和乡镇环保系统实有人数分别为 467 人、2024 人、4554 人和 177 人，分别占总人数的 6%、28%、64%和 2%。这样的农村环保机构队伍现状，完全不能适应农村环保工作形势发展的需要。并且，原先成立有乡镇环保机构的个别地方，也因乡镇机构改革，遭受精减甚至取消。如四川省威远县，从 1996 年开始，在全县 20 个镇设立了“镇环保站”，2008 年 10 月，全县乡镇机构改革，20 个“镇环保站”自然消失。目前，全县 20 个镇设置了环保岗位，但归口不一。有的镇挂靠在社会事业服务中心，有的镇挂靠在村镇环卫服务中心，有的镇挂靠在经济发展办公室，有的镇挂靠在建设办，有的镇挂靠在综合办。仅有环保专职人员 8 人，兼职人员 15 人。当前的这种环境保护工作人员挂靠性质，已严重影响人员稳定和当地农村环境保护工作开展。在环境保护形势越来越严峻、人民群众对环境保护要求越来越高的情况下，全县“镇环保站”全部自然消失，20 个镇的环境保护工作人员，在本来就已经严重不足的情况下，不但没有增加，反而进一步减少，与日益繁重的农村环境保护形势任务相背，农村环境保护情况令人担忧。

8.7.2 李庄镇环境综合治理的经验与措施

宜宾古镇李庄是万里长江第一镇，位于川南宜宾市翠屏区，辖区面积 71.52km^2，城镇建成区面积 0.72km^2。辖 23 个行政村社区，总人口数 4.3 万人，其中场镇人口 1.1 万人。近年来，李庄镇以创建省级、全国环境优美乡镇为抓手，开展镇、村环境综合治理，把生态建设贯穿古镇保护与开发，打造优美和谐人居环境，实现了经济建设、环境保护和社会事业的同步发展。

（1）农村环境综合治理与古镇打造相结合

李庄镇具有 1460 年的建置史，民族文化、道教文化、佛教文化底蕴厚重，特别是抗战期间（1940～1946 年），同济大学、中央博物院、中央研究院、中国营造学社等国家级机构曾在李庄度过了兵荒马乱的六年。李庄围绕环境优美古镇建设投资近 4 亿元实施保护与开发工程，实施人行道硬化、绿化、净化、亮化、美化工程，夯实优美古镇公共设施基础，建设天景山、荷花池和滨河公园，建设供水厂、污水处理站、燃气供应站、垃圾中转站、旅游公厕，完善优美古镇环保设施，修缮抗战旧址和历史古迹，在环境综合治理中打造展现优美古镇历史文明。

（2）农村环境综合治理与旅游发展相结合

李庄以环境优美乡镇建设为载体，发展生态旅游，以旅游发展带动生态建设，以生态文明提升旅游品牌。旅游景观处处显生态，集园林、科技、艺术为一体，生态环保面面促旅游，融休闲、消暑、观赏于一带。城镇绿化覆盖率 32%，人均公共绿地面积 15m^2，庭院式住宅占 65%，燃气普及率 89%，自来水普及率、合格率 100%，旅游星级公厕 6 座以及一批生态环保农家乐，古镇环境建设与旅游产业有机融合。

（3）农村环境综合治理与生态建设相结合

围绕环境优美古镇建设，李庄在成立城管和保洁队伍的基础上，专群结合，组织了文明劝导队、义务保洁队、环保志愿者等群众自治组织，全面提高镇域公众环保参与率、知晓率和环保知识普及率。建立了每周五大扫除、固定每月 25 日为卫生大检查和“日巡查、周通报、月评比”镇容环卫工作机制，配置了压缩式环保垃圾清运车辆、环保果皮箱、垃圾集中收集屋、星级旅游环保公厕等环保硬件设施，形成了镇级市容执法队伍、清扫保洁队伍和村级保洁员队伍整体联动的环保工作队伍，实施了生态家园、绿色学校、绿色小区、生态环保农家乐等细胞工程，建成了场镇生活污水处理站、垃圾中转站、医疗废物专门处理设施的环保设施体系。镇容镇貌规范有序，环境质量不断提升，辖区内地表水、声环境全面优于环境优美乡镇指标，空气质量达到或优于二级以上天数 358 天占全年的 98.1%。生活垃圾无害化处理率 98%，生活污水集中处理率 100%，清洁能源普及率 75%，重点工业污染源排放达标率 100%，环境质量有效改善。

（4）农村环境综合治理与产业发展结合

围绕环境优美古镇建设，严格环保产业政策，落实环评“三同时”，大力实施生态产业。李庄镇投入 432 万元实施红层找水打井 6182 口，占总户数的 71.3%，受益群众

30000多人，解决村饮用水问题，保障饮用水安全；投入960多万建设3200户农村沼气和“改厨、改厕、改圈”，有效改善农民生产生活环境；投入1500多万元植树造林近万亩，退耕还林2389.3亩，完成天景山森林公园绿化，绿化荷花池公园、滨河公园，大大提高森林覆盖率，治理水土流失；投入1100多万元建设高标准的安石村市级生态村并在该村成立全省首个农民环保夜校；投入180多万元硬化7.2km村级道路，建设村级道路4.9km；投入580万元完成402户373幢总建筑面积477683m^2的川南民居风貌改造；科学测土配方施肥和生物农药的使用，10000亩生姜蔬菜基地达到省级绿色食品标准。环保与产业互动带来经济的良性发展；2008年李庄镇国民生产总值达14304万元，比上年增长22.9%，人均收入达4823元，城镇居民人均可支配收入达5500元，其中生态促进旅游业收入达1800元，比上年增长39.9%，实现了经济建设与环境保护的协调发展。

李庄镇在成功创建省级环境优美乡镇的基础上，进一步加大工作力度，坚持以环境优美乡镇为载体，保护发展并重，打造最佳人居环境，让古镇灿烂辉煌的抗战历史文明迈出中国走向世界，为全国乡镇环境综合治理起到了较好的示范效应。

8.7.3 成都崇州市环境保护监管机制延伸农村的实践与探索

(1) 理顺管理体制和运行机制

崇州市环境保护局以国家环境监察机构标准化建设为契机，对原环境监察执法队伍进行了调整和充实，新增执法编制至50人（原有执法编制19人），充实了执法力量。按照突出综合性、区域性、集中性的原则，增设了综合办公室，监察执法中队由过去的4个增加到6个，每个中队负责管辖4个乡镇。实行“局管大队、大队管中队、中队管辖区”的层层负责的管理体制，明确岗位职责制定了《综合办工作职责》《环境监察执法中队职责》《环境监察内部稽查及后督查制度》《考勤制度》《工作纪律规定》《环境安全应急值班制度》等规章制度，签订工作目标责任书，对环境监察工作任务进行层层分解，细化量化工作职责和工作目标，做到管理有制度、工作有进度、落实有措施、实施有方法。

(2) 延伸环境监察执法机构到农村

为解决基层环境监管能力薄弱的问题，崇州市环境保护局确立“横向到边、纵向到底”的环境监管的目标，先后在崇州市重点发展区域成都市高新现代农业产业园区恺泉镇、四川省历史文化名镇街子镇和成都市优先发展重点镇羊马镇入驻了环境监察执法中队，挂牌落实办公场所，开通当地环保投诉电话，执法中队同时接受市环保局和驻地园区管委会政府的双重领导，建立起环境管理与乡镇部门之间的横向沟通、联动平台，以点带面开展全市城乡环境监察执法工作，改变了全市乡镇一级无环保机构的状况，形成了层级管理、上下联动、部门互动、各司其职、各负其责、齐抓共管的农村环境管理新格局。

(3) 环境保护监管工作延伸到农村探索实践的成效

崇州市通过近两年对环境监察执法大队体制、机制的调整和环境监管机构向农村延伸的探索，环境监管机制和能力建设得到了全面加强。

1）实现了从单一的监察管理型向规范化服务型的职能转变 环境监察机构向农村延伸后，在乡镇驻地共受理环保投诉213件，而且均在3个工作日内办理完毕，与以往相比，既规范了工作流程、缩短了服务时间、提高了办事效率，又方便了基层群众，让农民群众享受到了与城区市民一样的公众服务待遇，及时化解了矛盾，维护了社会稳定。群众到驻地环境监察中队就能咨询关心的环保问题，对反映的环境问题，都能得到依法、快速办理，环境安全隐患和由此可能引发的社会矛盾得以及时消除，从而有效地维护了群众的环境权益和社会稳定。

2）加强了辖区内企业的监管 执法中队进驻园区后，经常深入到企业，加强了对辖区内企业的监管，摸清了辖区内所有的“点源”，确保了区域环境安全，同时也为企业提供便利的环保服务，既支持了企业的发展，又规范了企业的排污行为，克服了以往基层环境问题靠群众投诉、媒体曝光、领导批示、执法查处的环保管理弊端。

3）建立了环保部门与部门、乡镇之间的环保综合管理平台 环境监察执法中队进驻园区乡镇后，接受当地园区管委会乡镇政府和环保局的双重领导，参与当地政府日常管理工作，同时，加强了与农发局、水务局、经济局等相关部门的横向沟通、交流、联络，对辖区内农村面源污染防治等重大环保问题及时召开协调会，多部门共同研究，及时解决，经常性地开展区域性的环保专项行动，对改善和提高区域环境质量起到重要作用。

4）为快速处置环境安全事故提供有力保障 环境监管机构延伸农村后，一旦出现环境安全事故，驻地环境监察执法中队就能迅速地从常态环境管理转入应急响应，立即赶赴事发现场进行调查勘验，极大地缩短了应急反应时间，为安全地处置突发性污染事故赢得了时间，为科学处置突发性污染事故提供了依据，避免和减轻了环境安全突发事件对人民群众和生态环境的危害。

8.8 锦州模式——强化财税政策扶持

8.8.1 锦州农村环境问题原因分析

（1）历史欠账形成的农村环境投入不足

多年来，二元化经济导致的工业“剪刀差”，致使农村投入少，缺乏规划，脏、乱、差现象普遍存在，农民关心的公共事业缺位问题严重，如“行有所路、灾有所消、闲有所乐、渴有所饮、污有所治”等公共事业建设进程缓慢。我国对城市和规模以上的工业企业污染治理制定了许多优惠政策，如排污费返还使用、申请财政资金贷款贴息等，而对农村各类环境污染治理却没有类似优惠政策，导致农村污染治理基础滞后，环保治理投入不足。

（2）机构不健全，管理力量薄弱

虽然现在许多地方乡镇一级政府也建立了环保机构，但大多是“兼”多“专”少，环保员的主要精力不可能全部放在环保工作上，许多工作只能“点到为止”。即使设立了分管领导，但是多数形同虚设，监管机构和监管人员不足，没有明确的职权和相应监测设备，基本没有履行环保职责。

(3) 立法和相关的环保政策法规和标准不健全

有关农村生态环境的立法很不健全，如对于农村养殖业污染、塑料薄膜污染、农村饮用水源保护、农村噪声污染、农村生活和农业污水污染、农村环境基础设施建设等方面的立法基本空白。

(4) 乡镇企业快速发展和过度开采资源造成的污染

近年来，受收入利益驱动和上级下达高压指标影响，县乡招商引资如火如荼，地方政府使出浑身解数，其中也包括以牺牲农村环境为代价，完成各项经济考核指标，造成工业企业的大量用水，矿山和煤炭无序、过度开采。往往是一家小造纸厂、小印染厂污染一条河；一个小冶炼厂、小采选厂毁掉一座山。由于没有处理好眼前利益与长远利益、经济效益与社会效益的关系，招商引资在某种程度上造成了招商坑农的恶果。

(5) 城市污染向农村转移

在现行管理体制下，部分企业由于经济利益的驱动，为规避城市环保法规的严格限制，逐渐把一些高污染、高能耗的项目转移到农村生产，造成了农村工业企业的违规、无序开发和生产，冲击了乡镇工业企业的合理布局，破坏了农村环境的综合治理，产生了严重的工业污染。再加上有一部分企业为中直、省直企业，极易出现地方对其环保执法难的问题。同时，为了完成地方收入任务，不少农村地区对环境污染只能睁一只眼闭一只眼，不可避免地要走“先污染、后治理”的弯路。

(6) 农民的环保意识不强

由于受传统观念影响，温饱即足，只顾眼前利益，没有长远打算，农民的环保意识和维权意识普遍不强。对环境污染和破坏的危害性认识不足。即使认识到环境的危害性，也不知自己拥有何种权利、如何维护自己的权益[27-29]。

8.8.2 锦州农村环境整治财税政策

(1) 提高农民的环保意识

农民环保意识不提高，农业、农村的环境污染就得不到根治。因此，要从宣传《中华人民共和国环境保护法》（以下简称《环保法》）着手，通过各种媒体和培训班、科普讲座、表彰会等形式，把《环保法》讲深、讲透。要把保护环境的思想灌输到每个农民的头脑中，不断提高他们的环保意识。利用《公民道德规范》改变农民的生活陋习，倡导良好的生活习惯，树立起“保护环境，爱护环境”的良好社会风气；通过提高农民的环保意识，促进他们树立起农产品质量意识和安全意识，从而改善人类的生存空间，提高人民的生活质量。

(2) 大力发展生态农业

推进先进农业生产技术的科研攻关，积极推广先进的耕作制度和使用高效、低毒、低残留的农药。有条件地区要逐步减少化肥使用、实施病虫草害综合防治和推广生物降解膜等手段促进农业可持续发展，努力实现农业产业结构合理化、生产技术生态化、生产过程清洁化、生产产品无害化。大力开展生态农业建设，控制农业“面源污染”，大力发展农村循环经济和推行清洁生产。国家和各级政府要鼓励和引导农业技术推广、农业生态环境建设、清洁工艺和环保产业发展等。

（3）进一步加大对农村公共事业投入

在原有基础上，继续加大对农村公共事业的投入，推进农村文化、教育、医疗卫生事业发展，加强农村基础设施和环境建设，切实改善农民生产生活条件，加快农村饮水安全工程建设，推广沼气、秸秆利用、小水电、风能、太阳能等可再生能源技术，加快改水、改厨、改厕、改圈的速度，开展垃圾集中处理，不断改善农村卫生条件和人居环境。通过上述措施，使广大农民学有所教、劳有所得、病有所医、老有所养、住有所居。可以选择部分原来环境好、中、差三类村屯进行综合治理，达到以点带面的示范效应。

（4）加强农村环境保护工作的资金投入和政策扶持

坚持“谁污染、谁付费；谁受益、谁负担；谁开发、谁保护”的原则，不断拓宽投资渠道，保证稳定有效的环保资金投入。探讨开征环境保护税（或排污费）。通过立法，将排污费改革为环境保护税，并扩大税基，提高税率，作为地方税收的来源，并做到专款专用，实现对城镇环境特别是农村环境的综合整治。或比照教育费附加收入，按流转税一定比例（3%或4%）对企业开征地方排污费收入，专项用于农村环境综合整治。

（5）进一步推进资源税改革

从扩大和整合征税范围、将从量计征改为从价计征、逐步提高税负和建立专款专用机制4个方面调整资源税政策。适当提高各种矿产资源和税率，一方面有助于国家增加财政收入，另一方面也能够抑制资源浪费，促进生态平衡，适度补偿资源地区利益。同时，建议将水资源费改革为水资源税，提高税率，节约资源。

（6）加大资源枯竭型城市的帮扶力度

① 从政策支持上、项目摆布上扶持资源枯竭型城市经济发展，因地制宜地发展经济，在税收政策上扶持其发展。

② 建立资源枯竭型城市专项转移支付补助，加大转移支付力度，支持化解资源枯竭城市历史遗留的社会负担。

（7）对利用环保型资源的项目予以财税政策支持

结合国家支持资源节约型、环境友好型社会的要求，加强对利用风力发电、秸秆发电和开发、加工人畜粪便等行业的引导和财税政策支持，增加对市、县（市）的税收留成或政策返还，鼓励市、县（市）多上环保项目。

（8）整合专项补助政策以加强农村环境综合治理

目前国家及省政府对农村的各项转移支付名目繁多，如农村税费改革补助、农业税减免补助、一般转移支付补助、民族地方转移支付补助、“三奖一补”困难县乡补助等。这些政策都是特定的历史环境下出台的，解决了当时出现的财政困境。但有些专项补助项目已经时过境迁。因此，应整合专项补助政策，特别是要对农资综合补助等进行调研和甄别，对部分效益不高、作用不大的专项补助要实行转向。要在保证对农村补助支持的情况下，将其与农村环境综合整治相结合，集中财力加大对农村公益事业的治理，促进新农村建设。同时，要加大对农村专项补助投入的监管力度，保证专款专用，禁止挤占挪用，以保证专项资金发挥最大的使用效益[30-32]。

参考文献

[1] 郑磊. 桐庐行政村都建起污水处理工程 [N]. 中国环境报，2013-08-07 (007).

[2] 余逊达. 桐庐的乡村垃圾分类处置经验具有样本意义 [J]. 党政视野，2015 (01)：48-49.

[3] 马茜，殷培红，耿润哲，梁璇静. 关于农村垃圾治理中政府、村民、市场的多元共治探索——以桐庐县为例 [J]. 环境与可持续发展，2017，42 (02)：28-30.

[4] 罗志勇. 湖南攸县城乡环境综合治理模式研究 [D]. 长沙：中南林业科技大学，2013.

[5] 胡美灵. 攸县：城乡环境同治打造美丽乡村 [J]. 环境保护，2013，41 (10)：67-68.

[6] 刘青松. 基于社会管理创新的湖南攸县"城乡同治"模式构建要素分析 [J]. 科技和产业，2013，13 (01)：143-146.

[7] 顾俊. 常熟市统筹推进城乡生活污水治理实践 [J]. 小城镇建设，2016 (10)：25-29.

[8] 高晓兰. 常熟市农村污水处理设施的调查研究 [D]. 青岛：青岛理工大学，2013.

[9] 高晓兰，郭一令. 常熟市农村生活污水处理设施的调查研究 [J]. 农村经济与科技，2013，24 (04)：14-15，13.

[10] 宋梦洁. 常熟市村庄整治的模式研究 [D]. 苏州：苏州科技学院，2013.

[11] 范彬，胡明，顾俊，郑雅莉. 不同农村污水收集处理方式的经济性比较 [J]. 中国给水排水，2015，31 (14)：20-25.

[12] 郭一令，韩金益，高晓兰，苏艳芝，郑志佳. 常熟市农村分散污水收集处理技术与运行管理调查研究 [J]. 安徽农业科学，2014，42 (08)：2441-2444.

[13] 喻军. 淮南市政协督查农村环境整治 [N]. 江淮时报，2017-05-12 (002).

[14] 郑亚楠. 淮南市农村污水的处理技术研究 [J]. 宁夏农林科技，2011，52 (10)：79-81.

[15] 王印传，王军，陈影. 白洋淀自然保护区村庄环境综合整治研究 [J]. 环境科学与管理，2011，36 (12)：138-142，146.

[16] 孟晶. 农民参与式治理白洋淀流域面源污染研究 [D]. 保定：河北农业大学，2011.

[17] 叶军红. 河北省农村生态安全补偿政策研究 [D]. 保定：河北农业大学，2012.

[18] 王印传. 基于环境经济学原理的农村人居环境治理政策机制研究——白洋淀农村污染现状调查 [A]. 河北省社会科学界联合会. 第六届河北省社会科学学术年会论文专辑 [C]. 河北省社会科学界联合会，2011：1.

[19] 陈龙珠. 面向白洋淀流域治理的农村环境政策研究 [D]. 保定：河北农业大学，2011.

[20] 王印传，王军."征补共治"型农村环境政策设计——以河北省白洋淀村庄为例 [J]. 中国农学通报，2012，28 (23)：191-195.

[21] 王军. 白洋淀流域农村"费补共治"型环境政策研究 [A]. 中国环境科学学会. 2011 中国环境科学学会学术年会论文集（第三卷）[C]. 中国环境科学学会，2011：5.

[22] 陈龙珠，王军，张国锋，要杰. 面向流域治理的农村"费补共治"型环境政策研究——以白洋淀为例 [J]. 安徽农业科学，2011，39 (14)：8553-8556.

[23] 李娟. 四川丘陵区农村生态环境污染状况及影响因素研究 [D]. 雅安：四川农业大学，2010.

[24] 陈希勇. 四川农村生态环境的现状及出路分析 [J]. 农村经济，2010 (06)：89-91.

[25] 张金梅，戴安全，李浩然. 四川农村生活污水排放特点和处理技术的探讨 [J]. 微量元素与健

康研究，2013，30（01）：74-76.

[26] 麻泽龙，何荣智，周芸. 四川农村生活污水处理技术现状浅析 [J]. 中国建设信息（水工业市场），2010（02）：41-44.

[27] 张冠男. 锦州农村地区环境污染问题及对策 [J]. 绿色科技，2017（08）：118-120.

[28] 高姝. 锦州市农村生活垃圾现状及对策探讨 [J]. 绿色科技，2016（18）：117-118.

[29] 杜强. 锦州市农村生活污水质量现状与治理技术的研究 [J]. 黑龙江环境通报，2015，39（01）：59，64.

[30] 陈英华. 浅谈加强新农村环境建设的对策——以锦州市太和区为例 [J]. 环境保护与循环经济，2014，34（04）：49-50，52.

[31] 汪雁. 锦州市农村水污染现状与治理措施的研究 [J]. 农业与技术，2012，32（02）：141.

[32] 陈福友，刘延博，郝向宏，于国君. 农村环境综合整治与财税政策扶持——以锦州市为例 [J]. 地方财政研究，2010（07）：53-56.

附 录

附录1 我国农村生活污水处理排放标准的制定

1.1 标准制定的必要性

农村生活污水是造成农村水环境污染的最重要的原因，且会随着农村生活方式的改变而加剧，成为农村人居环境改善需要迫切解决的问题。要处理、利用宁夏回族自治区农村生活污水，首先要使经过处理的农村污水达到一定的排放标准，这样才能处理和再次利用。但宁夏回族自治区农村生活污水的排放量、排放特征、污水水质与城市生活污水不同，由于处理后的农村生活污水与城市生活污水排放水域具体功能存在差异，农村生活污水排放标准不能完全照搬《城镇污水处理厂污染物排放标准》（GB 18918）。城镇污染物排放标准对于宁夏回族自治区农村这种排放相对分散、环境容量相对大的情况并不适用。由于没有排放标准等宁夏回族自治区农村污水处理设施在建设中缺乏依据。为了加速新农村建设步伐，有序地、规范化地推进农村污水处理设施的建设和保证处理效果，制定宁夏回族自治区农村水环境的保护目标很有必要。

1.2 国内外生活污水处理排放相关标准和技术规范

目前已颁布并正在执行的水污染物排放标准包括《污水综合排放标准》(GB 8978)、《畜禽养殖业污染物排放标准》（GB 18596）、《城镇污水处理厂污染物排放标准》（GB 18918）等，这些标准主要是针对具体行业制定，其中仅《城镇污水处理厂污染物排放标准》(GB 18918）中从“基本控制项目最高允许排放浓度”“部分一类污染物最高允许排放浓度”和“选择控制项目最高允许排放浓度”三个方面对居民小区和工业企业内独立的生活污水处理设施污染物的排放标准进行了规定，同时规定，城镇污水处理厂出水作为水资源用于农业、工业、市政、地下水回灌等不同用途时，还应达到相应的用水水质要求。因此，从严格意义上来说，目前我国还没有农村生活污水处理排放标准，仅在北京、浙江、江苏、湖北等省市出台的地方农村生活污水处理实用技术指南、技术导则等规定中有相关标准。

(1)《北京市新农村治污及雨水利用技术标准》

《北京市新农村治污及雨水利用技术标准》规定了污水处理后出水水质应根据污水种类、处理后出路以及相应标准确定，详见表1。

表1 北京市农村污水处理排放标准

排放标准	农田灌溉	排入景观河道	水源保护区
北京市水污染物排放标准(DB 11/ 307—2005)	《农田灌溉水质标准》(GB 5084)	《城市污水再生利用景观环境水质标准》(GB/T 18921—2002)	排入北京市Ⅱ类水体及其汇水范围的污水执行《北京市水污染物排放标准》(DB 11/ 307—2005)一级限值，向《密云水库怀柔水库和京密引水渠水源保护管理条例》和《官厅水系水源保护管理办法》划定的一、二级保护区范围内排放的污水执行一级限值A，排入其他Ⅱ类水体及其汇水范围的污水执行一级限值B

主要控制指标见表2。

表2 北京市农村污水处理排放主要控制指标 单位：mg/L

主要指标	北京市污染物排放标准			城市污水再生利用景观环境水质标准	农田灌溉水质标准		
	一级A	一级B	二级		水作	旱作	蔬菜
COD	15	50	60		200	300	150
BOD_5	5	15	20	10	80	150	80
SS	10	30	50	20	150	300	150
NH_3-N	2.0	5.0	10.0	5			
TP	0.1	0.5	0.5	1.0	5.0	10	10

注：工业废水排放应根据废水种类确定重金属及有毒有害指标作为主要控制指标。

(2)江苏省《农村生活污水处理适用技术指南(2008年试行版)》

江苏省《农村生活污水处理适用技术指南(2008年试行版)》规定，农村生活污水经处理后出水水质原则上宜达到《城镇污水处理厂污染物排放标准》(GB 18918)确定的二级标准，其中直接排入《地表水环境质量标准》(GB 3838)Ⅲ类功能水域(规定的饮用水水源保护区和游泳区除外)和湖、库等封闭或半封闭水域的，出水水质宜符合《城镇污水处理厂污染物排放标准》确定的一级B标准；尾水主要用于施肥灌溉等农业用途的，出水水质宜符合《城镇污水处理厂污染物排放标准》确定的三级标准。见表3。

表3 农村生活污水处理设施污染物排放参考指标

污染物指标	一级B	二级	三级
pH值	6～9	6～9	6～9
COD/(mg/L)	60	100	120
BOD_5/(mg/L)	20	30	60
SS/(mg/L)	20	30	50
TN/(mg/L)	20		

续表

污染物指标	一级 B	二级	三级
NH_3-N/(mg/L)	8(15)①	25(30)①	
TP/(mg/L)	1	3	5

① 括号外的数值为水温>12℃时的控制指标；括号内的数值为水温≤12℃时的控制指标。

(3) 上海市农村生活污水处理工程出水水质暂行规定

《上海市农村生活污水处理工程出水水质暂行规定》规定，农村生活污水处理系统出水感观标准：透明，无异味；出水水质评价采用：化学需氧量（COD）、五日生化需氧量（BOD_5）、氨氮（NH_3-N）和总磷（TP）四项指标；分析方法采用《城镇污水处理厂污染物排放标准》（GB 18918）规定的水污染物分析方法。评价标准见表4。

表4 上海市农村生活污水处理工程出水水质评价标准 单位：mg/L

项目	标准值	
	水源保护区(一级)	其他地区(二级)
化学需氧量	≤60	≤100
五日生化需氧量	≤20	≤30
氨氮	≤8	≤25
总磷	≤1	≤3

(4) 湖北省农村生活污水处理适用技术指南参考指标

据湖北省农村生活污水处理适用技术指南（见表5），农村生活污水经处理后，出水水质原则上宜达到《城镇污水处理厂污染物排放标准》（GB 18918—2002）确定的二级标准，其中直接排入《地表水环境质量标准》（GB 3838—2002）Ⅲ类功能水域（划定的饮用水水源保护区和游泳区除外）和湖、库等封闭或半封闭水域的，出水水质宜符合《城镇污水处理厂污染物排放标准》（GB 18918—2002）确定的一级B标准；尾水主要用于灌溉等农业用途的，出水水质宜符合《农田灌溉水质标准》（GB 5084—92）确定的标准。

表5 湖北省农村生活污水处理设施污染物排放标准参考指标

污染物指标	一级(B)	二级	农田灌溉水质标准
pH值	6～9	6～9	5.5～8.5
悬浮物(SS)/(mg/L)	20	30	150
五日生化需氧量(BOD_5)/(mg/L)	20	30	80
化学需氧量(COD)/(mg/L)	60	100	200
氨氮(以N计)/(mg/L)	8(15)①	25(30)①	—
总氮(以N计)/(mg/L)	20	—	—
总磷(以P计)/(mg/L)	1	3	5.0

① 括号外的数值为水温>12℃时的控制指标；括号内的数值为水温≤12℃时的控制指标。

（5）浙江《农村生活污水处理适用技术与实例》参考标准

按《农村生活污水处理适用技术与实例》推荐规定。评价标准见表6。

表6　浙江农村地区生活污水排放执行的标准

污染物指标	一级B	二级	景观用水标准
pH值	6～9	6～9	6～9
COD/(mg/L)	100	150	120
BOD_5(mg/L)	20	30	10
SS/(mg/L)	70	150	20
NH_3-N/(mg/L)	15	25	2
磷酸盐(以磷计)/(mg/L)	0.5	1	1

（6）污水综合排放标准

《污水综合排放标准》(GB 8978) 适用于现有单位水污染物的排放管理，以及建设项目的环境影响评价、建设项目环境保护设施设计、竣工验收及其投产后的排放管理。该标准按照污水排放去向，分年限规定了69种水污染物最高允许排放浓度及部分行业最高允许排水量。当净化出水排入地面水体，应遵循《地表水环境质量标准》(GB 3838) 与《污水综合排放标准》(GB 8978)，不同地面水域执行不同水质标准。

（7）《城镇污水处理厂污染物排放标准》(GB 18918)

城镇污水指城镇居民生活污水，机关、学校、医院、商业服务机构及各种公共设施排水，以及允许排入城镇污水收集系统的工业废水和初期雨水等。城镇污水处理厂指对进入城镇污水收集系统的污水进行净化处理的污水处理厂。根据污染物的来源及性质，将污染物控制项目分为基本控制项目和选择控制项目两类。基本控制项目主要包括影响水环境和城镇污水处理厂一般处理工艺可以去除的常规污染物，以及部分一类污染物，共19项。选择控制项目包括对环境有较长期影响或毒性较大的污染物，共计43项。基本控制项目必须执行。选择控制项目，由地方环境保护行政主管部门根据污水处理厂接纳的工业污染物的类别和水环境质量要求选择控制。根据城镇污水处理厂排入地表水域环境功能和保护目标，以及污水处理厂的处理工艺，将基本控制项目的常规污染物标准值分为一级标准、二级标准、三级标准。一级标准分为A标准和B标准。一类重金属污染物和选择控制项目不分级。

基本控制项目最高允许排放浓度见表7。

表7　基本控制项目最高允许排放浓度（日均值）

序号	基本控制项目	一级排放限值		二级排放限值	三级排放限值
		A标准	B标准		
1	化学需氧量(COD)/(mg/L)	50	60	100	120
2	五日生化需氧量(BOD_5)/(mg/L)	10	20	30	60
3	悬浮物(SS)/(mg/L)	10	20	30	50
4	动植物油/(mg/L)	1	3	5	20
5	石油类/(mg/L)	1	3	5	15

续表

序号	基本控制项目	一级排放限值		二级排放限值	三级排放限值
		A 标准	B 标准		
6	阴离子表面活性剂	0.5	1	2	5
7	总氮(以 N 计)/(mg/L)	15	20		
8	氨氮(以 N 计)/(mg/L)	5(8)	8(15)	25(30)	
9	总磷(以 P 计)/(mg/L)	0.5	1	3	5
10	色度(稀释倍数)	30	30	40	50
11	粪大肠菌群数/(个/L)	1000	10000	10000	
12	pH 值		6～9		

注：1. 下列情况下按去除率指标执行，当进水 COD 大于 350mg/L 时，去除率应大于 60%；BOD 大于 160mg/L 时，去除率应大于 50%。

2. 括号外数值为水温>12℃时的控制指标，括号内数值为水温≤12℃时的控制指标。

(8)《农田灌溉水质标准》(GB 5084)

《农田灌溉水质标准》(GB 5084—92) 是 1992 年公布实施的，是在 GB 5084—85 的标准上进行修订和完善的，2005 年进行了第二次修订。《农田灌溉水质标准》适用于全国以地面水、地下水和处理后的城市污水及与城市污水水质相近的工业废水作水源地农田灌溉用水，但是农村污水与城市污水之间相比较，没有或者少有工业污水的介入，其在营养成分比例之间相差不大，处理后的污水可以满足植物、作物生长的需要，满足农田灌溉水质标准的水质可以用于农田灌溉。农田灌溉水质标准见表 8。

表 8　农田灌溉水质标准　　单位：mg/L

序号	控制项目	水作	旱作	蔬菜
1	化学需氧量(COD)	≤150	≤200	≤100①,60②
2	生化需氧量(BOD_5)	≤60	≤100	≤40①,15②
3	悬浮物(SS)	≤80	≤100	≤60①,15②
4	阴离子表面活性剂	≤5	≤8	≤5
5	石油类	≤5	≤10	≤1
6	三氯乙醚	≤1	≤0.5	≤0.5
7	总砷	≤0.05	≤0.1	≤0.05

① 加工、烹调及去皮蔬菜。

② 生食类蔬菜、瓜果和草本水果。

(9) 城市污水回用农业标准

如表 9、表 10 所列。

表 9　部分国家相关城市污水回用农业的标准

国家	控制项目					
	pH 值	BOD/(mg/L)	SS/(mg/L)	FC/(个/L)	Cl_2 残留/(mg/L)	DO/(mg/L)
美国	6～9	30	30	2000	1.0	
加拿大	6～9	45	45	2000		

续表

国家	控制项目					
	pH 值	BOD/(mg/L)	SS/(mg/L)	FC/(个/L)	Cl_2 残留/(mg/L)	DO/(mg/L)
日本	6～8.5	8	100			2.0
以色列		15～60	15～50	2500	0.5	
塞浦路斯		20	30	2000		0.5
WHO				10000		

表 10　前苏联和印度的污水回用农业标准

国家	控制项目		
	溶解性总固体/(mg/L)	COD_{Cr}/(mg/L)	BOD/(mg/L)
前苏联	1500～2000	200～300	75～100
印度	2100		60～120

（10）国外的再生水水质标准

目前世界上许多国家和地区都根据其实际情况制定由不同再生水作为城镇杂用水的水质标准。选取部分有代表性的再生水作为城镇杂用水的水质标准见表 11～表 17。

表 11　日本厚生省再生水作为城镇在用水水质标准（1981 年）

指　标	冲厕及消防	城市绿化用水	环境用水
总大肠菌群/(CFU/mL)	≤10①	未检出	未检出
余氯(化合的)/(mg/L)	≥2.0	≥0.4	—
表观	无不良感官效果	无不良感官效果	无不良感官效果
浊度/NTU	—	—	≤10
BOD/(mg/L)	—	—	≤10
嗅味	无不快感	无不快感	无不快感
pH 值	5.8～8.6	5.8～8.6	5.8～8.6

① 相当于 1000CFU/100mL。

表 12　美国环保局（EPA）1992 年准则

指　标	冲厕及消防	城市绿化用水	建筑施工	道路清扫及洗车
pH 值	6～9	6～9	6～9	6～9
浊度/NTU	月均值≤2 最大值≤5	月均值≤2 最大值≤5		月均值≤2 最大值≤5
SS/(mg/L)	月均值≤5 最大值≤30	月均值≤5 最大值≤30	≤30	月均值≤5 最大值≤30
BOD_5/(mg/L)	BOD≤30 BOD_5≤10	BOD≤30 BOD_5≤10	≤30	BOD≤30 BOD_5≤10
氨氮/(mg/L)	进出水符合各流域二级出水限制值	进出水符合各流域二级出水限制值	进出水符合各流域二级出水限制值	进出水符合各流域二级出水限制值

续表

指　标	冲厕及消防	城市绿化用水	建筑施工	道路清扫及洗车
余氯/(mg/L)	接触 30min≥1.0	接触 30min≥1.0		接触 30min≥1.0
总大肠菌群/(个/L)	7 日 50%不得检出；最大≤14 个/100mL（粪大肠菌群）	7 日 50%不得检出；最大≤14 个/100mL（粪大肠菌群）	7 日 50%≤200 个/100mL 或≤14 个/100mL（接触较多时）（粪大肠菌群）	7 日 50%不得检出；最大≤14 个/100mL（粪大肠菌群）

表 13　加利福尼亚州 2001 年紫皮书

指　标	冲厕及消防	城市绿化用水	建筑施工	道路清扫	洗车
浊度/NTU	日均值≤2 95%值≤5 最大值≤10	日均值≤2 95%值≤5 最大值≤10			日均值≤2 95%值≤5 最大值≤10
溶解氧/(mg/L)	保有溶解氧	保有溶解氧	≤30	保有溶解氧	保有溶解氧
氨氮/(mg/L)	进出水符合各流域二级出水限制值	进出水符合各流域二级出水限制值	进出水符合各流域二级出水限制值	进出水符合各流域二级出水限制值	进出水符合各流域二级出水限制值
余氯/(mg/L)	接触 30min ≥1.0	接触 30min ≥1.0		接触 30min ≥1.0	接触 30min ≥1.0
总大肠菌群/(MPN/100mL)	30 日 50%≤2.2 最大值≤23	30 日 50%≤2.2 最大值≤23	30 日 50%≤23 最大值≤240	30 日 50%≤23 最大值≤240	30 日 50%≤2.2 最大值≤23

表 14　美国部分州非限制性市区回用水水质标准

州	水质指标	标　准
田纳西州	BOD/(mg/L)	≤30
	TSS/(mg/L)	≤30
	粪便大肠菌数(个/100mL)	≤200
南卡罗来纳州	BOD/(mg/L)	5(月平均)
	TSS/(mg/L)	5(月平均)
	粪便大肠菌数(个/100mL)	≤4(月平均)
		2.2(7 天平均)
蒙大拿州	粪便大肠菌数(个/100mL)	23(单个水样)
	浊度/NTU	2(平均)
		5(24 小时期间的 5%)
得克萨斯州	BOD/(mg/L)	5
	浊度/NTU	3
	粪便大肠菌数(个/100mL)	不超过 75
犹他州	BOD/(mg/L)	任何时候≤10
	TSS/(mg/L)	任何时候≤5
	总大肠菌数(个/100mL)	任何时候≤3

续表

州	水质指标	标　准
怀俄明州	BOD/(mg/L)	≤10(白天)
		≤30(尘雾—黎明)
	pH 值	4.5～9.0
	粪便大肠菌数(个/100mL)	≤200
	TDS/(mg/L)	≤480
	氯化物/(mg/L)	≤213

表 15　意大利阿普利亚区回用水标准

指标	单位	标准(MAC)	指标	单位	标准(MAC)
pH 值		6～8.5	氯化物	mg/L	200
TSS	mg/L	10	总磷	mg/L	10
BOD_5	mg/L	10	总氮	mg/L	35
SAR		<10	动植物油	mg/L	10
ECw	mg/L	2	醛	mg/L	0.5
COD	mg/L	50	表面活性剂	mg/L	0.5
硫酸盐	mg/L	500	杀虫剂	mg/L	0.01

表 16　澳大利亚城镇回用水水质指标

指标	标准	指标	标准
总大肠杆菌数/(个/100mL)	<2	浊度/NTU	2
粪便大肠杆菌数/(个/100mL)	<1	余氯/(mg/L)	1
BOD_5/(mg/L)	20	pH 值	6～9

表 17　其他部分国家和地区、组织的有关水质标准

	水质指标	标准
中国香港(海水冲厕)	浊度/NTU	≤20
	DO/(mg/L)	≥2.0
	SS/(mg/L)	≤20
	LAS/(mg/L)	≤5.0
中国台湾建议标准(冲厕)	pH 值	5.8～8.6
	余氯/(mg/L)	保有余氯
	色度/度	≤40
	总大肠菌数/(个/L)	≤3
	LAS/(mg/L)	≤5.0
以色列国家标准(城市绿化用水)	总大肠菌数/(个/L)	≤12MPN/100mL
	TSS/(mg/L)	≤15

续表

		水质指标	标准
以色列国家标准（城市绿化用水）		DO/(mg/L)	≥0.5
		余氯/(mg/L)	接触 120min≥0.5
		BOD_5/(mg/L)	总 BOD_5≤15 $CBOD_5$≤10
WHO 1989(灌溉用水标准)		肠线虫卵/(个/L)	<1
		粪大肠菌群/(个/100mL)	<1000
塞浦路斯（灌溉用水标准）	非限制性	SS/(mg/L)	10(最大不超过 15)
		BOD/(mg/L)	10(最大不超过 15)
		粪大肠菌群/(MPN/100mL)	50(最大不超过 100)
	限制性	SS/(mg/L)	30(最大不超过 45)
		BOD/(mg/L)	20(最大不超过 30)
		粪大肠菌群/(MPN/100mL)	200(最大不超过 1000)

这些水质标准按照由来可以分为 WHO、加利福尼亚州以及其他三类。与 WHO 相关的标准主要参照的是 WHO 1989 年颁布的《污水用于农业和水产业健康准则》。美国各州的标准虽然不尽相同，但大多还是依据加州 22 条（1978）和 EPA1992 准则而来。其他国家（如澳大利亚、南非）则采取独自制定的标准。在各现存标准中最为常见的指标就是微生物指标。目前，标准的注意力还仅仅在一些排泄物指标如总大肠菌群、粪大肠菌群（TC、FC）以及寄生虫类上。其他病原体如病毒和原生动物则很少被定为控制指标。

（11）《城市污水再生利用　农田灌溉用水水质》

《城市污水再生利用　农田灌溉用水水质》对基本控制项目和选择性控制项目的限值规定见表 18 和表 19。

表 18　基本控制项目最大限值　　单位：mg/L

序号	基本控制项目	灌溉作物类型			
		纤维作物	旱地谷物 油料作物	水田谷物	露地蔬菜
1	生化需氧量(BOD_5)	100	80	60	40
2	化学需氧量(COD_{Cr})	200	180	150	100
3	悬浮物(SS)	100	90	80	60
4	溶解氧(DO)			≥0.5	
5	pH 值(无量纲)	5.5～8.5			
6	溶解性总固体(TDS)	非盐碱地地区 1000，盐碱地地区 2000			1000
7	氯化物	350			
8	硫化物	1.0			
9	余氯	1.5		1.0	

续表

序号	基本控制项目	灌溉作物类型			
		纤维作物	旱地谷物 油料作物	水田谷物	露地蔬菜
10	石油类	10		5.0	1.0
11	挥发酚	1.0			
12	阴离子表面活性剂(LAS)	8.0		5.0	
13	汞	0.001			
14	镉	0.01			
15	砷	0.1		0.05	
16	铬(六价)	0.1			
17	铅	0.2			
18	粪大肠菌群数/(个/L)	40000		20000	
19	蛔虫卵数/(个/L)	2			

表 19　选择控制项目最大限值　　单位：mg/L

序号	选择控制项目	限值	序号	选择控制项目	限值
1	铍	0.002	10	锌	2.0
2	钴	1.0	11	硼	1.0
3	铜	1.0	12	钒	0.1
4	氟化物	2.0	13	氰化物	0.5
5	铁	1.5	14	三氯乙醛	0.5
6	锰	0.3	15	丙烯醛	0.5
7	钼	0.5	16	甲醛	1.0
8	镍	0.1	17	苯	0.1
9	硒	0.02			

(12) 国内的城市杂用水水质标准情况

1989 年建设部颁布的《生活杂用水水质标准》(CJ 25.1—89)是我国城市杂用水水质的第一个标准。该标准规定了厕所便器冲洗、城市绿化、洗车、扫除等生活杂用水水质要求。2002 年修订后并上升为国家标准《城市污水再生利用　城市杂用水质》(GB/T 18920—2002)将杂用水的适用范围进行了调整，增加了消防和建筑施工用水。具体水质标准见表 20。

表 20　城市杂用水水质标准(GB/T 18920—2002)

序号	项　目	冲厕	道路清扫、消防	城市绿化	车辆冲洗	建筑施工
1	pH 值	6.0～9.0				
2	色度/度	≤30				
3	嗅	无不快感				

续表

序号	项　　目	冲厕	道路清扫、消防	城市绿化	车辆冲洗	建筑施工
4	浊度/NTU	≤5	≤10	≤10	≤15	≤20
5	溶解性总固体/(mg/L)	≤1500	≤1500	≤1000	≤1000	—
6	五日生化需氧量(BOD_5)/(mg/L)	≤10	≤15	≤20	≤10	≤15
7	氨氮/(mg/L)	≤10	≤10	≤20	≤10	≤20
8	阴离子表面活性剂/(mg/L)	≤1.0	≤1.0	≤1.0	≤0.5	≤1.0
9	铁/(mg/L)	≤0.3	—	—	≤0.3	—
10	锰/(mg/L)	≤0.1	—	—	≤0.1	—
11	溶解氧/(mg/L)	≥1.0				
12	总余氯/(mg/L)	接触30min后≥1.0，管网末端≥0.2				
13	总大肠菌群/(个/L)	≤3				

(13) 技术规范

住房和城乡建设部编制了《镇（乡）村排水工程技术规范》，浙江、江苏、天津等省市也分别出台了地方的农村生活污水处理实用技术指南、农村生活污染控制最佳可行技术导则等，涉及有关农村地区污水处理的调节池、污水净化沼气池、人工湿地、稳定塘以及污泥处理的相关规定。此外，《城市污水土地处理技术指南》《城市污水稳定塘处理技术指南》《污水稳定塘设计规范》《城市污水稳定塘设计手册》等涉及了部分生态处理工程的建设标准或技术要求。

1.3 宁夏农村生活污水排放标准（DB 64/ T700—2011）

前　言

为了有序、规范地推进宁夏回族自治区农村生活污水处理设施的建设和管理，加强农村生活污水处理设施污染物的排放控制和污水资源化利用，保障人体健康，维护良好的生态环境，促进农村经济和社会发展。根据《中华人民共和国环境保护法》、《中华人民共和国水污染防治法》的规定，结合宁夏回族自治区实际情况，特制定本标准。

本标准的编写格式符合《标准化工作导则　第1部分：标准的结构与编写》（GB/T 1.1—2009）的要求。

本标准由宁夏回族自治区环境保护厅提出并归口。

本标准主要起草单位：中国环境科学研究院、宁夏环境科学设计研究院、宁夏大学。

本标准主要起草人：夏训峰、席北斗、张列宇、刘锦霞、苏靖、熊瑛、王德全、张生海。

1　范围

本标准规定了农村生活污水排放的水质要求、监测及分析方法。本标准适用于农村生活污水处理设施水污染物的排放管理。

2 规范性引用文件

下列文件对于本文件的应用是必不可少的。凡是注日期的引用文件，仅所注日期的版本适用于本文件。凡是不注日期的引用文件，其最新版本（包括所有的修改单）适用于本文件。

GB 3838 地表水环境质量标准

GB 11607 渔业水质标准

GB 11893 水质 总磷的测定 钼酸铵分光光度法

GB 11894 水质 总氮的测定 碱性过硫酸钾消解紫外分光光度法

GB 20922 城市污水再生利用 农田灌溉用水水质

GB/T 5084—1992 水质 蛔虫卵的测定 沉淀集卵法

GB/T 6920—1986 水质 pH值的测定 玻璃电极法

GB/T 7494—1987 水质 阴离子表面活性剂的测定 亚甲蓝分光光度法

GB/T 11896—1989 水质 氯化物的测定 硝酸银滴定法

GB/T 11901—1989 水质 悬浮物的测定 重量法

GB T 11914—1989 化学需氧量的测定 重铬酸盐法

HJ 505—2009 水质 五日生化需氧量（BOD_5）的测定稀释与接种法

HJ 535—2009 水质 氨氮的测定 纳氏试剂分光光度法

HJ 536—2009 水质 氨氮的测定 水杨酸分光光度法

HJ 537—2009 水质 氨氮的测定 蒸馏-中和滴定法

HJ/T 51—1999 水质 全盐量的测定 重量法

HJ/T 347—2007 水质 粪大肠菌群的测定多管发酵法和滤膜法

3 术语和定义

下列术语和定义适用于本标准。

农村生活污水 Rural domestic wastewater

农村居民生活活动所产生的污水，主要包括厕所卫生间冲厕、洗涤、洗浴和厨房排水，农村公用设施、旅游接待户、旅馆饭店、家庭农副产品加工及畜禽散养农户等排水，不包括乡镇企业工业废水。

4 农村生活污水处理的一般要求

4.1 应根据村庄所处区位、人口规模、集聚程度、地形地貌、排水特点及排放要求，结合当地经济承受能力等具体情况，采用适宜的污水收集和处理模式进行农村生活污水处理。

4.2 提倡推广应用新技术、新材料、新工艺、新设备处理农村生活污水，不得使用国家明令淘汰的材料与技术，在污水收集时，要注意雨污分离，鼓励农村生活污水处理达标后再利用。

4.3 对人口规模较大、集聚程度较高、经济条件较好的村庄，宜开展生活污水的集中式收集，经农村污水处理厂处理后达标排放或回用。

4.4 对人口规模较小、居住较为分散、地形地貌复杂以及尾水主要用于施肥灌溉等农业用途的村庄，宜采用分散式处理设施处理后达标排放或回用。

5 技术内容

5.1 标准分级

农村生活污水污染物标准值分为一级标准、二级标准和三级标准。

——排入 GB 3838Ⅲ类水域（划定的饮用水水源保护区和游泳区除外）和湖、库等封闭或半封闭水域及稀释能力较小的河湖的污水，执行一级标准。

——排入 GB 3838Ⅳ、Ⅴ类水域的污水，执行二级标准。

——排入用于农田灌溉的贮水塘、贮水渠等农业灌溉水体的污水，执行三级标准。三级标准 A 标准适用于水田谷物的灌溉；三级标准 B 标准适用于旱地作物的灌溉。

——农村生活污水处理排水污染物最高允许排放浓度限值按表 1 规定执行。

表 1 污染物最高允许排放浓度 单位：mg/L

序号	污染物或项目名称	一级标准	二级标准	三级标准	
				A 标准	B 标准
1	pH 值(无量纲)	6～9			
2	化学需氧量(COD_{Cr})	60	120	150	200
3	生化需氧量(BOD_5)	20	50	80	100
4	悬浮物(SS)	20	30	80	100
5	总磷	1	3	—	
6	总氮	20	—	—	
7	氨氮	8(15)	25(30)	—	
8	阴离子表面活性剂	1	2	3	8
9	粪大肠菌群数/(MPN/L)	10000	10000	40000	
10	蛔虫卵数/(个/L)	—	—	2	
11	全盐量	—	—	1000(盐碱土地 2000)	
12	氯化物	—	—	350	

注：括号外的数值为水温＞12℃时的控制指标，括号内的数值为水温≤12℃时的控制指标。

5.2 农村生活污水处理后回用于养殖水体的，其水质应符合 GB 11607 的规定。

5.3 农村生活污水处理排放后用于回灌地下含水层以补给地下水源的，其水质要求应符合 GB/T 11901—1989 的规定。

5.4 农村生活污水处理排放后用于回用林业、草地的，其水质应符合 GB 20922 规定。

6 监测与分析方法

6.1 本标准规定的项目标准值，要求水样采集后自然沉降 30min，取上层非沉降部分按规定方法进行分析。

6.2 在排水口设置取样点，根据污水处理后排放或回用的去向，确定相应的监测项目。

6.3 表 1 中规定的污染物原则上在集中式排放口每季度监测 1 次；若处理排放后

直接用于农田灌溉且采用喷灌方式的，则 SS 每月测定 1 次。

6.4　监测分析方法按表 2 执行。

表 2　农村生活污水污染物监测项目与分析方法

序号	分析项目	测定方法	方法来源
1	pH 值	玻璃电极法	GB/T 6920—1986
2	化学需氧量(COD_{Cr})	重铬酸盐法	GB/T 11914—1989
3	生化需氧量(BOD_5)	稀释与接种法	HJ 505—2009
4	悬浮物(SS)	重量法	GB/T 11901—1989
5	总磷(以 P 计)	钼酸铵分光光度法	GB 11893
6	总氮	碱性过硫酸钾消解紫外分光光度法	GB 11894
7	氨氮(NH_3-N)	水质　氨氮的测定　蒸馏-中和滴定法 氨氮的测定　水杨酸分光光度法 水质　氨氮的测定　纳氏试剂分光光度法	HJ 535—2009 HJ 536—2009
8	氯化物	硝酸银滴定法	GB/T 11896—1989
9	阴离子表面活性剂	亚甲蓝分光光度法	GB/T 7494—1987
10	全盐量	重量法	HJ/T 51—1999
11	粪大肠菌群数	多管发酵法	HJ/T 347—2007
12	蛔虫卵数	沉淀集卵法	GB/T 5084—1992

7　标准的实施

7.1　县级以上人民政府环境保护行政主管部门对本标准的实施进行监督管理。

7.2　县级以上有资质的环境监测部门负责本标准排放水质的监测。

1.4　北京农村生活污水处理设施水污染物排放标准（征求意见稿）

1　范围

本标准规定了农村生活污水处理设施水污染物排放的控制要求、监测要求和实施与监督。

本标准适用于农村生活污水处理设施的水污染物排放管理。

本标准适用于法律允许的污染物排放行为。

2　规范性引用文件

下列文件对于本文件的应用是必不可少的。凡是注日期的引用文件，仅所注日期的版本适用于本文件。凡是不注日期的引用文件，其最新版本（包括所有的修改单）适用于本文件。

GB/T 6920　水质　pH 值的测定　玻璃电极法

GB/T 11893　水质　总磷的测定　钼酸铵分光光度法

GB/T 11901　水质　悬浮物的测定　重量法

GB/T 11914　水质　化学需氧量的测定　重铬酸盐法

HJ/T 399　水质　化学需氧量的测定　快速消解分光光度法

HJ 505　水质　五日生化需氧量（BOD_5）的测定　稀释与接种法

HJ 535　水质　氨氮的测定　纳氏试剂分光光度法

HJ 636　水质　总氮的测定　碱性过硫酸钾消解紫外分光光度法

HJ 637　水质　石油类和动植物油类的测定红外分光光度法

DB11/ 890　城镇污水处理厂水污染物排放标准

3　术语与定义

下列术语和定义适用于本标准。

3.1　农村生活污水　rural sewage

指农村居民生活活动中产生的污水，主要包括洗涤、洗浴和厨厕等家庭排水。

3.2　农村生活污水处理设施　rural sewage treatment facility

指用于收集处理农村生活污水的建筑物、构筑物及设备。

3.3　现有农村生活污水处理设施　existing rural sewage treatment facility

指本标准实施之日前，已建成投产或环境影响评价文件通过审批的农村生活污水处理设施。

3.4　新（改、扩）建农村生活污水处理设施　new rural sewage treatment facility

指本标准实施之日起，环境影响评价文件通过审批的新（改、扩）建农村生活污水处理设施。

4　水污染物排放控制要求

4.1　新（改、扩）建农村生活污水处理设施水污染物排放控制要求

规模大于 $500m^3/d$（含）的处理设施水污染物排放执行 DB11/ 890 的规定。

规模小于 $500m^3/d$（不含）的处理设施水污染物排放执行表 1 的规定。

出水排入北京市Ⅱ类、Ⅲ类水体的处理设施执行一级标准。其中，规模在 $500m^3/d$（不含）～$50m^3/d$（含）的处理设施执行 A 标准，规模在 $50m^3/d$（不含）～$5m^3/d$（含）的处理设施执行 B 标准。

出水排入其他水体的处理设施执行二级标准。其中，规模在 $500m^3/d$（不含）～$50m^3/d$（含）的处理设施执行 A 标准，规模在 $50m^3/d$（不含）～$5m^3/d$（含）的处理设施执行 B 标准。

规模小于 $5m^3/d$（不含）的处理设施执行三级标准。

表 1　新（改、扩）建农村生活污水处理设施水污染物排放限值

单位：mg/L（凡注明者除外）

序号	污染物或项目名称	一级标准		二级标准		三级标准	污染物排放监控位置
		A 标准	B 标准	A 标准	B 标准		
1	pH 值/无量纲	6～9		6～9		6～9	处理工艺末端排放口
2	悬浮物(SS)	15		20		30	处理工艺末端排放口
3	五日生化需氧量(BOD_5)	6		10	20	30	处理工艺末端排放口
4	化学需氧量(COD_{Cr})	30		50	60	100	处理工艺末端排放口

续表

序号	污染物或项目名称	一级标准		二级标准		三级标准	污染物排放监控位置
		A 标准	B 标准	A 标准	B 标准		
5	氨氮①	1.5(2.5)		5(8)	8(15)	25	处理工艺末端排放口
6	总氮	15	20	—		—	处理工艺末端排放口
7	总磷(以 P 计)	0.3	0.5	0.5	1.0	—	处理工艺末端排放口
8	动植物油	0.5		1.0	3.0	—	处理工艺末端排放口

① 12 月 1 日～3 月 31 日执行括号内的排放限值。

4.2 现有农村生活污水处理设施水污染物排放控制要求

2014 年 1 月 1 日（含）后通过环评审批的现有处理设施水污染物排放执行表 2 的规定。

出水排入北京市Ⅱ类、Ⅲ类水体的处理设施执行一级标准。其中，规模大于 $50m^3/d$（含）的处理设施执行 A 标准，规模在 $50m^3/d$（不含）～$5m^3/d$（含）的处理设施执行 B 标准。

出水排入其他水体的处理设施执行二级标准。其中，规模大于 $50m^3/d$（含）的处理设施执行 A 标准，规模在 $50m^3/d$（不含）～$5m^3/d$（含）的处理设施执行 B 标准。

规模小于 $5m^3/d$（不含）的处理设施执行三级标准。

2014 年 1 月 1 日（不含）之前通过环评审批或已建成的现有处理设施水污染物排放执行表 2 的规定。

规模大于 $5m^3/d$（含）、出水排入北京市Ⅱ类、Ⅲ类水体的处理设施，执行一级标准。

规模大于 $5m^3/d$（含）、出水排入其他水体的处理设施，执行二级标准。

规模小于 $5m^3/d$（不含）的处理设施执行三级标准。

表 2 现有农村生活污水处理设施水污染物排放限值

单位：mg/L（凡注明者除外）

序号	污染物或项目名称	一级标准	二级标准	三级标准	污染物排放监控位置
1	pH 值/无量纲	6～9	6～9	6～9	处理工艺末端排放口
2	悬浮物(SS)	20	20	30	处理工艺末端排放口
3	五日生化需氧量(BOD_5)	10	20	30	处理工艺末端排放口
4	化学需氧量(COD_{Cr})	50	60	100	处理工艺末端排放口
5	氨氮①	5(8)	8(15)	25	处理工艺末端排放口
6	总氮	20	—	—	处理工艺末端排放口
7	总磷(以 P 计)	0.5	1.0	—	处理工艺末端排放口
8	动植物油	1.0	3.0	—	处理工艺末端排放口

① 12 月 1 日～3 月 31 日执行括号内的排放限值。

4.3 其他规定

农村生活污水处理宜因地制宜，优先选用生态处理工艺。

农村生活污水处理后不排入水体，有明确回用对象进行回用的，执行国家或地方相应回用水水质标准。

对于重要断面汇水区、重要水系源头等水环境功能重要区域和水环境容量较小的河网地区，区政府可根据水环境保护实际需求，执行更严格的排放限值。

5　水污染物监测要求

农村生活污水处理设施应设置规范化排污口，并按规定设置永久性排污口标志。

对水污染物排放情况进行监测的频次、采样时间等要求，按国家和地方有关污染源监测技术规范的规定执行。

水污染物监测分析方法按表3执行。

表3　水质监测分析方法

污染物或项目名称	分析方法	方法来源
pH值	玻璃电极法	GB/T 6920—1986
悬浮物(SS)	重量法	GB/T 11901—1989
生化需氧量(BOD_5)	稀释与接种法	HJ 505—2009
化学需氧量(COD_{Cr})	重铬酸盐法 快速消解分光光度法	GB/T 11914—1989 HJ/T 399—2007
氨氮(以N计)	纳氏试剂分光光度法	HJ 535—2009
总氮(以N计)	碱性过硫酸钾消解紫外分光光度法	HJ 636—2012
总磷(以P计)	钼酸铵分光光度法	GB/T 11893—1989
动植物油	红外分光光度法	HJ 637—2012

6　标准实施与监督

本标准由市和区环境保护行政主管部门、水行政主管部门统一监督实施。

对农村生活污水处理设施监督性检查时，可以现场即时采样或采用监测的结果作为判定排污行为是否符合排放标准以及实施相关环境保护管理措施的依据。

1.5　农村生活污水处理设施技术标准

1　总则

1.0.1　为推进农村人居环境改善，规范农村生活污水治理的设计、施工及运行管理，制定本标准。

1.0.2　本标准适用于人口在5000人以下行政村、自然村以及分散农户新建、扩建和改建的生活污水处理设施的设计、建设和运行维护管理。不适用于集约化养殖场、农产品加工、工业园区及乡镇企业等生产污水的处理设施。

1.0.3　为实现合理规划、高效组织实施与有效监管，农村生活污水处理设施宜以县级行政区域为单元，实行统一规划、统一建设、统一管理。

1.0.4　农村生活污水处理设施包括污水处理构筑物（设备）和配套管网，应按照村庄规模、处理场地条件、住户分布密度和区位特点，在对管网和污水处理构筑物（设备）的建设费与维护管理费进行综合经济比较和分析基础上，因地制宜地选择适宜的处理模式、技术工艺和管理方式。

1.0.5　农村生活污水处理应优先考虑资源化。处理水宜利用村庄的自然条件，经过周边沟渠、水塘、土地等方式进一步处理后排入受纳水体，并应符合相关标准。

1.0.6　在不断总结科学研究和实践经验的基础上，结合当地条件，积极慎重稳妥可靠地采用工艺、材料、设备。

1.0.7　农村生活污水处理设施建设，除应按本标准执行外，尚应符合国家现行有关标准的规定。

1.0.8　应建立有效的监管和考核制度，保障农村生活污水处理设施的长期正常运行。

2　术语

2.0.1 农村生活污水处理站　domestic wastewater treatment facilities for rural area

对农村生活污水进行处理的构筑物等全部处理系统。

2.0.2　分户污水处理　onsite wastewater treatment

单户或多户的污水进行就地处理的方式。

2.0.3　村庄集中污水处理　centralized wastewater treatment

村庄或一定范围内的农户的污水经管网收集就近接入污水处理站的处理方式。

2.0.4　纳入城镇污水管网　rural wastewater into urban sewers

指位于城镇内及其周边的村庄的污水经污水支管收集后直接纳入城镇污水干管中，由城镇污水处理厂统一处理的方式。

2.0.5　非重力排水系统　non-gravity drainage systems

指除重力排水外的真空和压力输送排水系统。

3　基本规定

3.0.1　农村生活污水处理设施建设应以国家有关农村人居环境改善及村庄整治的政策为主要依据。规划应根据各地具体情况和要求，综合考虑经济发展与环境保护、污水的排放与利用等的关系，并充分利用现有条件和设施。

3.0.2　农村生活污水的处理程度应根据现行的国家和地方有关排放标准和相关要求确定。

3.0.3　农村生活污水处理主要有纳入城镇污水管网、村庄集中污水处理、分户污水处理三种方式。决定污水处理方式的因素主要包括村庄人口规模、人口密度（或住房间距）、距城（镇）区市政管网的距离、环境条件、经济条件和运行管理等。

3.0.4　污水处理技术应与当地农村特点相适应。农村污水处理技术有化粪池、厌氧生物膜池、生物接触氧化池、生物滤池、生物转盘、氧化沟、传统活性污泥曝气池、人工湿地、人工快渗、稳定塘、化学法除磷等，其他与当地农村特点相适应得技术也可以采用。

3.0.5　农村生活污水处理站用地应按规划期规模控制，节约用地。

3.0.6　污水处理站位置的选择，应符合规划及国家有关规定。

3.0.7　农村生活污水处理站除满足水质改善的需求，还应注重与环境协调一致。

3.0.8　污水处理设备不应建在饮用水水源上游。

3.0.9　位于地震、湿陷性黄土、膨胀土、多年冻土以及其他特殊地区的污水处理设施建设，应符合国家现行相关标准的规定。

3.0.10　污水处理构筑物应满足防水、防渗相关规范、标准，严禁污染地下水。

3.0.11　冬季水温低于4℃时，宜采用地埋式构筑物或其他保温措施。

3.0.12　处理构筑物可按国家规范参数采用钢筋混凝土进行设计施工，也可直接采用一体化处理设备。

4　设计水量和水质

4.1　设计水量

4.1.1　农村生活污水主要包括厕所、盥洗和厨房排出的污水。

4.1.2　农村生活污水排放量宜根据实地调查结果确定。

4.1.3　调查数据缺乏时，宜在调查当地用水现状、生活习惯、经济条件、地区规划等基础上酌情确定。也可参考表1数值。

表1　农村居民日用水量参考值

村庄类型	用水量/[L/(人・日)]
经济条件好，有独立淋浴、水冲厕所、洗衣机，旅游区	100～180
经济条件较好，有独立厨房和淋浴设施	60～120
经济条件一般，有简单卫生设施	50～80
无水冲式厕所和淋浴设备，水井较远，需自挑水	40～60

通过排放系数确定污水量。农村生活污水排水量一般为总用水量的40%～80%，有洗衣污水室外泼洒、厨房污水喂猪等习惯的地方可取下限值，排水设施完善的地方可取上限值。

4.1.4　农村生活污水排放呈不连续状态，污水处理设施的设计流量应按下列原则确定：

1）调节设施前的处理设施的设计流量应按最高时污水量设计；

2）调节设施后的处理设施的设计流量应按平均时污水量设计。

4.2　设计水质

4.2.1　农村生活污水水质宜通过实地调查结果确定设计水质。

4.2.2　实地调查困难或无调查数据，可参考表2中数值进行适当取值。通常，化粪池出水浓度高，盥洗排水和厨房排水浓度低。

表2　农村居民生活污水水质参考取值　　单位：mg/L，pH值除外

主要指标	pH值	SS	COD	BOD_5	NH_3-N	TP
建议取值范围	6.5～8.5	100～200	100～450	70～300	20～90	2.0～7.0

5　污水收集系统

5.0.1　农村生活污水收集系统包括3部分：农户庭院污水收集系统、庭院外的村庄污水收集系统、污水处理出水排放系统。

5.0.2 农户庭院污水收集系统主要是收集庭院内厕所、厨房和洗浴等污水，其布设方式应考虑农户的生活习惯、风俗文化、庭院布局、污水处理方式等因素。

5.0.3 农户庭院污水收集系统包含排水管、检查井、化粪池等设施。宜将厕所粪便污水与厨房污水、洗涤洗浴污水分开收集，厕所粪便污水需先排入化粪池，再流入排水管，厨房和洗浴污水可直接进入排水管。

5.0.4 宜在厨房下水道前安装防堵漏斗，浴室设置毛发过滤网，出庭院前设置检查井和格网，管道最小设计坡度宜为0.5%。管道设计可参考《建筑给水排水设计规范》(GB 50015)。

5.0.5 村庄污水收集系统包括接户管、支管、干管、检查井和提升泵站等设施。农户庭院污水经接户管进入支管再汇入干管，排至村庄污水处理站。村庄污水管网应根据村落的格局、地形地貌等因素合理布设。

5.0.6 利用村内地势差和现有沟渠收集村庄污水时，应采取密封和防渗措施。

5.0.7 村庄污水收集管渠的设计可参照排水管管径宜不低于100mm，坡度宜不低于0.5%，70m以内或转弯处设置检查井，管道设计可参考《室外排水设计规范》(GB 50014)。

5.0.8 铺设重力管网有困难的地区，可采用非重力排水系统。

5.0.9 污水处理出水排放系统主要是将污水处理设施处理出水输送到受纳水体或指定的位置，可采用管道或沟渠。

6 污水处理

6.1 分户污水处理设施

6.1.1 分户污水处理设施宜采用一体化装置，装置标准参考《户用生活污水处理装置》(CJ/T 441—2013)。

6.1.2 污水进入一体化装置之前应进行预沉淀处理，可采用已建成的化粪池作为沉淀处理单元。

6.1.3 当采用一体化装置出水不能满足要求时，宜增加自然生物处理。

6.1.4 以去除有机物（COD）为主要目的时，可采用好氧生物处理装置，或厌氧生物膜＋人工湿地等自然生物处理组合设施。

6.1.5 要求去除COD和总氮时，宜采用缺氧与好氧生物处理组合设施。

6.1.6 厕所粪便污水单独处理时，可采用一体化生物反应器或化粪池＋自然生物处理工艺。

6.1.7 居民洗衣、淋浴及厨房洗涤等低浓度生活污水可直接采用人工湿地处理后排放或综合利用。

6.1.8 处理出水有消毒需求时应设消毒池或使用含氯消毒药片。

6.2 村庄污水集中处理设施

6.2.1 村庄污水集中处理宜采用一体化装置或工程构筑物。

6.2.2 污水进入污水处理站前宜经过化粪池或厌氧池预处理。

6.2.3 污水处理站宜设置调节池。

6.2.4 以去除有机物（COD）为主要目的时，可采用好氧生物处理设施。

6.2.5　要求去除COD和总氮时，宜采用缺氧与好氧生物组合设施。

6.2.6　要求去除COD、总氮和总磷时，宜采用缺氧与好氧生物组合设施，后接化学除磷单元。

6.2.7　污水处理站需设置消毒单元。

6.2.8　当采用生物处理设施出水不能满足要求时，宜增加自然生物处理。

6.3　村庄污水纳入城镇污水管网

6.3.1　对于具备将污水纳入城镇污水管网的村庄，优先考虑将居民生活污水接入城镇污水管网，由城镇污水处理厂统一处理。

6.3.2　污水纳管系统包括管道、检查井和提升泵站。村庄污水通过管道输送到城镇污水管网。管道、检查井和泵站设计可参照《室外排水设计规范》（GB 50014）。

6.4　初级处理设施

6.4.1　化粪池

6.4.1.1　化粪池可应用于农村改厕的粪便污水初级处理，并且应与污水收集和处理系统一考虑。

6.4.1.2　化粪池的施工应参考《镇（乡）村排水工程技术规程》（CJJ 124—2008）的相关规定。可选用预制成品，或现场建造，应便于清掏池底污泥。污泥清掏周期应根据污水温度和当地气候条件确定，宜采用3～12个月。

6.4.1.3　化粪池应设在室外，其外壁距农房宜根据各地农房性质、基础条件确定，如条件限制设置与机动车道下时，池底和池壁应按机动车荷载核算。

6.4.1.4　化粪池的构造应符合《农村户厕卫生规范》（GB 19379—2012）的要求。

6.4.1.5　污水在化粪池中停留时间宜采用12～36h。化粪池容积应包括贮存污泥的容积，可根据《镇（乡）村排水工程技术规程》进行计算。

6.4.1.6　化粪池池壁和池底须进行防渗设计，严禁污染地下水和周边环境。应采取防臭和防爆措施。

6.4.2　厌氧生物膜池

6.4.2.1　厌氧生物膜池可用于农村生活污水的初级处理。

6.4.2.2　厌氧生物膜池应位于化粪池后；厌氧生物膜池也可与化粪池合建。

6.4.2.3　厌氧生物膜池填料装填高度不宜小于池深的2/3。

6.4.2.4　厌氧生物膜池的水力停留时间宜取2～5d，排泥间隔时间为3个月至1年。

6.4.2.5　厌氧生物膜池应采取防渗、防臭和防爆措施。

6.5　生物处理设施

6.5.1　生物接触氧化池

6.5.1.1　生物接触氧化池可用于农村生活污水分户和村庄集中处理。

6.5.1.2　生物接触氧化池可分为单级和多级接触氧化。当具有脱氮功能要求时，应采用好氧池和缺氧池。

6.5.1.3　生物接触氧化池有效容积宜依据以下公式计算：

$$V=Q\times n\times(L_a-L_e)/(M\times1000)$$

式中　V——生物接触氧化池的有效容积，m^3；

Q——每人每天污水量，$m^3/(人 \cdot d)$；

n——服务人数，人；

L_a——进水 BOD_5 浓度，mg/L；

L_e——出水 BOD_5 浓度，mg/L；

M——BOD_5 容积负荷，kg $BOD_5/(m^3 \cdot d)$。

6.5.1.4　生物接触氧化池前应设置初沉池等预处理设施，以防止填料堵塞。初沉池可以是单独的沉淀池或一体化设备中的沉淀单元，已建符合要求的化粪池也可作为初沉池。

6.5.1.5　生物接触氧化池内的填料应适于长期浸入污水环境中，并适宜微生物附着生长。

6.5.2　生物滤池

6.5.2.1　村庄集中污水处理可采用生物滤池，包括普通生物滤池（也称滴滤池）、高负荷生物滤池或曝气生物滤池等类型。

6.5.2.2　普通生物滤池由池体、滤料、布水装置和排水系统组成。池体宜为方形、矩形或圆形；滤料宜采用碎石、卵石或炉渣，粒径为 30～100mm；布水装置可采用固定式或移动式；排水系统应设置渗水装置、集水沟和总排水沟。容积负荷宜为 0.15～0.3kg $BOD_5/(m^3 \cdot d)$。

6.5.2.3　高负荷生物滤池水力负荷宜为 10～30$m^3/(m^2 \cdot d)$，容积负荷宜小于 1.8kg $BOD_5/(m^3 \cdot d)$ 构造，滤料粒径为 40～100mm，宜采用旋转布水器。

6.5.3　生物转盘

6.5.3.1　村庄集中污水处理可采用生物转盘。

6.5.3.2　村庄集中污水处理宜采用单周多级转盘，不宜小于 3 级。

6.5.3.3　生物转盘的 BOD_5 面积负荷宜为 6～30g $BOD_5/(m^2 \cdot d)$。

6.5.4　氧化沟

6.5.4.1　村庄集中污水处理可采用氧化沟。

6.5.4.2　氧化沟曝气设备除应具有良好的充氧性能外，还应具有混合和推流作用，设备选型时要综合考虑充氧和混合推流功能。

6.5.4.3　氧化沟的污水停留时间宜为 10～30h，污泥龄宜为 10～30d，沟内流速宜大于 0.3m/s，沟内污泥浓度宜为 2000～4000mg/L。

6.5.4.4　单沟型氧化沟可采用连续进水间歇曝气运行模式脱氮，缺氧 DO 低于 0.5mg/L，好氧大于 2.0mg/L。

6.5.5　传统活性污泥曝气池

6.5.5.1　村庄集中污水处理可采用传统活性污泥曝气池。

6.5.5.2　污水进入曝气池之前宜设置初沉池。

6.5.5.3　曝气池内活性污泥的污泥龄宜为 3.5～23d，水力停留时间宜大于 8h，污泥浓度宜为 2000～4000mg/L，曝气池的溶解氧含量应保持在 2mg/L 以上。

6.5.5.4　传统活性污泥曝气池可采用连续进水间隙曝气运行模式脱氮。

6.6 自然生物处理

6.6.1 人工湿地

6.6.1.1 人工湿地按水流特征，可分为表面流人工湿地、水平潜流人工湿地、垂直潜流人工湿地，以及由不同类型人工湿地组合而成的复合型人工湿地等，应根据当地可用场地面积、地质、地貌、气候等自然条件选择合适的人工湿地类型。

6.6.1.2 污水进入人工湿地前，除应经过有效预处理外，宜用生物处理降低悬浮物（SS）浓度，调节改善废水水质特性，降低后续人工湿地处理难度和堵塞可能性。

6.6.1.3 人工湿地的设计宜根据进出水水质要求，按照污染物去除负荷和水力负荷计算，应根据试验或当地相似污水的运行数据确定设计参数。无资料时，可按表3取设计参数。

表3 人工湿地主要设计参数

参数	表面流人工湿地	水平潜流人工湿地	垂直潜流人工湿地
人口当量表面积/(m^2/人)	≥10	≥5	≥2.5
表面 BOD_5 负荷/[g/(m^2·d)]	≤4.5	≤10	≤20
表面水力负荷/[m^3/(m^2·d)]	—	≤0.04	≤0.08

复合型人工湿地可以根据地形和水质特点，选择上述不同湿地类型进行组合而成，其设计可以将总的污染物负荷分配到各段分别进行设计，其参数选取可以参照表3。

6.6.1.4 人工湿地系统多采用碎石、粗砂、矿渣等基质材料作为填料。填料粒径范围宜取1～10mm。对于起均匀布水作用的填料，粒径可以取10～35mm。

6.6.1.5 人工湿地的植物宜选取根系发达、处理性能好、成活率高、抗污能力强且具有一定美学和经济价值的水生植物。

6.6.1.6 表面流人工湿地水深一般为20～80cm，水平潜流人工湿地水位则一般保持在基质表面下方5～20cm，并根据待处理的污水水量等情况进行调节。

6.6.1.7 人工湿地应加强对植物生长的管理，定期（一般为秋季）收割植物，补种缺苗和死苗。对于生长过密的植物，可按一定间隔清除部分植株。

6.6.1.8 人工湿地应定期清除淤泥（沉积物），防止湿地堵塞。对于出现填料堵塞的人工湿地，宜按间隙方式运行，必要时可以取出部分填料进行清洗。

6.6.2 土地渗滤

6.6.2.1 土地渗滤根据污水的投配方式及处理过程的不同，可以分为慢速渗滤、快速渗滤、地表漫流和地下渗滤四种类型。应根据当地条件选择合适的渗滤类型。

6.6.2.2 慢速渗滤系统的设计参数选择：土地渗透系数为0.036～0.36m/d，地面坡度小于30%，土层深度大于0.6m，地下水位埋深大于0.6m。

6.6.2.3 快速渗率适用于具有良好渗滤性能的土壤，参数选择：土地渗透系数0.45～0.6m/d，地面坡度小于15%，以防止污水下渗不足，土层厚大于1.5m，地下水位埋深大于1.0m。

6.6.2.4 地表漫流适用于土质渗透性差的黏土或亚黏土的地区，地面最佳坡度为2%～8%。污水以喷灌法和漫灌（淹灌）法有控制地分布在地面上均匀地漫流，流向坡脚的集水渠，地面种植牧草或其他植物，供微生物栖息并防止土壤流失，尾水收集后可回用或排放进入纳污水体。

6.6.2.5　地下渗滤是将污水投配到距地表一定距离、有良好渗透性的土层中，利用土毛细管浸润和渗透作用，使污水向四周扩散。

6.6.3　稳定塘

6.6.3.1　稳定塘（又名氧化塘），一般可分为好氧塘、兼性塘、厌氧塘、曝气塘和生态塘。

6.6.3.2　好氧塘深度一般在0.5m左右，兼性塘深度在1.2～1.5m之间，厌氧塘深度宜大于2.0m，曝气塘深度宜大于2.0m。塘中可种植芦苇、茭白等水生植物，以提高污水处理能力。

6.6.3.3　稳定塘应尽量远离居民点，而且应该位于居民点长年风向的下方，防止水体散发臭气和滋生的蚊虫的侵扰。

6.6.3.4　稳定塘应防止暴雨时期产生溢流，在稳定塘周围要修建导流明渠将降雨时的雨水引开。暴雨较多的地方，衬砌应做到塘的堤顶以防雨水反复冲刷。

6.6.3.5　塘的底部和四周应作防渗处理，预防塘水下渗污染地下水。防渗处理可采用黏土夯实、土工膜和塑料薄膜衬面等。

6.7　化学法除磷

6.7.1　污水经处理后出水总磷不能达到要求时，可采用絮凝沉淀化学法除磷。

6.7.2　化学法除磷所使用的絮凝剂有铁盐絮凝剂、铝盐絮凝剂和石灰等。常用的铁盐絮凝剂有硫酸亚铁、氯化硫酸铁和三氯化铁；常用的铝盐絮凝剂有硫酸铝、氯化铝和聚合氯化铝。

6.7.3　化学法除磷设计中，药剂的种类、剂量和投加点宜根据试验资料确定。在无试验资料时，可采用类似工程的数据，或参考以下参数。

1）采用铝盐或铁盐作混凝剂时，其投加混凝剂中所含的铝或铁与污水中总磷的摩尔比宜为1.5～3。

2）石灰作为絮凝剂时，应需投加400mg/L以上石灰，并应加25mg/L左右的铁盐作助凝剂，准确投加量宜通过试验确定。

6.8　消毒技术

6.8.1　污水处理设施出水应根据用途功能要求，采用消毒处理。

6.8.2　村庄污水的消毒技术可采用二氧化氯、漂白粉和含氯消毒药片及其他能达到消毒目的的技术。

6.8.3　各种消毒剂的投加量宜根据试验资料确定。当无实测资料时，生物处理出水的加氯量，以氯计为5～10mg/L。

7　配套设施

7.1　污泥处理与处置

7.1.1　采用生物法处理污水产生的剩余污泥应定期处理和处置。

7.1.2　污泥处理与处置应符合减量化、稳定化、无害化的原则，根据当地条件选择农村适宜的污泥处理设施与处置方式，满足农用标准的污泥，宜优先就近土地利用。

7.1.3　产生的污泥量较少时，可将污泥返回到化粪池或厌氧池等污水处理设施中进行贮存，定期外排。

7.1.4　污泥量较多时，宜单独进行污泥的处理与处置。污泥处理设施可与污水处理设施合建，也可分散设施联合集中处理。

7.1.5　污泥处理可采用自然干化、堆肥，也可进入市政系统与市政污泥一并处理。

7.1.6　采用好氧堆肥处理时，堆肥时间宜在15d以上，堆肥温度宜保持55℃、3d以上或50℃、10d以上。

7.1.7　采用传统厌氧堆肥时间宜在3～6月，温度接近常温。机械化厌氧堆肥宜保持中温30～40℃和高温50～55℃，时间宜保持15～20d。

7.2　其他

7.2.1　污水处理设施和污泥处理与处置过程产生臭气对周边人居环境造成污染时，需对臭气进行处理。

7.2.2　农村污水处理设施宜配备自动控制和远程监管系统。

7.2.3　农村污水设施可精简管理用房。

7.2.4　污水和污泥处理设施的泵和风机应采取降噪措施，尽可能较少噪声对人居环境的影响。

7.2.5　污水处理站供电可按三级负荷等级设计，重要地区的污水处理站宜按二级负荷等级设计。

8　施工和验收

8.1　一般规定

8.1.1　农村生活污水处理设施通常工程规模小、总数量多、布局分散，项目建设宜由县（市、区）相关职能部门或乡镇政府统一按区域分片实施，可统一组织招标、采购和委托工程监理等工作。

8.1.2　农村生活污水处理设施建设专业性强，且单个设施建设规模小，应鼓励工程设计施工总承包。对于采用一体化处理设备的项目，应鼓励设备提供商作为总承包商进行工程规划、设计、设备供应以及施工安装和调试。

8.1.3　建设单位、施工单位和监理单位除应遵守国家、地方相关地方规定外，还应明确农村生活污水处理中的其他特定职责。

8.1.4　建设单位作为工程项目的第一责任人，应对项目实施情况进行实地检查，建立严格的隐蔽工程验收制度，做好对重点环节的检查验收，与监理单位共同控制好质量、进度和投资。

8.1.5　工程施工单位应具有承担同类污水处理设计、施工资质或实践经验。

8.1.6　监理单位应严格履行监理职责，严把材料设备关，未经监理工程师签字，建筑材料、构配件和设备不得在工程上使用或者安装，施工单位不得进行下一道工序的施工。除一般性施工监理外，对于隐蔽工程，监理工程师应实行旁站监督，严把质量关。

8.1.7　工程项目的验收应与后续的运行管理紧密衔接。有条件时，运行管理单位应参加施工单位的调试和试运行工作，并参与工程项目的验收，保证项目验收后即可直接转入运行管理阶段。对于尚未确定运行管理单位的，建设单位应尽早落实验收后的运维工作，或暂交由施工单位、总承包单位运行管理，待运行管理单位确定后按规定办好相关移交手续，进入正式运行管理阶段。

8.1.8　竣工验收后，建设单位应将有关设计、施工和验收文件归档。材料设备供应商、设计单位、施工单位等相关单位应提供设备、设施及污水处理站点的运行维护详细说明书。

8.2　施工

8.2.1　施工前，施工单位应根据施工文件和实地情况编制施工方案，经有关部门批准后方可进入施工。

8.2.2　建筑、安装工程应符合施工设计文件、设备技术文件的要求，对必要的工程变更应取得设计、监理、建设等相关单位的变更文件签章后方可对工程进行变更施工。

8.2.3　施工中，应做好施工记录，对于隐蔽工程的施工过程应留有影像资料备查。隐蔽工程应在验收合格后，方可进行下一道工序的施工。

8.2.4　农村生活污水处理设施的施工应满足以下规定。

1）根据所要安装设备的尺寸，开挖相应尺寸的基坑。根据现场具体情况增加地基处理和维护设施或进行施工排水。设备的安装必须在基础完工后进行。

2）利用人工或合适的吊装设备将设备吊至预定的位置，并检查其是否水平。回填前向设备内里注满水。

3）排水管不能形成逆向反坡，且设备水位应高于受纳水体水位。

8.2.5　农村生活污水处理建、构筑物、设备设施的施工应符合相应的国家标准。

1）管道工程的施工，应符合现行国家标准《给水排水管道工程施工及验收规范》（GB 50268）的有关规定。

2）混凝土结构工程的施工，应符合现行国家标准《混凝土结构工程施工质量验收规范》（GB 50204）的有关规定。

3）砌体结构工程的施工，应符合现行国家标准《砌体结构工程施工质量验收规范》（GB 50203）的有关规定。

4）构筑物的施工，应符合现行国家标准《给水排水构筑物施工及验收规范》（GB 50141）的有关规定。

8.2.6　设备安装包括附属设备、电气设备、整体装置、进出水管管线及电路等安装。

8.2.7　设备安装必须按照生产企业的安装流程进行，必要时应在工艺设计人员和厂家专业人员的指导下完成。

8.2.8　鼓风机、水泵等附属设备容易产生震动和噪音，设计时应考虑防噪声措施，安装时应该注意其安装位置，并安装在预先筑好的设备基础上；电气设备须使用防水电源，同时按相关规范要求接地。

8.2.9　设备的安装需充分了解建设用地的地质条件和洪水等自然灾害因素，防止由此导致的地面下沉、塌陷、上浮及淹水等不可抗后果，影响设备的正常运行。

8.2.10　施工结束后必须进行设备调试，确认各设备是否正常运转。设备调试包括附属设备、电气设备、整体装置、水路和电路等调试。

8.2.11　设备调试应由专业的调试工程师在严格的调试程序下进行操作，并随时与设备生产商、工艺设计人员和运营维护人员进行沟通。

8.3　验收

8.3.1　施工单位按设计文件规定的和合约约定的内容及施工图纸的要求，全部完成项目建设内容，并在设备、工艺调试完成后，方可提出竣工验收申请。

8.3.2　竣工验收应按以下流程进行。

1）资料验收

竣工验收应提供如下主要文件资料：工程项目的立项文件、招标投标文件和工程承包合同、竣工验收申请、工程质量监督报告、工程决算报告及批复、工程竣工审计报告、工程调试运行报告、施工过程中的工程变更文件以及主管部门有关审批、修改、调整文件，竣工图纸、设备技术说明书等。

建设单位应对全部文件资料进行审核，审核通过后进行系统整理、分类立卷，并及时归档。文件资料审核不通过的，建设单位应提出整改意见，由相关单位限时完成整改，再次提交审核，通过后方能进行工程实体验收工作。

2）工程实体验收

文件资料审核通过后，建设单位应组织工程项目各参与方，进行现场实体验收。重点审查工程建设内容是否与设计文件相符、施工质量是否达到现行的质量验收标准、机电设备数量、型号、参数及技术要求等是否与设计文件相符、配电与自控系统是否达到相关防护要求，以及工程项目场地的安全防护措施。工程实体验收合格后，方可进行环保验收，验收不合格的应责成施工单位或其他相关单位进行限期整改。

3）环保验收

施工单位应提交调试和试运行报告，试运行报告中应包括至少连续7日以上的水质监测记录以及具有环境监测资质的单位出具的水质监测报告。出水水质应符合设计出水水质要求。

对污水处理站点的污泥处理处理置方法、臭气与噪声防治措施、施工产生的生态问题的修复等是否符合环保要求进行现场验收。

环保验收过程中，施工单位应现场演示工程项目的工艺运行过程。

9　运行和维护

9.1　污水收集系统的维护与管理

9.1.1　应定期对污水收集系统进行检查和维护，发现淤积或堵塞立即疏通。

9.1.2　排水管道接口处易松动，应定期检查管道接口和转弯处。室外塑料管道在长期日照下，易产生裂纹，因此布设排水管道时应考虑到其使用寿命，如发现开始产生裂纹，宜进行管道更换。

9.1.3　定期清理厨房下水道前防堵漏斗上残渣。

9.1.4　定期清理浴室排水毛发过滤器。

9.1.5　定期检查和清理检查井。

9.2　污水处理设施的运行和维护

9.2.1　污水处理设施的运行管理方式包括建设单位自管、设备供应商代管、集中委托运行、农户自管等，可根据具体情况选择适宜的方式。

9.2.2　工程设计或施工单位在工程竣工验收之后、正式交付之前应对运行管理人员进行培训，并及时将施工资料及系统运行管理要求等一并交付。

9.2.3　运行管理人员应熟悉处理工艺和设施、设备的运行要求、技术指标以及安全操作规程等，按照要求巡视检查污水处理设施的运行情况并按时做好运行记录。

9.2.4　运行管理人员应定期对相关设备进行保养、检查和清扫，预防设备发生功能障碍和故障，保证设施正常运转。

9.2.5　及时掌握处理系统的出水水质状况，确保出水水质达标；若出水水质不达标，应及时查找问题并予以解决。

9.2.6　应建立健全资料保存的规章制度，保存的资料应包括基础资料和运行管理资料。资料应完整、准确、客观、清晰，并有专人负责保管。

9.2.7　所有的维护管理记录应事先准备好记录表格或表单，记录应确保正确、清晰、及时。使用计算机进行记录的维护和运行资料应有备份。

9.3　污水处理设施的监管

9.3.1　为保障农村生活污水处理设施的长效运行，应建立相应的监管机制。

9.3.2　农村污水处理设施运行管理的监管宜由县（市、区）相关职能部门或乡镇政府统一实施，亦可委托第三方代行监管职责。

9.3.3　监管部门应要求运行管理责任人或运行管理单位定期提交运行管理报告，并进行审核。

9.3.4　监管部门应定期和不定期进行现场检查。

9.3.5　监管部门应委托检测机构，定期或不定期对污水处理设施的出水进行取样检测，核对运营报告提供的数据。

9.3.6　监管部门应建立居民投诉渠道，鼓励居民对运行管理工作进行监督。

9.3.7　监管部门应依据监管考核办法，定期对运行管理质量进行考核，并向主管部门提交监管考核结果，作为运行管理费用支付的依据。

1.6　山西省农村生活污水处理设施污染物排放标准（DB14/ 726—2013）

前　言

本标准按照 GB/T 1.1—2009 给出的规则起草。

本标准由山西省环境保护厅提出并归口。

本标准起草单位：山西省生态环境研究中心。

本标准主要起草人：袁进、王浩、张晶、郑毅、马浩波、田雄超。

引　言

为控制农村生活污水的排放，防治水污染，保护水资源，保障人民身体健康，促进经济、社会和环境协调发展，根据《中华人民共和国环境保护法》和《中华人民共和国水污染防治法》的规定，结合山西省农村生活污水治理状况，特制定本标准。

1 适用范围

本标准规定了农村生活污水排放的术语和定义、分级和限值、监测、标准的实施与监督。

本标准适用于农村地区，设计规模不大于 500m³/d 的生活污水处理设施水污染物的排放管理。

2 规范性引用文件

下列文件对于本文件的应用是必不可少的。凡是注日期的引用文件，仅注日期的版本适用于本文件。凡是不注日期的引用文件，其最新版本（包括所有的修改单）适用于本文件。

GB 3838 地表水环境质量标准

GB/T 6920 水质 pH 值的测定 玻璃电极法

GB/T 7494 水质 阴离子表面活性剂的测定 亚甲蓝分光光度法

GB/T 11893 水质 总磷的测定 钼酸铵分光光度法

GB/T 11894 水质 总氮的测定 碱性过硫酸钾消解紫外分光光度法

GB/T 11901 水质 悬浮物的测定 重量法

GB/T 11914 水质 化学需氧量的测定 重铬酸盐法

HJ/T 347 水质 粪大肠菌群数的测定 多管发酵法和滤膜法

HJ 505 水质 五日生化需氧量（BOD_5）的测定 稀释与接种法

HJ 535 水质 氨氮的测定 纳氏试剂分光光度法

HJ 536 水质 氨氮的测定 水杨酸分光光度法

HJ 537 水质 氨氮的测定 蒸馏—中和滴定法

3 术语和定义

下列术语和定义适用于本文件。

3.1

农村地区 rural area

从事农业生产活动，以农业人口居住为主的地区。

3.2

农村生活污水 rural sewage

农村居民生活活动所产生的污水。主要包括厕所卫生间冲厕、炊事、洗衣、洗浴、清扫以及家庭圈养畜禽排水，农村公用设施、旅游接待户、旅馆饭店等的排水。

3.3

生活污水处理设施 sewage treatment facilities

对生活污水用物理、化学、生物的方法进行净化处理的设施。

4 分级和限值

4.1 标准分级

4.1.1 农村生活污水处理设施水污染物排放分为一级、二级和三级标准。

4.1.2 出水排入 GB 3838 规定的地表水Ⅲ类功能水域（划定的饮用水水源保护区

和游泳区除外）时，执行一级标准。

4.1.3　出水排入 GB 3838 规定的地表水Ⅳ类、Ⅴ类功能水域时，执行二级标准。

4.1.4　出水排入水塘、水渠等农业灌溉水体，回用于旱作农田灌溉时，执行三级标准。

4.1.5　出水回用于旱作农田灌溉之外的其他用途时，按照相应标准执行。

4.2　标准限值

农村生活污水处理设施水污染物排放标准限值见表 1。

表 1　污染物最高允许排放限值（日均值）

序号	控制项目	一级标准	二级标准	三级标准
1	pH 值	6～9		5.5～8.5
2	化学需氧量（COD_{Cr}）/(mg/L)	60	150	200
3	五日生化需氧量（BOD_5）/(mg/L)	20	50	80
4	悬浮物(SS)/(mg/L)	20	50	100
5	氨氮（以 N 计）/(mg/L)	15	30	—
6	总氮（以 N 计）/(mg/L)	20	—	—
7	总磷（以 P 计）/(mg/L)	1	—	—
8	阴离子表面活性剂/(mg/L)	1	—	—
9	粪大肠菌群数/(个/L)	10000	—	—

5　监测

5.1　农村生活污水处理设施运行过程中，要定期进行水质监测。采样应在污水处理设施工艺末端排放口，采样频率为每 4h 1 次，监测结果取 24h 平均值。有条件的污水处理设施建议安装在线实时监测仪器设备及污水水量计量装置。

5.2　监测分析方法按表 2 执行。

表 2　水污染物监测分析方法

序号	控制项目	测定方法	执行标准
1	pH 值	玻璃电极法	GB/T 6920
2	化学需氧量（COD_{Cr}）	重铬酸盐法	GB/T 11914
3	五日生化需氧量（BOD_5）	稀释与接种法	HJ 505
4	悬浮物(SS)	重量法	GB/T 11901
5	总氮(TN)	碱性过硫酸钾消解紫外分光光度法	GB/T 11894
6	氨氮	纳氏试剂分光光度法 水杨酸分光光度法 蒸馏—中和滴定法	HJ 535 HJ 536 HJ 537
7	总磷(TP)	钼酸铵分光光度法	GB/T 11893
8	阴离子表面活性剂	亚甲蓝分光光度法	GB/T 7494
9	粪大肠菌群数	多管发酵法和滤膜法	HJ/T 347

6 标准的实施与监督

各级环保部门在对污水处理设施进行监督检查时，可以现场即时采样或监测的结果，作为判定排污行为是否符合排放标准及实施相关环境保护管理措施的依据。

1.7 浙江省农村生活污水处理设施水污染物排放标准（DB33/ 973—2015）

前　　言

为控制农村水污染，改善水环境质量，保障人体健康，维护生态平衡，根据《中华人民共和国环境保护法》《中华人民共和国水污染防治法》《浙江省水污染防治条例》和《浙江省饮用水水源保护条例》，结合浙江省农村实际，制定本标准。

本标准规定了农村生活污水处理设施污染物排放限值、监测和监控要求，以及标准的实施与监督等相关规定。

本标准由浙江省环境保护厅提出并归口。

本标准主要起草单位：浙江省环境保护科学设计研究院、浙江大学。

本标准由浙江省人民政府 2015 年 6 月 29 日批准。

本标准自 2015 年 7 月 1 日起实施。

本标准由浙江省环境保护厅解释。

本标准为首次发布。

1 适用范围

本标准规定了农村生活污水处理设施的水污染物排放控制要求、监测、标准的实施与监督等要求。

本标准适用于除城镇建成区以外地区的农村生活污水处理设施水污染物排放管理。

本标准适用于法律允许的污染物排放行为。

本标准不适用于混入工业废水的农村生活污水处理设施。

2 规范性引用文件

下列文件对于本文件的应用是必不可少的。凡是注日期的引用文件，仅所注日期的版本适用于本文件。凡是不注日期的引用文件，其最新版本（包括所有的修改单）适用于本文件。

GB/T 6920　水质　pH 值的测定　玻璃电极法

GB 11893　水质　总磷的测定　钼酸铵分光光度法

GB 11901　水质　悬浮物的测定　重量法

GB 11914　水质　化学需氧量的测定　重铬酸盐法

HJ/T 91　地表水和污水监测技术规范

HJ/T 347　水质　粪大肠菌群的测定　多管发酵法和滤膜法（试行）

HJ/T 399　水质　化学需氧量的测定　快速消解分光光度法

HJ 536　水质　氨氮的测定　水杨酸分光光度法

HJ 637　水质　石油类和动植物油类的测定　红外分光光度法

《排污口规范化整治技术要求（试行）》 环监〔1996〕470号

3 术语和定义

下列术语和定义适用于本标准。

3.1

农村生活污水 rural domestic sewage

农村居民生活和经营农家乐产生的污水，包括冲厕、炊事、洗衣、洗澡等活动产生的污水。

3.2

农村生活污水处理设施 rural sewage treatment facility

对农村生活污水进行处理的构筑物及设备。

3.3

现有设施 existing facility

本标准实施之日前建成或环境影响评价文件通过审批的农村生活污水处理设施。

3.4

新建设施 new facility

本标准实施之日起新建、改建、扩建的农村生活污水处理设施。

4 水污染物排放控制要求

4.1 标准分级

4.1.1 现有设施水污染物排放按照设计标准执行相关限值要求，也可参照本标准执行。

4.1.2 自本标准实施之日起，新建设施水污染物排放执行表1规定的限值。

表1 水污染物最高允许排放浓度

序号	控制项目名称	一级标准	二级标准
1	pH值①	6～9	
2	化学需氧量(COD_{Cr})/(mg/L)	60	100
3	氨氮(NH_3-N)/(mg/L)	15	25
4	总磷(以P计)/(mg/L)	2	3
5	悬浮物(SS)/(mg/L)	20	30
6	粪大肠菌群/(个/L)	10^4	
7	动植物油②/(mg/L)	3	5

① 无量纲。

② 仅针对含农家乐废水的处理设施执行。

4.1.3 位于重要水系源头、重要湖库集水区等水环境功能重要地区和水环境容量较小的平原河网地区的新建设施执行一级标准；位于其他地区的执行二级标准。

4.1.4 执行一级标准的地域范围由县级人民政府确定。

4.2 其他管理规定

农村生活污水处理设施排泥应合理处置并遵循资源化利用优先的原则。

5　监测要求

5.1　参照《排污口规范化整治技术要求（试行）》的有关规定，在污染物排放监控位置应设置永久性排污口标志。

5.2　对水污染物监测应按 HJ/T 91 执行。

5.3　水污染物浓度的测定采用表 2 所列的方法标准或国家认定的其他等效方法标准。

表 2　水污染物浓度测定方法标准

序号	污染物项目	方法标准名称	方法标准编号
1	pH 值	水质　pH 值的测定　玻璃电极法	GB/T 6920
2	化学需氧量(COD_{Cr})	水质　化学需氧量的测定　重铬酸盐法	GB 11914
		水质　化学需氧量的测定　快速消解分光光度法	HJ/T 399
3	氨氮(NH_3-N)	水质　氨氮的测定　水杨酸分光光度法	HJ 536
4	总磷(TP)	水质　总磷的测定　钼酸铵分光光度法	GB 11893
5	悬浮物(SS)	水质　悬浮物的测定　重量法	GB 11901
6	粪大肠菌群	水质　粪大肠菌群的测定　多管发酵法和滤膜法(试行)	HJ/T 347
7	动植物油	水质　石油类和动植物油类的测定　红外分光光度法	HJ 637

6　实施与监督

6.1　本标准由县级以上人民政府环境保护行政主管部门负责监督实施。

6.2　县级人民政府确定执行一级标准的地域范围后应向社会公开。

6.3　县级环境保护行政主管部门可依据当地环境保护需要，执行更严格的标准。

1.8　河北省农村生活污水排放标准（DB13/ 2171—2015）

前　　言

本标准按照 GB/T 1.1—2009 给出的规则起草。

本标准由河北省环境保护厅提出并负责解释。

本标准起草单位：河北省环境科学研究院。

本标准主要起草人：冯海波、王靖飞、田在锋、吴亦红、朱静、边蔚、万宝春、杨晶、康全影。

1　范围

本标准规定了农村生活污水及处理设施的术语和定义、一般要求、水污染物排放限值、监测要求等。

本标准适用于农村生活污水处理设施的水污染物的排放管理。

2　规范性引用文件

下列文件对于本文件的应用是必不可少的。凡是注日期的引用文件，仅所注日期的版本适用于本文件。凡是不注日期的引用文件，其最新版本（包括所有的修改单）适用于本文件。

GB 3838　地表水环境质量标准

GB 5084　农田灌溉水质标准

GB 8978　污水综合排放标准

GB 11607　渔业水质标准

GB 3097　海水水质标准

GB 18918　城镇污水处理厂污染物排放标准

《污染源监测技术规范》国家环境保护总局

《关于农村地区生活污水排放执行国家污染物排放标准等问题的复函》 环办函〔2010〕844 号

《建设项目环境管理若干问题的规定》冀环〔2003〕13 号

3　术语和定义

下列术语和定义适用于本文件。

3.1

农村生活污水

农村居民生活活动中产生的污水，主要包括洗涤、洗浴和厨厕排水，不包括乡镇企业工业废水和规模化畜禽养殖业废水。

3.2

农村生活污水处理设施

对农村家庭产生的生活污水进行集中或分散处理，达到水污染物排放标准的设备和构筑物的总称。

3.3

污水再利用

生活污水经处理达标后用于农业灌溉、渔业等用水的行为。

4　一般要求

4.1　应根据村庄所处区位、人口规模、聚集程度、地形地貌、排水特点及排放要求，结合当地经济承受能力等具体情况，采用适宜的污水收集和处理模式进行农村生活污水处理。

4.2　提倡推广应用新技术、新材料、新工艺、新设备处理农村生活污水，不得使用国家明令淘汰的材料与技术，在污水收集时，要注意雨污分流，鼓励农村生活污水处理达标后再利用。

4.3　对分布在城镇周边、可将生活污水纳入城镇污水管网的农村，应将农村生活污水纳入城镇污水处理厂进行集中处理。

4.4　对于污水处理达标后用于农田灌溉的，应设置水量调蓄设施。

5　排放要求

5.1　农村分类

为了便于对农村水污染控制进行分类指导，本标准根据各地农村的经济状况、基础设施、自然环境条件，把农村划分为 3 种不同类型：

a）发达型农村是指人均纯收入>6000 元/(人·年)，基础设施完备，住宅建设集中、整齐、有一定比例楼房的集镇或村庄；

b）较发达型农村：人均纯收入 3500～6000 元/(人·年)，有一定基础设施或具备一定发展潜力，住宅建设相对集中、整齐、以平房为主的集镇或村庄；

c）欠发达型农村，是指经济状况差，人均纯收入<3500 元/(人·年)，基础设施不完备，住宅建设分散、以平房为主的集镇或村庄。

5.2　控制项目

参考 GB 18918 和 GB 8978 的有关规定，结合 GB 3838、GB 5084、GB 11607、GB 3097等水环境质量标准的水质指标要求，污染物控制项目共 11 项。

5.3　标准分级

5.3.1　参考 GB 18918 和 GB 8978 的有关规定，将控制项目标准值分为一级标准、二级标准、三级标准。一级标准又分为 A 标准和 B 标准。

5.3.2　排入国家、省确定的重点流域及湖泊、水库等封闭、半封闭水域，或引入稀释能力较小的河湖作为景观用水和一般回用水等用途，以及排水不能汇入地表水系时，执行一级标准的 A 标准。

5.3.3　对于发达、较发达型农村，当出水排入 GB 3838 地表水Ⅲ类功能水域（划定的饮用水水源保护区和游泳区除外）、GB 3097 海水二类功能水域时，执行一级标准的 B 标准。

5.3.4　对于欠发达型农村，当出水排入 GB 3838 地表水Ⅲ类功能水域（划定的饮用水水源保护区和游泳区除外）、GB 3097 海水二类功能水域时，执行二级标准。

5.3.5　当出水排入 GB 3838 地表水Ⅳ类、Ⅴ类功能水域或 GB 3097 海水三、四类功能海域时，执行三级标准。

5.4　标准值

参考 GB 18918 和 GB 8978 的有关规定，经处理后向环境排放的污水水质，其最高允许排放浓度必须符合表 1 的规定。

表 1　水污染物最高允许排放浓度

序号	控制项目名称	一级标准		二级标准	三级标准
		A 标准	B 标准		
1	pH 值	6～9			
2	色度(稀释倍数)	30	30	50	80
3	化学需氧量(COD_{Cr})/(mg/L)	50	60	100	150
4	生化需氧量(BOD_5)/(mg/L)	10	20	20	30
5	悬浮物(SS)/(mg/L)	10	20	40	50
6	总氮(以 N 计)/(mg/L)	15	20	—	—
7	氨氮(NH_3-N)/(mg/L)	5(8)	8(15)	15	25
8	总磷(以 P 计)/(mg/L)	0.5	1	—	—
9	阴离子表面活性剂(LAS)/(mg/L)	0.5	1	5	10

续表

序号	控制项目名称	一级标准		二级标准	三级标准
		A 标准	B 标准		
10	动植物油/(mg/L)	1	3	10	15
11	粪大肠菌群数/(个/L)	10^3	10^4	10^4	10^4

注：括号外数值为水温＞12℃时的控制指标，括号内数值为水温≤12℃时的控制指标。

5.5 污水再利用

污水处理后回用的，其水质应满足相关用水标准的规定。

6 其他规定

农村卫生所污水必须自行经过消毒处理后方可纳入农村生活污水处理系统进行处理。

7 监测

7.1 水质取样在污水处理设施末端排放口，在排放口必须设置排放口标志。

7.2 对水污染物排放情况进行监测的频次、采样时间等要求，按国家《污染源监测技术规范》的有关规定执行。

7.3 对排放水污染物浓度的测定分析方法见表 2。

表 2 水污染物浓度测定方法标准

序号	污染物项目	方法标准名称	方法标准编号
1	pH 值	水质 pH 值的测定 玻璃电极法	GB 6920—86
2	色度	水质 色度的测定 稀释倍数法	GB 11903—89
3	化学需氧量(COD_{Cr})	水质 化学需氧量的测定 重铬酸盐法	GB 11914—89
4	生化需氧量(BOD_5)	水质 生化需氧量(BOD_5)的测定 稀释与接种法	HJ 505—2009
5	悬浮物(SS)	水质 悬浮物的测定 重量法	GB 11901—89
6	氨氮(NH_3-N)	水质 氨氮的测定 纳氏试剂比色法	HJ 535—2009
7	总氮	水质 总氮的测定 碱性过硫酸钾消解紫外分光光度法	HJ 636—2012
		水质 总氮的测定 气相分子吸收光谱法	HJ/T 199—2005
8	总磷(TP)	水质 总磷的测定 钼酸铵分光光度法	GB/T 11893—89
9	阴离子表面活性剂(LAS)	水质 阴离子表面活性剂的测定 亚甲蓝分光光度法	GB 7494—87
10	动植物油	水质 动植物油的测定 红外光度法	HJ 637—2012
11	粪大肠菌群数	水质 粪大肠菌群数的测定 多管发酵法、滤膜法	HJ/T 347—2007

1.9 重庆市农村生活污水集中处理设施水污染物排放标准（DB 50/848—2018）

前 言

为贯彻《中华人民共和国环境保护法》《中华人民共和国水污染防治法》《重庆市环

境保护条例》等法律、法规，促进农村生活污水污染防治，改善重庆市水环境质量，保护人体健康，结合重庆市农村排水实际，制定本标准。

本标准规定了重庆市农村生活污水集中处理设施水污染物排放限值、监测和监督管理要求。环境影响评价文件或排污许可证要求严于本标准时，按照批复的环境影响评价文件或排污许可证执行。

本标准按照 GB/T 1.1—2009 给出的规则起草。

本标准由重庆市环境保护局提出并归口。

本标准主要起草单位：重庆大学。

本标准主要起草人：何强、李莉、柴宏祥、艾海男、古励、翟俊、周健、李果、李宏、陈一。

本标准由重庆市人民政府于 2018 年 3 月 16 日批准。

本标准于 2018 年 4 月 8 日首次发布，自 2018 年 7 月 1 日起实施。

1 范围

本标准规定了重庆市农村生活污水集中处理设施的水污染物排放限值、监测和监督实施要求。

本标准适用于重庆市农村生活污水集中处理设施水污染物的排放管理。

本标准适用于法律允许的污染物排放行为。

2 规范性引用文件

下列文件对于本文件的应用是必不可少的。凡是注日期的引用文件，仅所注日期的版本适用于本文件。凡是不注日期的引用文件，其最新版本（包括所有的修改单）适用于本文件。

GB 18918 城镇污水处理厂污染物排放标准

GB 18466 医疗机构水污染物排放标准

GB/T 6920 水质 pH 值的测定 玻璃电极法

GB/T 11893 水质 总磷的测定 钼酸铵分光光度法

GB/T 11901 水质 悬浮物的测定 重量法

GB/T 11914 水质 化学需氧量的测定 重铬酸盐法

HJ/T 91 地表水和污水监测技术规范

HJ 537 水质 氨氮的测定 蒸馏-中和滴定法

HJ 637 水质 动植物油的测定 红外光度法

3 术语和定义

下列术语和定义适用于本标准。

3.1 农村生活污水（rural sewage）

农村（包括自然村、行政村、农村社区和未达到建制镇标准的乡、集镇、集中居民点）居民生活活动中产生的污水，主要包括洗涤、洗浴和厨厕等家庭排水，不包括工业废水和畜禽养殖业废水。

3.2 农村生活污水集中处理设施（rural sewage treatment facilities）

用于集中收集处理农村生活污水的建筑物、构筑物及设备。

3.3 现有农村生活污水集中处理设施（existed rural sewage treatment facilities）

本标准实施之日前，已建成投产的农村生活污水集中处理设施。

3.4 新建农村生活污水集中处理设施（new rural sewage treatment facilities）

本标准实施之日起，新建、改建和扩建的农村生活污水集中处理设施。

4 一般要求

4.1 在法律法规禁止排污的保护区内（如饮用水源、风景名胜区水体、重要渔业水体和其他具有特殊经济文化价值的水体保护区等）不得新建排污口。

4.2 应根据农村所处区位、人口规模、人口聚集程度、地形地貌、排水特点及排放要求，结合当地规划和经济承受能力等具体情况，采用适宜的污水收集和处理模式进行农村生活污水治理，鼓励农村生活污水资源化利用。在污水收集时，原则上应雨污分流。

4.3 农村医疗机构污水须自行经过消毒处理达到《医疗机构水污染物排放标准》（GB 18466）后方可纳入农村生活污水集中处理系统进行处理。

4.4 提倡推广应用新技术、新材料、新工艺、新设备处理农村生活污水，不得使用国家明令淘汰的材料与技术。

5 水污染物排放控制要求

5.1 标准执行

5.1.1 自本标准实施之日起，新建农村生活污水集中处理设施水污染物排放执行本标准，现有农村生活污水集中处理设施水污染物排放应于2018年12月31日之前达到本标准要求。

5.1.2 根据受纳水体的水域功能与排放规模等，将农村生活污水集中处理后水污染物排放标准值分为一级标准、二级标准，各标准适用情况见表1。

表1 各级标准适用情况

受纳水体 \ 排放规模	农村生活污水集中处理设施规模		
	大于500m³/d（含500m³/d）	100（含100）～500（不含500）m³/d	＜100m³/d
直接排入长江干流、乌江干流、嘉陵江干流、湖泊水库、未达到水环境功能类别的水体①	《城镇污水处理厂污染物排放标准》（GB 18918）	一级标准	一级标准
排入其他水体	《城镇污水处理厂污染物排放标准》（GB 18918）	一级标准	二级标准

① 直接排入是指生活污水集中处理设施的排放口距受纳水体的距离在2km以内。

5.2 标准限值

经处理后向环境直接排放的污水出水水质，其中各污染物最高允许排放浓度应符合表2的规定。

表 2　水污染物最高允许排放浓度限值

序号	控制项目名称	一级标准	二级标准
1	pH 值	6～9	
2	化学需氧量(COD_{Cr})/(mg/L)	80	100
3	悬浮物(SS)/(mg/L)	30	50
4	氨氮(NH_3-N)/(mg/L)	20	25
5	总磷(以 P 计)/(mg/L)	3.0	4.0
6	动植物油/(mg/L)	5	10

6　污染物监测要求

6.1　水质取样在污水集中处理设施工艺末端排放口，在排放口必须设置排放口标志。

6.2　对水污染物排放情况监测频次、采样时间等要求，按 HJ/T 91 等有关技术规范规定执行。

6.3　对排放水污染物浓度测定采用表 3 所列国家认定的方法标准。

表 3　水污染物浓度测定方法标准

序号	污染物项目	方法标准名称	方法标准编号
1	pH 值	水质　pH 值的测定　玻璃电极法	GB/T 6920
2	化学需氧量(COD_{Cr})	水质　化学需氧量的测定　重铬酸盐法	GB/T 11914
3	悬浮物(SS)	水质　悬浮物的测定　重量法	GB/T 11901
4	氨氮(NH_3-N)	水质　氨氮的测定　蒸馏-中和滴定法	HJ 537
5	总磷(TP)	水质　总磷的测定　钼酸铵分光光度法	GB/T 11893
6	动植物油	水质　动植物油的测定　红外光度法	HJ 637

7　实施与监督

本标准由县级以上人民政府环境保护行政主管部门负责监督实施。

附录2　宁夏地区农村生活污水整治相关技术规范

2.1　农村生活污水处理技术规范

前　　言

为了指导宁夏回族自治区农村生活污水处理工程的规划、设计、建设、运行管理、维护等技术活动，有效改善宁夏回族自治区农村生态环境，促进宁夏回族自治区新农村建设的发展。根据《中华人民共和国环境保护法》《中华人民共和国水污染防治法》，结合宁夏回族自治区实际情况，特制定本规范。

本标准的编写格式符合《标准化工作导则　第1部分：标准的结构与编写》（GB/T 1.1—2009）的要求。

本标准由宁夏回族自治区环境保护厅提出并归口。

本标准起草单位：中国环境科学研究院、宁夏环境科学设计研究院、宁夏大学。

本标准主要起草人：席北斗、张列宇、夏训峰、李晓光、赵颖、熊瑛、刘锦霞、王德全、张生海。

1　范围

本标准可作为农村生活污水处理工程规划、立项、设计、施工、建设、运行管理与维护的技术依据。

2　规范性引用文件

下列文件对于本文件的应用是必不可少的。凡是注日期的引用文件，仅所注日期的版本适用于本文件。凡是不注日期的引用文件，其最新版本（包括所有的修改单）适用于本文件。

GB 4284　农用污泥中污染物控制标准

GB 12801　生产过程安全卫生要求总则

GB 14554　国家恶臭污染物排放标准

GB 50003　砌体结构设计规范

GB 50011　建筑抗震设计规范

GB 50013　室外给水设计规范

GB 50014　室外排水设计规范

GB 50015　建筑给水排水设计规范

GB 50016　建筑设计防火规范

GB 50019　采暖通风与空气调节设计规范

GB 50023　建筑抗震鉴定标准

GB 50034　建筑照明设计标准

GB 50052　供配电系统设计规范

GB 50054　低压配电设计规范

GB 50069　给水排水工程构筑物结构设计规范

GB 50070　矿山电力设计规范

GB 50140　建筑灭火器配置设计规范

GB 50204　混凝土结构工程施工及验收规范

GB 50231　机械设备安装工程施工及验收通用规范

GB 50268　给水排水管道工程施工及验收规范

GB/T 13663—2000　给水用聚乙烯（PE管材）

GBJ 141—1990　给水排水构筑物施工及验收规范

HJ 2005—2010　人工湿地污水处理工程技术规范

HJ/T 96—2003　pH水质自动分析仪技术要求

HJ/T 101—2003 氨氮水质自动分析仪技术要求

HJ/T 377—2007 化学需氧量（COD_{Cr}）水质在线自动监测仪

HJ/T 103—2003 总磷水质自动分析仪技术要求

HJ/T 353—2007 水污染源在线监测系统安装技术规范

HJ/T 354—2007 水污染源在线监测系统验收技术规范

HJ/T 355—2007 水污染源在线监测系统运行与考核技术规范

HJ/T 15—2007 超声波明渠污水流量计

CJJ 60—1994 城市污水处理厂运行、维护及其安全技术规程

CJJ/T 54—1993 污水稳定塘设计规范

《西北地区农村生活污水处理技术指南（试行）》(中华人民共和国住房和城乡建设部，2010 年 9 月)

3 术语和定义

下列术语和定义适用于本标准。

3.1 农村生活污水 Rural domestic wastewater

农村居民生活活动所产生的污水。主要包括厕所卫生间冲厕、洗涤、洗浴和厨房排水，农村公用设施、旅游接待户、旅馆饭店、家庭农副产品加工及畜禽散养农户等排水，不包括乡镇企业工业废水。

3.2 人工湿地 Constructed Wetland

参见 HJ 2005—2010 中 3.1 的有关规定。

3.3 预处理 Pretreatment

参见 HJ 2005—2010 中 3.12 的有关规定。

3.4 基质 Bed Filler

参见 HJ 2005—2010 中 3.11 的有关规定。

3.5 孔隙率 Porosity

参见 HJ 2005—2010 中 3.6 的有关规定。

3.6 水力停留时间 Hydraulic Retention Time

参见 HJ 2005—2010 中 3.7 的有关规定。

3.7 表面有机负荷 Organic Surface Loading

参见 HJ 2005—2010 中 3.8 的有关规定。

3.8 表面水力负荷 Hydraulic Surface Loading

参见 HJ 2005—2010 中 3.9 的有关规定。

3.9 水力坡度 Hydraulic Slope

参见 HJ 2005—2010 中 3.10 的有关规定。

3.10 渗透系数 Permeability coefficient

参见 HJ 2005—2010 中 3.13 的有关规定。

3.11 地下渗滤系统 Subsurface soil infiltration systems

利用土壤-微生物-植物组成的生态污水处理方法，并通过该系统的营养物质和水分的循环利用，使植物生长繁殖，并不断被利用，实现污水的资源化、无害化和稳定化。

3.12　稳定塘　Stabilization pond

参见 CJJ/T 54—93 中 2.0.1 的有关规定。

4　水量和水质

4.1　水量

宁夏地区农村居民生活用水量、污水排放系数、污水排放量可参考表 1。

表 1　农村生活污水用水量、排放系数及排放量参考值

区域	卫生设施情况	人均用水量/[L/(人·d)]	污水排放系数	人均排水量/[L/(人·d)]
沿黄灌溉农业区	全日供水、室内有给水、排水设施且卫生设施较齐全	80～100	0.7～0.8	55～80
	全日供水、户内有洗衣机等部分用水设施及部分卫生设施	50～80	0.6～0.7	30～55
	有供水龙头，基本用水设施不完善	30～50	0.5～0.6	15～30
	无供水龙头，无基本用水设施	20～30	0.4～0.5	8～15
中部干旱风沙带	全日供水、室内有给水、排水设施且卫生设施较齐全	70～80	0.6～0.7	40～55
	全日供水、户内有洗衣机等部分用水设施及部分卫生设施	50～70	0.5～0.6	25～40
中部干旱风沙带	有供水龙头，基本用水设施不完善	30～50	0.4～0.5	12～25
	无供水龙头，无基本用水设施	20～30	0.3～0.4	6～12
南部山区	全日供水、室内有给水、排水设施且卫生设施较齐全	50～70	0.5～0.6	25～45
	全日供水、户内有洗衣机等部分用水设施及部分卫生设施	40～50	0.4～0.5	15～25
	有供水龙头，基本用水设施不完善	20～40	0.2～0.3	6～8
	无供水龙头，无基本用水设施	10～20	0.2～0.3	2～6

注：取值时，应对各村具体用水现状、用水条件、供水方式、经济条件、用水习惯、发展潜力等情况进行调查分析，并综合考虑以下情况：村庄一般比镇区低；定时供水比全日供水低；发展潜力小取较低值；制水成本高取较低值；村内有其他清洁水源便于使用时取较低值。调查分析与本表有出入时，应根据当地实际情况适当增减。本表中的卫生设施主要指洗涤池、洗衣机、淋浴器和水冲厕所等。沿黄灌区、中部带、南部山区可根据实际情况，参考上述表格确定农村生活污水排放系数，并以实际值为准。

4.2　水质

农村生活污水排水水质因排水类型不同而差异较大，宜根据实地监测确定。若无条件实地监测，可参考同类地区的调查数据或表 2 中的建议取值范围。

表 2　宁夏地区农村生活污水水质参考值　　单位：mg/L，pH 值除外

区域类型	水质指标						
	SS	COD_{Cr}	BOD_5	氨氮	总氮	总磷	pH 值
沿黄灌区	200～300	300～400	150～200	30～50	30～50	5～8	6.5～8.5
中部干旱带	200～300	300～500	200～300	40～60	40～60	6～8	6.5～8.5
南部山区	200～300	300～600	200～350	40～80	40～80	6～8	6.5～8.5

注：宁夏环境监测站 2011 年监测数据。

5 总体要求

5.1 工程类型及规模

农村生活污水处理可分为单户分散型、单村集中型、连片集中型三种处理技术类型，各类型划分按表3执行。

表3 农村生活污水处理工程类型

工程类型	水量/(m^3/d)	家庭数/户	人口数/人	距离要求
单户分散型	≤4.0	1～10	<50	就地处理(原位处理)
单村集中型	4.0～200	10～500	50～2500	村村距离>5km
连片集中型	>200	>500	>2500	村村距离<5km

注：分散型、集中型主要用距离要求区分，不能以水量、家庭数及人口数区分。

5.2 工程项目组成

农村生活污水处理工程由主体处理工程和辅助工程组成。

5.2.1 主体处理工程：预处理、人工湿地、稳定塘、地下渗滤系统、污泥处理、恶臭处理等污水处理构（建）筑物与设备。

5.2.2 辅助工程：厂区道路、围墙、绿化、电气系统、给排水、暖通、建筑与结构等工程。

5.3 场址选择

场址选择应符合以下要求。

a）应符合不同区域总体发展规划和农村环保专项规划的要求。

b）综合考虑交通、土地权属、土地利用现状、发展扩建、再生水回用等因素。

c）应考虑自然背景条件及特点，包括土地面积、地形、气象、水文以及动植物生态因素等，并进行工程地质、水文地质等方面的勘察。

d）场址应不受洪水或内涝的威胁，且不影响行洪安全，便于污水、污泥的排放和利用。

e）土地渗滤系统应选择在地下水位较深，土壤渗滤性能较好的场地。

f）工程选址应充分利用废旧河道、池塘、沟谷、荒地、盐碱地等闲置土地及未利用土地。

g）地下渗滤宜选在村镇的水源地下游，且应位于居民点常年主导风向的下风向，防止水体散发臭气和滋生蚊虫的侵扰。

5.4 总平面布置

总平面布置应符合以下条件。

a）充分利用自然环境条件，按构（建）筑物使用功能和流程要求，结合地形、气候、地质条件、便于施工、维护和管理等因素，合理安排，紧凑布置。

b）厂区的高程布置应充分利用原有地形，符合排水通畅、降低能耗、平衡土方的要求。多单元湿地系统、多塘系统高程设计应尽量结合自然坡度、采用重力流形式，需提升时，宜1次提升。

c）应综合考虑系统的轮廓，不同系统的单元的搭配、水生植物的配置、景观小品设施营建因素，使工程达到相应的景观效果。

6 工艺设计

6.1 一般规定

6.1.1 工艺设计应综合考虑处理水量、原水水质、占地面积、建设投资、运行成本、排放标准、稳定性及区域自然气候条件、植被类型和地理条件等因素，通过技术经济比较确定适宜的方案。

6.1.2 预处理程度根据具体水质水量情况与污水处理技术政策，选择一级处理、强化一级处理和二级处理等适宜工艺，其设计必须符合 GB 50014 中的有关规定。

6.1.3 预处理设施宜采用悬浮物去除效果较好、投资和运行费用较低的工艺。

6.1.4 后处理、污泥处理、恶臭处理等系统设计应符合 GB 50014 及相关行业规范中的有关规定。

6.2 工艺流程

农村生活污水处理工艺应综合考虑当地水文、地质、规划、村落分布特征、现场调查等情况来确定。单户分散型（图 1）及连片集中型（图 2）处理工艺选择流程如下。

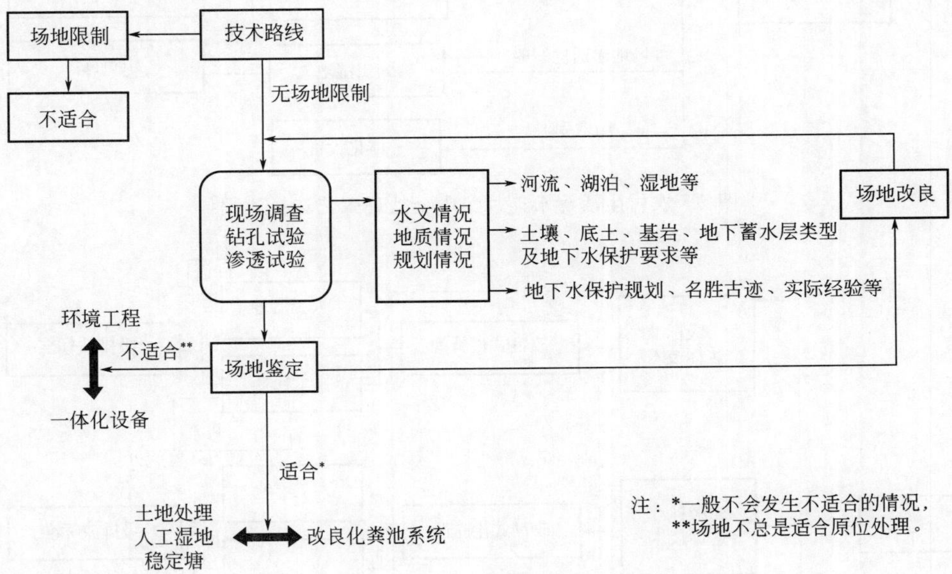

图 1 农村生活污水单户分散型处理工艺选择流程

农村生活污水单户分散型（图 3）及连片集中型（图 4）处理工艺选择流程如下。

6.3 预处理

6.3.1 农村生活污水预处理设施应包括格栅、沉砂池、沉淀池等，其设计应符合 GB 50014 的有关规定。

6.3.2 预处理的程度和方式应综合考虑污水水质特征、出水水质要求、污水处理工艺类型等因素，可选择格栅、沉砂池等一级处理工艺，水解酸化及生物接触氧化预处理池等一级强化处理工艺。

6.3.3 单户分散型农村生活污水处理宜采用改良式化粪池进行污水预处理。

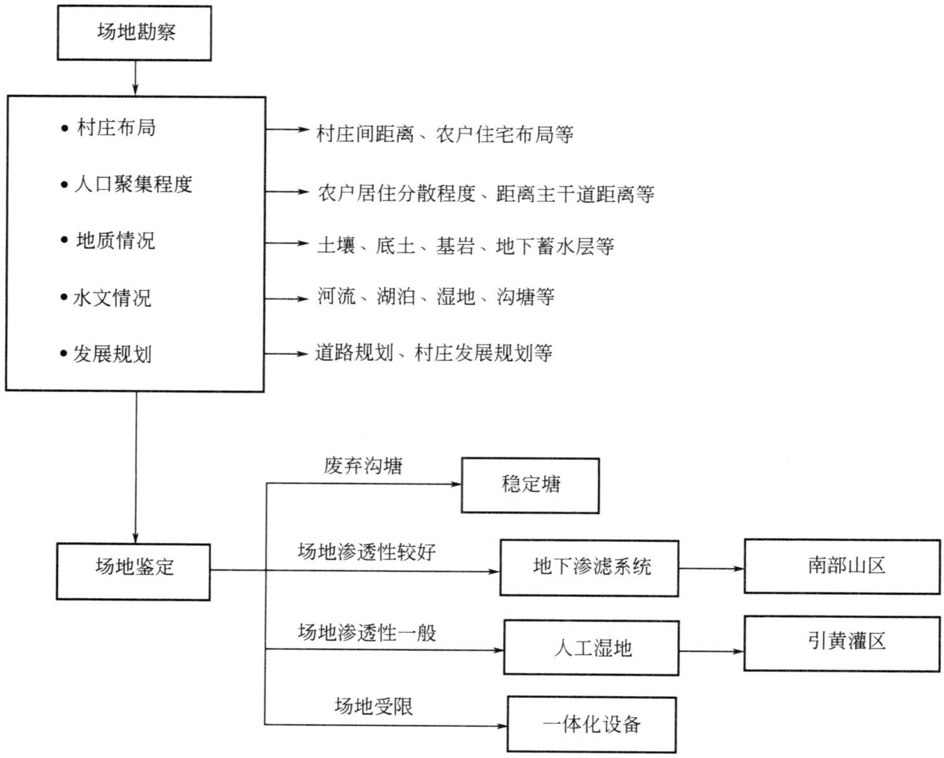

图 2　农村生活污水连片集中型处理工艺选择流程

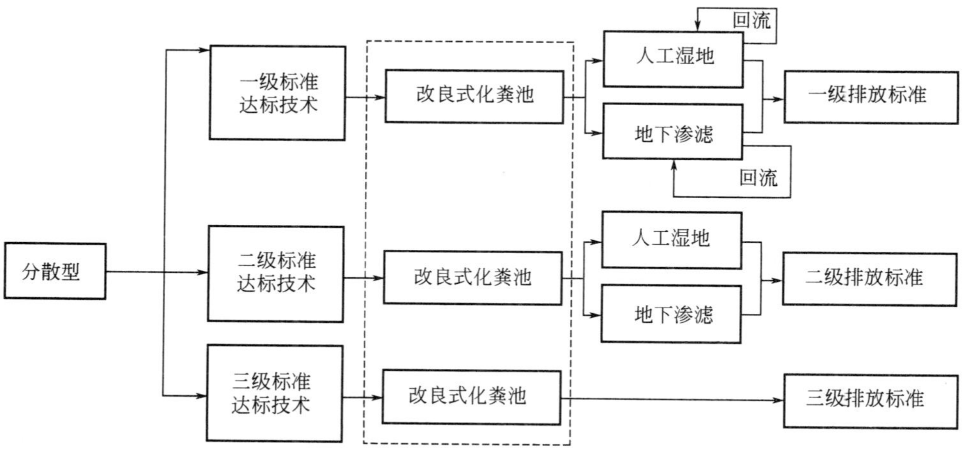

图 3　单户分散型农村生活污水处理工艺

注：本标准中的“排放标准”系指宁夏农村生活污水排放标准，虚线框表示不同预处理工艺。一级标准达标处理中，人工湿地或地下渗滤系统出水要回流。其中人工湿地回流比为 1∶3，地下渗滤系统回流比为 1∶1。

6.3.4　连片集中型农村生活污水处理：

a）一级标准达标技术可采用格栅、沉砂池、接触氧化预处理池等预处理技术；

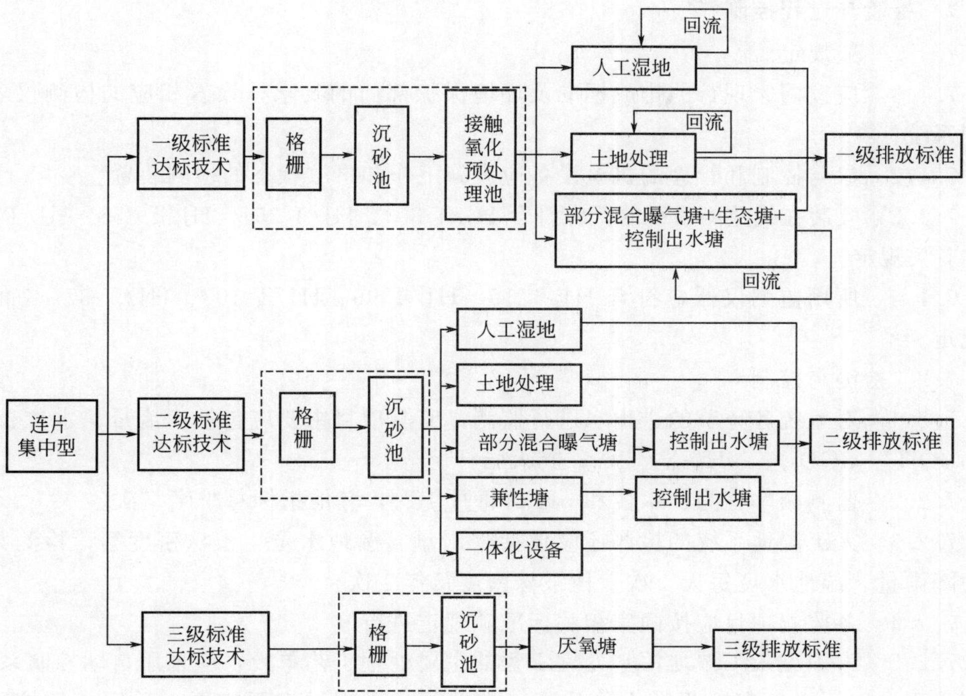

图 4　连片集中型农村生活污水处理工艺

注：本规范中的“排放标准”系指宁夏农村生活污水排放标准，虚线框表示不同预处理工艺一级标准达标处理中，人工湿地或地下渗滤系统出水要回流。其中人工湿地回流比为1∶3，地下渗滤系统回流比为1∶1。

b）二级标准达标技术可采用格栅、沉砂池等预处理技术；

c）三级标准达标技术可采用格栅、沉砂池等预处理技术。

6.3.5　综合考虑污水水质特征，预处理措施可采用：

a）污水的 $BOD_5/COD_{Cr}<0.3$ 时，宜采用水解酸化处理工艺；

b）污水的 SS 含量＞100mg/L 时，宜设沉淀池；

c）污水中含油量＞50mg/L 时，宜设除油设备；

d）污水中的 DO＜1.0mg/L 时，宜设曝气装置。

6.4　人工湿地工艺设计

人工湿地处理工艺设计详见附录 A。

6.5　稳定塘工艺设计

稳定塘处理工艺设计详见附录 B。

6.6　地下渗滤系统设计

地下渗滤系统处理工艺设计详见附录 C。

6.7　一体化设备

一体化设备可采用接触氧化工艺、氧化沟工艺，工艺具体要求可参考《西北地区农村生活污水处理技术指南（试行）》（中华人民共和国住房和城乡建设部，2010 年 9 月）。

7 检验与过程控制

7.1 一般规定

7.1.1 应按国家现行的排放标准及环境保护部门的要求，设置相应的检测仪表和控制系统。

7.1.2 参与控制和管理的机电设备应设施工作和事故状态的检测装置。

7.1.3 安装在线监测系统的，应符合 HJ/T 353、HJ/T 354、HJ/T 355、HJ/T 101 中的有关规定。

7.1.4 所用监测仪器应符合 HJ/T 15、HJ/T 96、HJ/T 103、HJ/T 377 中的有关规定。

7.2 检测与控制

7.2.1 对系统各环节的进出水进行监测，监测项目主要应包括：流量、水位、pH 值、BOD_5、COD_{Cr}、NH_3-N、TN、粪大肠杆菌等。

7.2.2 监测频率宜为：水位和 pH 值每月 1 次，其他指标每季度 1 次。

7.2.3 人工湿地系统的检测还应包括降雨量、湿地水位、植株密度等，检测频率宜为降雨量、湿地水位每天 1 次、植被株密度每年 1 次。

7.2.4 各监测项目应按国家相关标准和规定进行。

7.2.5 大中型人工湿地污水处理工程的主要处理工艺单元，应采用自动控制系统。小型人工湿地污水处理工程的主要处理工艺单元，可根据实际需要，采用自动控制系统。采用成套设备时，设备本身控制宜与系统控制结合。

7.2.6 自控控制系统可采用可编程序逻辑控制器（PLC）控制，实时监控运转情况、具备连锁、保护、报警等功能，可设集中和现场两种操作方式。

7.2.7 关键工艺控制参数，如预处理系统的流量、DO、SS、COD_{Cr}等检测数据宜参与后续工艺控制。

8 主要辅助工程

8.1 电气系统

8.1.1 供电方式应根据用电要求与当地电力部门协商确定。

8.1.2 供配电系统应符合 GB 50052 和 GB 50023 中的有关规定。

8.1.3 低压配电设计应符合 GB 50054 中的有关规定。

8.1.4 照明设计应符合 GB 50034 中的有关规定。

8.2 给水、排水及消防

8.2.1 应有可靠的供水水源和完善的供水设施。给水设计应符合 GB 50015 和 GB 50013的有关规定。

8.2.2 排水设计应符合 GB 50014 中的有关规定。

8.2.3 管理区消防应符合 GB 50016 和 GB 50140 中的有关规定。

8.3 采暖、通风和空调

8.3.1 建筑物的采暖和空调的设计应符合 GB 50019 中的有关规定。

8.3.2 当建（构）筑物的机械通风不能满足工艺对室内温度、湿度要求时，应设置空调装置。

8.3.3　建筑造型应简洁、新颖并与周围环境相协调。建筑物的平面布置和空间布局应满足工艺设备布置要求，同时应考虑今后生产发展和技术改造可能性。

8.3.4　建（构）筑物结构设计应符合 GB 50069 的有关规定。

8.3.5　构筑物设计应符合 GB 50003 和 GB 50070 的有关规定。

8.3.6　建筑物抗震等设计应符合 GB 50011 的有关规定。

8.4　劳动安全与职业安全

8.4.1　在设计、施工和生产过程中，劳动安全和卫生可参考 GB 12801 的有关规定。

8.4.2　工程建设运行的同时，应保证安全和卫生设施同时投入使用。

8.4.3　建立并严格执行定期和经常的安全检查制度，即使消除事故隐患，特别是秋季人工湿地收割植物应妥善处置，以免引起火灾。

9　施工与验收

9.1　一般规定

9.1.1　施工单位应具有国家相应的施工资质，除遵守相关的施工技术规范之外，还应遵守国家有关部门颁布的劳动安全及卫生、消防等国家强制性标准。

9.1.2　施工中使用的设备、材料、器件等应符合相关的国家标准，并应取得供货商的产品合格证后方可使用。

9.1.3　构筑物的施工和验收应符合 GBJ 141 的有关规定，混凝土结构工程的施工和验收应符合 GB 50204 的有关规定；设备安装和验收应符合 GB 50231 的有关规定；管道工程的施工和验收应符合 GB 50268 的有关规定。

9.2　工程施工

9.2.1　施工前期准备的主要任务是清除和平整场地。清除工程应包括运走场地内的垃圾、树木以及其他障碍物等。

9.2.2　潜流人工湿地及地下渗滤系统周边护坡宜采用夯实的土壤构建，坡度宜为(4∶1)～(2∶1)。在夯实过程中，应考虑土壤的湿度，不得在阴雨天施工。围堰建成后，应进行表面防护，如种植护坝植被。

9.2.3　基质铺设过程中应从选料、洗料、堆放、撒料四个方面加以控制。

9.2.4　基质应进行级配、清洁，保证填筑材料的含泥（砂）量和填料粉末含量小于设计要求值。

9.2.5　人工湿地植物种植时应有专业人员指导。

9.2.6　人工湿地防渗材料采用聚乙烯膜时，应由专业人员用专业设备进行焊接，焊接结束后，需进行渗透试验。

9.3　环境保护验收

9.3.1　在生产试运行期间应对其进行性能试验，性能试验报告应作为环境保护验收的重要内容。

9.3.2　工程的性能验收包括：功能试验、技术性能试验、设备和材料试验。其中，技术性能试验至少应包括以下项目：

a）处理污水量；

b）污水污染物的去除率；

c）污泥的处理情况；

d）电能消耗。

9.3.3 污水处理工程环境保护验收的主要技术依据包括：

a）各类污染物环境监测报告；

b）批准的设计文件和设计变更文件；

c）主要材料和设备的合格证或试验记录；

d）试运行期间污染物连续监测报告；

e）完整的启动试运行、生产试运行记录。

9.3.4 经竣工环境保护验收合格后，工程方可正式投入使用运行。

10 运行与维护

10.1 调试与运行

10.1.1 人工湿地调试与运行

10.1.1.1 在调试运行阶段，应进行前期测试，并应符合下列要求：

a）应进行池内水深测试，检查配水管道，配水应均匀；

b）应检查水泵、水位控制器，设备应能正常工作。

10.1.1.2 在调试运行期间，应逐步提高污水处理的负荷。

10.1.1.3 为了促进植物根系发育，人工湿地运行初期应进行水位调节。

10.1.1.4 在调试运行阶段，应符合下列要求：

a）应制定相应的运行管理指导手册；

b）专业管理人员应具有污水生态处理的相关专业知识；

c）应按污水处理的管理要求，制定相应的管理规章；

d）应设置护栏、警示牌，严禁非工作人员接触。

10.1.1.5 工程的运行应符合 CJJ 60 中的有关规定，同时还应符合国家有关标准的规定。

10.1.1.6 运行人员、技术人员及管理人员应进行相关法律法规、专业技术、安全防护、应急处理等理论知识和操作技能的培训，运行人员应具备国家有关环境污染治理设施运营岗位合格证书。

10.1.1.7 工程在运行前应制定设备台账、运行记录、定期巡视、交接班、安全检查、应急预案等管理制度。

10.1.1.8 工艺设施和主要设备应编入台账，定期对各类设备、电气、自控仪表及建（构）筑物进行检修维护，确保设施稳定可靠运行。

10.1.1.9 工艺流程图、操作和维护规程等应于明显部位，运行人员应按规程进行系统操作，并定期检查构筑物、设备、电器和仪表的运行情况。

10.1.1.10 各岗位人员在运行、巡视、交接班、检修等生产活动中，应做好相关记录。

10.1.1.11 应定期检测进出水水质，并定期对检测仪器、仪表进行校验。

10.1.1.12 应制定相应的事故应急预案，并报请环境行政管理部门批准备案。

10.1.2 稳定塘运行与维护

10.1.2.1 稳定塘竣工验收后，用未污染水预灌，以便确定渗透率，并可保维持防渗层水分和防止杂草生长。

10.1.2.2 为了保护塘堤，在堤坡上栽植多年生型、低矮型、扩张型的草。为了控制蚊子，及时去除悬至水面的树枝和草，并保持塘内不出现泥滩。

10.1.2.3 及时修复塘堤的受损和被冲刷部位。

10.1.2.4 检验进水和出水的水质和水量。

10.1.2.5 选择适宜的时间排放控制出水塘的水，在排水之前，应先对塘水和受纳水体水的水质进行检验。

10.1.2.6 定期清除塘底污泥。

10.1.2.7 日常维护中要注意保护塘内生物的生长，但也不能让水生生物过度生长，特别是藻类的快速繁殖会使出水水质下降。

10.1.2.8 塘是否出现渗漏是检查的重点，要注意对塘的出入水量进行定期测量，以查看有无渗漏。如果周边有地下井，也可抽取地下水进行检测，查看是否受到塘水的下渗污染。

10.1.3 地下渗滤系统运行与维护

地下渗滤系统操作维护简便，无复杂设备，仅在秋末冬初进行植物收割，其他不需要日常管理维护。

10.2 运行管理和故障处理措施

10.2.1 人工湿地及地下渗滤系统运行管理与故障处理措施

10.2.1.1 日常运行管理事项

a）湿地及地下渗滤系统单元进水后，应检查配水效果，配水应均匀，不得有侵蚀和短流现象；

b）根据暴雨、洪水、干旱、结冰期等各种极限情况，调节和控制人工湿地水位，不得出现进水端壅水现象和出水端淹没现象；

c）应根据植物不同生长期进行田间管理，补种缺苗、勤除杂草，及时控制病虫害以及植物收割；

d）应对湿地工程及地下渗滤系统污水输送管道、集排水设施、湿地进出水装置进行定期的清淤维护和处理单元田埂的维修。

10.2.1.2 特殊控制

——应加强植物的病虫害控制，在控制过程中应防止引入新的污染源。

——应加强人工湿地及地下渗滤系统的杂草控制。

10.2.1.3 故障处理

——应对处理系统的管件进行定时巡查，当出现故障时，应及时清理或更换管件。

——当池内产生断流时，可通过调节水位解决，出现水质不稳定现象时，应检查填料是否堵塞，必要时更换部分填料。

10.2.1.4 防堵塞措施

潜流人工湿地及地下渗滤系统运行防堵塞可采用以下措施：

a）控制污水进入系统的悬浮物浓度；

b）适当地采用间歇运行方式；

c）局部更换人工湿地或地下渗滤系统的基质。

d）具备条件的，可采取反冲洗措施。

10.2.2　稳定塘运行管理与故障处理措施

10.2.2.1　稳定塘溢流与防渗

10.2.2.1.1　稳定塘应防止暴雨时期产生溢流，在稳定塘周围要修建导流明渠将降雨时的雨水引开。

10.2.2.1.2　暴雨较多的地方，衬砌应做到塘的堤顶以防雨水反复冲刷。塘堤为减少费用可以修建为土堤。

10.2.2.1.3　塘的底部和四周可做防渗处理，预防塘水下渗污染地下水。防渗处理有黏土夯实、土工膜、塑料薄膜衬面等。

10.2.2.2　稳定塘二次污染控制措施

10.2.2.2.1　防臭措施

稳定塘是敞开式的污水处理构筑物，且水面较大，污水在其中长时间停留，运行管理不善将会对环境卫生造成一定影响。如产生臭味，滋生蚊虫等。控制臭味及蚊蝇可参考以下方法：

a）合理设计，严格管理。稳定塘前宜设置沉淀池或水解池，应避免塘的负荷过高；

b）当无法降低进水负荷时，可增设间歇运行的表曝机保证上层水体的溶解氧；

c）塘周围植树，绿化环境；

d）及时清除老化的浮水植物。

10.2.2.2.2　污泥处理与处置

对于工程运行过程中产生的污泥应根据用途，按照国家现行环境保护法规和标准进行处理，以防止对环境带来二次污染。污泥处理应符合以下要求：

a）沉砂池（渠）宜采用机械或重力排砂，并应设置贮砂池或晒砂场。

b）污泥脱水宜采用污泥干化床自然风干，亦可采用机械脱水。

c）污泥作为农田肥料使用时，应符合现行 GB 4284—1984 中的有关规定。

d）污泥作填埋处置时，含水率应小于 85%。

e）第一个塘应考虑排泥或清除污泥的设施。

f）间歇清除时，其清除间隔时间与悬浮固体表面负荷、BOD 表面负荷、塘深等因素有关，一般采用 5～10 年。

g）塘底污泥的蓄积深度，通常按 0.3～0.5m 设计。

2.2　农村生活污水分散处理技术规范（DB 64/ T868—2013）

前　言

本标准的编写格式符合《标准化工作导则 第 1 部分：标准的结构和编写》（GB/T 1.1—2009）的要求。

本标准由宁夏回族自治区环境保护厅提出并归口。

本标准主要起草单位：中国环境科学研究院、宁夏环境科学设计研究院、市政西北设计院宁夏分院、宁夏大学。

本标准主要起草人：夏训峰、张青、席北斗、张列宇、李晓光、王丽君、贾璇、尹伟康、张浦源、张生海、刘锦霞、王德全。

1　范围

本标准规定了农村生活污水分散处理技术的术语和定义、水量和水质、总体要求、工艺设计。

本标准适用于农村新建、扩建和改建的生活污水分散处理工程的规划、设计、建设与管理。

2　规范性引用文件

下列文件对于本文件的应用是必不可少的。凡是注日期的引用文件，仅所注日期的版本适用于本文件。凡是不注日期的引用文件，其最新版本（包括所有的修改单）适用于本文件。

GB 4284　农用污泥中污染物控制标准

GB/T 12801—2008　生产过程安全卫生要求总则

GB 50003　砌体结构设计规范（附条文说明）

GB 50013　室外给水设计规范（附条文说明）

GB 50014　室外排水设计规范（附条文说明）(2011 年版)

GB 50015　建筑给水排水设计规范（附条文说明）(2009 年版)

GB 50016　建筑设计防火规范

GB 50034　建筑照明设计标准（附条文说明）

GB 50052　供配电系统设计规范（附条文说明）

GB 50054　低压配电设计规范（附条文说明）

GB 50068　建筑结构可靠度设计统一标准（附条文说明）

GB 50069　给水排水工程构筑物结构设计规范（附条文说明）

GB/T 13663—2000　给水用聚乙烯（PE 管材）

DB 64/ T699—2011　农村生活污水处理技术规范

DB 64/ T700—2011　农村生活污水排放标准

GJBT-618（03S702）　钢筋混凝土化粪池

3　术语和定义

下列术语和定义适用于本标准。

农村生活污水分散处理适宜技术是相对于连片处理技术的一个概念，是指针对区域内村庄布局分散、人口规模较小、污水不易集中的连户或者小型村庄的生活污水进行处理的技术，污水处理量一般小于 $50m^3/d$，宜采用改良式化粪池、厌氧生物滤池、综合处理池等分散处理技术。

4　水量和水质

参见 DB 64/ T699—2011 中的表 1，表 2。

5 总体要求

5.1 工程项目组成

农村生活污水分散处理工程由预处理设施和主体设施两部分组成。

a）预处理设施：格栅池；

b）主体处理设施：改良式化粪池、厌氧生物滤池、综合处理池。

5.2 场址选择

5.2.1 应符合区域总体发展规划和有关专项规划的要求，不得占用耕地。

5.2.2 应考虑自然背景条件及特点，包括土地面积、地形、气象、水文以及动植物生态因素等，并进行工程地质、水文地质等方面的勘察。

5.2.3 应符合环境影响评价的相关要求。

5.2.4 宜便于污水、污泥的排放和再利用。

5.3 总平面布置

5.3.1 充分利用自然环境条件，按构（建）筑物使用功能和工艺流程要求，结合地形、气候、地质条件，考虑便于收集、施工、维护和管理等因素，合理安排，紧凑布置。

5.3.2 场区的高程布置应充分利用原有地形，符合排水通畅、降低能耗、平衡土石方的要求。多单元处理系统高程设计应尽量结合自然坡度，采用重力流形式；确需提升时，宜一次提升。

6 工艺设计

6.1 一般规定

6.1.1 工艺设计应综合考虑处理水量、原水水质、占地面积、建设投资、运行成本、排放标准、稳定性及区域自然气候条件、植被类型和地理条件等因素，通过技术和经济比较后确定适宜的方案。

6.1.2 根据原水水质、水量情况与污水排放标准要求，选择适宜的污水处理工艺，其设计应符合 GB 50003、GB 50013、GB 50014、GB 50015、GB 50016、GB 50034、GB 50052、GB 50054、GB 50068、GB 50069 中的有关规定。

6.1.3 污泥处理工艺设计应符合 GB 4284、GB/T 12801—2008 的有关规定。

6.2 工艺流程

6.2.1 农村生活污水处理工艺选择应综合考虑当地水文、地质、规划、村落分布特征、现场调查等情况来确定。

6.2.2 农村生活污水分散处理设计流程如图 1 所示，根据要求选择其中一种处理方式。

6.2.3 工艺技术选择如图 2 所示，排放标准参照 DB 64/ T700—2011。

6.3 设计流程

农村生活污水分散处理工程设施（改良式化粪池、厌氧生物滤池、综合处理池）的选型设计按图 3 进行。

6.4 格栅池设计

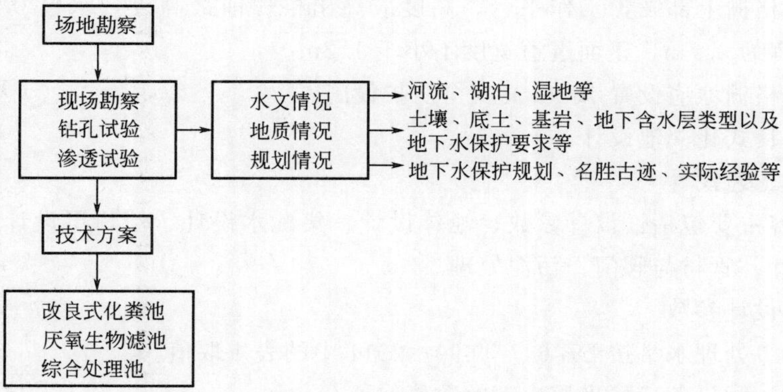

图 1　农村生活污水分散处理设计流程

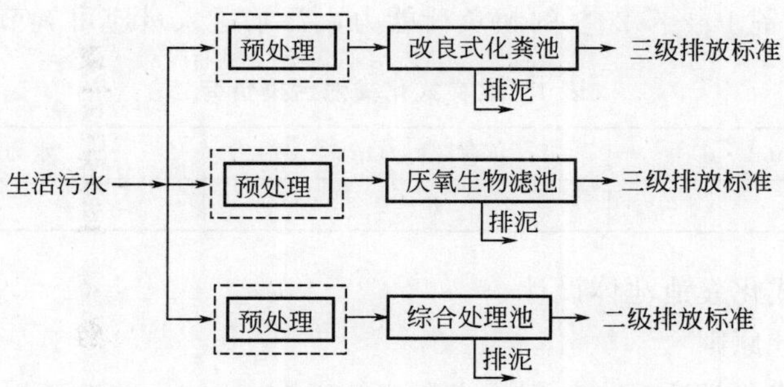

图 2　农村生活污水分散处理工艺技术选择

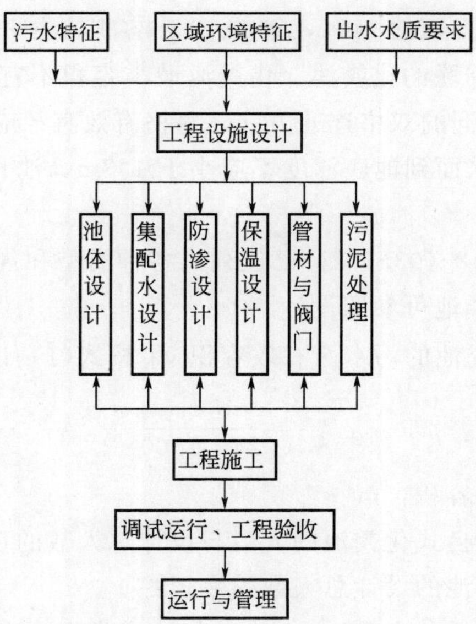

图 3　农村生活污水分散处理设施设计流程

6.4.1　便于人工清除。格栅间隙宜为：25～40mm。污水过栅流速宜采用 0.6～1.0m/s，格栅的安装角宜为 30°～60°。

6.4.2　格栅上部设置工作平台，高度应高出格栅前最高设计水位 0.5m。平台两侧边道宽度宜为 0.7m，正面过道宽度不小于 1.2m。

6.4.3　格栅池应设置 1.2m 高安全防护设施。

6.5　改良式化粪池设计

6.5.1　工艺设计

设计内容主要包括：设计参数、池体设计、集配水设计、填料层设计、防渗设计、保温防冻设计、管材与阀门、污泥处理。

6.5.2　设计参数

6.5.2.1　处理水量按 DB 64/ T699—2011 中的表 1 取值。

6.5.2.2　污染负荷可采用表 1 的数值取值。

6.5.2.3　按设计人数确定化粪池有效容积，同时应满足水力负荷要求。改良式化粪池进水水量应具备 10%～20%的超负荷能力，污水进入量应可调节。

表 1　改良式化粪池污染负荷

COD_5 负荷/[kg/(hm^2·d)]	TN 负荷/[kg/(hm^2·d)]	水力停留时间/h
120～180	8～12	24～48

6.5.3　改良式化粪池池体设计

6.5.3.1　设计原则

6.5.3.1.1　当化粪池污水处理量小于或等于 10m^3/d，首选两格化粪池，第 1 格容积占总容积 75%，第 2 格容积占 25%；若化粪池污水处理量大于 10m^3/d，应采用 3 格化粪池，第 1 格容积占总容积的 50%，第 2、3 格容积各占 25%；若化粪池污水处理量超过 50m^3/d，宜设 2 个并联的化粪池；化粪池最小容积不宜小于 2.0m^3，且宜设计为圆形化粪池，采取大小相同的双格连通方式，每格有效直径应大于或等于 1.0m。

6.5.3.1.2　化粪池水面到池底深度不应小于 1.3m，池长不应小于 1m，宽度不应小于 0.75m。

6.5.3.1.3　GJBT-618（03S702）已经列出各种类型和规格的化粪池定型图，规格为 2～100m^3，改良式化粪池可参照设计。

6.5.3.2　改良式化粪池的污水区有效容积 V_1 按式(1) 计算

$$V_1=\frac{anq_1t}{24\times1000} \tag{1}$$

式中　V_1——污水区有效容积，m^3；

a——实际使用改良式化粪池的人数与设计总人数的百分比，%；

n——改良式化粪池的设计总人数，人；

q_1——每人每天生活污水量，L/(人·d)，当粪便污水与其他污水合流时，q_1=70～100L/(人·d)；当粪便污水单独流入时 q_1=20～30L/(人·d)；

t——污水在改良式化粪池中的停留时间，可取 24～48h。

6.5.3.3　改良式化粪池的污泥区有效容积 V_2 按式(2) 计算

$$V_2=\frac{anq_2T(1-b)K\times1.2}{1000(1-c)} \tag{2}$$

式中　V_2——污泥区有效容积，m^3；

q_2——每人每天污泥量，L/(人·d)，当粪便污水与其他污水合流时，$q_2=0.7L/(人·d)$，当粪便污水单独流入时$q_2=0.4L/(人·d)$；

T——改良式化粪池的污泥清掏周期，d，可取180～360d；

b——进入改良式化粪池的新鲜污泥含水率，%，按95%计；

K——污泥发酵后体积浓减系数，按0.8计；

c——改良式化粪池中浓缩污泥含水量，%，按90%计；

1.2——清掏后按照遗留20%熟污泥量的容积系数。

6.5.3.4　改良式化粪池的有效面积F按式(3)计算

$$F=\frac{V_1}{h_1} \tag{3}$$

式中　F——面积，m^2；

h_1——有效水深，m，根据现场实际设计，一般不小于1.2m。

6.5.3.5　改良式化粪池的保护容积V_3按式(4)计算

$$V_3=Fh_2 \tag{4}$$

式中　V_3——保护容积，m^3；

h_2——保护层高度，m，按0.25～0.3m设计。

6.5.3.6　改良式化粪池的总容积V按式(5)计算

$$V=V_1+V_2+V_3 \tag{5}$$

式中　V——总容积，m^3。

6.5.4　配水系统

6.5.4.1　配水系统由进水管、出水管等组成。为了系统的运行稳定性，防止堵塞，调节配水量，每支配水管前装设阀门。

6.5.4.2　出水管流速约0.80m/s，设计充满度0.6，设计坡度0.001，以此计算选择管径。

6.5.5　填料层设计

6.5.5.1　填料选择

填料的孔隙率宜控制在35%～40%，选择球状填料。

6.5.5.2　填料高度

填料层高度应根据出水水质要求确定，一般滤料层高度为0.5～0.8m。

6.5.6　防渗设计

钢筋混凝土池体，采用混凝土自防水，同时配套安装PVC或混凝土管道。

6.5.7　保温防冻设计

6.5.7.1　池内水温应保证不低于4℃。

6.5.7.2　冬季宜采用秸秆覆盖、建造双层保温墙或使有效水深处于冰冻层以下保证改良式化粪池冬季正常运行。

6.5.8 管材与阀门

6.5.8.1 管材选用 PVC、PE 或双波纹管时，应按照 GB/T 13663—2000 中的 4、5、6 的规定执行。

6.5.8.2 阀门的选择应满足耐腐蚀性强、密封性好、操作灵活等要求。

6.5.9 污泥处理

1 年最少清理淤泥 1 次，清除的污泥应按照国家现行环境保护法规和标准进行处理，防止二次污染。污泥作为农田肥料使用时，应符合 GB 4284 的有关规定。

6.6 厌氧生物滤池设计

6.6.1 工艺设计

设计内容主要包括设计参数、池体设计、集配水设计、填料层设计、防渗设计、保温防冻设计、管材与阀门、污泥处理。

6.6.2 设计参数

6.6.2.1 按污水处理量确定厌氧生物滤池的有效容积，同时应满足水力负荷要求。厌氧生物滤池进水水量应具备 10%～20%的超负荷能力，污水进入量应可调节。

6.6.2.2 系统设计参数主要是污染物负荷、有机物去除率和滤料层高度。

a）有机负荷——0.5～12kg COD/(m^3·d)；

b）有机物去除率——70%～90%；

c）滤料层高度——2～5m（如采用升流式混合型厌氧生物反应器时，滤料层高度宜占滤池高度的 2/3）。

6.6.3 池体设计

6.6.3.1 滤料体积 V_1 按式(6) 计算

$$V_1=\frac{Q(S_0-S_e)}{F\times 1000} \tag{6}$$

式中 V_1——滤料体积，m^3；

Q——污水处理量，m^3/d；

S_0——进水 COD 浓度，mg/L；

S_e——出水 COD 浓度，mg/L；

F——有机负荷，kg COD/(m^3·d)。

6.6.3.2 滤池面积 A 按式(7) 计算

$$A=\frac{V_1}{H} \tag{7}$$

式中 A——滤池平面面积，m^2；

H——滤料高度，m，一般取 2～5m。

6.6.3.3 污泥区有效容积 V_2 按式(8) 及(9) 计算

$$V_2=\frac{\Delta X T}{R\rho_s(1-P)} \tag{8}$$

式中 V_2——污泥区有效容积，L；

ΔX——污泥产生量，kg VSS/d；

R——$\frac{VSS}{SS}$，一般 $R=0.5\sim1.0$；

ρ_s——污泥密度，t/m^3，一般取 $\rho_s=1t/m^3$；

P——污泥含水率，一般取98%。

T——2次排泥相隔时间，d。

$$\Delta X=XQ(S_0-S_e) \tag{9}$$

式中　X——污泥产率系数，kg VSS/kg COD，一般取0.05～0.10kg VSS/kg COD。

6.6.3.4　保护容积 V_3 按式(10) 计算

$$V_3=Ah \tag{10}$$

式中　h——保护层高度，m，按0.25～0.3m设计。

6.6.3.5　总有效容积 V 按式(11) 计算

$$V=V_1+V_2+V_3 \tag{11}$$

式中　V——总有效容积，m^3。

6.6.4　集配水系统

6.6.4.1　配水系统由配水井、配水槽、配水管网、布水管等组成。配水槽采用钢筋混凝土构造，其上设置溢流管和排空管，以便水位过高时可以回流到集水池中。

6.6.4.2　集水管、配水管、布水管一般采用PVC管。出水管流速约0.80m/s，设计充满度0.6，设计坡度大于0.001，以此计算选择管径。

6.6.4.3　升流式厌氧生物滤池的布水系统设于池底，池顶部设有沼气收集管。

6.6.4.4　排泥管径为200mm。

6.6.4.5　为了系统的运行稳定性，防止堵塞，调节配水量，每支配水管前装设阀门。

6.6.5　填料材质选择

厌氧生物滤池填料应满足的条件：比表面积大、生物膜易于附着、孔隙率高、耐腐蚀性良好、填料价格便宜等。

6.6.6　防渗设计

厌氧生物滤池必须采取防渗措施。

6.6.7　保温防冻设计

在设计时必须考虑保温措施，保证厌氧生物滤池在冬季处理运行效果，如采取双墙保温结构，建于防冻层以下。

6.6.8　管材与阀门

6.6.8.1　管材选用PVC、PE或双波纹管时，应按GB/T 13663—2000中的4、5、6的规定执行。

6.6.8.2　阀门选用应满足耐腐蚀性强、密封性好、操作灵活等要求。

6.6.9　污泥处理

6.6.9.1　厌氧生物滤池原则上半年清理污泥1次。

6.6.9.2　清除的污泥应按照国家现行环境保护法规和标准进行处理，防止产生二次污染。污泥作为农田肥料使用时，应符合GB 4284的有关规定。

6.7 综合处理池

6.7.1 工艺设计

6.7.1.1 综合处理池是调节池、厌氧生物滤池、沉淀池、污泥干化池组合设计建设的综合处理设施，如图 4 所示。各部分的工艺设计也分别按照相应的设计规范进行设计。

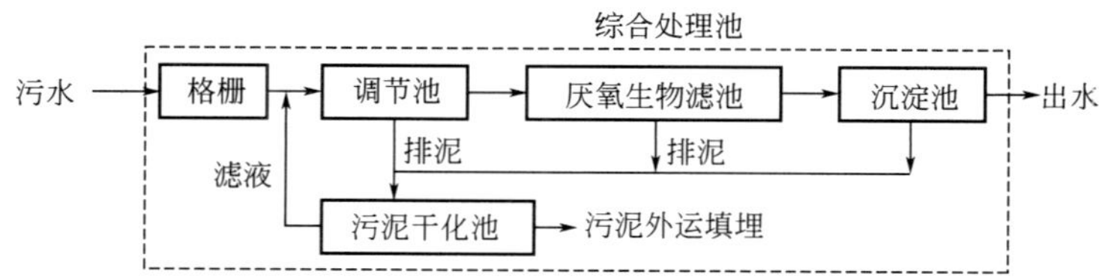

图 4 综合处理池工艺流程

6.7.1.2 其中的厌氧生物滤池设计参照 6.6 厌氧生物滤池的设计。

6.7.2 设计参数

6.7.2.1 调节池水力停留时间一般取 8.0h。

6.7.2.2 沉淀池水力停留时间一般取 1.0～1.5h。

6.7.2.3 污泥干化池面积按照 30d 排泥量设计。

6.7.3 沉淀池计算

6.7.3.1 总表面积 A 按式(12) 计算

$$A=\frac{Q}{q_0} \tag{12}$$

式中 A——池表面积，m^2；

Q——设计水量，m^3；

q_0——表面负荷，$m^3/(m^2 \cdot d)$，自然沉淀时 $q_0=10\sim13m^3/(m^2 \cdot d)$。

6.7.3.2 有效水深 h_2 按式(13) 计算

$$h_2=q_0 t \tag{13}$$

式中 h_2——池子有效水深，m；

t——沉淀时间，h。

6.7.3.3 有效容积 V_1 按式(14) 计算

$$V_1=Qt \tag{14}$$

式中 V_1——有效容积，m^3。

6.7.3.4 池长 L 按式(15) 计算

$$L=3.6vt \tag{15}$$

式中 L——池长，m。

v——水平流速，mm/s，一般取 10～25mm/s。

6.7.3.5 池宽 B 按(16) 计算

$$B=\frac{A}{L} \tag{16}$$

式中 B——池宽，m。

6.7.3.6 污泥区容积 V_2 按式(17) 计算

$$V_2=\frac{Q(C_1-C_2)T}{\gamma(1-\rho_0)} \tag{17}$$

式中 V_2——污泥区容积，m^3；

C_1——进水悬浮物浓度，t/m^3；

C_2——出水悬浮物浓度，t/m^3；

T——两次排泥时间间隔，d；

γ——污泥密度，t/m^3，一般取 $1t/m^3$；

ρ_0——污泥含水率，%，一般取 97%～98%。

6.7.3.7 池内总高度按式(18) 计算

$$H=h_1+h_2+h_3+h_4 \tag{18}$$

式中 H——池子总高度，m；

h_1——超高，m，一般≥0.3m；

h_2——池内有效水深，m；

h_3——缓冲层高度，m，非机械排泥时为 0.5m；

h_4——污泥斗高度，m。

6.7.4 干化池计算

干化场面积按式(19) 计算

$$F=\frac{V}{h} \tag{19}$$

式中 F——干化场面积，m^2；

h——污泥层高度，m，一般取 0.3～0.5m；

V——调节水池、生化水池、沉淀水池的污泥量总和，m^3，按 30d 排泥量计。

6.7.5 集配水系统

6.7.5.1 配水管、布水管一般采用 PVC 管。出水管流速约 0.80m/s，设计充满度 0.6，设计坡度 0.001，以此计算选择管径。

6.7.5.2 排泥管径为 200mm。

6.7.5.3 调节配水量，每支配水管前装设阀门。

6.7.6 保温防冻设计

同 6.5.7 的保温防冻设计。

6.7.7 管材与阀门

同 6.5.8 的管材与阀门设计。

6.7.8 污泥处理

6.7.8.1 污泥脱水采用污泥干化床自然渗透、风干。

6.7.8.2 综合处理池的污泥可 30d 清理一次。

6.7.8.3 污泥作为农田肥料使用时，应符合 GB 4284 的有关规定。

6.7.8.4 污泥送至填埋场用于混合填埋时，污泥含水率应小于 60%。

2.3 农村生活污水处理设施运行操作规范（DB 64/ T869—2013）

前　言

本标准的编写格式符合《标准化工作导则第1部分：标准的结构和编写》（GB/T 1.1—2009）的要求。

本标准由宁夏回族自治区环境保护厅提出并归口。

本标准起草单位：中国环境科学研究院、市政西北设计院宁夏分院、宁夏环境科学设计研究院、宁夏大学。

本标准主要起草人：夏训峰、席北斗、张青、张列宇、赵颖、王丽君、尹伟康、张浦源、张生海、刘锦霞、王德全。

1　范围

本标准规定了农村生活污水处理设施运行的一般规定、预处理设施、污水处理设施的运行与维护管理。

本标准适用于农村生活污水处理设施的运行与维护管理。

2　规范性引用文件

下列文件对于本文件的应用是必不可少的。凡是注日期的引用文件，仅所注日期的版本适用于本文件。凡是不注日期的引用文件，其最新版本（包括所有的修改单）适用于本文件。

GB 2894　安全标志

GB 4284　农用污泥中污染物控制标准

GB/T 21431—2009　建筑物防雷装置检测技术规范

CJJ 6　城镇排水管道维护安全技术规程（附条文说明）

CJ/T 158—2002　城市污水处理厂管道和设备色标

CJ/T 249—2007　城镇污水处理厂污泥处置混合填埋泥质

HJ 2005　人工湿地污水处理工程技术规范

DB 64/ T699—2011　农村生活污水处理技术规范

DB 64/ T700—2011　农村生活污水排放标准

3　一般规定

3.1　基本要求

3.1.1　农村污水处理站建成后交由乡镇管理。

3.1.2　依据本标准制定相应的管理制度，岗位操作规程，设施设备维护保养手册和故障处理措施。

3.1.3　污水处理站内排水、供电等设施的运行、维护及管理工作必须符合CJJ6的规定。

3.1.4　污水处理站内应有工艺流程图、管网现状图以及供电系统图等。

3.1.5　建立、健全污水处理设施运行与维护管理制度，各岗位运行操作和维护人员应掌握处理工艺和设施、设备的运行、维护要求及技术指标。

3.1.6 定期对污水处理站内的建筑物进行检修和维护。

3.2 安全防护

3.2.1 岗位作业人员必须了解有关处理工艺，熟悉本岗位工作职责与工作质量要求；熟悉本岗位设施、设备的技术性能与运行维护、安全操作规程，特殊岗位须经专业培训。

3.2.2 备急停开关必须保持完好状态，当设备运转中遇到紧急情况时，可采取紧急停机措施。

3.2.3 在设备转动部位设置防护罩，设备起动和运转时，操作人员不得靠近、接触转动部位。

3.2.4 各种阀门开启与关闭应有明显标识，符合 GB 2894 的要求，并应定期做启闭试验，定期检查维护。

3.2.5 对污水处理站内各种管线、阀门及设备应着色并标识，并应符合 CJ/T 158—2002 中 7 识别符号的规定。

3.2.6 对电动阀门的限位开关、手动与电动的连锁装置，应定期检查。

3.3 维护保养

3.3.1 运行管理、操作和维护人员应按要求定期检查设施、设备的运转状况，设施、设备的使用与维护保养应按照设施、设备的操作规程和维修保养规定执行并做好记录。

3.3.2 各种阀门井应保持无积水，寒冷季节应对外露管道、阀门等设备采取防冻措施。

3.3.3 定期检查，保持清洁，及时处理跑、冒、滴、漏、堵等问题。

3.3.4 对栅渣、浮渣、污泥等废弃物的输送系统应定期做维护保养，在室内设置有除渣、除泥等处理设施时，应保持室内的通风。

3.3.5 设备需要维修时，应在机体温度降至常温后，方可维修。

3.3.6 对构（建）筑物的结构及各种阀门、护栏、爬梯、管道、盖板、照明设备、防雷电设施等定期进行检查、维修及防腐处理，保持完好。

3.3.7 对高（低）压电器设备、电缆机器设备，应定期检查和检测，保持其性能良好。

3.3.8 凡设有钢丝绳结构的装置、应按要求做好日常检查和定期维护保养，当出现绳端断丝、绳股断裂、扭结、压扁等情况时必须更换。

3.3.9 各类水池检修后长期停用时，应根据需要采取抗浮措施，并应对池配套设施进行妥善处理。参见 HJ 2005 中 3.10 条的有关规定。

3.4 防火防爆

3.4.1 消防器材的设置应符应按相关的要求定期检查、更新，保持完好有效。

3.4.2 定期对含有有毒有害气体或可燃气体的污水井、管道、构筑物等设施设备进行维护。维修操作前，必须先放空、通风，并对现场有毒有害气体进行检测，不得在超标环境下操作，所有参与操作的人员必须佩戴防护装置，直接操作者应在可靠的监护下进行，并应符合 CJJ6 的规定。

3.4.3 污泥消化处理区域及除臭设施防护范围内，严禁明火作业。

3.4.4 构（建）筑物等避雷、防爆装置应符合 GB/T 21431—2009 的规定。

3.5 安全操作

3.5.1 新投入使用或长期停运后重新启用的设施、设备，必须对构筑物、管道阀门、机械、电气等系统进行全面检查，确认正常后方可投入使用。

3.5.2 各种设备维修前必须先断电，并应在开关处悬挂维修禁止合闸的标识牌，经检查确认无安全隐患后方可操作。

3.5.3 清理机电设备及周围环境卫生时，严禁擦拭设备运转部位，冲洗水不得溅到电机带电部位、润滑部位及电缆头等。

3.5.4 停用的设备应每月至少进行 1 次运转。环境温度低于 0℃时，应采取防冻措施。各种类型的刮泥机、刮砂机等设备，长时间停机后再开启时，应先点动，后启动。冬季有结冰时，应先除冰后再启动。

3.5.5 设施、设备维修前，应先检查，制定维修方案及安全保障措施；设施、设备修复后应及时组织验收，合格后方可交付使用。

3.6 指标要求

3.6.1 污水处理系统的进、出水水质应符合 DB 64/ T699—2011 的要求。

3.6.1 污水处理系统的年处理量要求初期达到设计指标的 60%，并在交付使用 1 年内逐步达到满负荷运行。

3.7 常规检测

污水处理站进出水的检测项目及频次按表 1 的要求，检测方法依照 DB 64/ T700—2011 规定执行。

表 1 生活污水检测指标

检测项目	检测频次
pH 值	半年 1 次
化学需氧量(COD_{Cr})	半年 1 次
氨氮(NH_3-N)	半年 1 次

注：凡是污水处理设施接纳工业污水、医院污水的污水处理站，要按照国家的相关规定确定相应的检测项目及频次。

3.8 污泥处理与处置

3.8.1 污泥脱水宜设置沉泥池、贮泥池，采用污泥干化床自然风干。

3.8.2 污泥作为农田肥料使用时，应符合 GB 4284 的有关规定。

3.8.3 污泥送至填埋场用于混合填埋时，其基本指标应满足 CJ/T 249—2007 的要求，其中污泥含水率应小于 60%。

4 预处理设施运行管理

4.1 格栅

4.1.1 污水通过格栅前后水位差应小于 0.3m。

4.1.2 及时清除栅条、格栅出口上的杂物，栅渣应及时处理或处置。汛期或进水量增加时，应增加清污次数。

4.1.3 对转动机械格栅应定期检查，并保证设备处于良好的运行状态。

4.1.4 检查或人工清捞栅渣时，应切断电源，并在有效监护下进行。

4.2 提升泵房

4.2.1 保证备用水泵能够正常启动。

4.2.2 及时清除集水池内的沉积物，集水池的水位变化应定时观察，集水池的水位宜设定在最高和最低水位的范围内。

5 污水处理设施运行管理

5.1 改良式化粪池

5.1.1 运行管理

5.1.1.1 定期检查进、出水口保证排水通畅。

5.1.1.2 防臭检查：定期检查池体的密封性，要注意检修盖是否盖好，避免池内恶臭气体溢出污染周边空气。

5.1.1.3 清理池渣：建成投入使用初期，可不进行污泥的清理，运行1～2年后，可采用专用的槽罐车，对污泥每年清抽1次，保证污泥区留有1/3的剩余污泥。排出的污泥应及时处理或处置，污泥回用于农田时要符合GB 4284的要求。

5.1.2 故障处理

5.1.2.1 定期检查系统管件，出现故障时，应及时排除故障。

5.1.2.2 定期检查填料是否堵塞，适时更换部分填料。

5.2 厌氧生物滤池

5.2.1 运行管理

5.2.1.1 厌氧生物滤池启动时，可采用污泥接种，污泥接种量一般不少于水量的8%～10%。接种污泥来源于已有的、运行良好的厌氧处理系统。

5.2.1.2 从启动到转入正常运行（满负荷量进水）需要3～6个月的时间完成。

5.2.1.3 正常运行后，定期检查进、出水口和排气口，保证排水、排气通畅。

5.2.1.4 根据进水污染物浓度定期排放污泥，排泥时保证污泥区留有1/3～1/2的剩余污泥。排出的污泥应及时处理或处置，污泥回用于农田时要符合GB 4284的要求。

5.2.2 故障处理

5.2.2.1 定期检查系统管件，当出现故障时，应及时排除故障。

5.2.2.2 定期检查填料是否破损和堵塞，及时对造成厌氧生物滤池堵塞的填料进行局部更换。

5.3 综合处理池

5.3.1 运行管理

5.3.1.1 格栅1周清理1次。

5.3.1.2 调节水池、厌氧生物滤池、沉淀水池的剩余污泥每100d用潜污泵抽至干化池。

5.3.1.3 厌氧生物滤池的启动与运行管理参见5.2.1.1～5.2.1.4。

5.3.1.4 污泥在干化池内干化后将污泥移去填埋。

5.3.2 故障处理

5.3.2.1 定期巡查处理系统的进、出水管件，出现故障时及时排除故障。

5.3.2.2 定期检查处理系统的提升水泵、污泥泵，出现故障时及时修理。

5.3.2.3 局部更换造成厌氧生物滤池内堵塞的填料。

5.4 一体化设备（A/O接触氧化法）

5.4.1 运行管理

5.4.1.1 鼓风曝气系统开始时，应排除管路中的存水，并经常检查自动排水阀的可靠性。

5.4.1.2 按照设备说明，定期对设备进行维护和保养。

5.4.1.3 根据进水浓度调整进水量、曝气量、污泥回流量、混合液回流量、剩余污泥排放量等，保证出水稳定达标。

5.4.1.4 根据污泥沉淀比、混合液污泥浓度及污泥龄调整剩余污泥排放量。

5.4.1.5 当曝气池水温低时，可采用提高污泥浓度、增加污泥龄等方法，保证污水的处理效果。

5.4.1.6 当出水氨氮超标时，应通过以下方式进行调节：

a）减少剩余污泥排放量，提高泥龄；

b）提高好氧段DO。

5.4.1.7 当出水总氮超标时应通过以下方式进行调节：

a）降低缺氧段DO；

b）增大好氧混合液回流量。

5.4.2 故障处理

5.4.2.1 定期巡查处理系统的进、出水管件，出现故障时，及时清理或更换管件。

5.4.2.2 定期检查处理系统的曝气设备、提升水泵、污泥泵，出现故障时及时修理。

5.4.2.3 局部更换造成生物滤池内堵塞的填料。

5.5 稳定塘

5.5.1 运行管理

5.5.1.1 稳定塘竣工验收后，用灌溉水或湖水预灌，以便确定渗透率。

5.5.1.2 及时修复塘堤的受损和被冲刷部位。

5.5.1.3 保证污水在塘内的水力停留时间符合设计要求，应定期对塘水和受纳水体的水质进行检测。

5.5.1.4 维护塘内植物的生长，防止藻类的快速繁殖。

5.5.1.5 及时清除老化死亡的浮水植物。

5.5.1.6 定期清除塘底污泥，塘底污泥的蓄积深度不超过0.3～0.5m。

5.5.1.7 塘体周围植树，绿化环境。

5.5.2 故障处理

5.5.2.1 水体出现恶臭时，要停止进水。

5.5.2.2 塘内水质变差，无法降低进水负荷时，可采取增设间歇运行的表曝机增氧，保证上层水体的溶解氧供应。

5.6 土地渗滤系统

5.6.1 运行管理

5.6.1.1 定期检查配水效果，保证配水均匀，避免出现短流现象。

5.6.1.2 根据植物不同生长期进行田间管理，补种缺苗、清除杂草以及植物收割。

5.6.1.3 调节进入系统的污水量，适当的采用间歇运行方式。

5.6.1.4 夏秋季节要加强植物的病虫害控制，在控制过程中应防止引入新的污染源。

5.6.2 故障处理

5.6.2.1 出现短流或堵塞时，应及时排除故障，适时重新布土。

5.6.2.2 及时更换土地渗滤系统表面已板结的土壤。

5.7 潜流湿地

5.7.1 运行管理

5.7.1.1 湿地系统进水前，应检查确保湿地单元所有配水阀门处于开启状态（如需检修关闭情况除外）。

5.7.1.2 湿地系统进水后，定期检查配水管道、阀门工作状况，防止植物残体及其他漂浮物引起堵塞，保证各湿地单元集水口出水均匀。

5.7.1.3 保证湿地内部通畅，对收水渠的倒膜阀门每2周进行1次倒膜操作，冬季每月操作1次。倒膜出水排入表流湿地或沉淀池，定期清淤。

5.7.1.4 湿地系统运行过程中，需要根据季节以及植物生长特征调整内部水位。

5.7.1.5 湿地系统缺水时，应及时补水，保证植物的生长。

5.7.1.6 春季（3月）对潜流湿地水位调整，采取干湿交替的上水方式，首先使水位上升，达到湿地表层下0.25m左右，保持高水位数天后，降低水位至距湿地床底0.2m，数天后将水位升高；如此干湿交替运行1个月后，将水位调节到表层以上0.1m处。

5.7.1.7 夏季调整湿地内的水位处于淹没表层状态。6～7月采取干湿交替的上水方式，进行2次短期的短期排水。

5.7.1.8 11月上旬以后，打开集水渠闸门，保持湿地低水位运行。把芦苇等水生植物收割，敷设在湿地表层，春季再清除覆盖的植物。

5.7.1.9 湿地上部结冰后，开启最下端排水阀门，保障污水正常流出。

5.7.1.10 湿地土壤结冻后，系统保持中低水位运行。

5.7.1.11 秋冬季节要严格做好防火安全工作，湿地周围标立防火警示牌，不准带火种进场，值班人员要做到每天巡视现场。

5.7.1.12 在湿地周围种草植树，绿化环境。

5.7.2 故障处理

5.7.2.1 定期巡查处理系统的进、出水管件，出现故障时及时清理或更换管件。

5.7.2.2 及时对造成湿地系统堵塞的物质进行清除，适时更换湿地基质。

2.4 农村生活污水处理工程投资指南（DB 64/ T875—2013）

前　言

本标准的编写格式符合《标准化工作导则　第1部分：标准的结构和编写》（GB/T 1.1—2009）的要求。

本标准由宁夏回族自治区环境保护厅提出并归口。

本标准起草单位：中国环境科学研究院、宁夏环境科学设计研究院、市政西北设计院宁夏分院、宁夏大学。

本标准主要起草人：席北斗、夏训峰、张青、张列宇、赵颖、李晓光、王丽君、刘锦霞、张浦源、王德全、尹伟康、张生海。

1　范围

本标准规定了农村生活污水处理工程的管网、集中处理设施、分散处理设施的投资估算以及相应的运行费估算。

本标准适用于指导和管理农村生活污水处理项目的设计、建设投资管理。

2　规范性引用文件

下列文件对于本文件的应用是必不可少的。凡是注日期的引用文件，仅所注日期的版本适用于本文件。凡是不注日期的引用文件，其最新版本（包括所有的修改单）适用于本文件。

DB 64/ T699　农村生活污水处理技术规范

DB 64/ T700　农村生活污水排放标准

GJBT-618（03S702）钢筋混凝土化粪池图集

02S515　排水检查井图集

3　一般规定

3.1　工程类型及规模

DB 64/ T699、DB 64/ T××中界定的工程类型及规模适用于本标准。

3.2　工程项目组成

3.2.1　污水处理设施：包括管网、预处理设施、改良式化粪池、厌氧生物滤池、综合处理池、一体化设备（A/O接触氧化法）、人工湿地、土地处理、稳定塘等污水处理构（建）筑物设施。

3.2.2　辅助工程：电气系统等。

3.3　估算基准

建设投资估算依据《宁夏市政工程计价定额2008》《宁夏安装工程计价定额2008》《宁夏建设工程费用定额2008》，以2013年第3册建材价格为基准，取费标准类别为三类工程、三类企业，计价定额人工费调整执行宁建（科）发（2013）6号文件，税金费率执行3.2205%，劳保基金执行3%。材料、定额、费率等政策性调价按照实施当期文件调整投资估算金额。

4 管网建设投资估算

4.1 管网建设费投资估算内容

管网建设投资估算包括生活污水收集管网建设的直接费用和安装费，估算值如表 1 所列。

表 1 农村生活污水收集管网投资估算值

类别	规格/mm	单位	材料	单位投资/元	
				湿陷地区	非湿陷地区
入户管	75	m	PVC	35～45	30～35
	100	m	PVC	45～60	45～55
收集支管	200	m	HDPE 双壁波纹管	240～300	180～225
	200	m	钢筋混凝土管	270～340	270～340
	300	m	HDPE 双壁波纹管	270～340	210～260
	300	m	钢筋混凝土管	285～310	235～295
收集干管	400	m	HDPE 双壁波纹管	375～470	305～380
	400	m	钢筋混凝土管	390～490	310～390
	500	m	HDPE 双壁波纹管	470～590	400～500
	500	m	钢筋混凝土管	450～560	360～450
	600	m	钢筋混凝土管	540～675	440～550
	800	m	钢筋混凝土管	770～970	655～820

4.2 检查井投资估算

检查井投资费用包括检查井建设直接费用和安装费用，估算值如表 2 所列。

表 2 检查井投资估算值

规格	类别	单位	材料	单位投资/元	
				湿陷地区	非湿陷地区
ϕ700mm	深 1.5m,收口	座	青砖	1500～1875	1375～1720
ϕ1000mm	深 2.5m,收口	座	青砖	2410～3010	2215～2770
ϕ1250mm	深 3.0m,收口	座	青砖	3405～4255	3150～3940
ϕ1500mm	深 3.5m,盖板	座	青砖	4825～6030	4500～5625

5 污水处理设施投资估算

5.1 集中污水处理投资估算

5.1.1 投资建设内容

投资估算包括潜流人工湿地、稳定塘、土地处理系统和一体化设备（A/O 接触氧化法）的主体建设部分及连接设施的进出水管部分的直接费用和安装费用。潜流人工湿地、稳定塘、土地处理系统的单位用地面积如表 3 所列 。

一体化设备（A/O 接触氧化法）的进出水质如表 4 所列。

表 3　潜流人工湿地、稳定塘、土地处理系统单位用地面积估算值

工艺类型	进水水质/(mg/L)			出水水质/(mg/L)			用地面积/m^2
	COD_{Cr}	BOD_5	TN	COD_{Cr}	BOD_5	NH_3-N	
潜流人工湿地	150～200	80～110	25～30	60	20	10	6～8
	200～350	120～160	30～35	120	50	25	4～6
	350～400	180～200	35～40	200	80	—	4～6
土地处理系统	150～200	80～110	35～40	120	20	10	6～8
	200～350	120～160	30～35	120	50	10	4～6
	350～400	180～200	35～40	200	80	—	4～6
稳定塘（有效水深 1.0m）	200～180	120～100	35～30	120	50	25	3～5

注：稳定塘按兼性塘设计。

表 4　一体化设备（A/O 接触氧化法）进出水标准参考值　　单位：mg/L

类别	COD_{Cr}	BOD_5	SS	NH_3-N
进水水质	350～180	170～80	200～100	35～40
出水水质	120	50	30	25

5.1.2　投资估算

潜流人工湿地、稳定塘、土地处理系统的投资估算值如表 5 所列。

表 5　潜流人工湿地、稳定塘、土地处理系统投资估算值

工艺类型	用地面积/m^2	单位投资/(元/m^3)	
		处理规模 50～100m^3/d	处理规模 101～200m^3/d
潜流人工湿地	6～8	3850～4150	3600～3850
	4～6	3550～3750	3350～3550
土地处理系统	6～8	3100～3300	2900～3100
	4～6	2800～3000	2700～2900
稳定塘(有效水深 1.0m)	3～5	2500～3000	2000～2500

一体化设备（A/O 接触氧化池）的投资估算值如表 6 所列。

表 6　一体化设备（A/O 接触氧化法）处理系统投资估算值

处理规模/(m^3/d)	单位投资/(元/m^3)	总投资/万元
80	4350～5400	34.80～43.20
160	3600～4600	57.60～72.60
240	3200～4100	76.80～98.40
320	3100～3750	99.20～120.00
400	2950～3700	118.40～148.00

5.1.3　运行管理估算

潜流人工湿地、稳定塘、土地处理系统的运行管理估算值如表 7 所列。

表 7　潜流人工湿地、稳定塘、土地处理系统运行管理估算值

工艺类型	单位运行费用/(元/m^3)	
	处理规模 50～100m^3/d	处理规模 101～200m^3/d
潜流人工湿地	0.20～0.30	0.20～0.30
土地处理系统	0.30～0.40	0.30～0.35
稳定塘(有效水深 1.0m)	0.10～0.15	0.10～0.15

一体化设备（A/O接触氧化池）的运行管理估算值如表8所列。

表 8　一体化设备（A/O接触氧化池）系统运行管理估算值

工艺类型	单位运行费用/(元/m^3)			
	处理规模 80～160m^3/d	处理规模 160～240m^3/d	处理规模 240～320m^3/d	处理规模 320～400m^3/d
一体化设备(A/O接触氧化池)	1.1～1.0	1.1～0.9	1.0～0.9	1.0～0.8

5.2　分散污水处理投资估算

5.2.1　投资建设内容

处理设施包括改良式化粪池、厌氧生物滤池、综合处理池系统的主体建设部分及连接设施的进出水管部分的直接费用和安装费。改良式化粪池设计可参照GJ BT-618 (03S702) 图集。

5.2.2　投资估算

改良式化粪池、厌氧生物滤池、综合处理池系统的投资估算值如表9所列。

表 9　改良式化粪池、厌氧生物滤池、综合处理池系统投资估算值

工艺类型		单位投资/(元/m^3)			
		处理规模 ≤10m^3/d	处理规模 10～20m^3/d	处理规模 20～30m^3/d	处理规模 30～50m^3/d
改良式化粪池	钢筋混凝土化粪池	1500～2000	1300～1500	1200～1300	1000～1200
	混凝土成品环保化粪池	900～1000	900～1000	800～900	800～900
	玻璃钢化粪池	1200～1700	1100～1300	1000～1100	850～1000
厌氧生物滤池		2200～2500	2000～2200	1800～2000	1500～1800
综合处理池		2800～3000	2500～2800	2200～2500	2000～2200

5.2.3　运行管理估算

改良式化粪池、厌氧生物滤池、综合处理池系统的运行管理估算值如表10所列。

表 10　改良式化粪池、厌氧生物滤池、综合处理池系统运行管理估算值

工艺类型	单位运行费用/元			
	处理规模 ≤10m^3/d	处理规模 10～20m^3/d	处理规模 20～30m^3/d	处理规模 30～50m^3/d
改良式化粪池	0.10～0.15	0.10～0.15	0.10～0.15	0.10～0.15
成品环保化粪池	0.10	0.10	0.10	0.10

续表

工艺类型	单位运行费用/元			
	处理规模 ≤10m³/d	处理规模 10～20m³/d	处理规模 20～30m³/d	处理规模 30～50m³/d
厌氧生物滤池	0.20～0.25	0.20～0.25	0.20～0.25	0.20～0.25
综合处理池	0.20～0.30	0.20～0.30	0.20～0.30	0.20～0.30

附录3　宁夏农村生活垃圾整治相关标准及技术规范

3.1　农村垃圾处理技术规范（DB 64/ T701—2011）

前　言

为促进宁夏回族自治区农村生活垃圾的收集、清运、处理处置和综合利用，防治农村生活垃圾污染环境，保护生态环境和人体健康，根据《中华人民共和国环境保护法》《中华人民共和国固体废物污染环境防治法》，结合宁夏回族自治区实际情况，特制定本规范。

本标准的编写格式符合《标准化工作导则　第1部分：标准的结构与编写》（GB/T 1.1—2009）的要求。本标准由宁夏回族自治区环境保护厅提出并归口。

本标准主要起草单位：中国环境科学研究院、宁夏环境科学研究设计院、宁夏大学。

本标准主要起草人：席北斗、杨天学、夏训峰、张列宇、刘锦霞、王德全、张生海。

1　范围

本标准规定了农村生活垃圾处理主要包括垃圾的收集、清运、处理、综合利用等。本标准适用于宁夏农村生活垃圾处理工程的规划、立项、选址、设计、施工、验收及建成后运行与管理的技术依据。

2　规范性引用文件

下列文件对于本文件的应用是必不可少的。凡是注日期的引用文件，仅所注日期的版本适用于本文件。凡是不注日期的引用文件，其最新版本（包括所有的修改单）适用于本文件。

GB 8172　城镇垃圾农用控制标准

GB 8978　污水综合排放标准

GB 12801　生产过程安全卫生要求总则

GB 14554　恶臭污染物排放标准

GB 18599　一般工业固体废物贮存，处置场污染控制标准

GB 18918　城镇污水处理厂污染物排放标准

GB 50201　防洪标准

GB 50046　工业建筑防腐蚀设计规范

GB 50016　建筑设计防火规范

GB 50204　混凝土结构工程施工质量验收规范

GB 50231　机械设备安装工程施工及验收通用规范

GB 50140　建筑灭火器配置设计规范

GB 50268　给水排水管道工程施工及验收规范

GBJ 141　给水排水构筑物施工及验收规范

GBJ 22　厂矿道路设计规范 GB/T 50123 土工试验方法标准

GBZ 1　工业企业设计卫生标准

GBZ 2　工作场所有害因素职业接触限值

CJJ 17　生活垃圾卫生填埋

CJJ 60　城市污水处理厂运行/维护及其安全技术规程

HJ/T 353　水污染源在线监测系统安装技术规范

HJ/T 354　水污染源在线监测系统验收技术规范

HJ/T 355　水污染源在线监测系统运行与考核技术规范（试行）

NY/T 1220.3　沼气工程规范

3　术语和定义

下列术语和定义适用于本标准。

3.1　村庄

农村村民居住和从事各种生产的聚居点，包括自然村和行政村。

3.2　连片村

地域相连的多个村庄、有同类环境问题或相同环境敏感目标的多个村庄。

3.3　农村生活垃圾

农村日常生活中或为农村日常生活提供服务的活动中产生的固体废物以及法律、行政法规规定视为生活垃圾的固体废物。

3.4　垃圾处理

农村生活垃圾的收集、清运、处理、综合利用等活动。

4　农村生活垃圾处理技术模式

4.1　主要技术模式

4.1.1　城乡一体化处理模式：原则上处于城市周边 20km 范围以内的村庄，生活垃圾通过户分类、村收集、乡/镇转运，纳入县级以上垃圾处理系统，见图 1。

4.1.2　集中式处理模式：针对中部平原干旱型村庄，以连片村庄为单元建设垃圾处理场，建立可覆盖周边村庄的区域性垃圾转运、压缩设施，见图 1。

4.1.3　分散式处理模式：针对南部山区分散型村庄，布局分散、经济欠发达、交通不便，推行垃圾分类，选取有机垃圾与秸秆、农业废物、畜禽粪便等可生物降解物料混合堆肥等资源化利用技术，无法资源化利用的垃圾进行分散式农村垃圾填埋处理，见图 1。

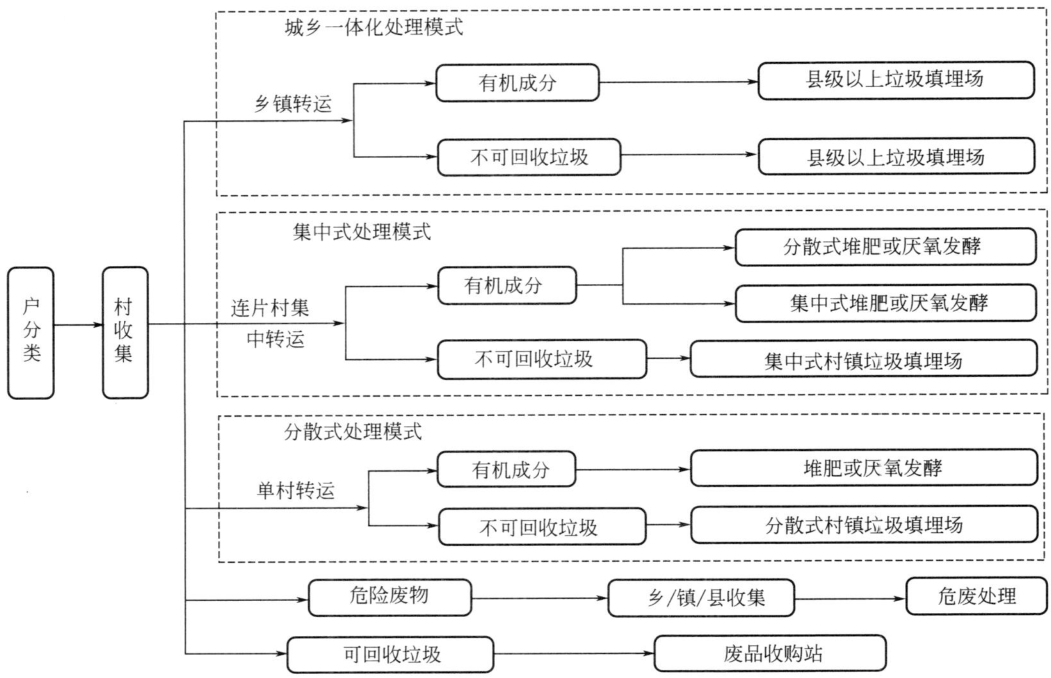

图 1　农村生活垃圾处理技术模式图

4.2　技术模式

农村生活垃圾收集、处理技术模式如图 1 所示。

5　农村生活垃圾处理技术

5.1　农村生活垃圾收运技术

5.1.1　一般规定

5.1.1.1　鼓励对农村生活垃圾进行分类收集。农村生活垃圾分为有机垃圾、可回收废品、不可回收垃圾和危险废物四类，见表 1。

表 1　农村生活垃圾分类

类　别	垃圾成分构成
有机垃圾	剩余饭菜、树枝花草等植物类垃圾等
可回收废品	纸类、塑料、金属、玻璃、织物等
不可回收垃圾	砖石、灰渣等
危险废物	农药瓶、日用小电子产品、废涂料、废灯管、废日用化学品和过期药品等

5.1.1.2　农村生活垃圾要日产日清，收集、转运必须密闭，收集箱（池）与垃圾转运工具要配套。

5.1.1.3　危险废物由具备资质的专业单位收集、储运、处理，可回收废品应单独收集，鼓励收购回用。

5.1.1.4　垃圾转运站的垃圾堆放、贮存应符合 GB 18599 的规定。

5.1.1.5　城乡一体化、集中式垃圾处理场周边5km以内的村庄，其垃圾直接收集转运进场，5km以上需建立垃圾转运站，垃圾转运站的覆盖范围一般在5km以内。

5.1.2　设施标准

5.1.2.1　农村生活垃圾收集工具主要为单户垃圾桶、多户垃圾收集箱（池）、垃圾转运集装箱，其中单户垃圾桶、多户垃圾收集箱（池）箱体上应明确标识垃圾分类信息。

5.1.2.2　单户垃圾桶按5L分类式垃圾桶1个配置；多户垃圾收集箱（池），每个服务农户数量10户左右、服务半径100m左右、容积40L左右；垃圾转运集装箱容积$5m^3$左右，数量根据实际需要配置。

5.1.2.3　农村生活垃圾转运站主要分为单村垃圾转运站、连片村转运站、乡镇垃圾转运站。

5.1.2.4　转运站日转运量≥50t时，应配备压缩装置。

5.1.2.5　垃圾转运站面积不小于$100m^2$，且能够满足贮存每日产生的全部垃圾。

5.1.2.6　单村垃圾收集，垃圾收集车的载重量和收集半径以服务村庄垃圾产生量和农户分布情况为依据进行配置；连片村垃圾收集，垃圾收集车的载重量以2t为宜，收集半径小于5km。

5.1.2.7　乡镇垃圾转运，垃圾收集车的载重量以不大于10t为宜，转运距离一般小于20km。

5.1.3　场址选择

5.1.3.1　垃圾收集点（垃圾桶）遵循垃圾不出户原则，一般设置于农户院内，大型垃圾收集箱（池）遵循服务半径均等化和最大化、不产生二次污染的原则，不得影响交通、影响观瞻，箱、池应采取密闭措施。

5.1.3.2　垃圾转运站应位于村庄/乡镇的下风向，距饮用水水源地最小距离不得小于600m，不得设在行洪、滞洪、泄洪区以及法律、行政法规规定不得设置的区域，垃圾转运站的防洪标准不应低于GB 50201—1994的规定。

5.1.4　辅助工程

5.1.4.1　垃圾收集箱（池）的防腐设计应符合GB 50046的规定。

5.1.4.2　转运站的排水系统必须实行雨污分流，废水排放应符合GB 18918的规定。

5.1.4.3　转运站消防设施的设置必须满足站内消防要求，并应符合GB 50016和GB 50140的有关要求。

5.1.4.4　转运站应配置必要的通信设施，保证各生产岗位之间通信联系和对外通信的需要。

5.1.4.5　转运站规模达日转运20t且全天候作业的，可根据需要设置附属式公厕，公厕应与转运设施有效隔离，并满足国家现行有关标准的规定。

5.1.4.6　根据需要设置通风、除尘、除臭等环境保护设施，并设置消毒、杀虫、灭鼠等装置。

5.1.4.7　转运站配套设施需与转运站主体工程设施同时设计、建设和启用，其装备标准应满足转运站正常进行、安全作业和保护环境的要求，改建、扩建工程应充分利用原有的设施。

5.1.5 运行管理

5.1.5.1 转运站的安全卫生措施应符合 GZB 1、GB 12801 及劳字〔1988〕48 号的要求。

5.1.5.2 转运站工程竣工验收除应满足《建设项目（工程）竣工验收办法》《建设工程质量管理条例》、GB 50231 设计文件的规定和要求。

5.1.5.3 农村生活垃圾在收集转运过程中，鼓励因地制宜建立可回收利用垃圾的收集处置机制，实现资源再生利用。

5.2 农村生活垃圾填埋技术

5.2.1 一般规定

5.2.1.1 农村生活垃圾填埋，应遵循因地制宜、及时处理、资源化利用、投资节省的原则。

5.2.1.2 垃圾填埋场的选址应符合 CJJ 17 的规定。

5.2.1.3 新建垃圾填埋场，应开展环境影响评价。

5.2.1.4 垃圾填埋过程中产生的渗滤液的排放，应满足 GB 18918—2002 标准，防止二次污染。

5.2.2 设施标准

5.2.2.1 农村垃圾填埋场的选址要以当地区域发展规划为指导，与水源、生态环境等主要环境敏感目标的距离必须符合国家和地方相关法律和政策法规的规定。

5.2.2.2 农村垃圾填埋场的防渗工艺设计，应以不污染地下水为前提，尽可能利用当地自然条件，就近取材、因地制宜，采用经济实用的工艺和材料；在黄土层巨厚、地下水位埋深超过 15m 的南部山区和中部干旱风沙区，可不采取防渗工艺设计，直接填埋。

5.2.2.3 填埋场的建设应根据水文地质条件，结合环境卫生专业规划，合理确定填埋场类型、建设规模，并完善配套工程。

5.2.2.4 农村垃圾填埋场的规模一般分为日处理规模 0.5～2t 的分散型填埋场、日处理规模为 5～10t 的集中型填埋场，具体建设规模根据人口、生活垃圾产生量因素综合确定。

5.2.2.5 农村垃圾填埋场主体工程与设备包括进场道路、自然或简易防渗工程、坝体工程、填埋气导排及渗滤液处理、水土保持、防飞散设施、封场工程、简单的填埋作业工具或设备等。

5.2.2.6 填埋场周围需设置简易的截洪、排水沟、防治雨水入侵等设施，配备必要的环保设施。填埋场防洪要求符合 GB 50201 的规定。

5.2.2.7 农村垃圾填埋场可将垃圾堆高或填坑，垃圾堆高或填坑幅度控制在 10m 以内。

5.2.2.8 农村垃圾填埋场场底基础应符合 CJJ 17 的规定。

5.2.3 场址选择

5.2.3.1　填埋场的设计应充分利用原有地形，尽可能做到土方平衡和降低能耗的要求。

5.2.3.2　填埋场的服务年限为10年以上，填埋场应一次性规划设计、分期建设，分期建设容量及相应的使用年限应根据填埋量、场址条件综合确定。

5.2.3.3　填埋场场址的选择需要考虑地理、气候、地表水文、水文地质和工程地质条件因素，此外还要综合经济、交通、社会及人员构成等因素。

5.2.3.4　填埋场应位于工程地质条件稳定地区，不应在填埋后产生不均匀沉降，且应避开地质灾害易发生的地区。

5.2.3.5　填埋场一般位于主导风向下风向，场址选择在地下水主要补给区、强径流带之外，其基础应位于地下水（潜水）最高丰水位标高至少1.5m以上。

5.2.3.6　填埋场天然防渗层饱和渗透系数参照GB/T 50123的规定执行。

5.2.4　平面布置

5.2.4.1　填埋场应结合工艺要求、气象和地质条件等因素经过技术经济比较确定，总平面应工艺合理，按功能分区布置，便于施工和运行作业，竖向设计应结合原有地形，便于雨污水导排，并使土石方尽量平衡，减少外运或外购土石方。

5.2.4.2　填埋场区的占地面积宜为总面积的80%～90%，不得小于70%。

5.2.4.3　填埋场应结合水位地质条件、地理位置合理规划基础处理与防渗系统，地表水及地下水导排系统，场区简易道路，垃圾坝，封场工程及简易监测设施等，并设置垃圾临时存放等应急设施，垃圾坝及填埋体应进行安全稳定性分析。

5.2.5　辅助工程

5.2.5.1　填埋场应设置必要的消防器材，应符合防火规范GBJ 50016的规定。

5.2.5.2　填埋场进场道路车行道宽度3.5m，道路工程应符合GBJ 22的要求。

5.2.5.3　填埋场区周围应设安全防护设施及8m宽度的防火隔离带，作业区应设防飞散设施。

5.2.5.4　填埋场借助周边的绿化带设置隔离带，封场覆盖后应进行生态恢复。

5.2.5.5　填埋场环境污染防治设施需与主体工程同时设计、同时施工、同时投产使用。

5.2.6　工艺设计

农村垃圾填埋场填埋工艺按图2所示设计。

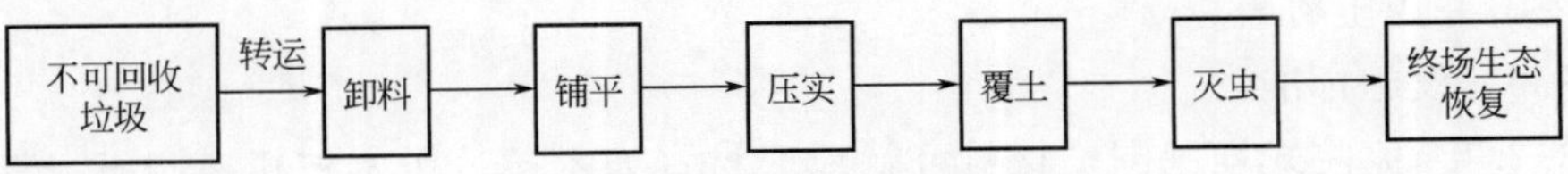

图2　农村垃圾填埋场填埋工艺流程

5.2.7　运行管理

5.2.7.1　填埋场应按建设、运行、封场、跟踪监测、场地再利用等程序进行管理。

5.2.7.2　填埋场建设的有关文件资料，应按《中华人民共和国档案法》的规定整理与保管。

5.2.7.3　填埋场施工前应根据设计文件或招标文件编制施工方案和准备施工设备

及设施，并合理安排施工场地。

5.2.7.4　应保证全天候作业，宜在填埋作业区设置雨季卸车平台，并准备充足的垫层材料。

5.2.7.5　填埋作业分区的工程设施、配套工程及辅助设施，应按设计要求完成施工。

5.2.7.6　填埋场应设道路行车指示、安全标识、防火防爆及环境卫生设施设置标志。

5.2.7.7　对填埋物中的可能造成腔型结构的大件垃圾应进行破碎。

5.2.7.8　每年需对填埋场上下游的地下水水质和周围环境气体进行检测1次。

5.2.7.9　填埋场工程施工变更应按设计单位的设计变更文件进行。

5.2.7.10　填埋场作业人员应经过技术培训和安全教育，熟悉填埋作业的安全知识。

5.2.7.11　填埋场的劳动卫生应按照《中华人民共和国职业病防治法》、GBZ 1、GB 12801 的有关规定执行，并应结合填埋作业特点采取有利于职业病防治和保护作业人员健康的措施。

5.2.7.12　填埋场使用杀虫灭鼠药剂应避免二次污染，作业场所宜洒水降尘。

5.2.7.13　应储备干粉灭火剂和灭火沙土。

5.2.7.14　填埋作业规程应制定完备，制定填埋气体引起火灾和爆炸等意外事件的应急预案。

5.3　农村生活垃圾堆肥技术

5.3.1　一般规定

5.3.1.1　堆肥技术主要包括庭院式堆肥技术、集中式堆肥技术。

5.3.1.2　严禁农用废弃物垃圾（如废弃在田间的农药、化学肥料包装等）、村诊所医疗垃圾等有毒垃圾进入厌氧发酵系统。

5.3.1.3　垃圾堆肥原料为分类收集的有机垃圾，有机成分应≥70%，含水率以30%～50%为宜。

5.3.1.4　堆肥过程中提倡添加人粪尿，添加量以20%～40%为宜，在有条件的情况下，添加牛粪、马粪或已经腐熟的堆肥土，添加量为10%～20%。

5.3.1.5　庭院式堆肥应使堆体温度在55℃以上维持8～14d，堆肥时间一般2～3个月以上，并用土覆盖。

5.3.2　设施标准

5.3.2.1　庭院式堆肥围护材料可就地取材（如木条、树木枝桠、砖石、钢筋或其他材料）。

5.3.2.2　集中式堆肥场主体工程包括发酵场地、后处理设施、制肥厂房和产品贮存设施等。

5.3.2.3　集中式堆肥应将堆肥原料放置在开放的场地上堆成条垛或条堆进行发酵，通过自然通风、翻堆或强制通风方式，供给有机物降解所需的氧气。

5.3.2.4　条垛系统的堆体适宜规模参数为：底宽3～5m、高2～3m，其横截面呈三角形。

5.3.3 场址选择

5.3.3.1 庭院式堆肥技术是在田前、屋后所开展的一种分散式就地堆肥技术。

5.3.3.2 农村生活垃圾堆肥场的选址应符合地区总体规划、环境卫生专业规划以及国家现行有关标准的要求。

5.3.3.3 垃圾处理场址应符合恶臭物质卫生防护距离的要求，综合考虑运距对周围环境的影响、交通运输等的合理性，充分利用已有基础设施。

5.3.4 平面布置

5.3.4.1 堆肥场的总图布置应符合生产工艺技术要求。

5.3.4.2 按功能分区设置，做到分区合理，人流、物流顺畅，并尽量减少中间运输环节。

5.3.4.3 主要生产部分与辅助生产部分应综合考虑地形、风向、使用功能及安全等因素，宜采取相对集中布置，处于当地主导风向下方。

5.3.4.4 动力设备的布置宜尽量安置在远离村舍端。

5.3.5 辅助工程设计

5.3.5.1 堆肥场的配套工程应与主体工程相适应，装备标准应满足不污染环境的要求。

5.3.5.2 堆肥场的排水系统必须实行雨污分流，排水应符合 GB 8978—1996 的要求。

5.3.5.3 堆肥场消防设施的设置必须满足消防要求，并应符合 GB 50016—2006、GB 50140—2005 的有关要求。

5.3.5.4 堆肥场应配备堆肥产品检验设施以及堆肥成品仓库，贮存周期宜为 10～20d。

5.3.5.5 堆肥场绿化布置应满足总体规划要求，合理安排绿化用地，绿化率≥35%。

5.3.6 工艺设计

生产工艺系统主要有垃圾预处理、堆肥发酵、后处理及贮存等系统组成，如图 3 所示。

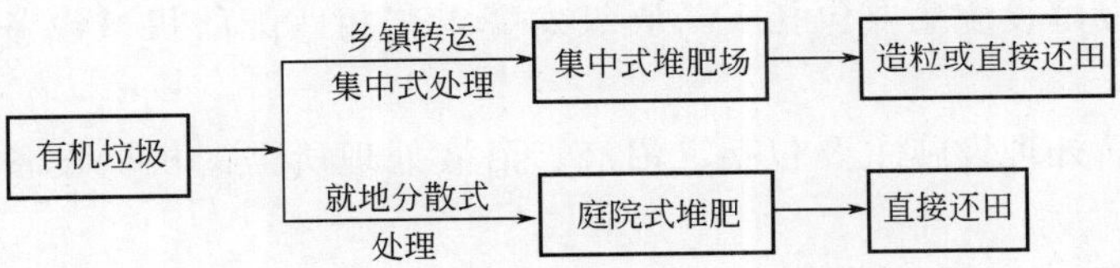

图 3 农村有机垃圾堆肥工艺技术流程

5.3.7 运行管理

5.3.7.1 堆肥作业区的允许噪声、粉尘的允许浓度应符合 GBZ 1 的规定，超过标准时必须采取降噪声、防尘、除尘措施。

5.3.7.2 场区内排水，应实行雨污分流，并保证通畅。

5.3.7.3 堆肥场应设有防尘、除臭、灭蝇、消毒等措施，恶臭气体（H_2S、SO_2、

NH_3 等）的允许浓度，应符合 GBZ 1、GBZ 2 和 GB 14554 的规定，作业区必须有良好的通风条件。

5.3.7.4　堆肥产品质量应符合 GB 8172—87 的要求，密度、粒度、含水率、pH 值、蛔虫卵、大肠杆菌值、细菌总数每月检测 1 次，总镉、总汞、总铅、总铬、总砷每半年检测 1 次，TN、TP、TK 视情况而定。

5.3.7.5　建筑物、构筑物等的避雷、防爆装置测试、检修周期应符合电业和消防部门的规定。

5.3.7.6　堆肥厂/场的安全、卫生设施应符合 GBZ 1、GB 12801 及《关于生产性建设工程项目职业安全监察的暂行规定》的要求。

5.3.7.7　堆肥厂/场作业区内，必须设立安全检测设施及醒目的安全标牌或标记。

5.4　农村生活垃圾厌氧发酵产沼技术

5.4.1　一般规定

5.4.1.1　厌氧发酵系统以庭院式就地设置为主。

5.4.1.2　严禁农药、废弃家电、电池、村诊所医疗垃圾等有毒垃圾进入厌氧发酵系统。

5.4.1.3　原料适宜的理化性质应符合下列要求：含水率宜≥60%、有机物含量宜≥75%（以湿重计）、酸碱度环境宜为 6.8～7.5，防止 VFA 的过度累积、氧化还原电位（ORP）宜在－100mV 以下、碳氮比（C/N）宜为（20∶1)～(30∶1)。

5.4.1.4　重金属含量指标应符合 GB 8172—87 的规定。

5.4.2　设施标准

5.4.2.1　厌氧发酵厂主要由厌氧发酵构筑物/设备、辅助工程和配套设施等系统组成。

5.4.2.2　厌氧发酵构筑物/设备主要包括预处理设施、发酵池/罐、后处理系统及沼气储运系统。

5.4.2.3　厌氧发酵工艺主体根据构造材质分为厌氧发酵池和厌氧消化罐。

5.4.2.4　预处理设施主要包括破碎等机械设备及相关建筑物。

5.4.2.5　发酵设施主要包括：与厌氧发酵工艺相匹配的机械设备及相关建筑物、设备。

5.4.2.6　后处理设施主要包括：沼渣、沼液处理所需的机械设备及相关建（构）筑物。

5.4.2.7　沼气储运系统包括空气压缩机、沼气罐及输送管道等。

5.4.2.8　常用的发酵池包括：立式圆形水压式沼气池，立式圆形浮罩式沼气池，长方形（或方形）发酵池，材质采用钢筋混凝土构造。

5.4.3　场址选择

5.4.3.1　综合考虑运距对周围环境的影响、交通运输等的合理性，充分利用已有基础设施。

5.4.3.2　厌氧发酵处理场/厂址应符合恶臭物质卫生防护距离的要求。

5.4.3.3　厌氧发酵厂应具备满足工程建设的工程地质条件和水文地质条件。

5.4.3.4　厌氧发酵构筑物的和沼气储运系统的各种管线应统筹安排，避免相互干扰，便于清通、检修和维护。

5.4.4　辅助工程

5.4.4.1　辅助工程包括沼气贮存、净化、加压、调压等设备和防火设备。

5.4.4.2　建筑物耐火等级应符合 GB 50016 的规定，地面材料应符合 GBJ 209 的规定。

5.4.4.3　厌氧发酵主体工程顶部或侧面宜设置金属防爆减压板。

5.4.4.4　厌氧发酵主体工程与相邻建筑物的距离不应小于 10m，当相邻建筑外墙为防火墙时，其防火间距可适当减少，但不应小于 4m。

5.4.5　工艺设计

农村生活垃圾厌氧发酵产沼技术工艺流程如图 4 所示。

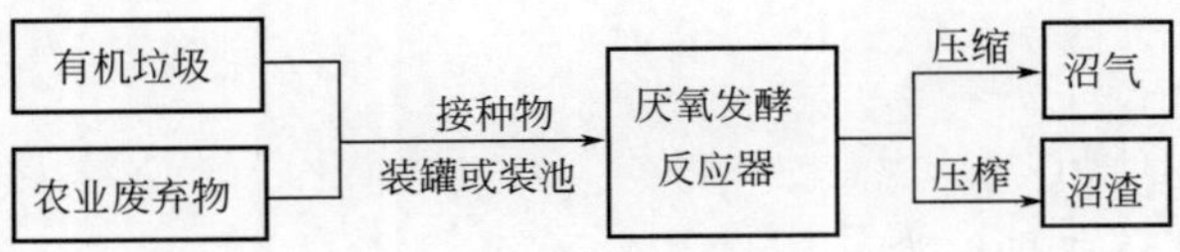

图 4　农村生活垃圾厌氧发酵产沼处理技术流程

5.4.6　运行管理

5.4.6.1　厌氧发酵厂的运行、维护及安全管理应参照 CJJ 60 执行。

5.4.6.2　厌氧发酵厂的运行管理应配备专业人员和设备，应熟悉处理工艺技术指标和设施、设备的运行要求，大中型厌氧发酵厂经过技术培训和生产实践，并考试合格后方可上岗。

5.4.6.3　厌氧发酵厂的设计、建设、运行过程中应高度重视职业卫生和劳动安全，严格执行 GBZ 1、GBZ 2 和 GB 12801 的规定，工作人员必须按照安全规程操作，上、下沼气贮气柜巡视、操作或维修时，必须配备防静电的工作服，并不得穿带铁钉的鞋或高跟鞋。

5.4.6.4　贮气罐前端宜设置气体流量计装置，便于实时调控反应器产期率，以稳定运行。

5.4.6.5　厌氧发酵主体工程内应设置 pH 值自动检测系统，启动和运行时应保证 pH 值在 6.8～7.5 之间，严禁 pH 值降至 6.5 以下，必要时宜加入碳酸氢钠等碱性物质。

5.4.6.6　产气出口宜设置气体控制开关，以便于检修。

5.4.6.7　沼渣性状宜每周检测 1 次。

3.2　农村生活垃圾处理设施运行操作规范（DB 64/ T867—2013）

前　言

本标准的编写格式符合《标准化工作导则　第 1 部分：标准的结构与编写》（GB/T

1.1—2009）的要求。

本标准由宁夏回族自治区环境保护厅提出并归口。

本标准起草单位：中国环境科学研究院、宁夏环境科学设计研究院。

本标准主要起草人：席北斗、贾璇、李鸣晓、夏训峰、祝超伟、魏自民、尹伟康、刘锦霞、张生海。

1　适用范围

本标准规定了农村生活垃圾处理设施运行的一般规定、收运设施运行技术、填埋场运行技术、堆肥设施运行技术。

本标准适用于农村生活垃圾处理设施的运行管理、维护保养与安全操作。

2　规范性引用文件

下列文件对于本文件的应用是必不可少的。凡是注日期的引用文件，仅所注日期的版本适用于本文件。凡是不注日期的引用文件，其最新版本（包括所有的修改单）适用于本文件。

GB 2893　安全色

GB 2894　安全标识

GB 3096　声环境质量标准

GB 4387　工业企业厂内运输安全规程

GB 12801—2008　生产过程安全卫生要求总则

GB 18599　一般工业固体废物贮存、处置场污染控制标准

GB 50140　建筑灭火器配置设计规范

GBZ 1　工业企业设计卫生标准

HJ 564　生活垃圾填埋场渗滤液处理工程技术规范（试行）

DL 408　电业安全工作规程

CJJ 17　城市生活垃圾卫生填埋技术规范（附条文说明）

CJJ 93　城市生活垃圾卫生填埋场运行维护技术规程（附条文说明）

宁夏回族自治区危险废物管理办法（宁夏回族自治区人民政府，2011 年 4 月）

3　一般规定

3.1　运行管理

3.1.1　岗位作业人员必须了解有关处理工艺，熟悉本岗位工作职责与工作质量要求；熟悉本岗位设施、设备的技术性能和运行维护、安全操作规程，特殊岗位需经专业培训。

3.1.2　岗位作业人员应坚守岗位，认真做好记录；管理人员应定期检查设施、设备、仪器、仪表的运行状况；发现异常情况，应采取相应处理措施，并及时逐级上报。

3.1.3　生活垃圾处理场所应建立各种机械设备、仪器仪表使用、维护的技术档案，并应规范管理各种技术、运行记录等资料。

3.1.4　变配电室的运行管理维护保养及安全操作应符合 DL 408 的要求。

3.2　维护保养

3.2.1　道路、排水等设施应定期检查维护，发现异常及时修复。

3.2.2　供电设施、电器、照明设备、通讯管线等应定期检查维护。

3.2.3　中转站填装、起吊设备，填埋作业设备，机械分选设备及运输车辆应进行日常和定期分级维护保养、检修。

3.2.4　避雷、防爆等装置应由专业人员按有关标准进行检测维护。

3.2.5　各种交通、告示标识应定期检查、更换。

3.2.6　各种消防设施、设备应进行定期检查、更换。

3.3　安全操作

3.3.1　作业过程安全卫生管理应符合 GB/T 12801—2008 的规定。

3.3.2　消防器材设置应符合 GB 50140 的规定。

3.2.3　在易发生事故的地方应设置醒目标识，并应符合 GB 2893、GB 2894 的规定。

3.3.4　生活垃圾收集、处理场所内运输管理应符合 GB 4387 的规定。

3.3.5　易燃、易爆、剧毒等危险废物的收集、储运、处理处置应执行《宁夏回族自治区危险废物管理办法》。

4　收运设施运行技术

4.1　运行管理

4.1.1　收集设施

4.1.1.1　收集箱（池）与垃圾转运工具要配套。

4.1.1.2　垃圾转运箱应符合密封要求，避免运输时发生二次污染。

4.1.2　转运站

4.1.2.1　垃圾转运站的垃圾堆放、贮存应符合 GB 18599 的规定。

4.1.2.2　转运车间内卸、装料工位应满足车辆回车要求。

4.1.2.3　整个转运站使用调度要按照工艺流程，有序操作。

4.1.2.4　转运站控制室要专人专职，其他人员不得擅自进入，不得随意动用室内设备。

4.1.2.5　禁止改变管理间设备、设施的使用功能，工具按规定位置放置。

4.1.2.6　转运车、压装机等应配套使用。

4.1.2.7　保证垃圾转运作业对污染实施有效控制或在相对密闭的状态下进行。

4.1.2.8　垃圾转运车间应安装便于启闭的卷帘闸门，设置非敞开式通风口。

4.1.2.9　转运站应结合垃圾转运单元的工艺设计，强化在卸装垃圾等关键位置的通风、降尘、除臭措施；大型转运站必须设置独立的抽排风、除臭系统。

4.1.2.10　转运站周围卫生整洁，无垃圾、污水等，绿化良好，并做好苍蝇日常消杀工作，转运站正面及视野范围内无有碍市容观瞻的物品。

4.1.2.11　站内应场地平整，不滞留渍水，并设置污水导排沟（管），采取有效的污水处理措施，避免二次污染。

4.1.3　垃圾运输

4.1.3.1　采用人力车方式进行垃圾收集时，收集服务半径宜在 1km 以内，最大不应超过 2km。

4.1.3.2　采用小型机动车进行垃圾收集时，收集服务半径宜在3km以内，最大不应超过5km。

4.1.3.3　垃圾收集后采用小型平板汽车转运的，平板车必须进入站内卸车作业，以减少二次污染。

4.1.3.4　平板车随到随装，尽量减少垃圾停留、暴露时间。

4.1.3.5　垃圾清运车辆应有良好的整体密封性能，清运过程严禁有垃圾散落、污水滴漏，并保持车身清洁、完好。

4.1.3.6　雨季转运时转运车司机应随时检查前后污水箱进、放水口是否通畅。

4.1.3.7　垃圾箱装车过程中箱体离开地面时应对箱体进行清扫，转运箱出站后应对站内进行清扫。

4.2　维护保养

4.2.1　垃圾箱应及时维修，保证正常使用。

4.2.2　垃圾车在规定地点完成垃圾箱卸料操作后，驾驶员应下车检查箱内垃圾是否卸完，并清理垃圾箱卸料门门框，严禁门框夹带垃圾。

4.2.3　垃圾车离站前应冲洗车身。

4.2.4　压装机、料槽、管理间、工具间、操作台等处应保持整洁。

4.2.5　定期对空气净化和污水处理设施进行检查清理。

4.2.6　维护中转站的外观整洁、标识清楚。

4.3　安全操作

4.3.1　转运站安全与劳动卫生应符合GB 12801—2008、GBZ 1的规定。

4.3.2　转运作业过程产生的噪声控制应符合GB 3096的规定。

4.3.3　转运站应在相应位置设置交通管制指示、烟火管制提示等安全标识。

4.3.4　填装、起吊、倒车等工序的相关设施、设备上应设置警示标识。

4.3.5　装卸料工位应根据转运车辆或装载容器的规格尺寸设置导向定位装置或限位预警装置。

4.3.6　清扫过程应保障清扫人员人身安全，清运车辆上应设置安全警示标识。

5　填埋场运行技术

5.1　运行管理

5.1.1　填埋作业

5.1.1.1　填埋垃圾前应制订填埋作业计划和方案，应实行分区域单元逐层填埋作业。

5.1.1.2　垃圾作业平台应在每日作业前准备，根据实际情况控制平台面积。

5.1.1.3　填埋作业现场应有专人负责指挥调度车辆。

5.1.1.4　填埋时应及时摊铺垃圾，每层垃圾摊铺厚度应控制在1m以内，单元厚度宜为2～3m。

5.1.1.5　填埋场不得接收处理危险废物，对填埋物中可能造成腔型结构的大件垃圾应进行破碎。

5.1.1.6　每日填埋作业完毕后应及时覆盖。覆盖层应压实平整，日覆盖层的厚度不应小于15cm，中间覆盖层的厚度不应小于20cm，终场覆盖厚度按封场要求。

5.1.1.7　保持垃圾场排水沟、截水导流坝和顺水沟畅通。

5.1.2　导气系统运行

在填埋气体收集井不断升高过程中，应及时清除积水、杂物，保障井内管道连接顺畅，保持导气系统设施完好。

5.1.3　渗滤液收集

5.1.3.1　填埋区渗滤液收集系统应保持通畅。

5.1.3.2　填埋区内渗滤液应定期进行监测。

5.1.3.3　对渗滤液进行无害化处理，严禁直接外排，应符合 HJ 564 的要求。

5.1.3.4　及时回喷渗滤液防尘。

5.1.4　填埋作业机械运行

5.1.4.1　填埋作业前对作业机械应进行例行检查、保养。

5.1.4.2　填埋作业机械操作前应观察各仪表指示是否正常；运转过程发现异常，应立刻停机检查。

5.1.4.3　填埋作业机械应实行定车、定人、定机管理，执行交接班制度。

5.1.4.4　填埋作业完毕，应及时清理填埋作业机械上的垃圾杂物。

5.1.4.5　加强防风网的巡查监管，及时清理挂网垃圾。

5.1.5　填埋场环境监测与运行监督检查

5.1.5.1　填埋场运行及封场后应定期进行环境监测和评估。

5.1.5.2　每半年应对填埋场上下游水质和周围环境空气监测 1 次。

5.1.5.3　从填埋作业开始至封场期结束，对垃圾体应每年进行 1 次沉降监测。

5.1.6　消毒

定期、定时对填埋区及其他蚊蝇、鼠类密集区使用低毒、高效、高针对性药物进行消杀。

5.1.7　封场

5.1.7.1　填埋场封场应符合 CJJ 17、CJJ 93 的规定。

5.1.7.2　垃圾填埋场封场后应按设计要求对场区内排水、导气、交通、渗滤液处理等设施进行运行管理。

5.2　维护保养

5.2.1 填埋场应有专人负责填埋区内道路、截洪沟、排水渠、拦洪坝、垃圾坝、洗车槽等设施的维护、保洁、清淤等工作。

5.2.2　对场区内边坡保护层、尚未填埋垃圾区域内防渗和排水等设施应定期进行检查、维护。

5.2.3　对场区内管、井、池应定期进行检查、维护。

5.2.4　在填埋场内机械停置时间超过一周时，应对履带、压实齿等易腐蚀部件进行防腐防锈处理。

5.2.5　消杀设备、药品应定期进行维护保养和补充。

5.2.6　对场区监测井等设备应定期检查维护。

5.2.7　场区内应保持设施清洁，地面干净、平整。

5.3 安全操作

5.3.1 填埋场场区内应设置安全警示标识。

5.3.2 对操作和管理人员应定期进行防火、防爆安全教育和演习，并定期进行检查、考核。

5.3.3 填埋作业区内不得搭建封闭式建筑物、构筑物。

5.3.4 场区内甲烷气体浓度超过限值时应立即采取安全措施。

5.3.5 机械设备无故障作业。

5.3.6 大雨和暴雨期间，应有专人值班，巡查排水系统的排水情况，发现设施损坏或堵塞应及时组织人员处理。

6 堆肥设施运行技术

6.1 运行管理

6.1.1 机械分选

6.1.1.1 板式给料机作业前，应检查受料部位有无卡滞现象，运行时应连续监视受料部位及其机电设备运转情况，出现故障立即停车检修。

6.1.1.2 皮带输送机应配有高于 15cm 的输送带上裙边。

6.1.1.3 皮带输送机运转过程中当出现皮带跑偏、物料散落等现象应及时调整，以保持连续平稳运行。

6.1.1.4 滚筒筛运行前应检查保证筛筒内无剩余物料、筛面无堵塞、筛筒割刀无缠绕、电机及传动装置完好、托辊无损坏偏离或松动。

6.1.1.5 运行中应检查确保受料连续平稳、电机或轴承无升温过高现象。

6.1.1.6 结束筛分作业后应及时清除筒筛内残留物料。

6.1.1.7 设备出现异常情况，应及时停机检修，故障排除后应空转 3～5min 后再运行。

6.1.2 堆肥场

6.1.2.1 堆肥场设有防尘、除臭、灭蝇、消毒，污水收集池等设施，生产区地面应硬化，恶臭气体（硫化氢、二氧化硫、氨气等）的允许浓度应符合 GBZ 1 规定。

6.1.2.2 避免出现物料层厚、含水率不均，或物料挤压等不利于发酵升温的情况。

6.1.2.3 静态堆肥自然通风物料堆置高度宜为 1.2～1.5m，堆底设置风沟时，物料堆置高度可为 2.0～3.0m。

6.1.2.4 静态堆肥强制通风时，风量宜取 0.05～0.20m^3/(min·m^3 垃圾)，应根据具体堆肥工艺要求调节送风量。

6.1.2.5 每日测定堆肥场温度变化情况，测温点应根据升温变化规律分层、分区设置。

6.1.2.6 堆肥场内各作业区应保证设备通道或人员通道的畅通。

6.1.3 辅助设施

6.1.3.1 风机运行时应记录风量、风压等主要运行参数。

6.1.3.2 堆肥场排水系统必须实行雨污分流，回流沟应及时清理疏通，保证渗滤液顺畅流至污水池。

6.1.4 控制监测

6.1.4.1 工艺设施运行前应检查控制、监测仪器设备是否完好。

6.1.4.2 控制室（或监测岗位）应保持良好视角以便观察控制相关工序及设备的运行状况。

6.1.4.3 控制室应将事故工序有关情况及时通知其前后有关工序。

6.2 维护保养

6.2.1 滚筒筛传动部位（摩擦轮或齿轮）的残余物应及时清除，筛面应定期清理、修补、更换。

6.2.2 风机、电机应定期检修维护，滤罩、滤网、滤袋应定期清扫、检修或更换，轴承等旋转部件应定期增加润滑油（脂）。

6.2.3 堆肥场底部水沟、风沟及底沟盖板应定期清理、疏通。

6.3 安全操作

6.3.1 板式给料机、滚筒等设备启动前，应查看运行记录，检查保证电机、调速装置无异常，整机及传动部位无卡滞。

6.3.2 板式给料机、滚筒等运行时，出现异常噪声、零部件出现断裂等故障、电机或轴承温升过高、受、出料口出现异物卡滞等现象时，应停机检修。

6.3.3 设备出现异物卡滞、堵塞、缠绕时，应立即停机排除故障。

6.3.4 未停机前，操作人员不得拉拽被卡滞、堵塞、缠绕的异物。

3.3 农村生活垃圾处理工程设施投资指南（DB 64/ T874—2013）

前　言

本标准的编写格式符合《标准化工作导则　第1部分：标准的结构与编写》（GB/T 1.1—2009）的要求。

本标准由宁夏回族自治区环境保护厅提出并归口。

本标准起草单位：中国环境科学研究院、宁夏环境科学设计研究院、市政西北设计院宁夏分院。本标准主要起草人：何连生、杨天学、夏训峰、魏自民、刘锦霞、尹伟康、张生海、张浦源。

1 总则

2 范围

本标准规定了农村生活垃圾收集设施、垃圾车、转运站、填埋场、堆肥场及厌氧发酵设施的投资估算。

本标准适用于农村生活垃圾收集、清运及处理工程设施投资和建设管理。

3 规范性引用文件

下列文件对于本标准的应用是必不可少的，各引用文件的最新版本（包括所有的修改单）适用于本标准。

GB 50445　村庄整治技术规范

CJJ/T 102　城市生活垃圾分类及其评价标准

CJJ 47　生活垃圾转运站技术规范

CJJ 109　生活垃圾转运站运行维护技术规程

DB 11/ T271　生活垃圾转运站运行管理规范

DB 64/ T701　农村生活垃圾处理技术规范

CJJ/T 52　城市生活垃圾好氧静态堆肥处理技术规程

CJJ 113　生活垃圾卫生填埋场防渗系统工程技术规范

HJ 564　生活垃圾填埋场渗滤液处理工程技术规范

4　术语与定义

下列术语和定义适用于本标准：

4.1　农村生活垃圾处理工程设施：指农村生活垃圾从收集到无害化处理过程中所涉及的收集、清运、处理等设备设施，包括收集设施、垃圾车、转运站，填埋场、堆肥场、厌氧发酵设施等。

4.2　估算基准

建设内容估算依据：以2012年为基准年，参照《投资项目可行性研究指南（试用版）》（2002年）《宁夏建设工程造价设计依据》（2012年），并进行市场询价，确定投资估算。材料、定额、费率等政策性调价，按照实施当期文件调整投资估算金额。

5　收集设施

5.1　投资内容。垃圾收集设施包括垃圾箱、垃圾池（参考GB 50445，CJJ/T 102，DB 64/ T701）。

5.2　投资估算。垃圾收集设施的投资估算按表1执行。

表1　垃圾收集设施投资估算

序号	设施名称	材质	容积	规格	单位	单价/元
1	垃圾箱	铁质	$0.2m^3$	移动式	个	300～400
			$0.45m^3$	固定式	个	350～400
			$0.66m^3$	移动式	个	900～1000
			$1.0m^3$	固定式	个	800～1000
			$1.2m^3$	固定式	个	900～1100
			$1.5m^3$	移动式	个	1200～1500
				固定式	个	800～1000
		钢质	$0.2m^3$	圆形不锈钢	个	400～500
			$0.8m^3$	固定式，2～2.5mm钢板	个	800～1200
			$1.1m^3$	固定式，3mm钢板	个	1100～1300
			$0.5m^3$	悬挂式，与悬挂式垃圾车配套使用	个	800～900
			$3.0m^3$	钩臂式	个	5500～6000
			$4.0m^3$	摆臂式	个	6000～7000
				钩臂式	个	8000～9000
			$8.0m^3$	摆臂式	个	9000～12000

续表

序号	设施名称	材质	容积	规格	单位	单价/元
1	垃圾箱	复合材料	0.6m^3	双格	个	700～800
			0.7m^3	固定式	个	600～1000
			0.8m^3	固定式	个	500～600
			1.0m^3	固定式	个	800～900
			1.6m^3	固定式	个	1000～1200
2	垃圾池	混凝土	1.2m^3	1.5m×1.0m×0.8m	个	1000～1200
			1.8m^3	1.5m×1.1m×1.0m	个	1000～1200
			2.0m^3	1.7m×1.7m×0.7m	个	1900～2200
			4.0m^3	地面式,2.3m×1.8m×1.0m	个	3500～4000
				地坑式,不含土建,2.3m×1.8m×1.0m	个	7500～8000
			5.0m^3	地面式,1.5m×2.4m×1.4m	个	4200～5000
				地坑式,不含土建,1.5m×2.4m×1.4m	个	8000～9000
			8.0m^3	地面式,4.0m×2.0m×1.0m	个	7000～8000
				地坑式,不含土建,4.0m×2.0m×1.0m	个	12000～13000

6 垃圾车

6.1 投资内容。垃圾车主要包括人力车、三轮车、四轮车等。

6.2 投资估算。垃圾车投资估算如表2所列。

表2 垃圾车投资估算

序号	垃圾车种类	类型	容积/载重	单位	单价/万元
1	人力车	手推式垃圾车	0.2m^3	辆	0.028～0.032
			0.6m^3	辆	0.09～0.1
		三轮垃圾收集车	0.85m^3	辆	0.15～0.2
2	三轮车	电动	0.24m^3	辆	0.6～0.7
		农用自卸	1.0m^3	辆	1.0～1.5
			2.0m^3	辆	2.0～2.5
3	四轮车	钩臂式	3.0m^3	辆	5.5～6.5
			4.0m^3	辆	7.0～8.0
		悬挂式	3.5m^3	辆	8.0～9.0
		密封式	3.6m^3	辆	5.5～6.6
		摆臂式	4.0m^3	辆	7.5～8.5
			8.0m^3	辆	11.0～12.0
		压缩式	2.0m^3	辆	15.0～16.5
			3.0m^3	辆	16.5～18.0

续表

序号	垃圾车种类	类型	容积/载重	单位	单价/万元
4	其他	叉车	2.0t	辆	5.0～6.0
			3.0t	辆	6.0～6.5
			3.5t	辆	6.0～7.0
			6.0t	辆	14.5～15.5
			7.0t	辆	16.0～17.0
			8.0t	辆	24.5～25.5
			9.0t	辆	25.5～26.5
			10.0t	辆	27.0～28.0
		吸污车	$3.0m^3$	辆	9.0～10.0
			$4.5m^3$	辆	10.0～11.0

7 转运站

7.1 投资内容。转运站土建工程主要包括工作间、管理间，主要设备为压缩装置、吊装设备等（参考 CJJ 47，CJJ 109，CJJ 109，DB 11/ T271）。

7.2 投资估算。转运站土建工程投资估算如表 3 所示、主要设备投资估算如表 4 所示。

表 3 转运站土建工程投资估算

序号	工程名称	材质及内容	规模	单位	单价/万元
1	工作间	砖混，高度≥3.2m	$60～100m^2$	m^2	0.19～0.20
		框架，高度≥4m	$60～100m^2$	m^2	0.30～0.35
		框架，高度≥3.2m	$100～120m^2$	m^2	0.25～0.30
2	管理间	框架，高度≥3.2m	$20～30m^2$	m^2	0.25～0.30

表 4 转运站主要设备投资估算

序号	设施名称	材质及内容	规格	单位	单价/万元
1	压缩装置	—	2.0～4.0t	台	18.0～20.0
			5.0t	台	20.0～20.5
			6.0t	台	20.5～21.0
			7.0～10.0t	台	21.0～21.5
2	起吊设备	电葫芦	2.0t，6m	套	0.4～0.5
			5.0t	套	0.7～0.8
			10.0t	套	1.4～1.5
		起重机	2.0t	台	7.5～8.5
			3.0t	台	8.0～8.5
			5.0t	台	11.0～13.0
			10.0t	台	15.0～17.0

8 填埋场

8.1 投资内容。填埋场土建工程主要包括土方、防渗工程、渗滤液导排工程、导气工程等。填埋场主要设备为装载机等（HJ 564）。

8.2 投资估算。填埋场土建投资估算如表5所列、主要设备投资估算如表6所列。

表5 填埋场土建投资估算

库容/万立方米	序号	工程内容	单位投资/(万元/万立方米库容)
1～3	1	土方	17.1～18.7
	2	防渗工程	8.8～9.6
	3	渗滤液导排工程	3.9～4.2
	4	导气工程	0.7～0.8
	5	其他	6.5～7.1
	合计		37～40.4
4～6	1	土方	14.3～17.1
	2	防渗工程	7.3～8.8
	3	渗滤液导排工程	3.2～3.9
	4	导气工程	0.6～0.7
	5	其他	5.4～6.5
	合计		30.8～37
7～9	1	土方	13.4～14.3
	2	防渗工程	6.9～7.3
	3	渗滤液导排工程	3.0～3.2
	4	导气工程	0.5～0.6
	5	其他	5.1～5.4
	合计		28.9～30.8
10～20	1	土方	12.8～13.4
	2	防渗工程	6.5～6.9
	3	渗滤液导排工程	2.9～3.0
	4	导气工程	0.5～0.5
	5	其他	4.9～5.1
	合计		27.6～28.9

表6 填埋场设备投资估算

库容/万立方米	序号	设备名称	规格	单位	数量	投资/万元
1～3	1	装载机	20型	辆	1	15.0～18.0
	2	潜污泵	40-20-3型	台	1	0.2～0.3
	合计/万元					15.2～18.3

续表

库容/万立方米	序号	设备名称	规格	单位	数量	投资/万元
4～6	1	装载机	20 型	辆	1	15.0～18.0
	2	潜污泵	40-20-3 型	台	1	0.2～0.3
	合计/万元					15.2～18.3
7～9	1	装载机	30 型	辆	1	20.0～25.0
	2	潜污泵	120-20-18 型	台	1	0.6～0.7
	合计/万元					20.6～25.7
10～20	1	装载机	50 型	辆		30.0～35.0
	2	潜污泵	200-20-22 型	台	1	0.9～1.0
	合计/万元					30.9～36.0

9　堆肥场

9.1　投资内容

堆肥场工程土建主要包括土方、堆肥场房、有机肥生产车间、贮存车间等（CJJ/T 52)，堆肥设备主要为翻堆机、粉碎机、输送设备等。

9.2　投资估算

堆肥场土建投资估算如表 7 所列、设备投资估算如表 8 所列。

表 7　堆肥工程投资估算

日处理有机固废的量/t	序号	建设内容	投资/万元
50～60	1	土方	158.4～188.1
	2	堆肥场房	44.0～59.4
	3	有机肥生产车间	30.4～36.0
	4	贮存车间	52.8～69.3
	5	其他	35.2～49.5
	合计		320.8～402.3
180～200	1	土方	570.2～677.2
	2	堆肥场房	158.4～213.8
	3	有机肥生产车间	109.1～129.6
	4	贮存车间	190.1～249.5
	5	其他	126.7～178.2
	合计		964.4～1448.3

10　厌氧发酵设施

10.1　投资内容

厌氧发酵工程土建主要包括预处理工程、发酵工程、沼气系统、残余物后处理系统、辅助工程。

10.2　投资估算

厌氧发酵工程土建投资估算如表 9 所列、设备投资估算如表 10 所列。

表 8　堆肥场设备投资估算

日处理有机固废的量/t	序号	设备名称	规模/规格	单位	数量	投资估算/万元
50～60	1	翻堆设备	—	台	1	7.1～7.9
	2	粉碎机	80 型	台	1	2.0～2.2
	3	鼓风机	—	台	2	1.0～1.2
	4	搅拌机	—	台	1	2.5～3.2
	5	输送设备	皮带式	套	1	4.0～4.4
	6	筛分机	滚筒式	台	1	2.5～2.7
	7	其他	—	套	1	28.3～31.2
	合计					47.4～52.8
180～200	1	翻堆设备	—	台	1	13.3～14.7
	2	粉碎机	1000 型	台	1	2.4～3.0
	3	鼓风机	7 号	台	1	1.7～1.9
			6 号	台	1	1.5～1.7
	4	搅拌机	—	台	2	6.0～7.6
	5	输送设备	TD-800	套	1	6.0～7.0
	6	滚筒筛分机	GS-1560	台	2	5.0～5.2
	7	造粒机	JCZ-804	台	1	5.5～6.1
	8	烘干设备	HG-121	台	1	7.4～8.2
	9	装载机	20 型	台	1	15.0～18.0
	10	其他	—	套	1	45.7～49.5
	合计					109.5～122.9

表 9　厌氧发酵工程土建投资估算

发酵罐容积/m^3	序号	项目内容	总投资/万元
500	1	预处理工程	7.2～9.8
	2	发酵工程	17.6～19.5
	3	沼气系统	30.2～33.4
	4	残余物后处理系统	43.2～52.8
	5	辅助工程	37.6～43.8
	合计		135.8～159.3

表 10　厌氧发酵设备投资估算

发酵罐容积/m^3	序号	设备名称	规模/规格	单位	数量	投资/万元
800	1	钢制格栅	栅距 5mm	个	2	1.8～2.2
	2	进料泵	50-10-4 型	台	2	1.4～1.8

续表

发酵罐容积/m^3	序号	设备名称	规模/规格	单位	数量	投资/万元
800	3	沼液泵	50-10-4 型	台	1	0.7～0.8
	4	厌氧反应罐	500m^3	台	1	48.0～52.0
	5	回流循环泵	42-11-3 型	台	6	2.4～3.0
	6	搅拌机	折浆式	台	1	4.7～5.2
	7	沼渣沼液泵	(G)-QD	套	3	2.7～3.6
	8	水封罐	钢制	台	2	1.8～2.2
	9	分气缸	钢制	台	1	0.5～0.7
	10	脱硫塔	钢制	台	2	3.6～4.4
	11	贮气柜	钢制	台	150m^3	30.0～35.0
	12	沼气锅炉	10 万 kcal	台	1	2.8～3
	13	有机肥加工设备	—	套	1	30.0～35.0
	14	辅助工程	—	套	1	50.0～60.0
	合计					180.4～208.9

附录4　宁夏农村环境连片整治管理九项制度

关于印发《宁夏农村环境连片整治项目管理暂行办法》等九项制度的通知（宁环农办［2011］51 号）

各市、县（区）人民政府，自治区农村环境连片整治示范工作领导小组各成员单位：

为了进一步推进我区农村环境连片整治示范工作，提升农村环境连片整治工作规范化、制度化水平，自治区农村环境连片整治示范工作领导小组办公室组织相关单位和专家，紧密结合我区实际，研究制定了《宁夏农村环境连片整治项目管理暂行办法》等九项制度，现印发给你们，请遵照执行。

4.1　宁夏农村环境连片整治项目管理暂行办法

第一章　总则

第一条　为贯彻落实中央“以奖促治”政策措施，加强对农村环境连片整治项目实施各环节的监督管理，确保项目顺利实施，结合我区实际，制定本办法。

第二条　项目管理依据环境保护部、财政部关于农村环境连片整治示范项目的有关规定，自治区党委、人民政府《关于加强农村环境保护工作的意见》、《自治区农村环境连片整治示范工作方案》以及自治区环保厅、财政厅批复的《农村环境连片整治示范项目实施方案》执行。

第二章　项目申报和审批

第三条　本着自愿申报、双向选择、统筹规划、点面结合、突出重点、示范先行的原则，认真做好农村环境连片整治项目的筛选和组织申报工作。

第四条　各市、县（区）要从当地自然条件、经济发展水平和实际环境问题出发，找准治理重点，选好项目，编制切实可行的农村环境连片整治示范项目实施方案，确保项目选得准、好实施、能见效。

第五条　农村环境连片整治示范项目原则上以建制村为基本单元，示范区域应有一定的规模，示范项目区受益人口原则上不低于500户或2000人。

第六条　农村环境连片整治项目内容包括：

（一）农村饮用水水源地保护；

（二）农村生活污水和垃圾处理；

（三）畜禽养殖污染治理；

（四）历史遗留的农村工矿污染治理；

（五）农业面源污染和土壤污染防治；

（六）其他与村庄环境质量改善密切相关的环境综合整治。

第七条　农村环境连片整治项目优先支持的示范区包括：

（一）存在严重危害群众身体健康、群众反映特别强烈的环境问题，必须通过连片同步治理才能根本解决的“问题村”集中分布地区；

（二）可以充分发挥连片整治效果的沿黄城市带村庄、城乡一体化和生态移民等重大政策性项目实施区；

（三）改善人居环境质量与饮用水水源保护可同步实施的连片村庄污染治理区域；

（四）国家在重点流域、区域开展的重大环境保护工程相衔接的连片村庄；

（五）已有一定环境综合整治工作基础（包括已经基本完成农村土地整理、农村公共基础设施基本建成等），连片整治示范项目在1～2年可以取得明显成效的地区；

（六）县域村庄布局规划确定保留发展与塞上农民新居建设村庄；

（七）已纳入地方政府农村环境综合整治目标责任制考核内容的地区。

第三章　组织实施

第八条　农村环境连片整治工作由自治区环保厅、财政厅会同相关部门组建领导小组，负责“以奖促治”项目在全区的组织实施。财政部门根据农村环境连片整治工作需求，落实“以奖促治”专项资金投入，保障资金按时到位，加强资金绩效考核。

第九条　环境保护部门组织农村环境连片整治项目申报，加强项目指导和人员培训，出台配套技术政策和管理制度，对连片整治项目的实施进行监督，对环境治理成效进行评估。

第十条　市、县（区）人民政府是农村环境连片整治项目的责任主体。要通过与连片整治村庄所在乡镇签订责任书等形式，明确连片整治任务和责任，确保项目按时建成运行。积极整合各类涉农环保资金，整体推进农村环境连片整治工作。

第十一条　市、县（区）人民政府要建立农村环境连片整治项目库，组建稳定的技术支撑队伍，加强农村环境保护机构和能力建设，强化对项目实施的监督管理。

第四章　监督管理

第十二条　项目所在地各级人民政府要认真组织项目的实施和管理工作，并将项目建设质量、实施进度、资金管理等工作的完成情况作为干部考核和奖惩的重要依据。

第十三条　加强部门协调，整合建设、发改、水利、农牧、民政、卫生、林业、国土、交通等部门相关资金用于示范项目建设，扩大项目覆盖范围，发挥不同行业项目的整合效益。

第十四条　充分调动群众的积极性，吸收项目区群众直接参与施工难度不高的工程建设工作，提供群众反映问题的绿色通道，鼓励社会各界加强监督，使农村环境连片整治项目成为“谋生态、保发展、惠民生、促和谐”的民心工程。

第十五条　项目实施严格执行法人制、招投标制、工程监理制、合同制、公示制和审计制等制度，确保项目的建设成效。

（一）项目实施单位要全面履行项目法人责任，对项目设计、工程施工、质量管理、进度推进、竣工验收等过程严格管理。

（二）严格按照《中华人民共和国招投标法》、《工程建设项目施工招投标办法》规定进行招投标。项目建设中如组织当地群众施工的简单土方等工程，可不进行招标，直接委托乡镇政府组织实施。

（三）工程监理单位要根据工程建设相关法律、法规和批准的项目建设文件、有关技术标准、委托监理合同及其他工程建设合同，按照“公正、独立、自主”的原则，对工程质量实施监理，做好工程进度、资金和质量控制，规范合同和信息管理，协调项目承担单位与建设单位、施工单位等各方面的关系。工程监理单位要选派具备相应资格的监理人员进驻施工现场；应当按照相关工程监理规范的要求，对项目建设工程实施监督。

工程完成后，工程监理单位应当签署意见。未经项目工程监理单位签署合格意见的，不得拨付工程款，工程施工单位不得进行下一道工序的施工。

（四）项目承担单位在开展项目管理、工程监理、施工、审计、测绘、评估等各项业务的委托活动时，要按照《中华人民共和国合同法》的要求，全部开展合同管理，约定标的、时间、地事人的权利和义务、履行方式和违约责任等，严格履行合同的内容，约束当事人行为，保护当事人权益，规范项目管理，确保项目建设成效。

（五）市、县（区）人民政府对项目基本情况要采取公示制度，接受群众和社会的监督。项目开工前，市、县（区）人民政府必须在各项目区设立固定公告牌，并通过媒体发布项目基本情况公告。公告内容包括：项目名称、建设范围、建设规模、总投资、主要建设工程、建设工期、项目实施单位、项目施工单位、项目工程监理单位、项目设计单位、联系方式和公示时限等。有关单位和个人对项目建设相关问题有异议的，可向自治区和市、县环保部门反映诉求。

（六）加强项目建设的审计管理。项目竣工后要及时报请当地审计部门审计。主要以县（区）审计部门负责当地竣工项目审计工作的同时，自治区财政厅、环保厅也可委托具有相关资质的审计单位，独立、客观、公正地对竣工项目进行审计，主要对工程建设任务完成情况、项目预算执行情况、项目费用支出情况、项目资金管理及使用情况、项目资金结余情况等进行系统审核，出具审计报告。

第十六条　自治区及各市、县（区）环保部门要成立由相关专家和专业技术人员组成的专家组，负责编制项目规划、实施方案，指导解决农村环境连片整治工作中的技术问题，参与项目工程的验收。

第十七条　各市、县（区）环保部门要对参与农村环境连片整治工作的管理人员和技术人员进行培训，提高他们的业务能力；要充分发挥各类技术服务部门的优势，为工程项目的实施提供技术支撑。

第十八条　在项目建设和运行维护过程中，各级环保部门应建立科技支撑体系，开展相关的科学研究和技术咨询工作，确保农村环境连片整治的效果。

第十九条　各市、县（区）人民政府要严格按照《宁夏农村环境连片整治项目绩效考评管理暂行办法》的规定，对项目的环境效益、社会效益追踪问效，促进项目环境效益、社会效益和经济效益的充分发挥。

第二十条　各市、县（区）人民政府应明确农村环境污染防治设施管理的责任部门，制定管理措施，建立健全工程维护等方面的规章制度，确保设施正常运行，长期发挥农村环境连片整治项目的效益。

第二十一条　项目所在地市、县（区）政府要建立农村环境连片整治设施运行、管理、维护专项经费，建立财政补助、适当收费、多方筹资、市场化运营等多措并举的资金筹措机制，保障农村环境连片整治工程设施长期运行。大、中型集中治污设施也可建立工程管理委员会，或由受益村民合作组织进行管理。以农户自用为主的分户治污设施，应实行“自用、自管”，可探索适当收费的物业化管理方式。

第五章　绩效评估

第二十二条　项目建设应严格按批复计划执行，不得擅自更改项目建设内容，按时保质保量完成工程建设任务，确保工程完好率达到95%以上。

第二十三条　项目完成验收后一年，示范项目所在市、县要根据地方实际，制定项目绩效评估方案，开展农村环境连片整治项目绩效评估工作。

第六章　附则

第二十四条　本办法由自治区环保厅会同财政厅负责解释。

第二十五条　本办法自发布之日起施行。

4.2 宁夏农村环境连片整治项目专项资金管理暂行办法

第一章 总则

第一条 为加强和规范农村环境连片整治示范项目专项资金（以下简称“专项资金”）管理，提高资金使用效益，加快推进我区农村环境连片整治示范项目（以下简称“示范项目”）建设，根据《财政部、环境保护部关于印发＜中央农村环境保护专项资金管理暂行办法＞的通知》（财建〔2009〕165号）、《环境保护部、财政部关于印发＜中央农村环境保护专项资金环境综合整治项目管理暂行办法＞的通知》（环发〔2009〕48号）、环保部《关于农村环境连片整治示范资金预算安排有关事项的通知》（环财函〔2010〕37号）和《财政部、环境保护部与宁夏回族自治区人民政府农村环境连片整治示范协议》的有关规定，制定本办法。

第二条 本办法所称专项资金是指中央财政下达我区专项用于农村环境连片整治示范项目建设的资金、自治区配套资金和市、县（区）自筹资金。

第三条 专项资金实行县级财政报账制。专项资金管理遵循“专户管理、专账核算、专款专用、强化监管”的原则。任何单位和个人不得截留、挤占或挪用。

第二章 支持对象范围和方式

第四条 专项资金支持对象为沿黄区域、生态移民区、南部山区黄河支流区且纳入三年（2010—2012年）农村环境连片整治规划的建制村。

第五条 专项资金使用范围：

（一）农村饮用水水源地保护；

（二）农村生活污水和垃圾处理；

（三）畜禽养殖污染治理；

（四）历史遗留的农村工矿污染治理；

（五）农业面源污染和土壤污染防治；

（六）其他与村庄环境质量改善密切相关的环境综合整治措施。

第六条 专项资金主要用于符合以上内容的农村环境污染防治工程建设和设备购置支出，不得用于人员工资、津贴补贴及奖金和公务车辆、办公用房购建等支出。

第三章 专项资金审批和下达

第七条 自治区财政厅会同环保厅根据农村环境连片整治规划、年度预算及上一年度示范项目实施情况等，下达年度项目申报指南。

第八条 示范项目由县级人民政府申报，经市级环境保护和财政部门审核、汇总后，联合报送自治区财政厅、环保厅。申报材料主要包括项目资金申请报告、年度项目实施计划、具体项目申报材料及上一年度项目完成情况等。

第九条 自治区环保厅会同财政厅组织有关专家联合审查年度示范项目实施方案，

并经自治区农村环境连片整治示范工作领导小组审定后下达年度项目资金预算。项目资金预算一经下达，不得擅自调整、修改项目预算，更不得超预算开支。

第四章　资金管理

第十条　各市、县（区）都应设立“农村环境连片整治示范项目资金专户”，实行专户管理，专账核算。并报自治区财政厅国库管理机构备案。收到资金后，要及时将资金转入专户。

第十一条　项目资金坚持按计划、按预算、按进度、按质量拨付工程款。保证项目资金从专户直接拨付到项目施工单位或商品和劳务的供应者。

第十二条　示范项目实行保证金制度，在项目竣工验收前，支付的项目资金不得超过项目总价款的85%，项目验收后，应留10%的工程质量保证金，待工程质量保证期满后方可拨付。

第十三条　每年项目实施完成后，项目所在地财政、环保部门应将年度项目实施情况，资金使用情况及时上报自治区财政厅、环保厅。

第五章　监督检查

第十四条　自治区财政厅会同环保厅或委托社会中介机构定期或不定期对专项资金的使用情况和项目实施情况进行专项检查和重点检查，追踪问效。

第十五条　市、县财政部门应当会同同级环境保护部门建立健全监管制度，加强对专项资金的监督和管理，确保专项资金按规定使用。

第十六条　专项资金支持的村镇要按照政务公开要求，将专项资金安排和使用详细情况、项目进度和具体实施情况等向受益地区农民张榜公布。有条件的地方应当将有关情况在项目所在地　财政和环境保护部门的政府门户网站上予以公布，接受社会监督。

第十七条　违反规定，截留、挪用专项资金或有其他违规行为的，依照《财政违法行为处罚处分条例》（国务院令第427号）的规定进行处理。

第六章　附则

第十八条　市、县（区）财政部门可会同环境保护部门参照本办法，结合当地实际，制定具体实施细则，并报自治区财政厅和环保厅备案。自治区农垦局也应参照本办法，结合农垦实际制定具体实施细则并报自治区财政厅、环保厅备案。

第十九条　本办法由自治区财政厅会同环保厅负责解释。

第二十条　本办法自发布之日起施行。

4.3　宁夏农村环境连片整治项目监督检查暂行办法

第一章　总则

第一条　为规范宁夏回族自治区农村环境连片整治项目监督检查工作，保证项目资金安全，提升项目质量和效益，依据《宁夏回族自治区专项资金监督管理办法》、《自治区农村环境连片整治示范工作方案》和国家有关政策规定，制定本办法。

第二条　本办法适用于自治区各级财政部门和环保部门组织或牵头组织的对农村环境连片整治项目的监督检查。监察、审计等有关部门应在各自职责范围内，协同财政部门和环保部门做好监督检查工作。

第三条　监督检查工作实行全过程参与、全方位监督，坚持客观、公正、实事求是的原则。

第四条　检查人员必须依法办事，遵守廉洁自律有关规定，不得参与、干预被检查单位与项目无关的工作或经营管理活动，保守国家秘密和被检查单位的商业秘密。

第五条　各级财政部门和环保部门应当建立农村环境连片整治项目社会公开监督制度，主动接受社会监督。

第二章　职责分工

第六条　自治区农村环境连片整治示范工作领导小组办公室归口管理全区的农村环境连片整治项目的监督检查工作，负责起草相关工作制度，编制年度监督检查方案，统一部署全区性的检查，每年不少于一次；负责组织项目专项检查，通报检查结果，提出违规问题处理意见并监督整改；负责与财政部门沟通协调有关监督检查事宜。

第七条　市级财政部门和环保部门负责组织本行政区域内农村环境连片整治项目的监督检查，年度检查覆盖率不低于50%；负责监督建设单位开展项目自查，组织完成各项整改工作，检查和整改情况要及时报自治区财政厅和环保厅。市级人民政府财政部门和环保部门负责人对本行政区域内农村环境连片整治项目监督检查负领导责任。

第八条　县级财政部门和环保部门负责对本行政区域内农村环境连片整治项目的日常监督检查，年度检查覆盖率要达到100%，负责配合上级部门开展的监督检查工作。

第九条　对农村环境连片整治示范项目一般采用定期或不定期的方式实施监督。定期检查以县级财政部门和环保部门的日常监督检查为主，不定期的专项检查、综合性检查由县级以上财政部门和环保部门组织实施。

第十条　农村环境连片整治有关项目单位应当主动接受监督检查，如实反映情况，提供所需资料。

第三章　监督检查内容

第十一条　项目基础条件检查。检查项目实施方案上报时项目实施基础条件的符合性，即建设地址是否落实、技术力量是否具备、技术方案是否可行、实施内容是否合理、有关证明材料是否真实等。

第十二条　项目检查。内容是否与项目批复衔接，审批是否符合权限、规范；是否按有关规定履行项目报建程序。

第十三条　项目组织机构检查。检查项目单位是否按要求建立项目建设组织机构，是否有完善的规章制度，是否配备专职人员，是否对项目实施全过程依法实施有效监督、管理。

第十四条　招标投标、政府采购及合同检查。检查是否按批准的招标或采购方案组织招标投标或政府采购；招标投标、政府采购运作是否规范；合同是否合法、严密、规范；是否履行合同。

第十五条　公示制度落实检查。检查项目区是否设立固定公告牌，项目基本情况是否通过媒体公告。

第十六条　施工检查。检查项目单位是否按照批复的建设内容和期限组织施工，是否存在肢解发包、转包、违法分包现象；施工单位是否具备相应资质，施工技术方案和施工机械设备、技术人员、施工方法、安全控制、设备材料使用、工程进度是否符合要求。

第十七条　工程质量和项目任务完成情况检查。检查项目单位是否建立设备材料质量检查制度；施工单位是否建立工程质量保证体系和现场工程质量自检、重要结构部位和隐蔽工程质量预检复检制度；施工单位和监理单位是否落实质量责任制；工程质量是否符合设计要求，是否达到验收标准，是否出现过重大质量事故；是否按要求完成项目预定实施任务等。

第十八条　项目资金检查。检查项目的资金计划下达、拨付、到位情况；概算控制措施是否落实，概算审批和调整是否符合国家有关规定；实行专户储存、专账核算、专款专用和县级财政报账制的情况；资金的使用是否符合概算、计划和有关规定，支付是否按照合同执行。

第十九条　竣工验收检查。检查竣工验收程序是否规范，相关文件材料和档案是否齐全和规范，主要结论和意见是否符合实际情况，竣工验收后是否及时办理固定资产移交手续。

第二十条　项目运行情况检查。检查项目是否正常运行，预期的经济效益、社会效益和环境效益是否实现。

第四章　监督检查程序

第二十一条　各级财政部门和环保部门在组织项目检查前，一般应事先通知有关单位，通知的内容包括：

（一）被检查单位的名称；

（二）检查的依据、范围、内容、方式和时间；

（三）对被检查单位配合检查工作的具体要求；

（四）检查组组长及成员名单。

第二十二条　财政和环保部门实施监督检查时应当组成检查组。检查组实行组长负责制，组长对检查工作的质量及其提交的检查报告负责。

第二十三条　对不涉及国家机密，且工作量大、专业性强、时间要求紧、财政部门和环保部门人员难以在规定时间内完成的监督检查事项，可依照有关规定聘用社会中介机构人员和相关部门专业人员参加。

第二十四条　项目检查可采取下列方式：

（一）听取项目单位及相关单位汇报，进行询问和调查；

（二）查阅、摘录、复制有关文件资料、档案、会计资料；

（三）实地查看项目实施情况；

（四）召开相关人员座谈会，核实情况；

（五）其他合法方式。

检查组应当做好检查工作的有关会议和谈话内容记录，对检查中发现的问题，要备留资料来源及证据；检查结束时应当与项目单位和主管部门交换意见。

第二十五条　检查工作结束后，检查组应当在15日内向派出检查组的机关提交书面报告，主要内容包括：

（一）检查工作开展情况；

（二）检查事项基本情况；

（三）检查发现的主要问题和突出经验；

（四）对有关问题的处理意见和整改建议；

（五）其他相关内容。

第五章　检查结果处理

第二十六条　对监督检查中发现的违纪、违规问题，财政部门和环保部门根据情节轻重采取以下处理措施：

（一）责令限期整改；

（二）暂停拨付项目资金、暂停项目建设、撤销项目并收回项目资金；

（三）减少或暂停安排所在地和项目实施单位下年度项目；

（四）通报批评。对被检查单位违反国家法律、法规的行为，依法需要其他部门处理的，财政部门和环保部门应当移交其他部门依法处理。被检查单位对检查或者处理结果不服的，可以依法申请行政复议或者提起行政诉讼。

第二十七条　对责令限期整改和通报的事项，财政部门和环保部门可以发出整改通知或者通报，明确整改内容、整改期限及相关要求。

相关整改单位要按照整改要求完成整改工作，并在规定期限内将整改结果报财政部门和环保部门。

第二十八条　对管理制度健全、执行程序规范、投资效益显著的项目单位和地方，自治区财政部门和环保部门给予通报表扬，并在年度投资及项目安排时给予倾斜。

第六章　附则

第二十九条　本办法由自治区财政厅会同环保厅负责解释。

第三十条　本办法自发布之日起施行。

4.4 宁夏农村环境连片整治项目招标投标管理暂行办法

第一章 总则

第一条 为加强宁夏农村环境连片整治项目招标投标活动的管理，保护国家利益、社会公共利益和招标投标活动当事人的合法权益，提高经济效益，保证项目质量，确保项目资金的规范使用，根据《中华人民共和国招标投标法》，结合宁夏实际，制定本办法。

第二条 在宁夏回族自治区境内的农村环境连片整治项目工程招标投标活动，适用本办法。

第三条 列入宁夏农村环境连片整治项目的农村饮用水水源地保护、农村生活污水处理、农村生活垃圾处理、农村畜禽养殖污染防治等内容，应按照相关法律法规的规定进行招标。

第四条 任何单位或个人不得将必须进行招标的项目化整为零或以其他任何方式规避招标。

第五条 项目工程的招标投标，应当遵循公开、公平、公正、择优、诚信的原则，任何单位或个人不得以任何方式干涉招标投标活动。

第二章 招标

第六条 项目工程招标由招标人依法组织实施，招标人依法提出招标项目。

第七条 招标人自行招标应具备的条件：

（一）具有法人资格或接受法人委托；

（二）具有与招标工程相适应的技术经济管理人员；

（三）具有组织编制招标文件的能力；

（四）具有审查投标单位资格的能力；

（五）具有组织开标、评标、定标的能力。招标人具备以上条件，并报项目审批部门备案后，方可自行

招标；不具备上述各项条件的，应委托具有相应资质的招标代理机构招标。

第八条 项目工程招标应具备的条件：

（一）自治区环境保护厅、财政厅批复的项目实施方案；

（二）相关法律、法规、规章规定的其他条件。

第九条 项目工程招标方式：招标分为公开招标和邀请招标。

（一）公开招标 通过报刊、网站、电视等发布招标公告，邀请不特定的法人或其他组织投标；招标公告应载明招标人的名称和地址，招标项目的性质、特点，项目实施地点和时间以及招标文件的发放办法等；

（二）邀请招标 招标人向特定的法人或其他组织发出投标邀请书，邀请三个或三个以上投标人投标；投标邀请书的内容与招标公告的内容相同。

第十条　项目工程招标程序：

（一）项目责任单位向招标人提出招标申请书，由招标人按照本规定第八条的条件对招标项目进行审查；招标申请书的主要内容包括：项目名称、规模、来源、目标；招标工程具备的条件；拟用的招标方法、方式和对投标人的要求等；

（二）招标人可以根据招标项目本身的特点和特殊需要，对投标人进行资格预审。资格预审前，招标人应将资格预审的条件、标准和方法在资格预审文件中载明；招标人编制的招标文件和标的在发出之前，报所在市县主管部门备案，发现资格预审文件和招标文件有违法律、法规内容及本办法的，应当责令招标人改正；

（三）由招标人发布招标公告或发出投标邀请书，同时公布投标截止日期；

（四）接受投标人投标申请材料；

（五）对投标人进行资格审查，并将审查结果通知投标人。如果合格的投标人超过5个，招标人可以集中投标人，当众采取随机抽取方式确定不少于3个的投标人；

（六）向合格的投标人分发招标文件，有关资料和招标日程安排；

（七）组织投标人踏勘现场，召开答疑会；

（八）投标人按招标文件的内容和要求编制投标书，密封后按规定时间将投标书送达指定地点；

（九）招标人组织开标会议，进行开标、评标；

（十）确定中标人，发出中标通知书；

（十一）签订合同书。

第十一条　招标人应当根据招标项目的特点和需要编制招标文件，其主要内容是：

（一）项目的综合说明；

（二）招标范围及标段划分；

（三）项目的技术经济要求；

（四）工程的质量和进度要求；

（五）报价编制依据；

（六）可供参考的工程地质、水文地质、工程测量等建设场地勘察成果报告；

（七）供水、供电、供气、供热等方面的基础资料；

（八）招标文件答疑、踏勘现场的时间和地点；

（九）投标文件编制要求及评标原则；

（十）投标文件送达的截止时间；

（十一）拟签订合同的主要条款；

（十二）主要设备、材料供应的方式、时间；

（十三）其他需要说明的事项。

第十二条　招标文件一经发出，招标人不得随意变更。投标书份数一般不少于8份。

第十三条　标的应当根据国家规定的工程量计算规范、计价方法及招标文件的规定和要求确定，一个工程（或一套设备）只能编制一个标的。凡参加编制和审核标的的人员，应对标的严格保密，在开标前标的应予以密封，任何人不得泄露。

第十四条　自招标文件发出之日起至投标截止的时间，一般不少于20天。

第三章　投标

第十五条　投标人应具备规定资格、能够独立承担法律责任、响应招标参加投标竞争的法人或其他组织。

第十六条　投标人应按招标文件要求编写投标文件，对招标文件提出的实质性要求和条件做出响应。在投标文件规定的投标截止时间内将投标文件密封送达指定的地点。招标人收到投标文件后，应当向投标人出具标明签收人和签收时间的凭证，并妥善保存投标文件。在开标前，任何单位和个人均不准开启投标文件。在投标截止前，投标单位对已递交的投标文件进行的更正和补充，与投标文件具有同等效力。提交投标文件的合格投标人少于3人的，招标人应当依法重新招标。

第十七条　2个或2个以上单位联合投标的，应签订共同投标协议，明确约定各方拟承担的工作和责任，并将共同投标协议连同投标文件一并提交招标人。

第十八条　项目工程投标文件主要包括以下内容；

（一）投标函；

（二）技术方案或者措施；

（三）投标报价及经济分析；

（四）招标文件要求提供的其他资料。

第十九条　投标人不得以低于成本的报价竞标。

第二十条　投标人不得相互串通投标报价，不得排挤其他投标人的公平竞争，不得损害招标人和其他投标人的合法权益。

第四章　开标、评标、定标

第二十一条　在项目所在市、县主管部门的监督下，由招标人主持在招标文件规定的时间、地点开标，并组织评标，确定中标人。

第二十二条　招标人邀请投标人和有关部门参加开标会议，当众宣布评价标准、方法及原则，启封投标文件及补充函件，公布投标文件的主要内容，招标人应将开标的整个过程记录在案并存档备查。

第二十三条　评标委员会应当按照评标标准和方法，对投标文件进行评审和比较，并提出书面评标报告，向招标人推荐符合招标文件要求的中标候选人。招标人也可授权评标委员会直接确定中标人。

第二十四条　经评标委员会评审，认为所有投标都不符合招标文件要求的，报所在市、县主管部门同意后可以否决所有投标，招标人依法重新组织招标。

第二十五条　确定中标人后，招标人应于5日内将招标结果报所在市、县主管部门备案，中标通知书发出后30日内，完成合同签订。

第二十六条　中标人不得向他人转让中标项目，不得将中标项目分解后转包他人。

第五章　法律责任

第二十七条　招标人、投标人、中标人、评标人及参加投标活动的单位和个人违反《中华人民共和国招标投标法》及本办法的，依照《中华人民共和国招标投标法》等有关法律、法规的规定予以处罚。

第二十八条　违反本规定构成违纪或犯罪的，由纪检监察部门给予党纪政纪处分或移送司法机关依法追究刑事责任。

第六章　附则

第二十九条　本办法由自治区环保厅和财政厅负责解释。

第三十条　本办法自发布之日起施行。

4.5　宁夏农村环境连片整治项目变更管理暂行办法

第一章　总则

第一条　为加强宁夏农村环境连片整治项目的建设管理，规范项目变更行为，确保项目质量和项目资金的安全使用，根据《宁夏农村环境连片整治示范项目管理暂行办法》和有关规定及标准，制定本办法。

第二条　本办法适用于自治区内农村环境连片整治项目。

第二章　变更原则

第三条　项目变更是指：在项目批准之日起至通过竣工验收正式交付使用之日止，对照已批准项目的批复内容进行增减、修改、调整、完善等行为，其中项目建设任务、规模、标准及投资方向等方面与项目批复内容相比有重大变化的，称为重要项目变更。

第四条　项目变更遵循的原则是：因地制宜、实事求是；符合标准、节省投资；保证质量、杜绝隐患。

第五条　本办法仅对重要项目变更实施管理，对于具体内容进行少量增减、修改、调整、完善，未造成经费、任务、规模、标准等变动，且能够达到已批复方案要求的，无需履行变更程序。

第三章　变更文件的编制

第六条　重要项目变更文件的编制可由原建设单位承担，经原建设单位法人同意，以书面形式上报变更文件。也可由项目建设单位委托其他具有相应资质的单位承担项目变更文件的编制。

第七条　重要项目变更文件的编制应当符合有关项目建设相关的法律、法规、技术标准、编制规范的要求，基本资料应当完整、准确、真实、可靠，设计方案对比论证充分。

第八条　重要项目变更文件内容应包括：项目概况；项目变更发生缘由；变更的项目及变更内容；变更的依据；因变更带来的建设项目总体或部分影响分析（包括规模、标准、工期、工程量、安全、社会稳定、投资等方面）；变更结果的经济效益、环境效益、社会效益分析。

第九条　由于设计原因产生的重要项目变更文件还应包括与设计相关的基础资料；设计变更附图和附表（含工程量计算表和变更后的工程概算表、与原批复概算投资对照表）；因项目变更而引起投资增加的额度及相应的处理方案等；变更方案与原项目实施方案的技术经济比较。

第四章　变更程序与审批

第十条　重要项目变更，必须上报自治区环保厅、财政厅审批。

第十一条　重要项目变更必须坚持"先批准，后变更"的原则，对隐瞒、弄虚作假、擅自处理、不报批即实施变更的任何单位或个人，将依法追究其责任，因此而造成安全事故的，追究其法律责任。

第十二条　未经批准的项目变更文件不得作为竣工验收的依据；对未按规定程序审批而擅自进行变更的建设项目不予验收。

第五章　附则

第十三条　国家和自治区政府对农村环境连片整治示范项目变更审批管理有新规定的，按新规定执行。

第十四条　本办法由自治区环保厅和财政厅负责解释。

第十五条　本办法自发布之日起施行。

4.6　宁夏农村环境连片整治项目工程监理暂行办法

第一章　总则

第一条　为加强农村环境连片整治项目工程建设的监督管理，确保工程质量，提高农村环境连片整治项目专项资金投资效益，改善农村生活环境，根据相关法律法规，制定本办法。

第二条　本办法所称农村环境连片整治项目工程监理是指具有相应工程监理资质的工程建设监理单位对农村环境连片整治项目实施工程监理的活动。

第三条　本办法适用于宁夏农村环境连片整治项目的工程监理。

第二章　项目工程监理的范围及主要内容

第四条　项目工程监理的范围是列入宁夏农村环境连片整治项目的农村饮用水水源地保护、农村生活污水处理、农村生活垃圾处理、农村畜禽养殖污染治理等工程的施工和设施的安装调试等。

第五条　项目工程监理的内容包括以下方面：

（一）施工监理：监督项目是否按照基本建设程序进行工程招标，审核各项开工手续是否齐全；现场巡视检查，实施工程进度控制、工程质量控制、工程投资控制与合同、信息管理。

（二）验收监理：在工程验收之前，监理单位应向项目建设单位提交工程监理报告，提出项目验收建议，参与项目验收。

第三章　项目工程监理工作程序及费用支付

第六条　监理单位根据与项目责任单位签订的监理合同严格按监理大纲实施项目工程监理。

第七条　项目责任单位按照有关规定向监理单位支付监理费用。

第四章　项目工程监理报告

第八条　监理单位根据工程实施进度，分项目开工、主体工程完工、项目竣工三个阶段及时向项目建设单位和主管部门提交工程监理报告。

第九条　项目工程监理报告包括以下内容：

（一）项目概况、监理人员配置情况、工程监理实施方案；

（二）设备选型、工艺及设计方案；

（三）工程进度控制、投资控制、质量控制及合同、信息管理情况；

（四）项目验收建议。

第十条　工程施工中出现质量问题或终止施工等情况，监理单位要及时向责任单位和主管部门报告。

第五章　项目工程监理单位职责

第十一条　监理单位要本着守法、诚信、公正、科学的原则开展监理工作，保证监理报告真实可靠。对违法违规、弄虚作假的监理单位，由有关部门追究其相应责任。

第六章　附则

第十二条　本办法由自治区环保厅和财政厅负责解释。

第十三条　本办法自发布之日起施行。

4.7　宁夏农村环境连片整治示范项目档案管理暂行办法

第一条　为加强宁夏农村环境连片整治示范项目的管理，保障农村环境连片整治示范项目的顺利实施，特制定本办法。

第二条　归档的文件材料必须按“连片整治示范项目”立卷，在工作活动中形成的各种有保存价值的文件材料、影音图像资料等都要按照本制度的规定，分类立卷归档。

第三条　连片整治示范项目承办人员应保证经办文件的系统完整，文件上的各种附件一律不准单独抽存。项目竣工验收后及时交专职档案管理人员归档。相关人员因工作变动或离职时应办理交接手续，将经办的文件材料向接办人员交接清楚，严格核实交接的档案，不得擅自带走或销毁。

第四条　归档范围首先为涉及连片整治示范项目的各类国家、自治区级环保部门、财政部门及相关部门的文件，包括项目申请、实施方案、招投标、政府采购、合同、监理、验收等文件资料，以及与项目所在地创建生态乡镇（村）的有关材料，同时包括各类宣传教育的影音图像资料。

第五条　项目档案由专人负责，集中统一管理，做到专室、专柜，保证原始资料齐全完整，安全存放。各类档案必须造册登记，对新收集的归档资料必须认真核查、鉴别，保证档案资料的真实、完整。

第六条　借阅档案必须办理查阅手续，对所借阅档案必须确保完好、保持整洁，严禁涂改、擅自翻印、抄录、转借，如确属工作需要摘录和复印的，必须由主管领导批准。

第七条　严禁个人将档案私自带出。如出现档案遗失，由分管档案的管理员承担一切责任和后果。

第八条　档案管理人员严禁在档案室内吸烟、存放易燃易爆物品，应保持室内干净整洁，档案柜内须放置防虫、防霉药品并定期更换，以使档案得到安全保护。

第九条　日常出入档案室的档案应由档案管理人员及时清点登记，并定时检查室藏档案，经常检查电灯、电器线路有无破损。下班前注意关灯、锁柜、关好门窗。

第十条　档案的销毁：

（一）任何单位或个人未经许可无权随意销毁档案材料。

（二）若按规定确需销毁时，必须经主管领导批准。

第十一条　未经允许，无关人员不得私自查阅档案，档案管理人员不得向无关人员谈论档案内容。

第十二条　本办法由自治区环保厅和财政厅负责解释。

第十三条　本办法自发布之日起施行。

4.8　宁夏农村环境连片整治项目竣工验收暂行办法

第一章　总则

第一条　宁夏农村环境连片整治项目验收重点涉及农村饮用水水源地保护、农村生活污水和垃圾处理、畜禽养殖污染治理、历史遗留的农村工矿企业污染治理、农业面源污染和土壤污染防治等项目。市、县（区）可参照本办法，制定辖区农村环境连片整治项目验收办法。

第二条　项目验收依据农村环境连片整治项目相关政策、制度及项目实施方案等进行。

第二章　验收内容

第三条　项目建章立制情况。包括项目实施方案编制情况、项目所在地各级人民政府建立农村环境连片整治目标责任制情况、项目建设单位管理制度建立落实情况、设立专门工作机构或专人负责项目实施情况。

第四条　项目实施完成情况。包括项目治理前后的有关监测数据、项目任务完成情况、项目工程建设质量及治理成效情况。

第五条　项目建设公示制、工程招投标制、政府采购制等制度和规定的执行情况。

第六条　项目管理和运行机制情况。包括项目管理制度建设、管护措施落实、档案管理等情况。

第七条　项目建成后的社会效益、经济效益和环境效益情况。

第八条　项目资金的管理使用情况：

（一）专项资金安排使用情况。

（二）专项资金执行县级财政报账制情况，实行“专款专用、专账核算、专人管理”情况。

（三）项目公示情况。

第三章　验收的组织和程序

第九条　项目验收实行县级自验、地市验收、自治区抽验的分级验收办法。验收采取听汇报、查资料、看现场、调民意等方式进行。

第十条　项目竣工后，县级人民政府应及时组织有关部门自验合格后，报请地市级人民政府组织环境保护、财政等有关部门进行验收，验收结果应及时向自治区农村环境连片整治示范领导小组办公室报告。自治区农村环境连片整治示范领导小组办公室组织有关部门进行抽验。

第十一条　申请验收应提供以下材料：

（一）县（区）政府申请验收报告；

（二）项目自验报告；

（三）项目实施方案和相关图纸；

（四）项目治理前后的有关监测数据；

（五）单项工程质量验收材料；

（六）财务决算报告、审计报告；

（七）资金筹集、使用、管理情况报告；

（八）市、县（区）验收意见。

第十二条　项目验收程序：

（一）听取项目单位情况汇报；

（二）查阅有关文档资料；

（三）检查有关财务档案，会计账簿；

（四）实地查看项目工程建设完成和运行情况；

（五）调查当地群众意见；

（六）专家评议形成专家意见；

（七）做出考核验收意见。

第十三条　年度项目验收完成后，由自治区农村环境连片整治示范领导小组下发验收通报，对于项目完成好的市、县（区）给予表扬，对存在问题的市、县（区）提出限期整改要求。

第四章　验收评价

第十四条　验收组将根据验收的实际情况给予合格或不合格评价。市、县（区）项目考核验收参照本办法附表《宁夏农村环境连片整治项目竣工验收评分表》执行。

第十五条　验收合格项目应具备的条件：

（一）按照自治区农村环境连片整治示范领导小组规定的时间做好验收准备并报送申请验收资料；

（二）规章制度健全，文档资料保存完整，项目前期准备工作充分；

（三）严格执行项目实施方案，没有擅自更改项目建设内容，全面完成项目建设任务，工程质量良好，管理制度健全；

（四）村庄环境质量明显改善，经济效益、社会效益、环境效益明显；

（五）资金管理规范。

第十六条　有下列情况之一的应评为不合格：

（一）未经自治区农村环境连片整治示范领导小组办公室批准擅自更改项目实施方案主要内容；

（二）项目建设任务完成不足85%，工程质量差；

（三）截留、挤占和挪用项目资金或有其他严重违反有关资金管理规定的；

（四）评分在60分以下的为不合格。

第五章　验收的奖惩

第十七条　自治区农村环境连片整治示范领导小组办公室每年对项目验收合格的县（区）进行评比，成绩突出的给予通报表扬，并作为今后申报农村环保专项资金项目的重要依据。对项目验收不合格的县（区），除要求限期整改并予以通报批评外，还要根据不同情况，追缴项目补助资金，并取消该县（区）下年度申报中央和自治区级农村环保专项资金和项目的资格。对于擅自更改项目实施方案和挤占、挪用项目资金的，追缴违规财政资金。

第十八条　对经过整改项目仍不合格的县（区），限期全面整顿，并取消今后两个年度农村环保资金和项目申报资格。

第六章　附则

第十九条　本办法由自治区环保厅和财政厅负责解释。

第二十条　本办法自发布之日起施行。附：《宁夏农村环境连片整治项目竣工验收评分表》

宁夏农村环境连片整治项目竣工验收评分表

序号	考核内容			分值	评分依据及办法	得分
一	组织领导	1	县级政府落实项目情况	5	有专题部署相关文件或会议记录得 5 分，否则不得分	
		2	落实目标责任制情况	2	县(区)人民政府与建设单位签订目标责任书得 2 分，否则不得分	
		3	实施项目监督管理情况	6	制定监督管理措施和制度得 3 分，有监督检查记录得 3 分，不符合要求不得分	
		4	乡镇环保机构设立情况	5	设立环保站得 3 分，无环保站不得分；有专职环保人员得 2 分，无专职环保人员不得分	
二	资金管理	5	县级配套资金情况	2	有配套资金得 2 分，无配套资金不得分	
		6	项目区整合涉农资金情况	6	整合涉农资 300 万元以上得 6 分，200 万元以上得 4 分，100 万元以上得 2 分	
		7	实行县级财政报账制情况	4	实行县级财政报账制 4 分，否则不得分	
		8	资金使用管理情况	6	无挤占、挪用、截留得 6 分，否则不得分	
三	项目实施	9	项目实施方案执行情况	10	按批复的方案建设，无擅自更改项目内容情况得 10 分，否则酌情扣分	
		10	项目按时完成情况	6	按规定完成项目建设任务得 6 分，否则酌情扣分	
		11	招投标制、政府采购制、工程监理制、公示制、合同制执行情况	10	严格执行得 10 分，否则酌情扣分	
		12	项目自验情况	6	县级政府及时组织项目自验得 6 分，否则不得分	
		13	项目审计情况	4	县级政府及时组织审计并出具审计报告得 4 分，否则不得分	
		14	项目设施正常运行和操作人员落实情况	6	设施正常运行得 3 分，操作人员落实得 3 分	
		15	项目设施运营管护经费落实情况	6	落实得 6 分，否则不得分	
四	项目成效	16	突出环境问题解决情况	6	解决了当地突出环境问题，受益人口不少于 500 户或 2000 人得 6 分，否则酌情扣分	
		17	项目实施前后环境质量改善情况	5	以项目实施前后环境质量对比监测报告为依据，明显改善得 5 分，否则酌情扣分	
		18	群众对解决突出环境问题满意的情况	5	按照“满意”、“基本满意”、“不满意”进行问卷调查或走访座谈，群众基本满意以上比例≥80%得 5 分，否则酌情扣分	

合计得分：

4.9 宁夏农村环境连片整治项目绩效考评管理暂行办法

第一章 总则

第一条 为推进全区农村环境连片整治项目工作，进一步规范和加强农村环境连片整治项目建设和资金管理，建立健全激励和约束机制，切实保证全区农村环境连片整治示范工作取得成效。根据宁夏农村环境连片整治项目相关要求，结合本区实际，制定本办法。

第二条 本办法适用于全区各类农村环境连片整治示范项目区。

第三条 农村环境连片整治项目绩效考评，是指运用既定的考核方法和考核标准对全区各县（区）的农村环境连片整治工作行为和工作结果进行测量和评定的过程。

第四条 绩效考评坚持以下原则：

（一）客观公正。按照“公开、公平、公正”的要求和科学、规范的考评程序，客观公正地衡量项目绩效情况。

（二）分级负责。绩效考评工作实行分级负责制，采取县（区）自评、地市复核和自治区考评相结合的方式。

（三）突出重点。重点对项目工程质量与整治效果、资金投入与使用、运行维护与管理等方面进行考评。

（四）实事求是。考核标准、内容和指标的设置要结合本地环境与经济的基本特点，针对环境保护工作面临的主要问题，体现地区间的差异。

第五条 绩效考评的主要依据：

（一）国家和宁夏回族自治区相关法律、法规、标准，全区农村环境连片整治项目相关管理规章制度；

（二）农村环境连片整治项目规划、目标责任书、项目实施方案；

（三）项目预算申报、项目预算执行以及其他财务会计资料；

（四）项目招投标、监理、公示、审计以及日常运行管理维护等档案资料；

（五）项目年度总结报告、环境监测报告、项目验收报告；

（六）项目完成后的绩效自评估报告；

（七）其他相关资料。

第二章 绩效考评的内容与指标体系

第六条 绩效考评的主要内容

（一）项目管理：主要考核农村环境连片整治项目的组织领导、资金配套、资金管理以及工程建成后的长效管理机制建设情况。

（二）项目实施：主要考核农村环境连片整治项目建设、制度执行、实施进度、资料记录和归档以及验收工作等情况。

（三）项目效果：主要考核农村环境连片整治项目竣工后的环保设施运行效果。

（四）社会评议：通过实地走访、调查问卷、座谈讨论等形式，调查公众尤其是受益群体对农村环境连片整治项目实施的评价情况。

第七条 绩效考评分为政府绩效考评和项目绩效考评。政府绩效考评是指根据各县（区）人民政府与自治区人民政府签订的农村环境连片整治目标责任书，对农村环境连片整治目标完成情况进行考评，考核对象是各县（区）人民政府。项目绩效考评是指对饮用水源地保护、农村生活污水处理、生活垃圾处理、畜禽养殖污染防治和项目的管理、实施和效果的考评，考核对象是项目实施单位。

第八条 政府绩效考评的内容主要有项目管理、项目效果和社会评议。项目管理考核指标包括组织领导、资金管理、长效管理机制；项目效果考核指标包括饮用水源地保护、生活污水治理、生活垃圾处理、畜禽养殖污染防治等方面的防治效果以及环境质量状况；社会评议考核指标设定了受益群体对环境状况满意率一项指标，具体指标见附件二。

第九条 项目绩效考评的内容主要有项目管理、项目实施、项目效果和社会评议。具体考核考评指标见附件四到附件七。

第三章 绩效考评的组织实施

第十条 绩效考评工作由宁夏回族自治区农村环境连片整治示范项目领导小组统一组织，采取县（区）自评、地市复核和自治区考评相结合的方式。

第十一条 领导小组对示范区域内各县（区）人民政府和具体项目实施单位进行考核评估。绩效考评专家组应包括农村饮用水源地保护、农村生活污水处理、农村生活垃圾处理、农村畜禽养殖污染防治等方面的专家，还应包括财务专家，人数不少于5人。

第十二条 领导小组向各县（区）人民政府下达绩效考评通知。各县（区）人民政府和项目实施单位在规定时间内开展项目绩效自评估工作，并按规定要求撰写绩效自评估报告，在规定时间内报绩效考核办公室。

第十三条 在项目的年度评估和验收评估时，各县（区）组织自评，被考核单位对照《农村环境连片整治示范目标责任书》及本办法的要求，组织自查，完成本县（区）绩效自评工作。自评合格的，及时将自评材料上报领导小组，申请自治区考评。

第十四条 绩效考评包括材料核查和现场检查。材料核查主要包括：各县（区）的项目申请报告、目标责任书、项目实施方案及批复；项目验收报告、绩效自评报告；项目实施前的环境监测报告、项目验收后一年的环境监测报告；其他相关材料。

现场检查主要包括：一是环境监测，由自治区环境监测中心负责项目环境监测，并出具环境监测报告；二是现场勘查，考评小组赴现场采取踏勘、询查、复核等方式，查验农村环境污染治理设施建设、运行情况和环境成效；三是公众参与，通过问卷调查、访谈等方式，了解公众对农村环保基础设施建设、运行和效果情况的评价，征求群众意见等。

第十五条 量化考评。考评小组根据材料核查和现场检查的情况，按照考核指标和相应的评分标准，对项目进行评估、打分。对各县（区）人民政府的考核按照附件二打分，对农村生活污水处理、农村生活垃处理、畜禽养殖污染防治、农村水源地保护项目打分按照附件四至七打分。考评小组根据考评内容逐项量化评分，确定考评结果等级，并提出整改意见。

第十六条　在各考评专家意见基础上形成考评结果；绩效考评应按照考评指标和相应的评价依据、评分标准进行评价、打分，并按规定要求撰写绩效考评报告，由考评组组长签字，绩效考评结果报送领导小组。

第十七条　领导小组在绩效考评结束后1个月之内向各县（区）人民政府和项目实施单位通报绩效考评结果。

第四章　考评结果的运用

第十八条　绩效考评结果的评定以综合考评得分为依据，综合考评总分100分（具体考评量化指标见附件一）。绩效考评结果划分为四个等级：考评总分在90分以上（含90分）为优秀；70～89分为良好；60～70分为合格；60分以下（不含60分）为不合格。“领导小组”公布绩效考评结果，接受社会监督。

第十九条　绩效考评结果将作为下一年度项目资金安排的重要依据。

第二十条　绩效考评结果的基本要求是合格，对考评结果为优秀的项目，可以继续给予后续支持政策，并予以通报表扬；对考评结果为不合格的项目提出限期整改意见，暂缓安排下年度项目。不合格的相关县（区）应于出具结果后的两个月内对存在的问题进行整改，整改完毕后上报“领导小组”，并申请重新考评。

重新考评合格的，视为年度绩效考评合格，按规定安排下年度项目；仍为不合格的，即视为年度绩效考评不合格，不再安排下年度项目。资金使用违规违纪的，将停止安排或追缴下达的专项资金，取消下一年度乃至今后年度的申报资格，并予以通报批评；有违法违纪行为，构成犯罪的，将依法移送司法机关追究其刑事责任。

第二十一条　各县（区）人民政府及相关单位应当根据绩效考评结果，及时总结经验教训，完善管理体系和制度，提高农村环境连片整治项目的管理水平和资金使用效益，通过项目实施，有效改善农村环境质量。

第五章　附则

第二十二条　本办法由宁夏农村环境连片整治示范工作领导小组办公室负责解释。

第二十三条　本办法自发布之日起施行。

附件一：政府绩效评估报告（参考格式）

附件二：宁夏农村环境连片整治示范项目绩效考评量化指标表

附件三：项目绩效考评报告（参考格式）

附件四：农村生活污水处理项目绩效考评量化指标表

附件五：农村生活垃圾处理项目绩效考评量化指标表

附件六：农村畜禽养殖污染防治项目绩效考评量化指标表

附件七：农村饮用水源地保护项目绩效考评量化指标表

附件一：

宁夏回族自治区农村环境连片整治示范项目
政府绩效考评评估报告

县（区）名称__________________________________

党政负责人____

宁夏农村环境连片整治示范项目领导小组办公室制

年　月　日

填报说明

一、本报告由评估专家组填写，所有内容必须客观真实。

二、报告内容编写说明

（一）项目基本情况　项目所在地：按县（区）逐级填列。项目所在地的主要产业结构是指种植业、养殖业、乡镇工矿企业、旅游业等的主要情况。项目类型：在所属评估项目类型后的方框内划√。

（二）项目绩效考评量化指标表　项目评估专家组依据项目环境成效评分表所列指标和评分说明逐项打分。

（三）评分说明　根据项目绩效考评量化指标表对指标进行打分。表中所列各指标分值为完全完成指标要求时的最高分值，完全未完成指标要求的记零分，部分完成指标要求的则根据完成情况适当打分。

农村环境连片整治项目必须按照经审查批准的项目目标责任书、实施方案和项目任务书确定的目标、任务和考核指标严格审查，并按项目绩效考评量化指标表进行评分。

如果所考核区县所涉及的项目没有完全包括饮用水水源地保护、生活垃圾治理、生活污水治理和畜禽养殖污染治理项目，可按所涉及的几项内容按比例重新调整分值。项目管理、社会评议项目分值不变，项目效果中饮用水水源地保护、生活垃圾治理、生活污水治理和畜禽养殖污染治理项目分值共计60分，按所涉及的几项内容按比例重新调整分值，如综合整治项目只涉及饮用水水源地保护、生活垃圾治理和生活污水治理三种项目，则饮用水源地保护分值为$60\times[20\div(20+10+10)]=30$，生活垃圾和生活污水指标分值均为$60\times[10\div(20+10+10)]=15$；相对应的饮用水源分项的下级指标饮用水卫生合格率、水源地水质、饮用水源安全保障、水源地污染源治理指标均为$30\times[5\div(5+5+5+5)]=7.5$。

（四）评估结论　依据评估得分确定项目评估结果，并对评估结果进行总结，提出评估意见，由评估组组长签字后报“领导小组”。

（五）评估组人员　填写参与项目评估的专家组所有成员的信息，并由各成员签字确认。

（六）“领导小组”签署意见　由自治区级环保主管部门组织评估的项目，由“领导小组”签署意见绩效考评报告要求统一用A4纸打印、装订。绩效考评报告一式二份，在领导小组办公室留存。

表 1　项目基本情况表

<table>
<tr><td>项目
所在地</td><td colspan="7"></td></tr>
<tr><td>人口
/人</td><td></td><td>户数
/户</td><td></td><td>耕地面积
/亩</td><td></td><td>农民人均
年纯收入/元</td><td></td></tr>
<tr><td>主要
产业结构</td><td colspan="7"></td></tr>
<tr><td>项目
起始时间</td><td colspan="2"></td><td>项目
完成时间</td><td colspan="2"></td><td>实施年限</td><td></td></tr>
<tr><td rowspan="3">资金来源</td><td colspan="7">中央农村环保专项整治资金　　　万元</td></tr>
<tr><td colspan="7">地方政府配套环保整治资金　　　万元</td></tr>
<tr><td colspan="7">自筹资金</td></tr>
<tr><td>项目类型</td><td colspan="7">□饮用水水源地保护　□生活污水处理　□生活垃圾处理　□畜禽养殖污染防治</td></tr>
<tr><td>项目属性</td><td colspan="7">□示范省(自治区)　□非示范省(自治区)</td></tr>
</table>

附件二：

宁夏农村环境连片整治示范项目绩效考评量化指标表

考核内容		考核项目	量化指标及分值	分项满分	得分		考核依据
					市县自评	区级考评	
项目管理	组织领导	农村环境保护机构队伍建设	项目所在乡镇是否设立了环保机构、配备专职环保人员负责项目实施和管理，设立得4分，否则得0分	4			各市（区、县）、镇（乡）发文
		制度建立	是否建立项目法人制、合同制、招投标制等相关制度，建立得2分，否则得0分	2			各市（区、县）制定的项目规划、实施方案
		过程管理	是否进行了监督检查、进度汇报等过程管理，开展得2分，否则得0分	2			相关档案资料
	资金管理	资金配套	市（区、县）有年度配套资金的得3分，无配套的得0分	3			各级财政拨款文件
		资金使用	资金拨付、预算执行、使用效益等情况按好、一般、差，分别得3分、2分和0分	3			检查报告等相关材料
	长效管理机制	运行管理长效机制	依据项目设施的运行养护工作落实程度，按好、较好、一般、差，分别得3分、2分、1分、0分	3			项目规划、实施方案
项目效果	饮用水源保护	饮用水卫生合格率	按饮用水卫生合格率是否达100%，分别得5分、0分	5			水质检测单位出具的报告和自治区抽样测的环境监测报告、国家相关饮用水源保护法律法规、饮用水源保护区划分技术规范、现场检查资料
		水源地水质	按是否满足水源地水质要求，分别得5分、0分	5			
		饮用水安全保障	按是否划定饮用水源保护区，是否按法律法规要求严格进行保护，分别得5分、0分	5			
		水源地污染源治理	饮用水水源保护区内的污染源是否得到治理	8			
	生活垃圾收集处理	生活垃圾定点存放清运率	按生活垃圾定点存放清运率100%和100%以下，分别得5分、0分	5			农村环境连片整治环境保护目标、农村生活垃圾收运、处理处置及综合利用技术规范、实施方案
		生活垃圾无害化处理率	按生活垃圾无害化处理率90%以上、89%～70%和70%以下，分别得5分、3分、0分	5			
	生活污水处理	生活污水处理率	按生活污水处理率80%以上、79%～60%和60%以下，分别得10分、6分、0分	10			农村生活污水处理技术规范、农村生活污水处理排放标准、实施方案
		出水水质情况	根据出水水质检测情况，按达标、不达标，分别得5分、0分	5			

续表

<table>
<tr><th colspan="2" rowspan="2">考核内容</th><th rowspan="2">考核项目</th><th rowspan="2">量化指标
及分值</th><th rowspan="2">分项满分</th><th colspan="2">得分</th><th rowspan="2">考核依据</th></tr>
<tr><th>市县自评</th><th>区级考评</th></tr>
<tr><td rowspan="4">项目效果</td><td rowspan="2">畜禽养殖污染防治</td><td>畜禽养殖废弃物综合利用率</td><td>畜禽养殖废弃物综合利用率90%以上、89%～70%、70%以下，分别得5分、3分、0分</td><td>5</td><td></td><td></td><td rowspan="2">农村环境连片整治环境保护目标、农村畜禽养殖污染处理技术规范、实施方案</td></tr>
<tr><td>畜禽养殖污水处理率</td><td>按畜禽养殖污水处理率80%以上、79%～70%、69%～60%和60%以下，分别得5分、3分、1分、0分</td><td>5</td><td></td><td></td></tr>
<tr><td rowspan="2">环境质量状况</td><td>水环境质量</td><td>是否满足环境功能区或环境规划要求，水环境质量是否达标，根据达标程度，分别得8分、4分、0分</td><td>8</td><td></td><td></td><td rowspan="2">自治区环境监测站环境检测报告</td></tr>
<tr><td>大气环境质量</td><td>是否满足环境功能区或环境规划要求，空气质量是否达标，根据达标程度，分别得7分、3分、0分</td><td>7</td><td></td><td></td></tr>
<tr><td colspan="2">社会评议</td><td>村民对环境状况满意率</td><td>依据村民对农村环境的满意率，>95%，95%～80%，80%～60%，60%以下，分别得10分、6分、3分、0分</td><td>10</td><td></td><td></td><td>村民问卷调查、访谈</td></tr>
<tr><td colspan="2">评估得分</td><td></td><td colspan="5"></td></tr>
<tr><td colspan="2">评估结论</td><td></td><td colspan="5">评估组组长(签字)　　年　　月　　日</td></tr>
</table>

宁夏农村环境连片整治示范项目绩效考评结果表

评估组意见				
姓名	专业	职称	单位	签字
市环境保护主管部门意见				
市环境保护主管部门：（公章）年　月　日				
宁夏农村环境连片整治示范领导小组意见				
“领导小组”：（公章）年　月　日				

附件三：

项 目 绩 效 考 评 报 告

（参考格式）

项目名称______________________________________

项目编号______________________________________

项目负责人______________________________________

项目承担单位______________________________________

上级主管部门（单位）______________________________________

考评时间：　　年　月　日至　　年　月　日

填 报 说 明

一、本报告由考评具体实施者组织填写，所有内容必须客观真实。

二、封面编写说明

（一）“项目名称”：须与项目批复文件中的项目名称一致。

（二）“项目编号”：根据项目批复时的编号填写。

（三）“项目承担单位”：名称用全称填写，不能省略。

（四）“上级主管部门（单位）”：名称用全称填写，不能省略。

（五）“项目负责人”：项目负责人的姓名。

（六）“考评时间”：起止时间为接受项目考评委托和提交绩效考评报告的时间。

三、报告内容编写说明

（一）项目基本情况（表 1）

1. “项目名称”“项目编号”等内容填写说明同封面编写说明。

2. “项目概况”：对项目内容以及考核指标进行概括性描述，具体内容可参考项目实施方案或任务合同书中的内容及考核指标。

（二）项目考评得分（表 2）项目考评主要对项目管理、项目实施、项目效果情况进行考评，具体考核指标见附件 2，项目考评专家组依据考评指标的参考分值和评分说明逐项打分。

（三）考评组人员填写参与项目考评的所有成员名单，并由各成员签字确认。

四、项目绩效考评报告要求统一用 A4 纸打印、装订。

五、项目绩效考评报告一式二份，在自治区环境保护厅留存。

表 1　项目基本情况表

<table>
<tr><td>项目名称</td><td colspan="6"></td></tr>
<tr><td>项目负责人</td><td colspan="2"></td><td>项目承担单位</td><td colspan="3"></td></tr>
<tr><td>项目类型</td><td colspan="6">□饮用水水源地保护　□生活污水治理　□生活垃圾处理　□畜禽养殖污染防治</td></tr>
<tr><td>项目起止时间</td><td>开始时间</td><td>年　月　日</td><td colspan="2">截止时间</td><td colspan="2">年　月　日</td></tr>
<tr><td rowspan="4">项目经费预算</td><td colspan="2" rowspan="4"></td><td colspan="2">申请财政拨款</td><td colspan="2">万元</td></tr>
<tr><td colspan="2">其他财政拨款</td><td colspan="2">万元</td></tr>
<tr><td colspan="2">单位自有货币资金</td><td colspan="2">万元</td></tr>
<tr><td colspan="2">其他资金</td><td colspan="2">万元</td></tr>
<tr><td>年度经费预算</td><td>第 1 年</td><td>万元</td><td>第 2 年</td><td>万元</td><td>第 3 年</td><td>万元</td></tr>
<tr><td>实际到位情况</td><td>第 1 年</td><td>万元</td><td>第 2 年</td><td>万元</td><td>第 3 年</td><td>万元</td></tr>
<tr><td>项目概况</td><td colspan="6">说明：对项目内容以及考核指标进行概括性描述，具体内容可参考项目实施方案或任务合同书中的内容及考核指标。</td></tr>
</table>

附件四：

宁夏回族自治区农村生活污水处理项目绩效考评量化指标表

考核内容	考核项目	量化指标及分值	分项满分	得分		考核依据
				市县自评	区级考评	
项目管理	资金管理	根据项目配套资金到位程度，按全部落实、落实60%以上、不足60%，分别得10分、6分、0分	10			各级财政拨款文件
		根据资金预算执行、是否违规、使用效益情况分级打分，按好、一般、差，分别得10分、5分、0分	10			检查报告等相关材料
	运行管理长效机制	制定农村生活污水处理项目设施的日常运行维护管理、维护机制的，按机制是否完善、可行，分别得5分、3分、0分	5			项目规划、实施方案等相关资料
		建立农村生活污水处理项目设施运行养护资金投入机制，按是否完善、可行，分别得5分、3分，0分	5			实施方案、农村环境连片整治生活污水，处理技术规范
项目实施	项目法人责任制执行情况	执行项目法人责任制的，得2分，否则得0分	2			相关文件
	招投标制执行情况	除自治区项目领导小组办公室批准可以不进行招标的工程外，根据项目是否执行招投标制度，执行的得3分，没执行的得0分	3			招投标相关文件、《中华人民共和国招投标法》
	工程监理制执行情况	根据监理工作开展情况，执行监理制度的得3分，没执行的0分	3			实施方案等相关文件
	项目公示制	工程建立公示制度的得3分，否则0分	3			相关文件、资料
	工程实施进度情况	根据工程进展情况是否与实施计划的一致程度，分别得3分、2分、0分	3			实施方案和每个月上报进度
	档案归档情况	根据日常工作档案归档情况，按好、较好、一般、差，分别得3分、2分、1分、0分	3			相关资料、记录
	项目验收	根据项目验收情况，按验收通过、整改、不通过，分别得3分、2分、0分	3			竣工验收报告和结论
项目效果	工程选址、施工质量情况	根据工程选址、工程资料考评农村环境连片整治项目工程工程质量情况，按好、较好、一般、差，分别得10分、8分、5分、0分	10			现场情况和相关资料
	污水收集与处理能力	根据采用的污水处理设施，选取相应的指标，对污染物去除率进行评价，合格得10分，否则得0分	10			《农村环境连片整治生活污水处理技术规范》《宁夏农村生活污水处理排放标准》、实施方案、自治区抽样监测的环境监测报告
	污水出水水质	按照污水处理设施接纳污水水质和出水水质标准进行评价，分为达标、大部分达标和不达标，分别得10分、6分和0分	10			
	水环境综合整治效果	根据村镇居民点周边水体质量得到改善，消除河流沟塘黑臭、堵塞问题，按好、一般、差，分别得10分、5分和1分	10			
社会评议	农村居民满意度	根据居民对生活污水处理设施建设、运行、维护以及对周边水环境质量的满意程度	10			问卷调查和相关文件
得分						
评估结论		评估组组长签字　　年　月　日				

附件五：

宁夏回族自治区农村生活垃圾处理项目绩效考评量化指标表

考核内容	考核项目	量化指标及分值	分项满分	得分		考核依据
				市县自评	区级考评	
项目管理	资金管理	根据市(区、县)年度配套资金到位程度,按全部落实、落实60%以上、不足60%,分别得10分、6分、0分	10			各级财政拨款文件
		根据资金预算执行、是否违规、使用效益情况分级打分,按好、一般、差,分别得10分、5分、0分	10			检查报告等相关材料
	运行管理长效机制	制定生活垃圾日产日清的日常保洁工作制度,制定得3分,否则得0分	3			项目规划、实施方案、《农村环境连片整治生活垃圾处理处置技术规范》
		建立环境卫生保洁队伍,按总人口2‰的比例配备专业保洁人员,按好、一般、差,分别得3分、2分、0分	3			
		建立农村生活垃圾收集、转运、处理设施运行养护资金投入机制,按机制是否完善、可行,分别得4分、2分、0分	4			
项目实施	项目法人责任制执行情况	执行项目法人责任制的,得2分;否则得0分	2			相关文件
	招投标制执行情况	除自治区项目领导小组办公室批准可以不进行招标的工程外,根据项目是否执行招投标制度,执行的得3分,没执行的得0分	3			招投标相关文件
	工程监理制执行情况	根据监理工作开展情况,执行监理制度的得3分,没执行得0分	3			实施方案等相关文件
	工程公示制度	工程建立公示制度的得3分,否则得0分	3			相关文件、资料
	工程实施进度情况	根据工程进展情况是否与实施计划的一致程度,分别得3分、2分、0分	3			每个月上报进度资料
	档案归档情况	根据日常工作档案归档情况,按好、较好、一般、差,分别得3分、2分、1分、0分	3			相关资料、记录
	项目验收	根据项目验收情况,按验收通过、整改、不通过,分别得3分、2分、0分	3			竣工验收报告和结论
项目效果	工程选址、施工质量情况	按工程选址、工程资料考评农村环境连片整治项目工程质量情况,按好、一般、差,分别得8分、4分、0分	8			现场情况和相关资料
	垃圾收集设施	每个村是否建设一定垃圾贮存池、每户是否配有垃圾桶,酌情给分	8			《农村环境连片整治生活垃圾处理处置技术规范》、环境监测报告、实施方案
	垃圾转运设施	是否建设垃圾转运站,配备垃圾运输车辆、垃圾清扫工具,垃圾是否清运及时,酌情给分	8			
	垃圾处理设施	按生活垃圾无害化处理率90%以上、89%～70%和70%以下,分别得8分、4分、0分	8			
	环境卫生整治效果	垃圾日产日清、定点存放,河塘溪流内没有垃圾漂浮、没有随意倾倒垃圾、垃圾处理处置方式合理,合格与否分别得8分、0分	8			
社会评议	农村居民满意度	居民对生活垃圾收集、转运、处理设施建设、运行、维护以及对周边环境质量的满意程度	10			问卷调查和相关文件
得分						
评估结论		评估组组长签字　　年　月　日				

附件六：

宁夏回族自治区农村畜禽养殖污染防治项目绩效考评量化指标表

考核内容	考核项目	量化指标及分值	分项满分	得分：市县自评	得分：区级考评	考核依据
项目管理	资金管理	根据资金落实情况和项目配套资金到位程度，按全部落实、落实60%以上、不足60%，分别得10分、6分、0分	10			各级财政拨款文件
		根据资金预算执行是否违规、使用效益情况分级打分，按好、一般、差，分别得10分、5分、0分	10			检查报告等相关材料
	运行管理长效机制	按机畜禽粪水污染防治项目设施的日常运行管理、维修养护制是否完善、可行，分别得5分、3分和0分	5			项目规划、实施方案等相关资料
		按农村畜禽养殖污染设施运行养护资金投入机制是否完善、可行，分别得5分、3分，0分	5			
项目实施	项目法人责任制执行情况	执行项目法人责任制的得2分；否则得0分	2			相关文件
	招投标制执行情况	除自治区项目领导小组办公室批准可以不进行招标的工程外，根据项目是否执行招投标制度，执行的得2分，没执行的得0分	3			招投标相关文件
	工程监理制执行情况	根据监理工作开展情况，执行监理制度的得3分，没执行的0分	3			实施方案等相关文件
	工程公示制度	建立工程公示制度的得3分，否则得0分	3			相关文件、资料
	工程实施进度情况	根据工程进展情况是否与实施计划的一致程度，分别得3分、2分、0分	3			每个月上报进度
	档案归档情况	根据日常工作档案资料归档情况，按好、较好、一般、差，分别得3分、2分、1分、0分	3			相关资料、记录
	项目验收	根据项目验收情况，按验收通过、整改、不通过，分别得3分、2分、0分	3			竣工验收报告和结论
项目效果	工程选址、施工质量情况	根据工程选址、工程资料考评项目工程质量情况，按好、一般、差，分别得8分、4分、0分	8			建设项目环境保护管理条例及相关法律法规
	畜禽养殖污水、粪便收集、贮存	农村区域内新建、扩建和改建畜禽养殖小区应建设畜禽养殖污水、粪便收集、贮存设施等，根据建设程度，分别得8分、4分、0分	8			《农村畜禽养殖污染防治技术规范》、实施方案、现场检查及相关资料
	畜禽废弃物处理设施	新、扩、改建项目必须配置废弃物处理设施。已建成项目应及时补建处理设施，散养密集区应由当地乡镇规划设计并组织实施，根据实施情况分别得8分、4分、0分	8			
	畜禽养殖污水、粪便处理	严格按照相关标准、规范，进行验收，根据验收情况分别得8分、4分、0分	4			
		是否有充足土地消纳粪便的养殖场，是否制成有机肥料或进行沼气发酵。按好、中、差，分别得4分、2分和1分	4			
	环境整治效果	根据畜禽粪便的无害化综合利用率，分别得4分、0分	4			自治区环境监测部门环境监测报告及相关文件
		是否有恶臭污染现象，分别得4分、0分	4			
社会评议	农村居民满意度	居民对周边环境质量的满意程度打分	10			问卷调查和相关文件
得分						
评估结论	评估组组长签字　　年　月　日					

附件七：

宁夏回族自治区农村饮用水源地保护项目绩效考评量化指标表

考核内容	考核项目	量化指标及分值	分项满分	得分		考核依据
				市县自评	区级考评	
项目管理	资金管理	根据项目配套资金到位程度，按全部落实、落实60%以上、不足60%，分别得10分、6分、0分	10			各级财政拨款文件
		根据资金预算执行、是否违规、使用效益情况分级打分，按好、一般、差，分别得10分、5分、0分	10			检查报告等相关材料
	运行管理长效机制	对集中式农村饮用水源水质进行定期监测。黄河金岸沿线乡镇一级的集中式饮用水源地实现每年两次以上的常规水质监测，行政村一级的集中式饮用水源地每年监测一次以上。中南部地区每年至少进行一次监测分析。地下水污染严重的控制井，每季度采样一次。根据执行情况，分别得5分、0分	5			项目规划、实施方案等相关资料
		根据水源保护地建设项目是否严格执行环境影响评价制度	5			实施方案、农村水源地保护规划
项目实施	项目法人责任制执行情况	执行项目法人责任制的得2分，否则得0分	2			相关文件
	招投标制执行情况	除自治区项目领导小组办公室批准可以不进行招标的工程外，根据项目是否执行招投标制度，执行的得3分，没执行的得0分	3			招投标相关文件
	工程监理制执行情况	根据监理工作开展情况，执行监理制度的得3分，没执行的0分	3			实施方案等相关文件
	工程公示制度	建立工程公示制度的得3分，否则0分	3			相关文件、资料
	工程实施进度情况	根据工程进展情况是否与实施计划的一致程度，分别得3分、2分、0分、	3			每个月上报进度
	档案归档情况	根据日常工作档案资料归档情况，按好、较好、一般、差，分别得3分、2分、1分、0分	3			相关资料、记录
	项目验收	根据项目验收情况，按验收通过、整改、不通过，分别得3分、2分、0分	3			竣工验收报告和结论

续表

考核内容	考核项目	量化指标及分值	分项满分	得分		考核依据
				市县自评	区级考评	
项目效果	工程选址、施工质量情况	按工程选址、工程资料考评项目工程质量情况，按好、较好、一般、差，分别得5分、4分、2分、0分	5			现场情况和相关资料
	保护区划分	是否科学合理的划分饮用水源保护区，无区划得0分，划分不合理不科学的，酌情扣分	3			国家相关饮用水源保护法律法规、《中华人民共和国水污染防治法》、饮用水源保护区划分技术规范、现场检查和相关资料
		按照饮用水水源保护区标志技术要求设立宣传牌、标识牌，不符合要求的酌情扣分	2			
	污染源治理	水源保护区管理严格按照相关法律法规执行，综合评估污染现状、环境现状、环境风险等，酌情扣分	5			
	水源地生活源综合整治工程	是否建设农村饮用水水源地生活源废水、垃圾小型集中处理设施，酌情扣分	5			
	水源地卫生防护工程	是否建立农村饮用水水源地卫生防护隔离带，消除人畜混用现象，加强机井密封和井口防护等，酌情扣分	5			
	水源地水质监测及监管工程	影响人口较多，供水量较大的部分农村饮用水水源地开展定期常规监测，部分偏僻村饮用水水源地安装水质自动监测设备试点。饮用水源地周边有污染风险源的地区，逐步开展预警监控建设工程，根据执行情况酌情扣分	5			
	饮用水质安全	按饮用水卫生合格率是否达100%，分别得5分和0分	5			自治区卫生部门和环境监测部门监测报告
		按是否满足水源地水质要求，分别得5分和0分	5			
社会评议	农村居民满意度	居民对生活垃圾收集、转运、处理设施建设、运行、维护以及对周边环境质量的满意程度	10			问卷调查和相关文件
得分						
评估结论	评估组组长(签字)　　年　月　日					

表 2　项目绩效考评得分表

项目类型	评估得分	权重	得分	备注
1. 饮用水水源地保护		0.25		
2. 生活污水处理		0.25		
3. 生活垃圾处理		0.25		
4. 畜禽污染防治		0.25		
项目综合得分		1		

说明：实际项目若只含上表 1～4 中的一项内容，则权重取；若含有 n 项内容，则其权重取 $1/n$。

综合考评

一、综合考评结论

根据政府绩效考评和项目绩效考评的分值权重和实际得分情况，确定综合绩效考评结果。综合考评结论应对政府考评和项目考评的评价结果进行总结，并由考评组组长签字或考评机构盖章。

二、考评组人员填写参与项目考评的所有成员名单，并由各成员签字确认。

三、宁夏农村环境连片整治示范领导小组意见宁夏农村环境连片整治示范领导小组对项目综合考评结论签署意见。

四、绩效考评报告要求统一用 A4 纸打印、装订。

五、绩效考评报告一式二份，在宁夏农村环境连片整治示范领导小组办公室留存。

综合绩效考评表

一、综合考评

考评内容	分值权重	满分	考评得分
政府绩效考评	0.6	100	
项目绩效考评	0.4	100	
综合考评	1		
绩效级别评定	100≥优≥91　91>良≥80　80>合格≥60　60>不合格≥0		

综合考评结论(结合政府绩效考评和项目绩效考评意见，对绩效情况给出总体意见)。

考评组组长(签字)/考评机构(公章)：　　　　年　　月　　日

二、考评组人员

姓　名	专　业	职　称	单　位	签　字

三、宁夏农村环境连片整治示范领导小组意见

宁夏农村环境连片整治示范领导小组盖章：(公　章)　　　　年　　月　　日

主题词：环保　　农村　　制度　　通知

抄送：环境保护部、财政部，各市、县（区）环保局、财政局。宁夏农村环境连片整治示范工作领导小组办公室　　2011 年 9 月 14 日

附录5　宁夏畜禽养殖污染防治技术

农村畜禽养殖污染防治技术规范

前　言

为防止宁夏回族自治区农村畜禽养殖污染环境，改善农村人居环境、提高农民生活质量和保障农产品安全，促进畜禽养殖业健康发展和社会主义新农村建设，根据《中华人民共和国环境保护法》《中华人民共和国水污染防治法》《中华人民共和国大气污染防治法》《中华人民共和国固体废物污染环境防治法》，结合宁夏回族自治区实际情况，特制定本规范。

本标准的编写格式符合《标准化工作导则　第 1 部分：标准的结构和编写》（GB/T 1.1—2009）的要求。

本标准由宁夏回族自治区环境保护厅提出并归口。

本标准起草单位：中国农业科学院农业环境与可持续发展研究所、中国环境科学研究院、宁夏大学。

本标准主要起草人：黄宏坤、罗良国、张庆忠、夏训峰、刘锦霞、王德全、张生海。

1　范围

本标准规定了农村畜禽养殖污染防治的总体要求，废弃物处理的场址及布局要求、粪污处理模式与工艺选择以及排放要求。

本标准适用于农村畜禽养殖场（小区、户）(存栏≥10 头奶牛）污染治理工艺选择和处理设施建设。

2　规范性引用文件

下列文件对于本文件的应用是必不可少的。凡是注日期的引用文件，仅所注日期的版本

适用于本文件。凡是不注日期的引用文件，其最新版本（包括所有的修改单）适用于本文件。

GB 18596　畜禽养殖业污染物排放标准

GB/T 25246　畜禽粪便还田技术规范

NY 525　有机肥料

NY/T 682　畜禽场场区设计技术规范

NY/T 1220.1—2006　沼气工程技术规范　第1部分：工艺设计

NY/T 1222—2006　规模化畜禽养殖场沼气工程设计规范

3　术语和定义

下列术语和定义适用于本标准。

3.1

厌氧发酵　Anaerobic digestion

有机物质（如人、畜、家禽粪便、秸秆、杂草等）在一定的水分、温度和厌氧条件下，通过各类微生物的分解代谢，最终生成甲烷和二氧化碳等可燃性混合气体（沼气）的过程。

本标准中特指畜禽养殖高浓度污水中的有机物在厌氧条件下被分解成甲烷和二氧化碳等气体的过程。

3.2

静态垛堆肥　static windrows composting

在好氧条件下，将混合好的畜禽粪便等固体废弃物堆成垛状，物料处于相对静止状态的堆肥发酵过程，需要定期翻动堆体达到供氧目的。

3.3

强制通风静态垛堆肥　air-forced static windrows composting

与静态垛堆肥类似，但通过强制通风方式给堆体供氧。

3.4

机械搅拌堆肥　mechanized composting

堆肥过程中的物料移动、通风等环节均由机械搅拌完成的堆肥工艺。

3.5

发酵床　fermentation bedding

利用微生物发酵控制技术，将微生物与木屑、谷壳或秸秆等按一定比例混合，进行高温发酵后平铺在圈舍内的有机物垫层。

4　总体要求

4.1　畜禽废弃物处理应坚持源头减量、过程控制和末端循环利用的原则，实现畜禽废弃物的减量化、无害化和资源化。

4.2　畜禽养殖业应与种植业结合，科学合理地将畜禽粪污就地消纳，既不污染环境（空气、土地、水、作物），又实现废弃物资源化。

4.3　畜禽养殖场（小区）应建造配套的粪便无害化处理设施或建立有效的畜禽粪便处理（置）机制，农村散养密集区应建立集中处理设施或工程。

4.4　畜禽养殖粪污经过处理达到无害化标准后方可在农田施用，养殖产生的污水必须经过处理达到国家或地方排放标准后方能排放到地面水体。

4.5　发生重大疫情时，区域内的畜禽养殖场（小区、户）的畜禽粪污必须按照国家兽医防疫有关规定处置。

5　处理场区选择及场区布局

5.1　新建、扩建和改建畜禽养殖场（小区）必须配置畜禽废弃物处理设施。已建的畜禽养殖场（小区）和散养密集区应由当地县（区）级环境保护主管部门进行环境影响评价并责令畜禽养殖业主建设废弃物处理设施。

在下列区域内不得建设畜禽废弃物处理设施：

——生活饮用水水源保护区、风景名胜区、自然保护区的核心区及缓冲区；

——城市和城镇居民区，包括文教科研、医疗、商业和工业等人口集中地区；

——县级及县级以上人民政府依法划定的禁养区域；

——国家或地方法律、法规规定需特殊保护的其他区域。

5.2　在禁建区域附近建设畜禽废弃物处理设施，应设在5.1规定的禁建区域常年主导风向的下风向或侧下风向处，场界与禁建区域边界的最小距离不得小于3000m。

5.3　畜禽废弃物处理设施应距离地表水体500m以上。

5.4　畜禽养殖场（小区）粪污处理设施按照NY/T 682的规定执行，应设在养殖场（小区）的隔离区，与主要生产设施保持一定的安全防疫距离；畜禽粪便处理设施与畜禽养殖区域的最小距离不得小于2000m。

5.5　畜禽粪便处理区域内应采取地面硬化、防渗漏、防扬散、防径流和雨污分离等措施。

6　粪污处理模式与技术工艺

6.1　粪污处理模式与工艺

农村畜禽养殖粪污污染防治技术模式应按表1、表2选取。

表1　宁夏回族自治区农村畜禽养殖粪污污染防治技术模式表（按地区）

区域	所有模式	农户散养		散养密集区		养殖场(小区)	
	发酵床	粪便	污水	粪便	污水	粪便	污水
沿黄灌溉农业区	适用	静态垛	集中厌氧+好氧	强制通风静态垛	集中厌氧+好氧	机械搅拌堆肥	高效厌氧+好氧
中部干旱风沙区	适用	静态垛	户用沼气+农田	强制通风静态垛	集中厌氧+农田	强制通风静态垛	厌氧+灌溉
南部山区	适用	静态垛	户用沼气+农田	强制通风静态垛	厌氧+农田	强制通风静态垛	厌氧+灌溉

表2　宁夏回族自治区农村畜禽养殖粪污污染防治技术模式表（按种类和规模）

动物种类	5～1000头	5～99头		100～599头	600头以上	
	发酵床	粪便	污水	粪便	发酵床	粪便
奶牛	不适用	静态垛	户用沼气+灌溉	强制通风静态垛	不适用	静态垛
肉牛、羊	适用	静态垛	—	强制通风静态垛	适用	静态垛

续表

动物种类	5～1000头	5～99头		100～599头	600头以上	
	发酵床	粪便	污水	粪便	发酵床	粪便
生猪	适用	静态垛	户用沼气＋灌溉	强制通风静态垛	适用	静态垛
禽类	适用	静态垛	—	强制通风静态垛	适用	静态垛

注：换算比例：200只蛋鸡折算成1头奶牛，100只肉鸡折算成1头奶牛，10头猪折算成1头奶牛，50只羊折算成1头奶牛，1.5头肉牛折算成1头奶牛。

6.1.1 处理模式

6.1.1.1 经济实用型

本类型处理工艺采用静态垛堆肥技术，人工或铲车定期翻堆，适用于农村分散畜禽饲养农户和养殖密集区畜禽粪便集中处理。

6.1.1.2 工厂化处理型

本类型处理工艺采用机械式搅拌或强制通风静态垛堆肥技术，且可续接有机肥料加工工艺，适用于农村畜禽养殖场（小区）或养殖密集区畜禽粪便处理。

6.1.2 收集与贮存

6.1.2.1 农村区域内新建、扩建和改建畜禽养殖场（小区）应采用先进的干清粪工艺，避免畜禽粪便与雨（雪）水和冲洗水等混合，减少污染物排放量，已建的畜禽养殖场（小区）应逐步改进清粪工艺；鼓励散养密集区内养殖户采用干清粪工艺。宜配置一批小型农用三轮车，车厢底部做好防渗防漏，以免运输途中粪便遗撒造成环境污染和畜禽疫病传播。

6.1.2.2 农村畜禽养殖场（小区）应设置专门的畜禽粪便贮存设施；散养密集区应集中修建贮存设施，畜禽粪便和/或污水贮存设施与地表水体的最小距离不得小于500m。

6.1.2.3 畜禽粪污贮存设施应采取雨污分离、防渗、防雨（水）、防风等措施；贮存设施应安装防护栏，防止人员跌落。

6.1.2.4 贮存设施的容积为贮存期内粪便的产生总量，其容积大小S（m^3）按式（1）计算：

$$S=\frac{NM_wD}{M_d} \tag{1}$$

式中 N——动物单位的数量，头、只；

M_w——每动物单位的动物每日产生的粪便量，kg/d，其值见表3；

D——贮存时间，d，具体贮存天数根据粪便后续处理工艺确定；

M_d——粪便密度，kg/m^3，其值见表3。

表3 每动物单位的动物日产粪便量及粪便密度

参数	动物种类							
	奶牛	肉牛	羊	蛋鸡	肉鸡	鸭	马	猪
粪量/(kg/d)	86	58	40	64	85	110	51	84

续表

参数	动物种类							
	奶牛	肉牛	羊	蛋鸡	肉鸡	鸭	马	猪
密度/(kg/m³)	990	1000	1000	970	1000	＊＊	1000	990

注：＊＊表示未测定。

6.1.3 处理工艺

农村畜禽养殖粪便处理工艺按照表1或表2选取，各工艺技术要点如下。

6.1.3.1 静态垛堆肥

适用于较为分散、存栏畜禽数量较少的农村畜禽养殖户。将农作物秸秆粉碎为5cm的段（截），按照秸秆/粪便体积比2∶1比例进行混合搅拌，含水率调节至60%～65%。按照60～80cm高度进行堆肥，堆肥地面和场区要分别采取防渗、防雨措施。一般一次发酵周期30d左右，当堆体内部温度超过到70℃时，需要人工或铲车进行翻堆倒垛降温。二次发酵（腐熟阶段）时，堆体加高至2m，周期30d，当堆体内部温度稳定在40℃左右时即腐熟，残料用于农田施肥。

6.1.3.2 强制通风静态垛好氧堆肥

适用于分布较为集中、存栏动物数量适中的畜禽养殖小区或养殖户。堆体高度1.5m左右，堆肥地面铺设通风管道，在风机的作用下将新鲜空气供至堆体内，一次发酵堆肥周期约21d。二次发酵时间与静态垛堆肥一致。堆肥地面要求防渗，建有防雨棚或堆肥舍，地面铺设通风管道，通风量为8～10m³/min。

6.1.3.3 机械搅拌槽式堆肥

适用于农村散养密集区和养殖场（小区）。本工艺自动化程度较高，人员技术水平要求较高。工艺设施包括堆肥槽和搅拌设备。堆肥槽高度可达2m左右，一次发酵时间为21d，二次发酵时间与前两种一致。应依据堆肥搅拌机的安装要求进行堆肥舍的设计和建设。

6.1.3.4 发酵床

发酵床应坐北朝南，深度40～90cm；垫料层采用地下式，垫料的原料宜选择当地主要作物秸秆、锯末，每1m³垫料按锯末和作物秸秆粉各50%、麸皮或米糠2kg、固体菌种0.2kg配混，含水率调节至50%～60%；圈舍高度2.6～3.5m，圈舍跨度9～13m，单圈面积20～40m²，屋顶设置保温隔热材料；饮水器出水方向禁止朝向发酵床，畜舍之间用栅栏隔开，圈舍内宜不设水泥台；每天翻动粪便集中区域和湿度较大的区域，将新鲜粪便掩埋在地表20cm以下，每周翻动发酵床1次，每2个月重新混合垫料层；常规畜禽防疫应按照当地动物防疫规定执行，发酵庆面应少用杀菌剂。

6.1.4 设计参数

农村畜禽养殖粪便处理各工艺设计参数按表4取值。

6.1.5 处理效果与要求

6.1.5.1 固体畜禽粪便经过堆肥处理后应符合表5的卫生学指标。

表 4　农村畜禽养殖粪便处理工艺设计参数取值表

工艺类型	供氧方式	设计参数		
		堆体高、宽/m	处理天数	长度计算
静态垛	周期性翻堆	0.6～0.8；1.0～1.5	45～60d（堆体温度维持45℃以上的时间不少于14d）	$L=\frac{QD}{WH}$
强制通风静态垛	管道通风	1.0～1.5；3.0～7.0	约51d（堆体温度维持50℃以上的时间不少于7d）	
机械强化槽式垛	机械翻转	1.5～2.0；设备宽度	约51d（堆体温度维持50℃以上的时间不少于7d）	

注：该列公式中，L 为堆肥槽长度，m；Q 为处理量，m^3/d；D 为堆肥设计处理天数；W 为堆肥搅拌设备宽度，m；H 为堆肥搅拌设备高度，m。

表 5　固体畜禽粪便堆肥处理卫生学指标表

项　目	卫生学指标
蛔虫卵	死亡率≥95%
粪大肠菌群数	≤105 个/kg
苍蝇	有效地控制苍蝇滋生，堆体周围没有活的蛆、蛹或新羽化的成蝇

6.1.5.2　经过无害化处理达到卫生学要求后的畜禽粪便用于农田施肥时，按 GB/T 25246 规定执行；利用无害化处理后的畜禽粪便生产商品有机肥和有机-无机复混肥时，应符合 NY 525 的技术要求；利用畜禽粪便制取生物质能源或进行其他类型的资源回收利用时，应避免二次污染。

6.2　污水处理模式与工艺

6.2.1　处理模式

6.2.1.1　经济实用型

本类型主要适用于中部干旱风沙区和南部山区畜禽存栏数量较少且分散的养殖户，畜禽粪便、污水与人粪尿同时处理，主要技术为沼气技术，处理后的沼渣、沼液回用于农田，该模式如图 1 所示。

6.2.1.2　综合利用型

本类型主要适用于农村畜禽养殖场（小区）和养殖密集区存栏数量较多且较为集中的养殖户，畜禽养殖污水经过厌氧处理后回用于农田灌溉。主要技术包括厌氧技术、沼气净化和利用技术等，该模式如图 2 所示。

6.2.1.3　深度处理型

本类型主要适用于沿黄灌溉农业区农村畜禽养殖场（小区）和养殖密集区存栏数量较多的养殖户，主要技术包括高效厌氧技术、好氧处理技术和沼气利用技术等，该类型工艺如图 3 所示。

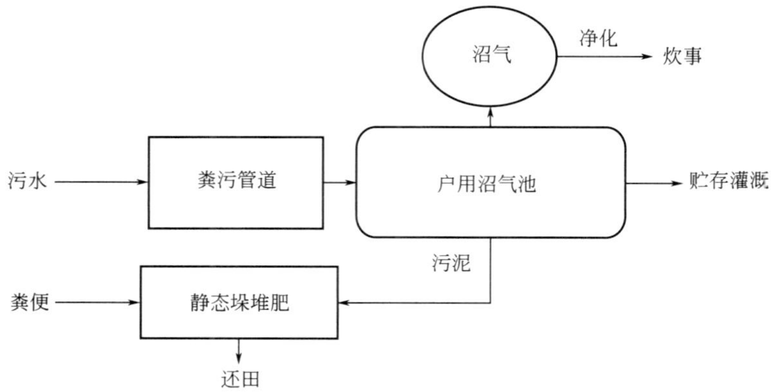

图 1　经济实用型畜禽养殖污水处理模式示意

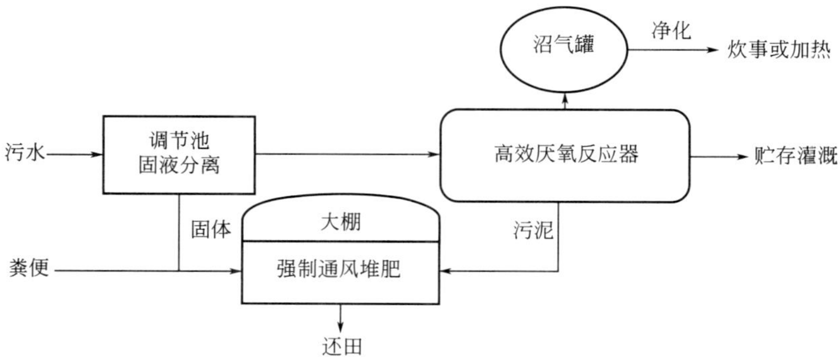

图 2　综合利用型畜禽养殖污水处理模式示意

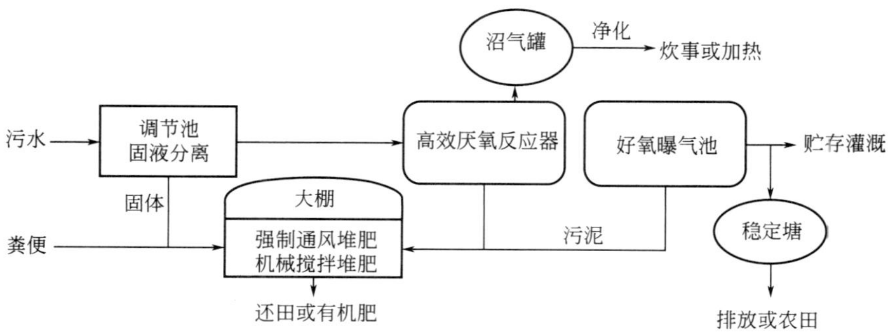

图 3　深度处理型畜禽养殖污水处理模式示意

6.2.2　处理工艺

6.2.2.1　污水收集

农村畜禽养殖污水收集分为管道收集和设备收集两类。采用管道收集时，管道应采用砼预制管道拼接，防止渗漏，为避免堵塞，应在圈舍污水出口处设置格栅，较长距离收集管道应在中间部分设置污水井，定期清理其中沉淀的固体残渣；设备收集一般适用于畜禽养殖户分散、距离较远、养殖规模较小的区域，宜选用专用设备（吸粪车、泵等）定期进行收集。

6.2.2.2 污水贮存

农村畜禽养殖应设置养殖污水贮存设施，贮存设施与地表水体的距离不得小于500m，应采取雨污分离、防渗、防雨（水）、防风、安全防护等措施。

6.2.2.3 污水处理

农村畜禽养殖污水宜采用厌氧生物处理、好氧生物处理及自然处理等单一或组合技术进行处理。厌氧生物处理技术包括升流式厌氧污泥床（UASB）、升流式固体反应器（USR）、折流式厌氧反应器（ABR）和全混合厌氧反应器（CSBR）等；好氧生物处理技术包括序批式好氧技术（SBR）、A/O活性污泥法、生物滤池等；自然处理技术包括人工湿地、土地渗滤和生物稳定塘技术等。

6.2.3 设计参数

农村畜禽养殖污水处理各工艺设计参数取值依据按表6执行。

表6 农村畜禽养殖污水处理工艺设计参数取值依据表

工艺类型	工艺设计参数取值依据
污水收集与贮存	宁夏农村生活污水处理技术规范(宁夏环境保护厅,2011年8月)
厌氧生物处理	NY/T 1220.1或NY/T 1222
好氧生物处理	好氧生物流化床(内循环)污水处理工程技术规范(环保部,征求意见稿,2011年6月)
自然处理技术	宁夏农村生活污水处理技术规范(宁夏环境保护厅,2011年8月)

6.2.4 处理效果与要求

6.2.4.1 农村畜禽养殖污水处理效果应符合表7中卫生学指标的要求。

表7 农村畜禽养殖污水处理卫生学指标表

监测项目	卫生学标准
寄生虫卵	死亡率≥95%
钩虫卵和血吸虫卵	在使用粪液中不得检出活的钩虫卵和血吸虫卵
粪大肠菌群数	常温沼气发酵≤10^5个/L,高温沼气发酵≤100个/L
蚊子、苍蝇	有效控制蚊蝇滋生,粪液中无蚊蝇幼虫,池的周围无活的蛆、蛹或新羽化的成蝇

6.2.4.2 农村畜禽养殖污染治理工艺各单元宜设计为密闭形式，减少恶臭对周围环境的不良影响，发酵床畜禽养殖舍除臭应采用生物除臭技术。

6.2.4.3 处理后污水排放污染物指标限值应按GB 18596的规定执行。

附录6 宁夏农村饮用水安全保障工程

农村集中式饮用水水源地保护工程技术规范

前 言

本标准的编写格式符合《标准化工作导则 第1部分：标准的结构和编写》（GB/T

1.1—2009）的要求。

本标准由宁夏回族自治区环境保护厅提出并归口。

本标准起草单位：由中国环境科学研究院、宁夏回族自治区环境监测中心站。

本标准主要起草人：香宝、李咏红、夏训峰、唐古拉、李燕、任学蓉。

1　范围

本标准规定了农村饮用水水源地警示标志建设、隔离保护设施建设、污染治理工程以及水质监控预警等技术要求，可作为农村饮用水水源地保护工程建设的技术依据。

2　规范性引用文件

下列文件对于本文件的应用是必不可少的。凡是注日期的引用文件，仅所注日期的版本适用于本文件。凡是不注日期的引用文件，其最新版本（包括所有的修改单）适用于本文件。

GB 3838—2002　地表水环境质量标准

GB/T 14848—93　地下水质量标准

GB 5749—2006　生活饮用水卫生标准

GB 5750—2006　生活饮用水标准检验方法

GB 5768　道路交通标志和标线

GB/T 15566　图形标志使用原则与要求

HJ/T 91—2002　地表水和污水监测技术规范

HJ/T 164—2004　地下水环境监测技术规范

HJ/T 338—2007　饮用水水源保护区划分技术规范

HJ/T 433—2008　饮用水水源保护区标志技术要求

JT/T 279　公路交通标志板

HJ/T 52—1999　水质河流采样技术指导

HJ/T 212—2005　污染源在线自动监控（监测）系统数据传输标准

HJ/T 352—2007　环境污染源自动监控信息传输、交换技术规范（试行）

3　术语和定义

下列术语和定义适用于本规范。

3.1　农村集中式饮用水水源地

指主要供给农村地区生活饮用的水源地（供水人口一般大于1000人），包括进入输水管网送到用户的水源地或集中供水点。

3.2　饮用水水源保护区

为防治饮用水水源地污染、保证水源地环境质量而划定，并要求加以特殊保护的一定面积水域和陆域范围。饮用水水源保护区的划分，由各市、县人民政府提出保护区范围划定技术方案，并报自治区人民政府批准实施。

3.3　水源地保护区（保护范围）的划定

农村集中式饮用水水源地保护区的划分，应按照《饮用水水源保护区划分技术规范》（HJ/T 338—2007）相关规定划定。没有划定保护区的水源地（特别是小型水源地）可以先划定保护范围，保护范围一般以水源地取水口为中心，按照保护半径为30～

50m 划定同心圆或正方形。

3.4　饮用水水源保护区标志

指保护区的界标、警示牌、宣传牌等，用于向相关人群传递饮用水水源保护区的有关规定和信息，以保护饮用水水源地。

3.5　生物隔离工程

主要是指绿化隔离带（防护林）的种植，利用隔离带植物的吸附和分解作用，拦截污染物或有害物质进入水源，具有对水陆生态系统间的物流、能流、信息流发挥过滤器和屏障的作用。

4　警示标志建设工程

4.1　标志的分类

饮用水水源保护区标志包括水源地保护区界标、界桩、交通警示牌和宣传牌。标志设置参照《饮用水水源保护区标志技术要求》（HJ/T 433—2008）的有关规定，建设内容包括标志的类型、内容、位置、构造、制作、管理和维护。

4.1.1　界标

4.1.1.1　界标的内容

界标正面的上方为饮用水水源保护区图形标志。中下方书写饮用水水源保护区名称，如饮用水水源地取水口、饮用水水源地保护区级别等。最下方为监督电话，监督电话为当地环境保护行政主管部门电话，饮用水水源保护区界标正反面内容的示意图如图 1所示。界标背面的上方用图形、文字说明划定的饮用水水源保护区范围、饮用水水源保护区编码等，但不得标示地理坐标。下方书写饮用水水源保护区具体的管理要求，可引用《中华人民共和国水污染防治法》以及其他有关法律法规中关于饮用水水源地保护区的条款和内容。

图 1　饮用水水源保护区界标示意

4.1.1.2 界标设立位置

（1）地下水饮用水水源保护区界标设立位置

根据《饮用水水源保护区标志技术要求》（HJ/T 433—2008）的有关规定设置，按照已经划定的保护区级别，界标分别设置在一级、二级保护区或者保护范围外边界。同心圆保护区的界标设置如图2所示，其中A1-4为一级保护区，B1-4为二级保护区。方形或矩形参照同心圆的设置。

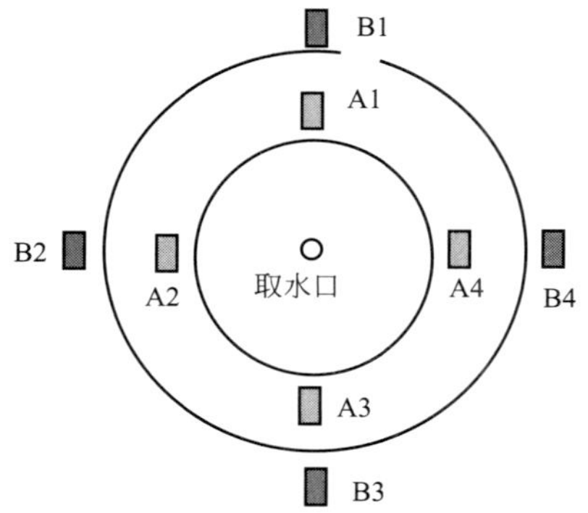

图2 地下饮用水水源保护区界标设置示意

如果没有划定一级保护区、二级保护区的地下水饮用水水源地，其保护范围半径可为取水口周边30～50m。

（2）河流型饮用水水源保护区界标设立位置

河流型饮用水水源保护区界标的设置分为水域和陆域。一级保护区陆域范围界标设立位置如图3中A1、A2。一级保护区水域范围界标设立位置如A3、A4。二级保护区水域范围界标设立位置如B1、B2，陆域范围界标设立位置如B3、B4。准保护区界标设立位置参照二级保护区执行。

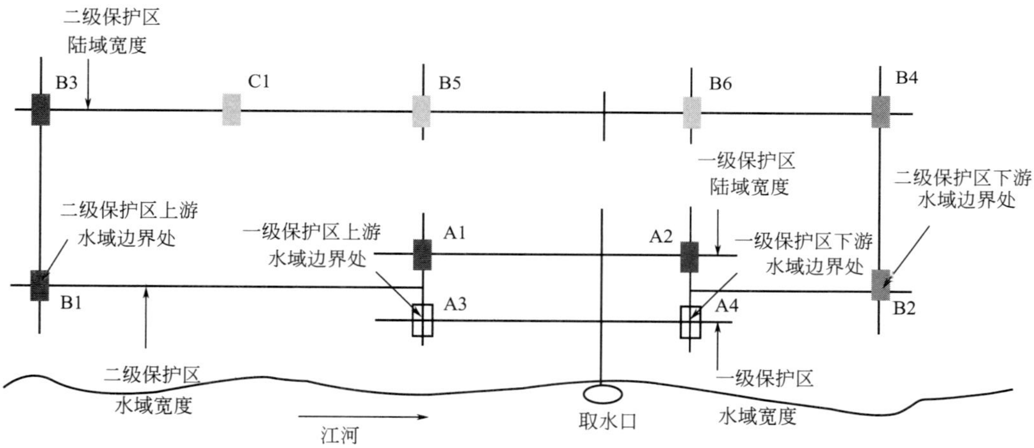

图3 河流型饮用水水源保护区界标设置示意

（3）湖泊、水库型饮用水水源保护区界标设立位置

① 一级保护区水域范围界标设立位置

a）小型水库（水库容积小于$0.1m^3$）和单一供水功能的湖泊、水库，根据HJ/T 338—2007划定的水库水域边界，在靠陆地一侧各设立1个界标（图4中A1、A2、A3）。

b）湖泊和大中型水库，根据HJ/T 338—2007划定的水域范围（小型湖泊和中型水库为取水口半径300m范围，大型水库和大中型湖泊为取水口半径500m范围），在一级保护区水域边界的靠陆地一侧各设立1个界标（图5中A1、A2）。

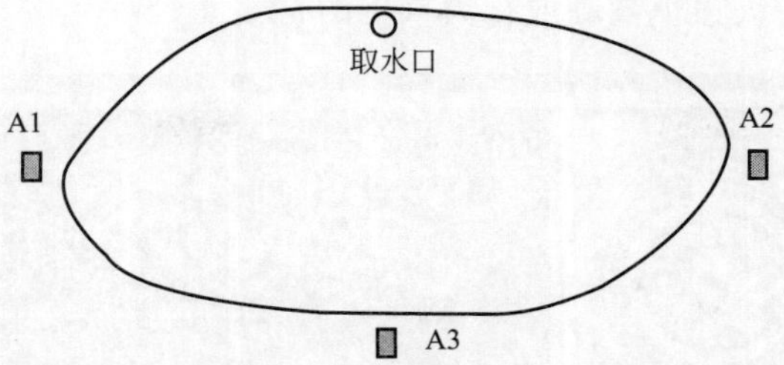

图 4　小型水库和单一供水功能的湖泊、水库一级饮用水水源保护区水域范围界标设置示意

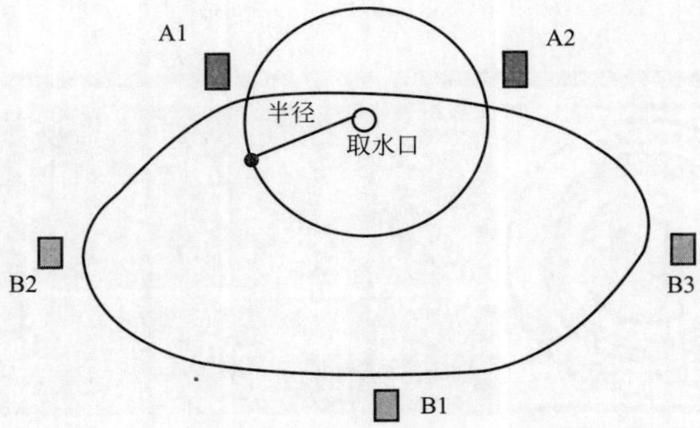

图 5　小型湖泊和中型水库饮用水水源保护区水域范围界标设置示意

② 一级保护区陆域范围界标设立位置

在根据 HJ/T 338—2007 划定的一级保护区陆域范围边界处，参考水域范围界标的设立位置设立界标。

在划定的陆域范围内，应根据实际需要在人群易见、活动处（如交叉路口，绿地休闲区等）设立界标。可依据自然地理、环境特征和环境管理需要设立界标。

③ 二级保护区水域范围界标设立位置

对于小型湖泊和中型水库，根据 HJ/T 338—2007 划定的二级保护区水域范围边界，靠陆地一侧按图 5 中处设立界标（如图 5 中 B1、B2、B3）。

④ 二级保护区陆域范围界标设立位置

在根据 HJ/T 338—2007 划定的一级保护区陆域范围边界处设立界标。在划定的陆域范围内，应根据实际需要在人群易见、活动处（如交叉路口，绿地休闲区等）设立界标。

可依据自然地理、环境特征和环境管理需要设立界标。

⑤ 准保护区界标设立位置

准保护区范围内的界标设立参照二级保护区执行。

4.1.2　道路警示牌

4.1.2.1　道路警示牌的设置内容

道路警示牌采用 GB 5768 中告示牌的形式。正面：左边为饮用水水源保护区图形标志，右边书写“您已进入××饮用水水源×级保护区，全长××公里”（见图6），反面：提示过往车辆及行人谨慎驾驶或行为（见图 7）。

图 6　饮用水水源保护区道路警示牌正面示意

图 7　饮用水水源保护区道路警示牌反面示意

4.1.2.2　道路警示牌的设置形式

a）道路警示牌的道路颜色为蓝底、白边，图案背景和文字为白色；高速公路为绿底、白边，图案背景和文字为白色。

b）在道路警示牌的下方可配合使用道路交通标志中的禁令标志或其他安全标志，以图形符号表示在饮用水水源一级保护区禁止或限制装载危险化学品车辆驶入。

4.1.2.3　道路警示牌的设立位置

道路警示牌设在穿越水源地保护区的主干道路旁以及保护区的道路进入点和驶出点。具体设立位置应符合 GB 5768 的相关要求。

4.1.3　宣传牌

4.1.3.1　宣传牌正面：用图形和文字标明饮用水水源地名称、水源保护区设立单位、设立时间等。反面：水源地保护区要求及规定，如严禁的活动和项目。

4.1.3.2　宣传牌为绿底，图案和文字为白色，其中水源地图案背景为深绿色。材质和制作规范如图 8 和图 9 所示。

4.1.4　其他

4.1.4.1　水源地标志碑

设置内容：具体参见 HJ/T 433—2008 的饮用水水源保护区图形标的设置。

设置位置：水源地代表性取水口前。如机井泵房前、山前截潜型水源地截潜坝前、泉水型水源地的泉眼处、河流型（包括湖、库型）水源地取水口的陆域最近处。

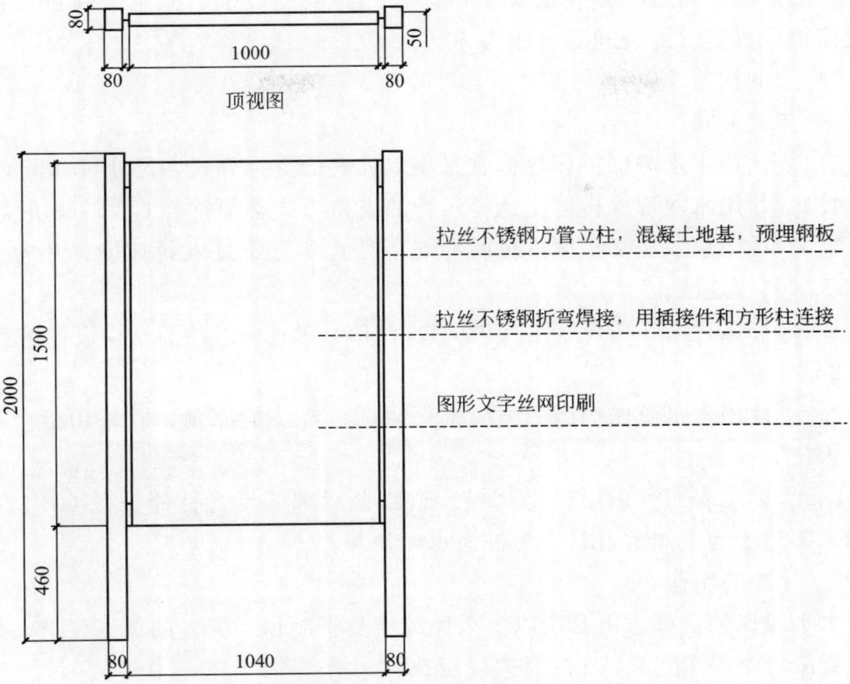

图 8　饮用水水源地保护区宣传牌制作规范

图 9　饮用水水源保护区宣传牌示意

4.1.4.2　水源地界桩

设置内容：注上水源地图标及“××水源×级保护区”等字样，有条件的还可以统一编号。设置位置：对已经划定的保护区，按照不同的级别，原则沿保护区的外边界线，设置保护区界桩。界桩间隔一般为20～50m。

4.2 标志的构造

4.2.1 支持方式

4.2.1.1 饮用水水源保护区界标宜采用双柱式的支持方式，尺寸可参考GB 5768。

4.2.1.2 饮用水水源保护区交通警示牌的支持方式必须符合GB 5768的规定。

4.2.1.3 饮用水水源保护区宣传牌的支持方式参见宁夏农村环境连片整治项目户外宣传标示牌制作规范。

4.2.1.4 标志柱的结构设计可参考GB 5768中交通标志柱的结构设计进行。

4.2.2 材质

4.2.2.1 饮用水水源保护区标志应遵循耐久、经济的原则，宜采用铝合金板、合成树脂类板材等材质。

4.2.2.2 标志表面宜采用反光材料。道路警示牌的反光性能按照GB 5768执行。水源地标志碑一般为坚固的石材，界桩为水泥预制。

4.2.3 标志的制作

饮用水水源保护区标志由县级以上人民政府负责制作，标志的加工要求、外观质量及其测试方法可参照JT/T 279的有关规定执行。

4.3 标志的管理与维护

饮用水水源保护区标志由县级以上环境保护行政主管部门负责监管。

5 隔离保护设施建设工程

5.1 地表水水源地

5.1.1 物理隔离设施

饮用水水源地一级保护区边界设立护栏或设置隔离网，围网采用直径大于4mm优质铁丝围网，钢管立柱，混凝土独立基础，立柱每2m一根，地下埋深为50cm，防护栏高度1.8m，顶部0.2m向内倾斜。

5.1.2 生物隔离工程

在河流型或湖库型水源地保护区周边建立生物隔离带，减少农田径流等面源对湖库水体的污染，减缓河流或湖库周围的水土流失。生物隔离工程建设内容包括水源地防护林带的选址、宽度、坡度、树木（草）品种等。

5.1.2.1 选址根据地形实际确定。一般设置在坡地的下坡位置，与径流流向垂直布置；对于长坡，可以沿等高线多设置几道隔离带，以削减水流的能量；在溪流和沟谷边缘设置，建立最后屏障。

5.1.2.2 坡度隔离带的坡度控制在5%以内，当其位于丘陵区或是容易形成集中水流的区域时，需要采取建立小型水道等工程措施，使径流通过水道，减缓流速，从而来减缓聚集径流对隔离带处理产生的影响。

5.1.2.3 物种组成对于水源地防护林的最佳结构为疏林灌草相结合，防护林树种宜采用松树、刺槐、柠条、沙棘、沙枣等宁夏本地区的树种。

5.1.2.4 宽度根据土壤类型、湿度等当地实际情况，因地制宜地设计合适的水流垂直经过隔离带的距离，一般宽度为 10～15m。

5.2 地下水饮用水水源保护区隔离建设工程

地下水源地隔离工程的建设内容与地表水水源保护区隔离防护工程类似。地下水饮用水水源地保护区应建立卫生防护带，可防止畜禽污染水源，如偏僻山区有地下水露头的山前截潜型或泉水型地下水水源地。

5.2.1 机井

机井周围的隔离防护设施主要包括抽取水源的泵房机井周围的围墙等。地下水井应有井台、井栏和井盖，宜采用相对封闭的水井，井底与井壁要满足水井的卫生防护要求；大口井井口应高出地面 50cm 并保证地面排水畅通。

5.2.2 泉

5.2.2.1 各类泉水水源保护工程的建设内容包括在泉眼周围 100m 及上游 500m 处修建护栏等隔离防护设施以及引泉池的建设等。

5.2.2.2 在泉水水源附近建设引泉池，引泉池周围进行不透水层处理，地面建设一定坡度坡向的排水沟，避免雨水或污水携带大量污染物直接进入泉水。

5.2.2.3 引泉池内部应顶盖封闭，并设通风管；引泉池池壁密封不透水，壁上部设置溢流管，壁外用黏土夯实封固。

5.2.2.4 引泉池进口、检修孔孔盖应高出周边地面一定距离，设置溢流管和排空管。

6 污染防治工程

6.1 基本原则

6.1.1 由县级以上人民政府责令拆除或者关闭一级保护区内已建成的与供水设施和保护水源无关的建设项目，禁止在饮用水水源一级保护区内新建、改建、扩建与供水设施和保护水源无关的建设项目。

6.1.2 由县级以上人民政府责令拆除或者关闭二级保护区内已建成的排放污染物的建设项目，禁止在饮用水水源二级保护区内新建、改建、扩建排放污染物的建设项目。

6.1.3 禁止在饮用水水源准保护区内新建、扩建对水体污染严重的建设项目；改建建设项目，不得增加排污量。

6.1.4 地表、地下水源地的一级保护区，按照污染源调查的点源清单，整理核定污水排放口的数量及分布，制定截污和拆除方案。明确治理项目及名称、类型、所属行政区、行业、排污去向等。

6.2 畜禽养殖污染控制

6.2.1 一级保护区内禁止畜禽养殖，应搬迁或关闭一级保护区的养殖场。

6.2.2 二级保护区内限制养殖规模，养殖场排放的废水、粪便要集中处理，达标排放，防止污染饮用水水体。畜禽养殖污染防治具体技术参考 DB 64/ T702—2011。

6.2.3 分布在村庄外或村庄边缘的水源地保护区内的分散式畜禽养殖，应采用北方“四位一体”生态模式，实现以塑料温棚为纽带，把禽畜舍、厕所、沼气池、蔬菜种植有机结合为一体的生态农业工程。

6.3 农药污染防治

6.3.1 水源保护范围内严禁施用高残留、高毒农药（如克百威、涕灭威、甲磷胺等），选用被土壤吸附力强、降解快、半衰期短的低毒农药。农药包装物及清洗器械的污水按照国家和地方有关标准妥善处置，不应随意丢弃和处置。

6.3.2 在水源保护区内应使用具有对人畜安全、环境兼容性好的生物防治技术，包括以虫治虫、以菌治虫、以菌治菌、病毒治虫以及其他有益生物、自然的或人工合成的昆虫激素利用等技术。

6.3.3 在受农药污染的水源保护范围内培养专性微生物、种植特定植物、投放特定土壤动物等来降解农药。

6.4 化肥污染防治

6.4.1 一级保护区内有条件的地方要发展有机农业，二级保护区内要限制化肥的使用量。

6.4.2 通过测土、配方、配肥、供肥和施肥指导等五个环节进行测土配方施肥减少化肥施用量、提高化肥利用率，减少化肥流失对饮用水水源的污染。

6.4.3 施用涂层尿素、覆膜尿素、长效碳铵等类型的缓释肥，控制养分释放速度，提高肥效，减少肥料施用量和损失量，降低对水源的污染。

6.5 生活污染源防治

6.5.1 禁止在一级保护区内集中堆放生活垃圾、粪便和其他废弃物。

6.5.2 对保护区内没有集中式垃圾处理场的区域，要建立集中生活垃圾处置场，进行卫生填埋，以减少降雨冲刷造成的污染物流失。生活垃圾处理具体技术参考 DB 64/ T699—2011。

6.5.3 一级保护区内禁止向水体排放污水，居住比较分散的村庄的生活污水，可采取分散式、低成本易管理的处理方式，如稳定塘、人工湿地处理技术等。生活污水处理具体技术参考 DB 64/ T699—2011。

6.6 农田径流控制

6.6.1 间套轮种植技术协调种植业和养殖业的平衡，利用间套轮作技术体系，利用秸秆还田、绿肥施用等措施保持土壤养分循环，减少化肥使用，保护水源地。如发展果菜型、果草型套作、草田轮作。

6.6.2 建设生态沟渠湖库型水源地保护区内采用植被缓冲带、生态沟渠和水塘技术组合的方法，将地表径流污染物保持在农田生态系统内。农业非点源污染物首先经过植被缓冲带和生态沟渠，然后在水塘中沉淀、生物吸收，最后再排入受纳水体。

6.6.3 水土保持工程

6.6.3.1 5°≤坡度≤15°的坡地，可通过整修梯田，田边沟沿密植柠条、沙棘等灌木和多年生杂草，田内分别种植果树，果园内间作粮食作物，田间道路种植无芒雀麦，披碱草和白羊茅等抗旱性强和耐践踏的牧草等防止道路侵蚀，减少水土流失。

6.6.3.2 15°≤坡度≤25°的坡地，可在田中种植不同类型的优质牧草，梯田护梗种植柠条、沙棘、芨芨草、红豆草等。

6.6.3.3 ≥25°的坡度，封禁25°以上的坡地及荒山，先使其自然恢复，构成自然优势植物群落，然后在不能恢复的坡地和荒山采取人工补植，在以当地种源为主的基础上，适当引进当地适生的品种。

7 水质监控预警工程

7.1 水质自动站及预警系统构成

水质自动站系统一般包括采水系统、配水/清洗系统、自动监测仪器、数据采集/控制系统、数据处理/传输系统、辅助系统和远程数据监控中心等。

7.2 采水系统

7.2.1 采水系统应根据实际情况，选择适宜的采样方式。对于地下水，一般采用从民井、生产井中抽水的方式。地表水的采水方式可采用栈桥、浮筏、悬臂、涵管等。

7.2.2 原则上不采用自来水或其他已有的采水设施，若利用已有的取水管道采水，则必须保证经取水管道后的各水质参数监测结果相对偏差小于10%。

7.2.3 采水系统应可以根据水源丰、枯水期点位变化情况，动态调整采水位置。地下水采样时，采样深度应在地下水水面0.5m以下，以保证水样能代表地下水水质。对于地表水，采水头一般设置在水下0.5～1.0m处，并与水底有足够的距离，保证其不受水底泥沙的影响。

7.2.4 采水点位应保证不易受自然环境破坏，同时，能具备不同采水方式设备的施工和安装，水面水平距离与站房应小于100m，采水区域四季水流量相对平缓，水中杂草较少、水深应当满足自动监测仪器采水的最低要求。

7.2.5 为保障系统可靠运行，采用双泵双路系统，并配有管道清洗、防堵塞、反冲洗等设施。

7.2.6 取水量要满足所有分析仪器的需要，管路必须采取可拆卸式，管路材质可用不锈钢、工程塑料或其他与水样不产生物理和化学作用的材质，并具备防冻隔热措施。所用管路应质量可靠，不易破裂。管路安装前应清洗干净。

7.2.7 为减少泥沙对测定结果的影响，可设立沉淀池，沉淀池中不应存在死水部分，具有良好的水力交换。

7.2.8 采水系统的构造应保证在汛期和枯水期能正常工作并不至被损坏。

7.2.9 采水系统需要设计并制作必要的保温、防冻、防压、防淤、防藻、防撞、防盗措施，并对采水设备和设施进行必要的固定。

7.2.10 采水单元能够在停电时自我保护，再次通电时自动恢复。

7.3 配水/清洗系统

7.3.1 必须满足各仪器对水量、水质的要求。

7.3.2 应具备比较方便的自动或人工清洗条件。

7.3.3 水质五参数的传感器应安装在水质预处理前，应避免水流流速对溶解氧和浊度测定的影响。

7.3.4 仪器对水质有要求时，应只对进入仪器的水样进行处理。

7.4 自动监测仪器

7.4.1 仪器准入资质

通过省级以上环保部门或权威机构认可、美国EPA、德国UBA等认可的监测仪器，并符合国家或行业自动监测仪器技术要求。

7.4.2 方法原理

符合国家或行业标准分析方法、美国EPA等标准分析方法，用于预警监测的特殊项目可以根据需要另行规定。

7.4.3 性能指标

检测限、量程、精确度、精密度及分辨率等应满足监测水质的要求，检测限应低于被测水体监测项目的污染物浓度。

7.4.4 通信方式

应具有标准的数字通信接口，可实现总线通信。

7.4.5 仪器基本功能

7.4.5.1 基本参数贮存。

7.4.5.2 断电保护与自动恢复功能（断电后数据至少保存30天）。

7.4.5.3 可根据需要设定监测频次。

7.4.5.4 仪器故障自动报警功能和异常值自动报警功能。

7.4.5.5 定期自动清洗功能。

7.4.5.6 定期手动或自动校准功能。

7.4.5.7 标准数据输出功能。

7.4.5.8 密封防护箱体。

7.4.6 选型

要考虑到系列化、标准化及通用性，优先选择通过认证、维护量小、不产生二次污染、售后服务好、有国产化潜力，并经过长期实践考核的仪器；在保证质量的前提下优先选用国产仪器。

7.5 辅助系统

7.5.1 根据需要配置具有标准数字通信接口的自动分瓶采样器。

7.5.2 对于地表水自动监测，根据需要配置水位、流速自动测量仪，能即时输出断面的径流量等信息。

7.5.3 对于地表水自动监测，在流向有变化的断面，根据需要配备流向仪。

7.5.4 应配置UPS，其功率至少能完成系统一次分析流程。

7.5.5 应配置相应的空气压缩系统。

7.5.6 根据需要，配备防盗和视频监控系统。

7.6 数据采集/控制系统

7.6.1 为实现子站无人值守，远程控制中心应可随时与现场数据处理设备连接，并采集现场实时数据和处理结果，子站在线监测仪器和辅助系统应能接受远程控制中心的控制。

7.6.2 可对各种设备的输入、输出开关、数字信号等进行实时显示与处理，并根据不同设备的不同要求，进行相应的控制。

7.6.3 至少能保存一个月的最小统计单位值，并至少可保存三个月的小时数据。

7.6.4　具有掉电保护功能，并能记录掉电状态。

7.6.5　采用开放式的、标准化的现场总线协议。

7.6.6　具有防雷击、抗电磁干扰功能。

7.7　数据处理/传输系统

7.7.1　子站应有数据处理设备（工业控制计算机级）在现场进行数据处理，处理结果应至少包括实时测量值、小时均值、日均值、周均值、月均值及均值连续变化曲线，超标值检验及报警记录，并能自动报警。

7.7.2　实时自动记录采集到的异常信息并主动上传到远程控制中心，控制中心可通过自动或手动方式对异常信息进行远程控制处理。

7.7.3　自动记录仪器测试数据性质（标准样品测试、实际样品测试、仪器调试等）。

7.7.4　在子站能对历史数据进行查询、处理、转出等操作，方便用户在通信线路故障时到现场获取子站监测数据。

7.7.5　子站与远程控制中心之间的数据传输可采用有线/无线方式。

7.8　远程数据监控中心及预警系统

7.8.1　设备配置：

计算机及相应的各种外围设备。

7.8.2　软件要求

系统应采用当前主流的操作系统，也可根据需要采用适当超前的操作系统，所有的软件应采用标准的语言编程并能可靠升级，软件应具有良好的可扩充性和维护性。预警方式符合水质监控相关需求，预警技术达到当前的科技前沿水平。

7.8.3　功能要求

执行对各子站仪器、设备的控制和各种状态信息的显示、收集。执行对各子站自动监测仪器分析实时数据、历史数据的收集、备份，并能根据需要完成各种数据处理、报表（图形）显示和打印、输出，并提供水质自动站基本情况（如托管站情况、子站地理坐标、子站介绍及照片、联系方式等）等信息的录入、查询、输出界面。及时、准确地传达预警信息，可以综合运用声音、动画、移动短信、邮件等多种方式提交警报信息到相关人员。

7.8.4　用户界面

中文操作界面功能编排科学合理，易于掌握操作，配备详细的帮助电子文档，方便查阅。提供完善的密码验证功能，提高系统的可靠性和数据的安全性。

7.8.5　参数设置及修改

明确各测试参数的量程、报警值、相关换算系统以及其他设置内容，确保监控中心参数设置与子站保持一致，储存每次参数设置修改记录及修改原因。

7.9　其他

7.9.1　为保证子站实现无人值守，子站系统内所有设备（包括辅助设备如空调等）均应具有来电自启功能。

7.9.2　为延长子站设备和仪器的使用寿命，提高仪器测试准确性，系统完成测试后，所有管道内不应保留实测水样，测试部件（如电极等）不应保留在实测水样中。

8　水质监测工程

8.1　地下水监测

8.1.1　监测方法

监测方法参见 HJ/T 164—2004。

8.1.2　监测频次

8.1.2.1　黄河金岸沿线乡镇一级的地下集中式饮用水水源地应实现每年一次枯水期的全指标水质监测；行政村一级的每年监测一次以上；中南部地区每年至少进行一次监测分析。

8.1.2.2　对处于污染事故阶段或水质有明显变化的地下集中式饮用水水源地，可设置较高的监测频率，每季度采样一次。

8.1.2.3　对于多年水质无明显变化的地下水饮用水水源地，可减少监测频率，每年采样一次。

8.1.3　监测项目

8.1.3.1　必测参数

色度、肉眼可见物、总硬度、氨氮、氯化物、高锰酸钾指数、铁、锰、硫酸盐、氟化物、总大肠菌群、亚硝酸盐、氰化物、砷、汞、镉、硒、六价铬、铅。

8.1.3.2　选测参数

参考 GB 5749—2006 中表 3 里的水质指标。地下水水源水质应达到 GB/T 14848—93 的Ⅲ类标准。

8.1.4　测定方法

地下水监测项目的测定分析方法按 GB 5750—2006 中相关的要求执行。

8.2　地表水监测

8.2.1　监测方法

地表水监测方法参见 HJ/T 91—2002。

8.2.2　监测频次

8.2.2.1　黄河金岸沿线乡镇一级的溪流水饮用水水源地应实现每年两次以上的全指标水质监测；行政村一级的溪流水饮用水水源地每年监测一次以上；中南部地区每年至少进行一次监测分析。

8.2.2.2　对处于污染事故阶段或水质有明显变化的溪流水饮用水水源地，可设置较高的监测频率，每季度采样一次。

8.2.2.3　对于多年水质无明显变化的溪流水饮用水水源地，可减少监测频率，每年采样一次。

8.2.2.4　对于每年两次的常规水质监测，应选择在溪流的丰水期与枯水期进行监测；对于每年一次的常规水质监测，应选择在溪流的枯水期进行监测。

8.2.3　监测项目

8.2.3.1　必测参数

地表水水源地必测指标为 pH 值、高锰酸盐指数、氨氮、溶解氧、氟化物、铁、锰、六价铬、硒、砷、汞、镉、铅、氰化物、硫酸盐、粪大肠菌等16项指标。湖库水水源地必测指标除前述16项外，应补充总氮、总磷、叶绿素和透明度等4项指标。

8.2.3.2　选配参数

参考GB 3838—2002中表3里的80项指标的有关规定。

8.2.4　测定方法

地表水监测项目的测定分析方法按GB 3838—2002中相关的要求执行。

索　引

P

Q

R

S

S

T

W